汽车电器
与电子控制技术

陆兆钠　张建峰　汤　沛　　主　编

袁双宏　王　鹏　王俊龙　　副主编

中南大学出版社
www.csupress.com.cn ·长沙·

图书在版编目(CIP)数据

汽车电器与电子控制技术／陆兆钠，张建峰，汤沛
主编. —长沙：中南大学出版社，2021.12
ISBN 978-7-5487-4523-5

Ⅰ. ①汽… Ⅱ. ①陆… ②张… ③汤… Ⅲ. ①汽车－
电气设备－高等学校－教材②汽车－电子控制－高等学校
－教材 Ⅳ. ①U463.6

中国版本图书馆 CIP 数据核字(2021)第 123637 号

汽车电器与电子控制技术
QICHE DIANQI YU DIANZI KONGZHI JISHU
主编 陆兆钠 张建峰 汤 沛

□责任编辑	韩 雪	
□封面设计	殷 健	
□责任印制	唐 曦	
□出版发行	中南大学出版社	
	社址：长沙市麓山南路	邮编：410083
	发行科电话：0731-88876770	传真：0731-88710482
□印　装	长沙市宏发印刷有限公司	

□开　本	787 mm×1092 mm 1/16	□印张 20.25	□字数 514 千字
□版　次	2021 年 12 月第 1 版	□印次 2021 年 12 月第 1 次印刷
□书　号	ISBN 978-7-5487-4523-5	
□定　价	54.00 元	

前　言

　　本书是为应用型本科院校、职业本科院校的汽车服务工程、车辆工程、新能源汽车工程等汽车类专业编写的教材。本书按项目教学的方式编写，既注重汽车电器及电子控制系统理论知识体系的完整性，又注重实践体系的构建及实践能力的训练。本书从内容与形式上做到了理论实践相结合，内容由浅入深、循序渐进，符合认知规律。同时，每个项目都编写了实践训练工作页，便于学生进行自我训练，便于师生教学，利于开展项目化教学的实施。

　　本书分为"汽车电器"和"汽车电子控制系统"两大部分。项目一至项目五为"汽车电器"部分，主要介绍蓄电池、交流发电机、启动系统、点火系统、照明与信号系统、仪表及指示灯系统等内容。项目六至项目十三为"汽车电子控制系统"部分，介绍现代汽车电子控制技术，主要内容由发动机电子控制系统、自动变速器、汽车防滑控制系统、汽车电控悬架系统等。本书在编写的过程中补充了新能源汽车车身电子控制及汽车车联网方面的内容，实现知识内容的更新。

　　本书由南通理工学院陆兆钠、张建峰以及盐城工学院汤沛担任主编，齐齐哈尔工程学院袁双宏、哈尔滨远东理工学院王鹏、南通理工学院王俊龙担任副主编。全书由陆兆钠整理、统稿。

　　本书在编写过程中，参阅了大量的文献资料，这些资料让我们获益匪浅，在此向参考资料的原作者表示感谢。由于编者水平有限，书中难免有不妥和错误之处，敬请读者批评指正。

编　者

2021 年 7 月

目 录

项目一

汽车车载电源与充电系统的选型、安装、试验与检测

1.1　任务一　蓄电池的选型、安装、试验与检测

学习目标

◇ 掌握蓄电池的功用与结构。
◇ 掌握蓄电池的工作原理。
◇ 了解蓄电池的容量及其影响因素。
◇ 掌握蓄电池的选型与安装方法。
◇ 掌握蓄电池的试验方法。
◇ 掌握蓄电池的常见故障及检测方法。
建议完成本任务的学时为 4~6 学时。

任务描述

学习蓄电池的构造与工作原理、蓄电池的型号与工作特性；能正确完成使用与维护蓄电池，对蓄电池进行充电，根据汽车的要求对蓄电池选型和安装，对蓄电池的常见故障进行检测与排除等任务。

1.1.1　任务实施学习引导

1.1.1.1　蓄电池的功用

蓄电池是一种将化学能转变为电能的装置，属于可逆的直流电源。它的功用如下。
① 启动发动机时，向启动机和点火系统供电。
② 发电机不发电或电压较低时向用电设备供电。
③ 发电机超载时，协助供电。
④ 发电机端电压高于蓄电池电压时，将发电机的电能转变为化学能储存起来。
⑤ 起大电容器作用，能够吸收发电机和电路中形成的过电压。

1.1.1.2 蓄电池的结构

铅酸蓄电池是在盛有稀硫酸的容器内插入两组极板而构成的电能存储器，由正极板、负极板、隔板、电池盖、电解液、加液孔盖和电池外壳等组成(如图1-1所示)。

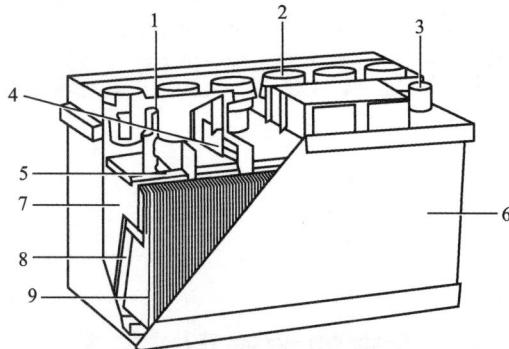

图1-1 蓄电池的基本结构

1—负极柱；2—加液孔盖；3—正极柱；4—穿壁连接；5—汇流条；6—电池外壳；
7—负极板；8—隔板；9—正极板

容器分为3格或6格，每格均装有电解液，正、负极板浸入电解液中成为单格电池，每个单格电池的标称电压为2 V。因此，3格串联起来成为6 V蓄电池，6格串联起来成为12 V蓄电池。

1. 极板

(1)构成

极板是电池的基本部件，其作用是接收充入的电能和向外释放电能。

极板由栅架和活性物质组成，分为正极板和负极板。正极板上的活性物质是棕红色的二氧化铅(PbO_2)，负极板上的活性物质是青灰色的海绵状纯铅(Pb)。

(2)极板的片数

将正、负极板各一片浸入电解液中，可获得2 V左右的电动势。为了增大蓄电池的容量，常将多片正、负极板分别并联，组成正、负极板组。

在每个单格电池中，正极板的片数要比负极板少一片，这样每片正极板都处于两片负极板之间，可以使正极板两侧放电均匀，避免因放电不均匀造成极板拱曲。

2. 隔板

作用：放置在正、负极板之间，以避免其相互接触而短路。

要求：应具有多孔性，以便电解液渗透，且化学稳定性要好，具有耐酸和抗氧化性。

3. 电解液

电解液，也称稀硫酸，是蓄电池内部发生化学反应的主要物质，由纯净硫酸和蒸馏水按一定比例配制而成。水的密度为1 g/cm^3，硫酸的密度为1.84 g/cm^3，两者以不同的比例混合后形成不同密度的电解液。

电解液的密度对蓄电池的工作有重要影响。密度大，可减少结冰的危险并提高蓄电池的容量；但密度过大，则黏度增加，反而降低蓄电池的容量，缩短使用寿命。汽车用铅蓄电池的电解液密度一般为 $1.24 \sim 1.30 \ g/cm^3$，使用中，电解液密度应根据地区、气候条件和制造厂家的要求而定。不同温度和气候条件下电解液的相对密度如表 1-1 所示。

表 1-1　不同温度和气候条件下电解液的相对密度

使用地区最低温度/℃	充足电的蓄电池在 25℃ 时的电解液密度/$(g \cdot cm^{-3})$	
	冬季	夏季
<-40	1.30	1.26
−40~−30	1.28	1.24
−30~−20	1.27	1.24
−20~0	1.26	1.23
>0	1.23	1.23

4. 外壳

作用：用于盛装极板组和电解液。

要求：耐酸、耐热、耐震动冲击。

材料：硬橡胶、聚丙烯塑料两种。

1.1.1.3　蓄电池的工作原理

蓄电池的工作过程是一个化学能与电能相互转化的过程。当蓄电池的化学能转化为电能向外供电时，称为放电过程；当蓄电池与外界电源相连并将电能转化为化学能储存起来时，称为充电过程(如图 1-2 所示)。

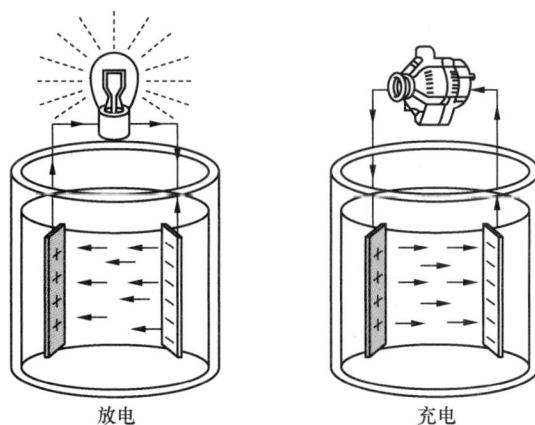

放电　　　　　充电

图 1-2　蓄电池基本工作原理

1. 电动势的建立

正极板上二氧化铅电离为正四价铅离子和负二价氧离子，铅离子附着在正极板上，氧离子进入电解液中，使正极板具有 2.0 V 的正电位；负极板上的纯铅电离为正二价铅离子和两个电子，铅离子进入电解液，电子留在负极板上，使负极板具有 -0.1 V 的负电位。因此，正、负极板间有 2.1 V 的电位差。

2. 放电过程

在电位差的作用下，电流从正极流出，经过灯泡流回负极，使灯泡发光。正极板上的正四价铅离子与电子结合生成正二价铅离子，进入电解液再与硫酸根离子结合生成硫酸铅（附着在正极板上）；负极板上的正二价铅离子也同硫酸根离子结合生成硫酸铅（附着在负极板上）（如图 1-3 所示）。

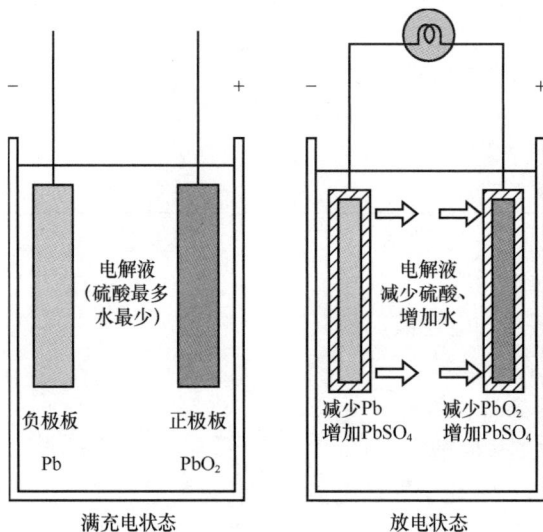

图 1-3　蓄电池充电放电过程

① 放电过程中，正极板上的正四价铅离子得电子成为正二价铅离子，并与硫酸根离子生成硫酸铅附着在正极板上；负极板上的铅失去电子成为正二价铅离子，并与硫酸根离子生成硫酸铅，附着在负极板上。

② 正极板上的正四价铅离子逐渐变成正二价铅离子，其电位逐渐降低；负极板上电子不断流出，其电位逐渐升高。放电过程结束，两极板间的电位差减小为"0"，外接电路中的灯泡"熄灭"。

③ 随着放电过程的进行，电解液中的硫酸根离子不断与正、负极板上的铅离子生成硫酸铅而附着在极板上，使得电解液中的硫酸根离子逐渐减少。同时，由于正极板上负二价氧离子与氢离子生成水，电解液中的水不断增多，使得电解液的密度不断下降。

3. 充电过程

充电时，外接直流电源的正极接蓄电池的正极板，电源的负极接蓄电池的负极板。当直流电源的电动势高于蓄电池的电动势时，电流将以放电电流相反的方向流过蓄电池。正极板上，正二价铅离子失去 2 个电子成为正四价铅离子后，与水反应生成二氧化铅，附着在正极板上，电位升高；负极板上，正二价铅离子得到 2 个电子生成一个铅分子附着在负极板上。从正、负极板上电离出来的硫酸根离子与水中的氢离子结合生成硫酸（如图 1-3 所示）。

① 充电过程中，正极板上的正二价铅离子失电子成为正四价铅离子，电位上升；负极板上的正二价铅离子得到电子成为铅分子，电位降低。正、负极板间的电位差加大。

② 随着充电过程的进行，极板上的硫酸根离子不断进入电解液与氢离子生成硫酸，使得电解液中的硫酸根离子逐渐增多，电解液的密度不断升高。

1.1.1.4　蓄电池的充电

蓄电池的充电方法可分为定流充电、定压充电和脉冲快速充电。

（1）定流充电

充电过程中，使充电电流保持恒定的充电方法，称为定流充电。其特点如下。

① 充电过程中，充电电流恒定，但充电电压是变化的（充电过程中，蓄电池的端电压不断升高，为保证充电电流的恒定，充电电源电压或调节负载应随时变化）。

② 充电电流大小可根据充电类型及蓄电池的容量确定。

③ 不同端电压的蓄电池可以串联充电。

④ 充电时间长。

（2）定压充电

充电过程中，加在蓄电池两端的电压保持不变的充电方法，称为定压充电。其特点如下。

① 充电过程中，充电电压保持不变（充电开始，充电电流很大，随着蓄电池电动势的不断升高，充电电流逐渐减小，直至为零）。

② 充电电压的选择：一般单格电池的充电电压选择 $2.5\ V$（若充电电压低，则蓄电池出现充电不足的现象；若充电电压选择过高，则蓄电池充足电后还会继续充电，此时的充电则为过充电）。

（3）脉冲快速充电（亦为分段充电）

脉冲快速充电的特点如下。

① 充电速度快、充电时间短（一次初充电只需 $5\ h$）。

② 可以增加蓄电池的容量（充电过程中，化学反应充分，且加深了化学反应的深度，可使极板去硫化明显。因此，蓄电池的容量增加）。

③ 去硫化效果好。

④ 充电过程中产生大量气泡，对活性物质的冲刷力强，易使活性物质脱落，从而使蓄电池的使用寿命下降。

1.1.1.5　蓄电池的常见故障及排除方法

1. 自行放电

（1）故障现象

由于蓄电池本身的结构原因，会产生一定程度的自放电（充足电的蓄电池放置一段时间后，在无负荷的情况下逐渐失去电量的现象）。如果自放电在一定的范围内，可视为正常现象。一般自放电的允许范围在每昼夜 1%，如果每昼夜放电超过 2%，就应视为蓄电池出现故障。

（2）故障原因

① 电解液中的杂质与极板之间形成电位差，通过电解液产生局部放电。

② 蓄电池表面脏污，造成轻微短路。

③ 极板活性物质脱落，下部沉积物过多使极板短路。

④ 蓄电池长期放置不用，硫酸下沉，造成下部密度比上部密度大，极板上下部发生电位差引起自放电。

（3）故障排除

将蓄电池全部放电或过放电，使极板上的杂质进入电解液；然后倒出电解液，清洗几次；最后加入新配制的电解液。

2. 极板硫化

极板上附着有硬化的硫酸铅，正常充电时不能转化成二氧化铅和铅。

（1）故障现象

① 蓄电池电解液的密度下降到低于规定正常值。

② 用高率放电计检测时，蓄电池端电压下降过快。

③ 蓄电池充电时过早地产生气泡，甚至一开始就有气泡。

④ 充电时电解液温度上升过快，易超过45℃。

（2）故障原因

① 蓄电池在放电或半放电状态下长期放置，硫酸铅在昼夜温差作用下，溶解与结晶不能保持平衡，结晶量大于溶解量，结晶的硫酸铅附着在极板上。

② 蓄电池经常过量放电或深度小电流放电，在极板的深层小孔隙内形成硫酸铅，充电时不易恢复。

③ 电解液液面过低，极板上部的活性物质暴露在空气中被氧化，之后与电解液接触形成硬化的硫酸铅。

④ 电解液不纯或其他原因造成蓄电池自放电，生成硫酸铅，为硫酸铅的再结晶提供物质基础。

（3）故障排除

硫化不严重时可通过去硫化充电方法解决；硫化严重时，应予以报废。

3. 蓄电池容量达不到规定要求

（1）故障现象

① 汽车启动时，启动机转速迅速减慢，转动无力。

② 喇叭的声音弱、无力。

③ 开启前照灯时，灯光暗淡。

（2）故障原因

① 使用蓄电池前未按要求进行初充电。

② 发电机调节器的电压调得太低，使蓄电池经常充电不足。

③ 经常长时间启动起动机，造成大电流放电，致使极板损坏。

④ 电解液的相对密度低于规定值，或在电解液渗漏后，只加注蒸馏水，未及时补充电解液，致使电解液相对密度降低。

⑤ 电解液的相对密度过高或电解液液面过低，造成极板硫化。

（3）故障排除

① 首先检查蓄电池外部，检查外壳是否良好、表面是否清洁、极板上是否有腐蚀物或污物。

② 检查蓄电池搭铁线、极柱的连接夹是否松动。如果有，则为输出电阻过大、电压低。

③ 测量蓄电池的电解液密度。如果电解液密度过低，说明充电不足或新蓄电池未按要求经过充、放电循环，使蓄电池达到规定容量。

④ 检查电解液液面高度。如果液面高度不足，且在极板上有白色结晶物质存在，则可能存在极板硫化故障。

⑤ 蓄电池充电后检查电解液密度，如果两个相邻的单格电池中电解液的密度有明显差别，则说明该单格电池内部有短路，不能使用。

⑥ 必要时，检查发电机电压调节器的调节电压。

1.1.2　任务实施

在任务实施的过程中，将学习的内容运用其中，做到学以致用。

1.1.2.1　蓄电池主要电气性能的确定及型号选择

在新车型开发中选择合适容量的蓄电池，应先深入了解蓄电池的结构、作用、主要性能参数及整车使用要求。

1.蓄电池电气性能的确定

蓄电池的主要作用是给起动机提供电能，保证车辆能正常起动。在蓄电池设计选型之前，要有设计输入要求，即起动机的相关参数及功率。起动机输出特性曲线如图 1-4 所示。

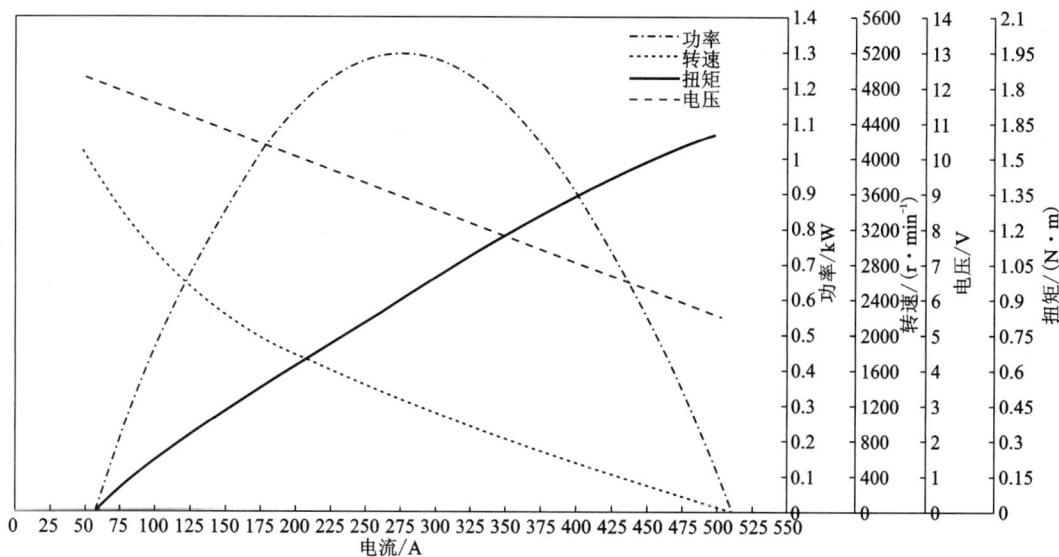

图 1-4　起动机输出特性曲线图

2.蓄电池主要电气性能的确定及型号选择

在初步确定蓄电池在整车中的布置位置的前提下确定蓄电池的额定容量、冷起动电流、冷起动曲线等电气性能。

（1）额定容量计算

蓄电池的首要功能是保证起动机的启动性能，因此在设计与整车相匹配的蓄电池时，首先要根据起动机的功率计算所需的蓄电池容量，经验计算公式为

$$Q = K \times P / U \tag{1-1}$$

式中：Q——蓄电池的容量；

K——容量系数（500~600）；

P——起动机功率；

U——蓄电池的额定电压。

可根据实际情况将系数 K 做适当的调整。

按照式（1-1）及起动机功率输出特性曲线图，初步选定蓄电池容量范围，将此容量范围提交给蓄电池厂家，由其推荐具体型号规格，并提供详细技术参数。

举例如下。某款汽车，起动机功率为 0.8 kW，起动机输出特性曲线如图 1-4 所示。

根据公式（1-1）计算：$Q_1 = 500 \times 0.8 / 12 = 33.3$（Ah），$Q_2 = 600 \times 0.8 / 12 = 40$（Ah）。

从计算可知，蓄电池容量选择区间为 33~40 Ah。从 A00 车型总布置给出的空间要求及固定方式分析，蓄电池采用塑料槽下固定方式。

根据《起动用铅酸电池　第 2 部分：产品品种规格和端子尺寸、标记》（GB/T 5008.2—2013），符合此基本选择要求的仅有一种 36 Ah，外形尺寸 218 mm×175 mm×175 mm，其储备容量为 64 min。

（2）设计校核

①储备容量校核。

蓄电池不仅要满足启动要求，还要在充电系统出现故障或发电机电量不足的情况下，给车载用电器辅助供电；当充电系统完全失效时，蓄电池应能提供电量保证车辆正常低速行驶需求。保证车辆安全行驶的最基本用电需求为：电喷系统供电及照明系统供电。根据动力总成及电器系统提供的用电量需求，车辆正常行驶时，电喷系统用电为 25.8 A（包括 EMS、氧传感器、点火系统、喷油系统），车辆照明用电量为 5 A（根据用电量加权计算所得），合计 30.8 A。蓄电池储备容量为 61 min，故车辆连续行驶 1 h 消耗功率为 12 V×1 h×30.8 A = 369.6 W，蓄电池全部功率为 432 W，储备容量基本满足使用要求。

②冷启动电流校核。

蓄电池的冷启动曲线是冷起动试验时的一个重要指标，能够直接反映蓄电池是否能满足起动机的启动要求。

如图 1-5 所示是蓄电池冷启动曲线。依据汽车发动机低温标定要求，发动机必须满足在-18 ℃条件下最多连续启动 3 次，每次启动时间 10 s 内可以正常着车。从图 1-5 可以看出，30 s 连续放电后，蓄电池端电压约为 9.2 V，满足大于 7.2 V 的最低启动电压要求，判定可行。

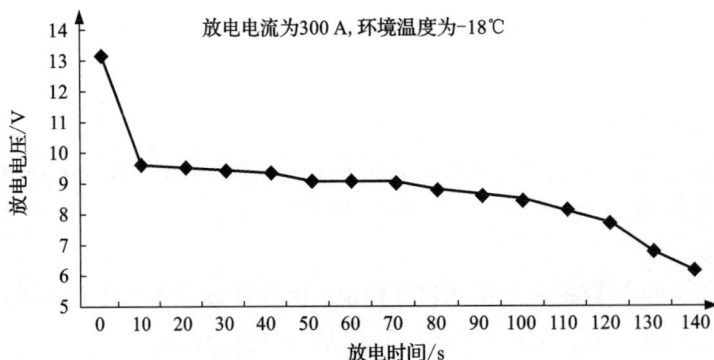

图 1-5　蓄电池冷启动曲线

3. 蓄电池静态电流计算

车上的防盗器、电动座椅、自动空调、ABS 控制模块、ECU 模块等有记忆功能,在车辆熄火整车进入休眠状态时,以上各个模块存在静态电流,会消耗蓄电池的能量。

例如,整车静态电流以 50 mA 来计算,根据公式容量 $C(20\,h)=I\cdot t$ 来计算,一天消耗的蓄电池容量为 1.2 Ah。如果汽车存放半月,容量的消耗可达到 18 Ah,这可能导致起动机启动困难。因此要尽量降低各个模块的静态电流,在车辆不使用时,减少车上各模块对蓄电池能量的消耗。

4. 蓄电池安装方式与连接要求

蓄电池安装方式见《起动用铅酸电池　第 2 部分:产品品种规格和端子尺寸、标记》(GB/T 5008.2—2013)第 6 条相关要求。蓄电池在与线束端接口时,与线束的端子接头部分一定要接触良好,而且在振动时也不能有所松动,否则容易出现电火花和接触不良的现象。蓄电池端的极柱和线束端的接线端子要符合《起动用铅酸电池　第 2 部分:产品品种规格和端子尺寸、标记》(GB/T 5008.2—2013)和《汽车电线束和电气设备用连接器　第 3 部分:电线接头的型式、尺寸和特殊要求》(QC/T 1067.3—2017)的要求。

5. 设计验证

蓄电池设计选型以后,须验证确定其性能是否真正可以满足设计要求。主要设计验证项目为以下几种。

(1)低温启动能力(-30 ℃启动能力)。

蓄电池试验条件如下:蓄电池完全充电后,在(-30±1)℃的环境中静置 16～24 h;放电至 10 s、30 s 时,端电压应分别≥8.1 V、≥7.2 V。

(2)倾斜性能。

蓄电池依次沿 X 轴和 Y 轴方向倾斜 45°,在常温下各保持 24 h(包括 4 个方向)。蓄电池各部位不应出现电解液渗漏现象。

其余设计验证项目参照《起动用铅酸蓄电池　第 1 部分:技术条件和试验方法》(GB/T 5008.1—2013)第 5 条相关条款执行。

1.1.2.2　蓄电池的使用与维护

1. 蓄电池的维护

① 保持蓄电池外表面的清洁干燥,及时清除极柱和电缆卡子上的氧化物,并确定蓄电池极柱上的电缆应连接牢固。

清洗蓄电池时,最好从车上拆下蓄电池,用苏打水溶液冲洗整个壳体,然后用清水冲洗蓄电池并用纸巾擦干。对蓄电池托架,可先用腻子刀刮净较厚的腐蚀物,然后用苏打水溶液清洗托架,之后用水冲洗并干燥。托架干燥后,涂上防腐漆。

对极柱和电缆卡子,可先用苏打水溶液清洗,再用专用清洁工具进行清洁(注意:清洗蓄电池前,要拧紧加液孔盖,防止苏打水进入蓄电池内部)。清洗后,在电缆卡子上涂上凡士林或润滑油以防止腐蚀。

② 保持加液孔盖上通气孔的畅通,定期疏通。

③ 定期检查并调整电解液液面高度,液面不足时,应补加蒸馏水。

④ 汽车每行驶 1000 km 或夏季行驶 5～6 天、冬季行驶 10～15 天,应用密度计或高率放电计检查一次蓄电池的放电程度;当冬季放电超过 25%、夏季放电超过 50% 时,应及时将蓄

电池从车上拆下进行补充充电。

⑤ 根据季节和地区的变化及时调整电解液的密度。冬季可加入适量的密度为 $1.40\ g/cm^3$ 的电解液，以调高电解液的密度(一般比夏季高 $0.02\sim0.04\ g/cm^3$ 为宜)。

⑥ 冬季向蓄电池内补加蒸馏水时，必须在蓄电池充电前进行，以免水和电解液混合不均而结冰。

⑦ 冬季蓄电池应经常保持在充足电的状态，以防电解液密度降低而结冰，引起外壳破裂、极板弯曲和活性物质脱落等故障。

2. 蓄电池技术状况的检查

蓄电池技术状况的检查包括外部检查、电解液液面高度检查、蓄电池端电压的检查、电解液密度的测量及蓄电池放电程度的检查。

① 检查蓄电池封胶有无开裂和损坏，极柱有无破损，壳体有无泄露，如有，及时修理或者更换。

② 疏通加液孔盖的通气孔。

③ 清洁蓄电池外壳，用钢丝刷或极柱接头清洗器清洁极柱和电缆卡子上的氧化物，清洁后涂抹一层凡士林或润滑脂。

3. 电解液液面高度的检查

汽车每行驶 1000 km 或冬季行驶 10~15 天、夏季行驶 5~6 天，就应对电解液液面高度进行检查。其检查方法如下。

(1)玻璃试管测量法

用长度为 150~200 mm、内径为 4~6 mm 的玻璃试管，对蓄电池所有单格的液面高度进行测量。将试管插至蓄电池单格内极板的上平面，用拇指压住玻璃管的上端，使管口密封后提起试管。此时试管中液体的高度即蓄电池电解液液面的高度，其标准高度值应为 10~15 mm。低于 10 mm 时，应加注蒸馏水使其符合标准值。

(2)液面高度示线观察法

透明塑料外壳的蓄电池上均刻有(或印有)两条指示线，即上限线和下限线。标准的电解液高度应介于两条指示线之间，否则应进行调整。当液面高度低于下限线时，应添加蒸馏水，使液面介于上限线与下限线之间；当液面高度高于上限线时，应将高出的部分吸出，并调整好单格中的电解液密度。

(3)图标标记观察法

为了方便对蓄电池的检查，许多新式蓄电池在加液孔盖或蓄电池壳体上，制有各种图标标记和说明，检查时可根据其图示形状或颜色的变化来判断电解液的多少和存电量状况。

4. 蓄电池端电压的测量

(1)单格外露式蓄电池单格电压的测量

单格外露式蓄电池可用 2.5 V 高率放电计进行测量。将高率放电计的两个触点紧压在蓄电池单格的正、负极柱上，在 5 s 之内观察放电计的电压并记录电压值。各单格电压应为 1.5 V 以上，并在 5 s 之内保持稳定。如果各单格电压低于 1.5 V，但在 5 s 之内保持稳定，说明放电过多，应及时进行充电；若单格电压低于 1.5 V，并且在 5 s 内单格电池电压迅速下降到 1.5 V 以下，说明蓄电池有故障。

(2)单格链条不外露式蓄电池端电压的测量

对于单格链条不外露的蓄电池只能测量整个蓄电池的端电压，采用专用的大量程高率放电计测量这种蓄电池既方便又准确。这种放电计的正面表盘上设有红、黄、蓝色的条形，分别表明蓄电池的不同放电程度。其中，红色区域表示亏电或有故障；黄色区域表示亏电较少或技术状况较好；绿色区域表示电充足或技术状况良好。

1.2　任务二　充电系统的典型电路分析及试验与检测

学习目标

◇ 掌握发电机的功用与结构。
◇ 掌握发电机的工作原理。
◇ 掌握发电机的整流原理。
◇ 掌握交流发电机与调节器的使用注意事项。
◇ 掌握交流发电机与调节器常见故障的诊断与排除。
建议完成本任务的学时为 8~10 学时。

任务描述

学习发电机结构、发电原理和整流原理等内容，完成交流发电机拆装、对交流发电机常见故障进行诊断与排除等任务。

1.2.1　任务实施学习引导

1.2.1.1　发电机的功用

发电机是汽车的主要电源，其功用是在发动机正常运转时（怠速以上），向所有用电设备（起动机除外）供电，同时向蓄电池充电。其具体电路连接如图 1-6 所示。

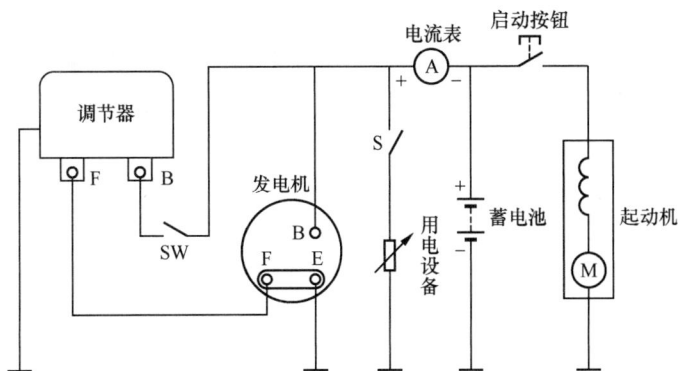

图 1-6　电源系统连接示意

1.2.1.2 交流发电机的结构

汽车用交流发电机由一个三相同步交流发电机和硅二极管整流器组成。

1.三相同步交流发电机

组成：转子总成、定子总成、皮带轮、风扇、前端盖、后端盖及电刷总成等，如图1-7所示。

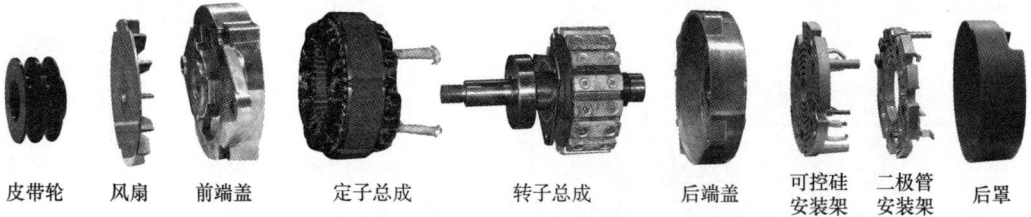

| 皮带轮 | 风扇 | 前端盖 | 定子总成 | 转子总成 | 后端盖 | 可控硅安装架 | 二极管安装架 | 后罩 |

图1-7　JF132型交流发电机组件

（1）转子

功用：产生磁场。

结构：由转子轴、励磁绕组、爪形磁极（以下简称爪极）和滑环等组成，如图1-8所示。

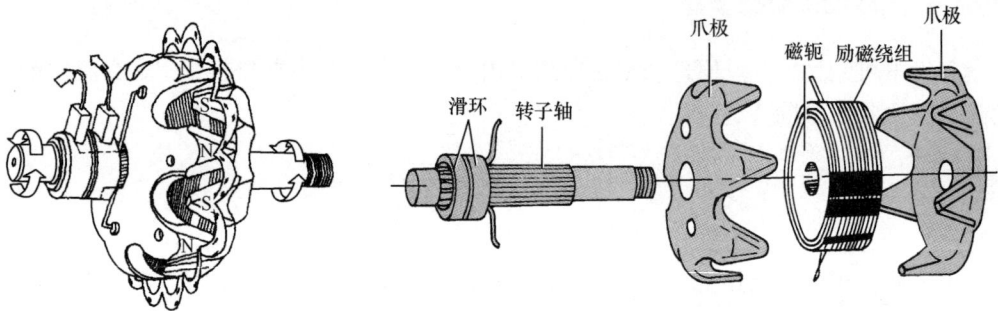

图1-8　交流发电机的转子

转子轴上压装着两块爪极，爪极被加工成鸟嘴形状，爪极空腔内装有励磁绕组和磁轭。滑环由两个彼此绝缘的铜环组成，压装在转子轴上并与轴绝缘，两个滑环分别与励磁绕组的两端相连。

当给两滑环通入直流电时，励磁绕组中就有电流通过，并产生轴向磁通，使爪极一块被磁化为N极，另一块被磁化为S极，形成六对（或八对）相互交错的磁极。当转子转动时，形成了旋转的磁场。

（2）定子

作用：产生交流电。

结构：定子安装在转子的外面，和发电机的前后端盖固定在一起，当转子在其内部转动时，引起定子绕组中磁通的变化，定子绕组中就产生交变的感应电动势。

定子由定子铁芯和定子绕组（线圈）组成。定子铁芯由内圈带槽、互相绝缘的硅钢片叠成。定子绕组有 3 组线圈，对称嵌放在定子铁芯的槽中。三相绕组的连接有星形接法和三角形接法两种，都能产生三相交流电，如图 1-9 所示。

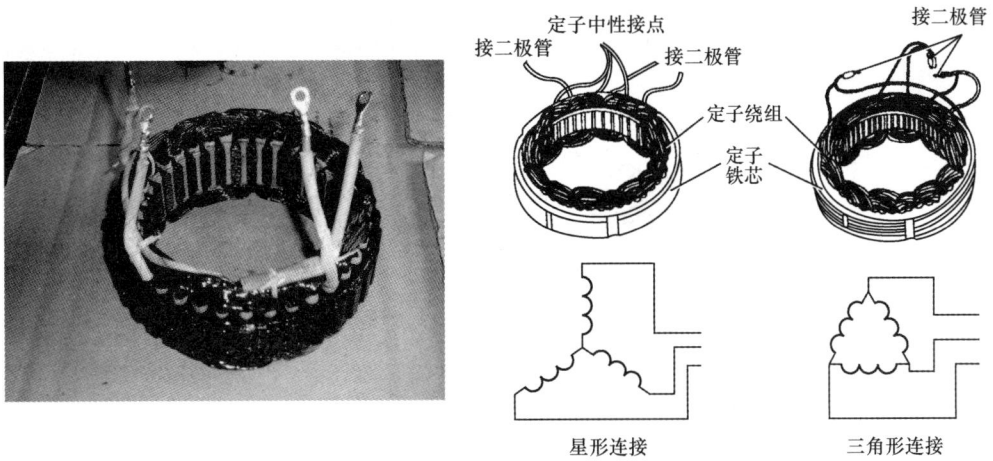

图 1-9　定子结构

（3）皮带轮

皮带轮通常由铸铁或铝合金制成，分单槽和双槽两种，利用半圆键装在前端盖外侧的转子轴上，用弹簧垫片和螺母紧固，如图 1-10(a) 所示。

（4）风扇

风扇一般用 1.5 mm 厚的钢板冲压或用铝合金铸造而成，利用半圆键装在前端盖外侧的转子轴上，紧压在皮带轮与前端盖之间，如图 1-10(b) 所示。

（5）前、后端盖

前、后端盖用非导磁性的材料铝合金制成，具有轻便、散热性好等优点。在后端盖上装有电刷总成。前、后端盖上均有通风口，当它旋转后风扇能使空气高速流经发电机内部进行冷却，如图 1-10(c)、图 1-10(d) 所示。

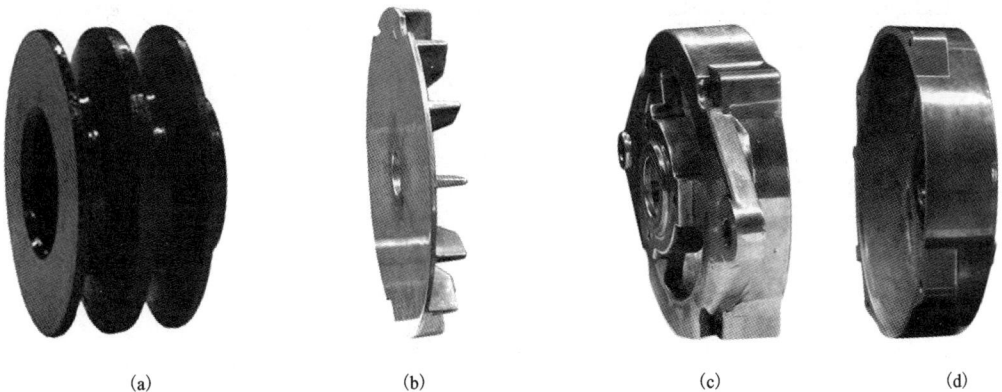

(a)　　　(b)　　　(c)　　　(d)

图 1-10　发电机皮带轮、风扇、前端盖及后端盖外观

（6）电刷总成

两只电刷装在电刷架的方孔内，并在弹簧的压力推动下与转子滑环保持良好的接触。电刷的结构有外装式和内装式两种，如图1-11所示。

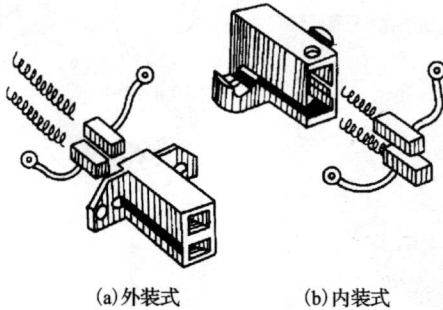

(a)外装式　　(b)内装式

图1-11　电刷及电刷架

由于发电机磁场搭铁回路的不同，电刷总成上的两个电刷接线柱可分为"B、F"接线柱或"F1、F2"接线柱两种电刷总成。前者为内搭铁型发电机所用，后者为外搭铁型发电机所用。

2.硅二极管整流器

作用：首先，把交流发电机产生的三相交流电变成直流电输出；其次，可阻止蓄电池的电流向发电机倒流。

（1）正极管

正极管中心引线为正极，外壳为负极，在管壳底部一般标有红色标记。在硅二极管整流发电机中，3个正极管的外壳压装在元件板的座孔内，共同组成发电机的正极，并绝缘固定在发电机后端盖的内侧或外侧，元件板上的大接线柱（螺栓）就是发电机的火线接柱，一般用符号"B"或"A"或"+"来表示，如图1-12、图1-13所示。

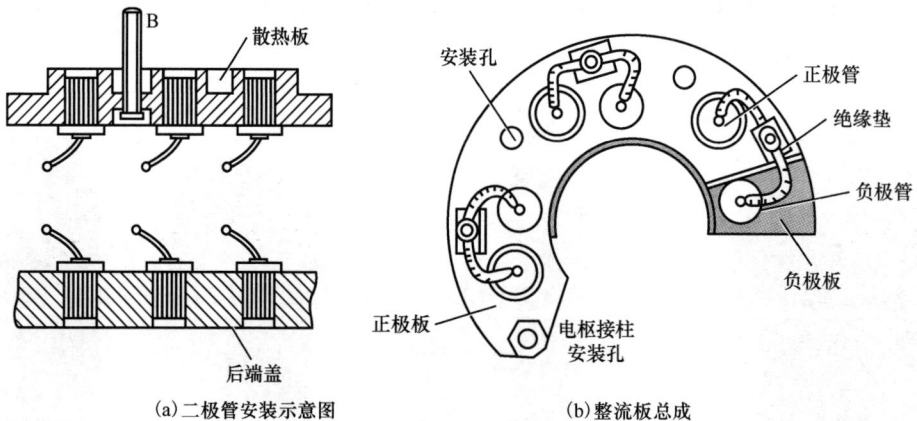

(a)二极管安装示意图　　(b)整流板总成

图1-12　整流板及二极管的安装

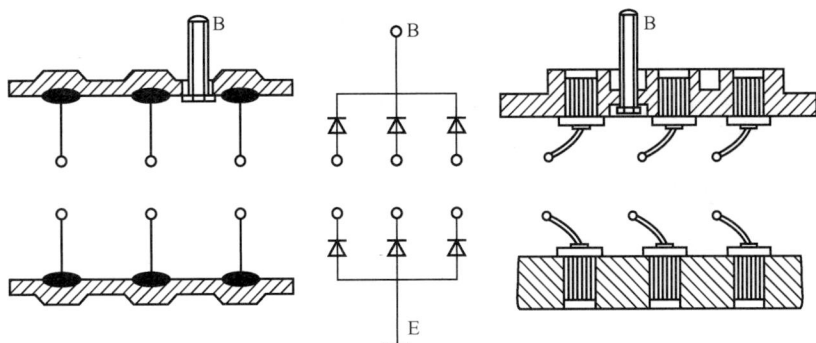

图 1-13　硅二极管的安装

（2）负极管

负极管中心引线为负极，外壳为正极，在管壳底部一般标有黑色标记。在硅整流发电机中，3 个正极管的外壳压装在后端盖的座孔内，共同组成发电机的负极。一般用符号"E"或"－"来表示，如图 1-13 所示。

1.2.1.3 交流发电机的工作原理

1.交流电动势的产生

如图 1-14 所示，发电机定子的三相绕组按一定规律分布在发电机的定子槽中，内部有一个转子，转子上安装着爪极和励磁绕组。

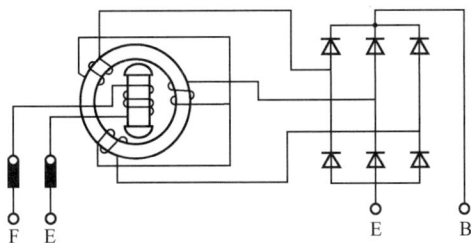

图 1-14　硅整流发电机工作原理图

当外电路通过电刷使励磁绕组通电时产生磁场，使爪极被磁化为 N 极和 S 极。当转子旋转时，磁通交替地在定子绕组中变化。根据电磁感应原理可知，定子的三相绕组中产生交变的感应电动势。这就是交流发电机的发电原理。

2.交流电动势的变化频率和转速、磁极对数成正比

$$f = \frac{pn}{60} \tag{1-2}$$

式中：f——变化频率，Hz；

　　　p——磁极对数；

　　　n——发电机转速，r/min。

在交流发电机中，由于转子磁极呈鸟嘴形，其磁场的分布近似正弦规律，所以交流电动势的波形也近似正弦规律。如果发电机定子的三相绕组是对称绕制的，则产生的三相电动势也是对称的。

3. 三相交流发电机每相绕组感应电动势的有效值

$$E_F = 4.44 K f N \Phi = C_e \Phi n \tag{1-3}$$

式中：K——绕组系数(和发电机定子绕组的绕线方式有关)；

N——每相绕组的匝数，匝；

f——频率，Hz；

Φ——每极磁通，Wb；

C_e——电动机结构常数；

E_F——相电动势。

由此可见，当交流发电机结构一定时(结构常数 C_e 不变)，相电动势 E_F 和发电机转速、磁通成正比。

4. 交流电动势的波形

交流电动势的幅值是发电机转速的函数。因此，当转速 n 变化时，三相电动势的波形为变频率、变幅值的交流波形。

1.2.1.4　交流发电机的整流原理

发电机定子绕组中感应产生的是交流电，是由 6 个二极管组成的三相桥式整流电路变为直流电的，如图 1-15(a)所示。

1. 整流原理

二极管具有单向导电性，当给二极管加上正向电压时，二极管导通；当给二极管加上反向电压时，二极管截止。将定子的三相绕组和 6 个整流二极管按电路连接，发电机的输出端B、E 上就输出一个脉动直流电压，如图 1-15(b)、图 1-15(c)所示，这就是发电机的整流原理。

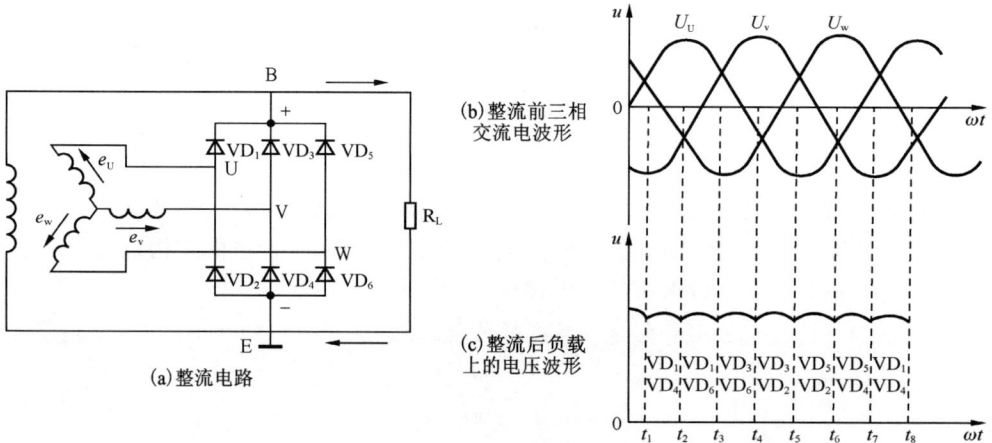

图 1-15　三相桥式整流电路及电压波形

2.二极管的导通原则

3个正极管中，在某一瞬间正极电位(电压)最高者导通；3个负极管中，在某一瞬间正极电位(电压)最低者导通，如图1-16所示。

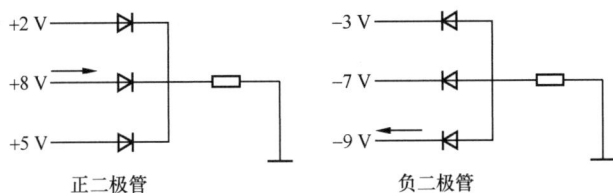

图1-16　二极管的导通原则

3.发电机的整流过程

三相桥式整流电路中二极管依次循环导通，使得负载 R_L 两端得到一个比较平稳的脉动直流电压。

对于3个正极管子(VD_1 、 VD_3 、 VD_5 正极和定子绕组始端相连)，在某瞬时，电压最高一相的正极管导通。

对于3个负极管子(VD_2 、 VD_4 、 VD_6 负极和定子绕组始端相连)，在某瞬时，电压最低一相的负极管导通。但同时导通的管子总是两个，正、负管子各一个。

4.中性点电压

在定子绕组为星形连接时，三相绕组的公共结点称为中性点。从三相绕组的中性点引一根导线到发电机外，标记为"N"。"N"点电压称为中性点电压。

中性点电压的瞬时值是一个三次谐波电压，如图1-17所示。平均值为发电机输出电压(平均值)的一半。

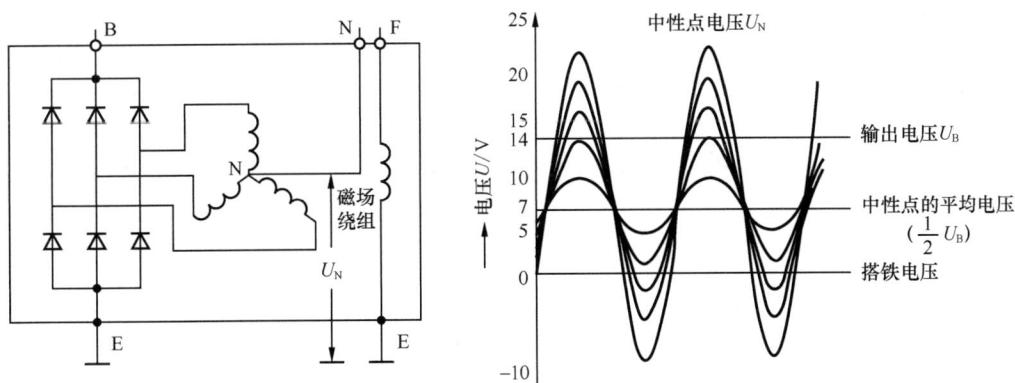

图1-17　中性点电压的波形

1.2.1.5　发电机的励磁方式

除了永磁式交流发电机不需要励磁以外，其他形式的交流发电机都必须给励磁绕组通电才会有磁场产生并发电，否则发电机将不能发电。

将电流引入励磁绕组使其产生磁场的装置称为励磁。交流发电机励磁方式有他励和自励两种。

1. 他励

在发电机的转速较低时(发动机未达到怠速转速)，自身不能发电，单靠微弱的剩磁产生的很小的电动势，很难克服二极管的正向电阻。此时需要蓄电池向发电机的励磁绕组供电，使励磁绕组产生磁场来发电。这种由蓄电池供给磁场电流发电的方式称为他励发电，如图1-18所示。

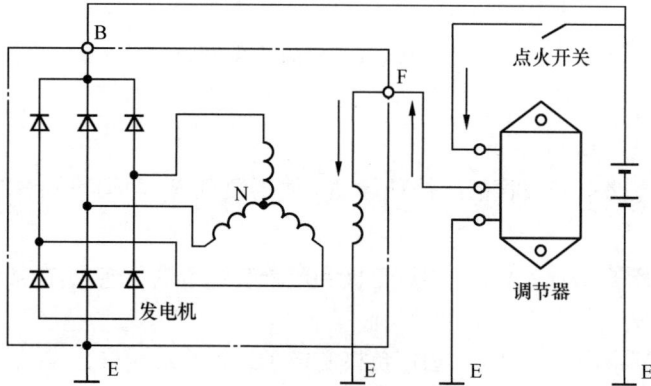

图1-18　发电机他励电路连接

2. 自励

随着发动机转速的提高(一般在发动机达到怠速时)，发电机定子绕组的电动势逐渐升高并能使整流器二极管导通。当发电机的输出电压 U_B 大于蓄电池的电压时，发电机就能对外供电了。当发电机能对外供电时，可以把自身发的电供给励磁绕组，这种自身供给磁场电流发电的方式称为自励发电。

交流发电机励磁过程是先他励后自励。当发动机达到正常怠速转速时，发电机的输出电压一般高出蓄电池电压1~2 V，以便对蓄电池充电。此时，由发电机自励发电。

不同汽车的励磁电路各不相同，但其共同特点是，励磁电路都必须由点火开关控制。因此，汽车上的发电机必须与蓄电池并联，开始由蓄电池向励磁绕组供电，使发电机的电压很快建立起来，并迅速转变为自励状态。这样，蓄电池被充电的机会也多一些，有利于蓄电池的使用。

3. 交流发电机励磁电路

励磁绕组通过两只电刷(F和E)和外电路相连，根据电刷和外电路的连接形式不同，发电机分为内搭铁型和外搭铁型两种，如图1-19所示。

① 内搭铁型交流发电机：励磁绕组的一端经负电刷(E)引出后与后端盖直接相连(直接搭铁)的发电机称为内搭铁型交流发电机。

② 外搭铁型交流发电机：励磁绕组的两端(F和E)均和端盖绝缘的发电机称为外搭铁型交流发电机。

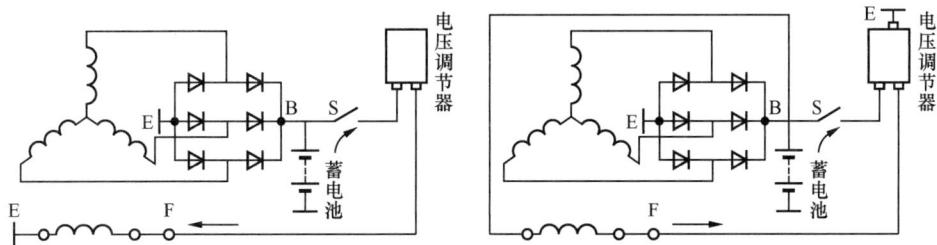

图1-19   内、外搭铁型交流发电机励磁电路

1.2.1.6   交流发电机的分类

汽车用发电机可分为直流发电机和交流发电机。由于交流发电机在许多方面都优于直流发电机，所以直流发电机已被淘汰，目前所有汽车均采用交流发电机。交流发电机按照不同的分类方法可分为以下几类。

1. 按总体结构分类

① 普通交流发电机，这种发电机既无特殊装置，也无特殊功能，使用时需要配装电压调节器，如图1-20(a)所示。

② 整体式交流发电机，发电机和调节器制成一个整体的发电机，如图1-20(b)所示。

③ 带泵的交流发电机，发电机和汽车制动系统用真空助力泵安装在一起的发电机，如图1-20(c)所示。

(a)普通交流发电机   (b)整体式交流发电机   (c)带泵的交流发电机

图1-20   交流发电机分类

④ 无刷交流发电机，不需要电刷的发电机。

⑤ 永磁交流发电机，转子磁极为永磁铁制成的发电机。

2. 按整流器结构分类

① 六管交流发电机，如图1-21所示。

② 八管交流发电机，如图1-22所示。

八管交流发电机(如夏利车用)和六管交流发电机的基本机构是相同的，所不同的是整流器有8个硅整流二极管。其中6个组成三相全波桥式整流电路，另外2个是中性点二极管(1个正极管接在中性点和正极之间，1个负极管接在中性点和负极之间，对中性点电压进行全波整流)。

试验表明：加装中性点二极管的交流发电机在结构不变的情况下，可以将发电机的功率提高10%～15%。

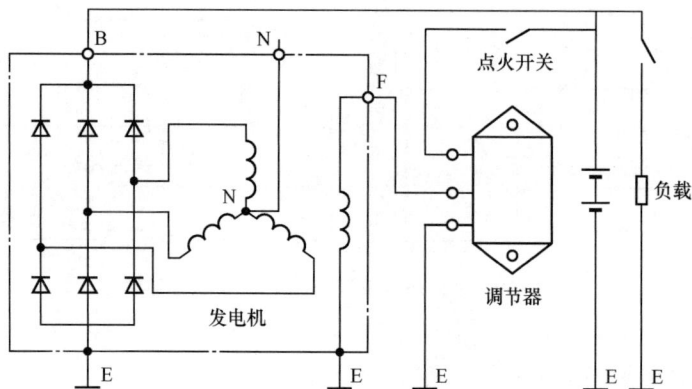

图1-21 六管交流发电机

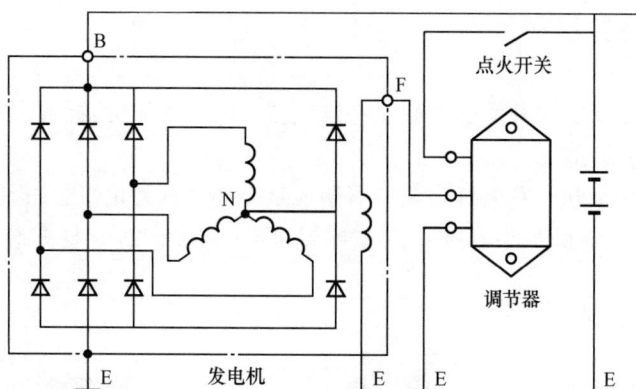

图1-22 八管交流发电机

③ 九管交流发电机,如图1-23所示。

九管交流发电机的基本结构和六管交流发电机相同,所不同的是整流器。九管交流发电机的整流器是由6个大功率整流二极管和3个小功率励磁二极管组成的。其中：6个大功率整流二极管组成三相全波桥式整流电路,对外负载供电；3个小功率二极管与3个大功率负极管也组成三相全波桥式整流电路,专门为发电机磁场供电,这3个小功率管称为励磁二极管。

④ 十一管交流发电机,如图1-24所示。

十一管交流发电机的整流器,相当于九管交流发电机的整流器加两只中性点整流管。由于十一管交流发电机既能提高功率又可使充电指示灯电路简化,因此应用较广。

3.按励磁绕组搭铁形式分类

(1)内搭铁型交流发电机

内搭铁型交流发电机,磁场绕组的一端(负极)直接搭铁(和壳体相连),如图1-25(a)所示。

(2)外搭铁型交流发电机

外搭铁型交流发电机,磁场绕组的一端(负极)接入调节器,通过调节器后再搭铁,如图1-25(b)所示。

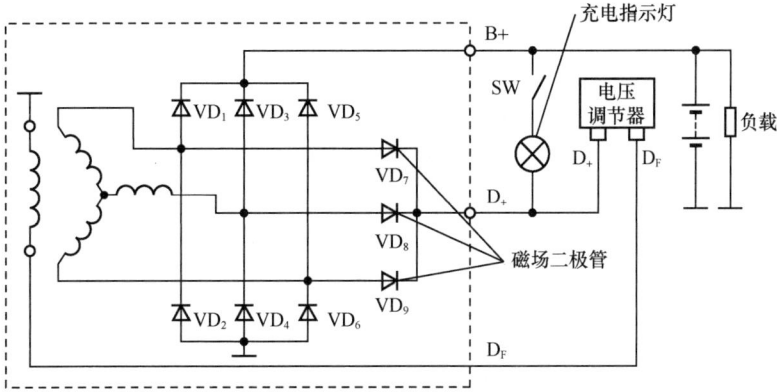

图 1-23　九管交流发电机

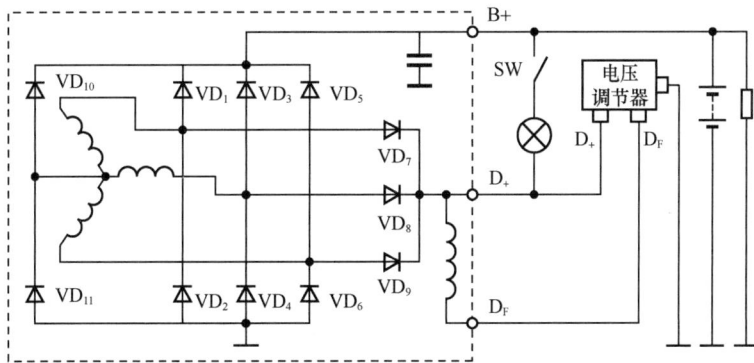

图 1-24　十一管交流发电机

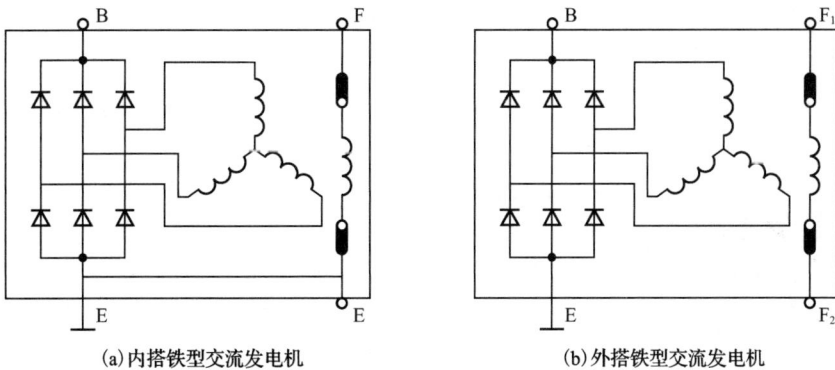

(a)内搭铁型交流发电机　　　　　　　(b)外搭铁型交流发电机

图 1-25　交流发电机的搭铁形式

1.2.1.7　交流发电机的型号

根据中华人民共和国汽车行业标准《汽车电气设备产品型号编制方法》(QC/T 73—1993)的规定,汽车交流发电机型号由产品代号、电压等级代号、电流等级代号、设计序号、变型代号 5 部分组成,如图 1-26 所示。

```
J   F   Z   1   9   1   3   Z
                            └──── 变型代号
                        └──────── 设计序号
                    └──────────── 电流等级代号
                └──────────────── 电压等级代号
└──────────────────────────────── 产品代号
```

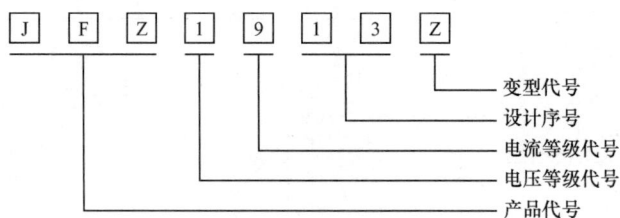

图 1-26　交流发电机型号

1. 产品代号

产品代号用英文字母表示,例如:JF——普通交流发电机;JFZ——整体式(调节器内置)交流发电机;JFB——带泵的交流发电机;JFW——无刷交流发电机。

2. 电压等级代号

电压等级代号用 1 位阿拉伯数字表示,1 表示 12 V 系统;2 表示 24 V 系统;6 表示 6 V 系统。

3. 电流等级代号

电流等级代号也用 1 位阿拉伯数字表示,其含义如表 1-2 所示。

表 1-2　电流等级代号

代号	1	2	3	4	5	6	7	8	9
电流等级 /A	~19	≥20~29	≥30~39	≥40~49	≥50~59	≥60~69	≥70~79	≥80~89	≥90

4. 设计序号

设计序号用 1~2 位阿拉伯数字表示,表示产品设计的先后顺序。

5. 变型代号

交流发电机以调整臂位置作为变型代号。从驱动端看,调整臂在左边用 Z 表示,调整臂在右端用 Y 表示,调整臂在中间不加标记。

注意:进口发电机的型号标注不符合上述标准的规定。

1.2.1.8　电压调节器

发电机在汽车上是按固定的传动比驱动旋转的,其转速 n 随发动机转速变化而在很大范围内变化。根据电磁感应原理,交流发电机发出的电压,随发电机速度和负载(输出电流)而变化。由于发动机的转速不断变化,交流发电机转速很难保持不变。因此,为了使发电机能提供固定不变的电压,必须采用调节器来控制电压。充电系统一般使用发电机的电压调节器来保持充电系统的电压稳定。

1. 电压调节器的功用

电压调节器是把发电机的输出电压控制在规定范围内的调节装置,其功用是在发电机转速和发电机的负载发生变化时自动控制发电机电压,使其保持恒定,防止因发电机的电压过高而烧坏用电设备和导致蓄电池过量充电,同时也防止因发电机的电压过低而导致用电设备工作失常和蓄电池充电不足。

2.电压调节器的基本原理

根据电磁感应原理，发电机的感应电动势为 $E_\Phi = C_1 n\Phi$，即感应电动势 E_Φ 与发电机转速 n 和磁通 Φ 成正比；发电机的空载电压 $U = E_\Phi = C_1 n\Phi$。发电机在汽车上是按固定的传动比驱动旋转的，其转速 n 随发动机转速变化而在很大范围内变化。如果要在转速 n 变化时维持发电机电压恒定，就必须相应地改变磁极磁通 Φ。因为磁极磁通 Φ 取决于磁场电流的大小，所以在发电机转速变化时，只要自动调节磁场电流，就能使发电机电压保持恒定。电压调节器就是利用自动调节磁场电流使磁极磁通改变这一原理来调节发电机电压的。

在一个电路中调节电流的方法大致有三种：一是通过更改电路中的电压，二是更改电路中的电阻值，三是控制电路的通与断。电压调节器采用的是后两种方法。电磁振动式电压调节器调节磁场电流的方法是通过触点开闭，使磁场电路的电阻改变来调节磁场电流；电子式电压调节器调节磁场电流的方法是利用功率管的开关特性，使磁场电流接通与切断来调节磁场电流。

电压调节器除了要具有调节磁场电流的功能外，还必须要有感知发电机电压变化的装置。也就是说先要感知发电机电压的变化，根据这个变化再决定怎么调节磁场电流。在电磁振动式电压调节器中，感知发电机电压变化的元件是线圈。在电子式电压调节器中感知发电机电压变化的元件是稳压管。

3.触点式电压调节器

触点式电压调节器的基本原理如图 1-27 所示。当发电机的电压较低时，线圈电流小，铁芯吸力小，克服不了拉簧拉力，触点闭合；励磁电流通过触点，电流较大时，使电压上升。当发电机电压升高到一定值时，线圈电流增大，铁芯吸力增大，克服了拉簧拉力，使触点打开；励磁电流通过电阻，电流减小，磁场减弱，电压降低。发电机电压下降后，电磁铁吸力减弱，触点又在拉簧的作用下闭合；励磁电流增大，使电压上升。如此反复，使发电机的电压维持在一个稳定值。由于电磁振动式电压调节器的性能较差，可靠性不高，目前已基本淘汰。

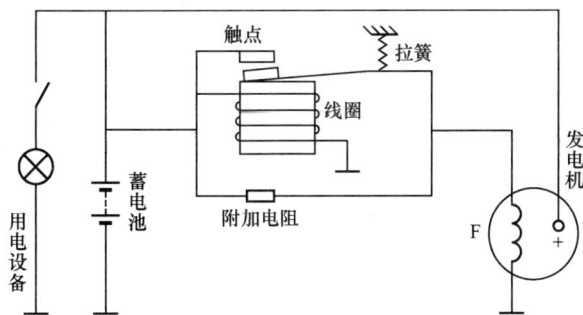

图 1-27　触点式电压调节器的基本原理

4.晶体管电压调节器

(1)触点式电压调节器的缺点

触点式电压调节器在触点开闭过程中存在着机械惯性和电磁惯性，触点的振动频率较低，当发电机高速满载运转突然失去负载时，有可能因触点动作迟缓而导致发电机产生过电压，损坏晶体管。此外，触点分开时，磁场电流的迅速下降使触点间产生火花，导致触点氧化、烧蚀，缩短使用寿命，甚至造成无线电干扰。这种调节器的结构复杂，体积和质量大，维修、保养、调整不便。

（2）晶体管电压调节器的优点

晶体管调节器也称电子调节器，以稳压管作为电压感受元件，控制晶体管的通断来调节励磁电流，使发电机的电压保持稳定。这种调节器没有触点，使用过程中无须保养和维护，结构简单、体积小、质量轻，目前已经逐步取代触点式电压调节器。

（3）电子调节器的基本工作原理

电子调节器原理如图 1-28 所示。

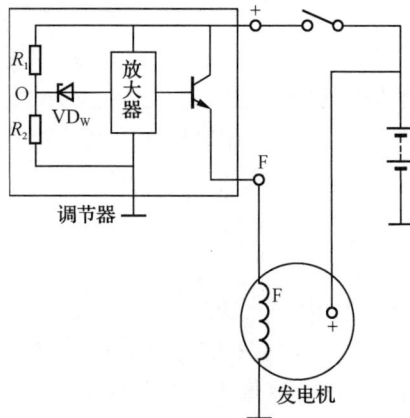

图 1-28　电子调节器基本原理

调节器的"+"接线柱接点火开关，"F"接线柱接发电机励磁绕组。"+"和"F"之间为晶体管的集电极与发射极之间形成的开关电路。"+"与"-"之间有两个电阻 R_1、R_2 组成的分压器，其 O 点电压正比于发电机电压。O 点与放大器之间接有稳压管 VD_w，用来感受电压。其工作过程如下。

在发电机电压较低的情况下，分压器中间 O 点电压也较低，此时稳压管处于截止状态。此状态经放大器放大，给晶体管的基极一个高电位信号，使晶体管导通。励磁电流可以通过晶体管流入发电机励磁绕组，使发电机电压上升。当电压上升到调节器电压调整值时，O 点电压升高至稳压管的击穿电压，稳压管被击穿。此信号经放大器放大后给晶体管一个低电位信号，使晶体管截止，切断励磁电流。发电机无励磁电流，电压下降，使三极管导通。如此反复，使发电机的电压稳定在一调定值。从上述调节器的结构和工作情况看，电子调节器共有 3 个接线柱，即"+""F"和"-"，在接线时不能接错。值得注意的是电子调节器的接线方式根据发电机和调节器的形式而有所不同，虽然调节器的接头标注都一样，但接法完全不同。如图 1-29 所示为发电机和调节器的两种接线方式。

如图 1-29（a）所示为磁场线圈内搭铁型，调节器装在发电机与点火开关之间，发电机励磁绕组有一端搭铁。如图 1-29（b）所示为外搭铁型，调节器装在发电机励磁绕组与搭铁之间，发电机励磁绕组无搭铁端，调节器控制励磁绕组搭铁。这两种形式的发电机与调节器不能互换，否则会造成发电机的电压失调或不发电。

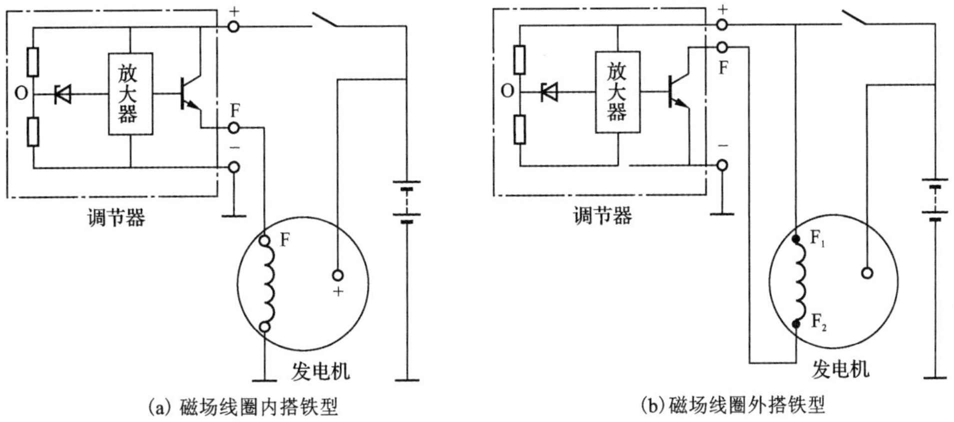

(a) 磁场线圈内搭铁型　　　　　　　　　　(b) 磁场线圈外搭铁型

图 1-29　发电机和调节器的两种接线方式

5. 集成电路(IC)电压调节器

集成电路电压调节器是利用集成电路(IC)组成的调节器。IC调节器主要由混合集成电路、散热片和连接器组成。使用混合集成电路，IC调节器可以获得较小的尺寸。集成电路调节器具有以下特点。

① 体积小、质量轻。可以直接装在发电机内部或壳体上成为整体式交流发电机的一个零件，省去了调节器和发电机之间的导线，减小了线路损失，减少了线路故障，使调节器的精度可达±0.3 V，工作更为可靠。

② 耐高温性能好，可在130℃的高温下正常工作。

③ 更加耐振，使用寿命长。

目前轿车上已大量采用集成电路调节器。

(1)集成电路调节器电压检测方法

根据集成电路电压调节器分压电路检测的是发电机电压还是蓄电池电压，集成电路电压调节器检测方法分为发电机电压检测法和蓄电池电压检测法。

① 发电机电压检测法。

这一类型的 IC 调节器通过检测发电机的内部电压来把输出电压调节到规定的值。发电机电压检测法的线路如图 1-30 所示。加在分压器 R_1、R_2 上的电压是磁场二极管输出端 L 的电压 U_L，而硅整流发电机输出端 B 的电压为 U_B，因为 $U_L = U_B$，因此，调节器检测点 P 的电压加在稳压二极管 VD_1 两端的反向电压 U_P 与发电机的电压 U_B 成正比，所以该线路称为发电机电压检测线路。

② 蓄电池电压检测法。

这一类型的 IC 调节器通过端子 S(蓄电池检测端子)来检测蓄电池的电压，并把输出电压调节到规定的值。蓄电池电压检测法的线路如图 1-31 所示。加在分压器 R_1、R_2 上的电压为蓄电池的端电压，由于通过检测点 P 加在稳压二极管 VZ_1 上的反向电压与蓄电池的端电压成正比，所以该线路称为蓄电池电压检测法线路。

在上述两种基本电路中，如果采用发电机电压检测法线路，发电机的引出线可以少一根。不足之处在于，当图 1-30 中接线柱 B 到蓄电池正极之间的电压下降较大时，蓄电池的

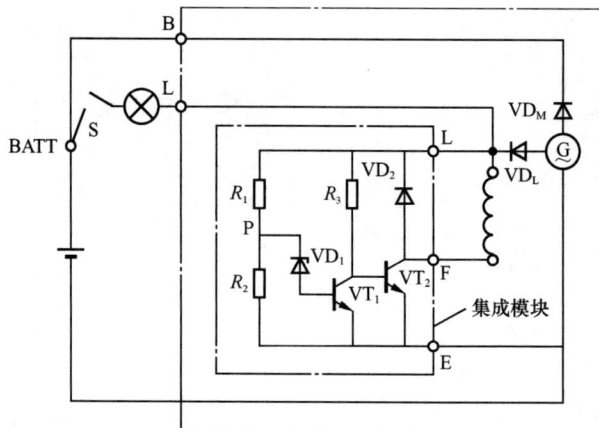

图 1-30　发电机电压检测法的线路

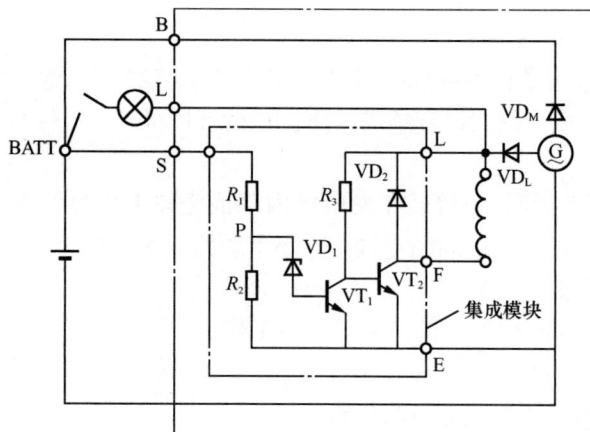

图 1-31　蓄电池电压检测法的线路

充电电压将会偏低，使蓄电池充电不足。因此，一般大功率发电机要采用蓄电池电压检测法的调节器。

在采用如图 1-31 所示的蓄电池电压检测法线路时，当接线柱 B 与蓄电池之间或接线柱 S 与蓄电池正极之间断路时，由于不能检测出发电机的端电压，发电机的电压将会失控。为了克服这一点，线路上应采取一定措施。

如图 1-32 所示为具有保护作用的蓄电池电压检测法原理电路。在这个电路中，在调节器的分压器与发电机接线柱 B 之间增加了 1 个电阻 R_4 和 1 个二极管 VD_2。当接线柱 B 与蓄电池正极之间或接线柱 S 与蓄电池正极之间出现断路时，由于 R_4 的存在，仍能检测发电机的端电压 U_B，使调节器能正常工作，并可以防止出现发电机电压过高的现象。

（2）集成电路电压调节器实例

天津夏利轿车的发电机内装集成电路电压调节器及充电系统电路，如图 1-33 所示。该发电机调节器是由一块集成电路和晶体管等元件组成的混合集成电路调节器，装于发电机内部，构成整体式交流发电机，调节器为内装式外搭铁型。

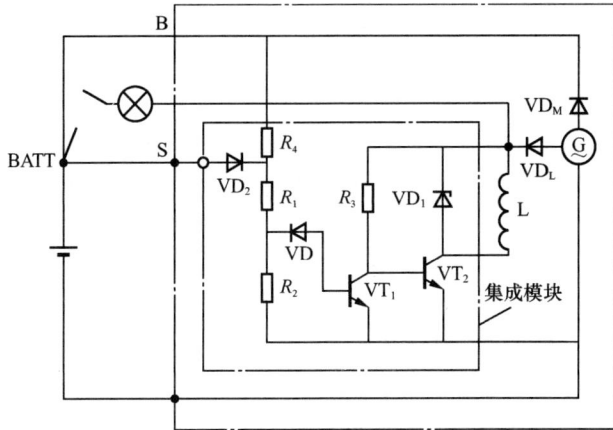

图 1-32　具有保护作用的蓄电池电压检测法原理电路

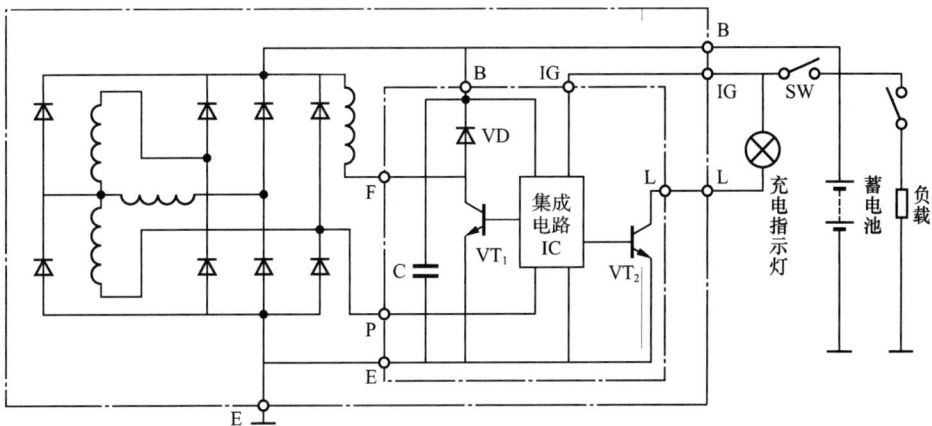

图 1-33　夏利轿车的调节器电路

该调节器有 6 个接线端子：F、P、E 三个端子用螺钉直接和发电机连接，B 端用螺母固定在发电机的输出端子"B"上，IG、L 两个端子用金属线引到调节器的外部接线插座上。

① 磁场电流控制：VT_1 是大功率晶体管，由集成电路 IC 控制 VT_1 的导通和截止，从而控制磁场电路通断，使发电机的电压得到控制。

② 充电指示灯：充电指示灯串接在 VT_2 集电极上，VT_2 导通充电指示灯亮，VT_2 截止充电指示灯熄灭。在集成电路(IC)片中有控制 VT_2 导通和截止的电路，控制信号由点 P 提供。点 P 提供的是发电机单相电压的交流信号，其信号幅值大小可反映发电机输出电压高低。

当发电机输出电压低于蓄电池电压时，IC 中的控制电路使 VT_1 导通，充电指示灯亮；当发电机输出电压高于蓄电池电压时，IC 中的控制电路使 VT_1 截止，充电指示熄灭。

1.2.1.9　典型电源系统电路

汽车电源系统电路包括蓄电池、交流发电机、调节器、电流表、放电警告灯继电器及放电警告灯等。

现代汽车大部分都用放电警告灯来表示电源系统的工作情况，但也有用电流表指示蓄电池充、放电的。控制放电警告灯的方法常用有三种：第一种，利用交流发电机中性点电压，通过继电器或电子控制器进行控制；第二种，利用交流发电机输出端电压，通过电子控制器进行控制；第三种，利用九管交流发电机进行控制。

　　用来自动接通和断开蓄电池放电警告灯电路的继电器，称为放电指示继电器。由于放电指示继电器一般都与电压调节器制作在一起，因此称为带放电指示继电器的调节器。

　　带有集成电路调节器的整体式交流发电机与外部(蓄电池、线束)连接端子通常用"B+"(或"+B""BATT")、"IG""L""S"(或"R")和"E"(或"−")等符号表示，这些符号通常在发电机端盖上标出，其代表的含义如下。

　　"B+"(或"+B""BATT")为发电机输出端子，用一根粗导线连接至蓄电池的正极或启动机上。

　　"IG"通过线束连接至点火开关，有的发电机上无此端子。

　　"L"为放电警告灯连接端子，通过线束接放电警告灯或放电指示继电器。

　　"S"(或"R")为调节器的电压检测端子，通过导线直接连接蓄电池的正极。

　　"E"(或"−")为发电机和调节器的搭铁端子。

　　下面介绍几种车型的电源系统电路。

　　1. CA1091 电源电路

　　该电路由 JF152D 或 JF1522A 型交流发电机与 JFT106(或 JFT124)型晶体管电压调节器或 FT111 型触点式电压调节器和 6-QA-100 型干荷电蓄电池组成。它既有电流表也有放电警告灯来显示蓄电池充、放电状况。放电警告灯利用中性点电压，通过启动组合继电器控制。电路如图 1-34 所示。

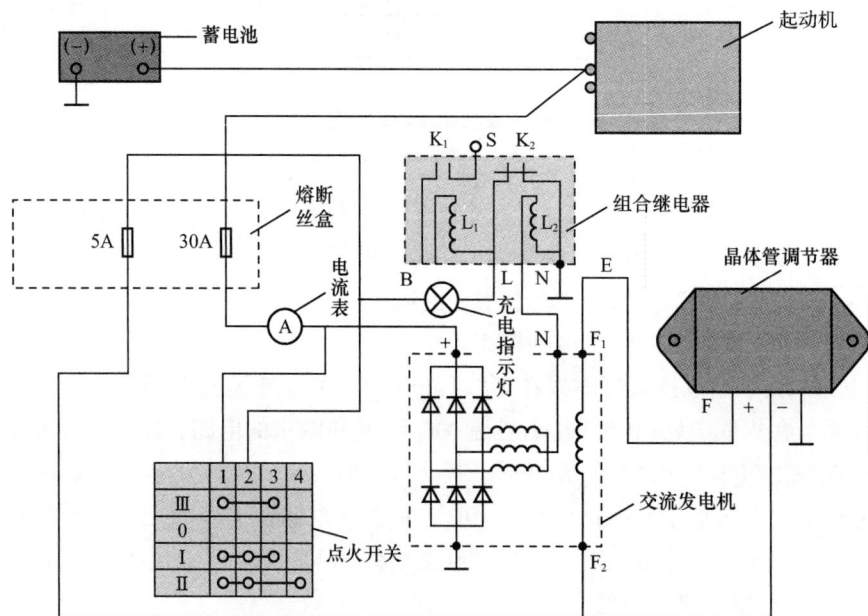

图 1-34　CA1091 电源电路

K_2 为保护继电器常闭触点，除对启动机具有防止误启动的功能外，还用来控制放电警告灯亮、灭；L_2 为保护继电器电压线圈，承受发电机中性点电压。

放电警告灯及发电机磁场绕组电路为：蓄电池"+"极→启动机"电源"接线柱→30 A 保险→电流表→点火开关→放电警告灯→组合继电器 L 接线柱→常闭触点 K_2→搭铁→蓄电池"−"极。

发电机磁场绕组电路为：蓄电池"+"极→启动机"电源"接线柱→30 A 保险→电流表→点火开关→5 A 保险→发电机 F_2 接线柱→磁场绕组→发电机 F_1 接线柱→调节器 F 接线柱→搭铁→蓄电池"−"极（F_1 与 F_2 两接线柱上的导线可以互换）。

2. 桑塔纳 2000 电源系统电路

桑塔纳及桑塔纳 2000 系列轿车的电源系统电路如图 1-35 所示。

整体式交流发电机的 3 只正极管与 3 只负极管组成一个三相桥式全波整流电路，称为输出电流整流电路。其输出端"B+"用红色导线与启动机"30"端子连接（1996 年后，部分轿车输出端"B+"用红色导线经 80 A 易熔线与蓄电池的正极柱连接，易熔线支架固定在蓄电池附近的发动机防火墙上）。3 只磁场二极管与 3 只负极管也组成一个三相桥式全波整流电路，称为磁场电流整流电路。其输出端"D+"用蓝色导线经蓄电池旁边的单端子连接器 T_1 后与中央线路板 D 插座的 D_4 端子连接，再经中央线路板内部线路与 A 插座的 A_{16} 端子相连。点火开关"30"端子用红色导线经中央线路板上的单端子插座 P 与蓄电池正极连接，点火开关"15"端子用黑色导线与仪表盘左下方14 端子黑色插座的 14 端子连接（图 1-35 中未画出，可参见原版电路图），经仪表盘印刷电路上的电阻 R_1、R_2 和放电警告灯（R_2 和放电警告灯串联后再与 R_1 并联）和二极管接回到 14 端子黑色插座 12 端子，再用蓝色导线与中央线路板 A 插座的 A_{16} 端子连接。

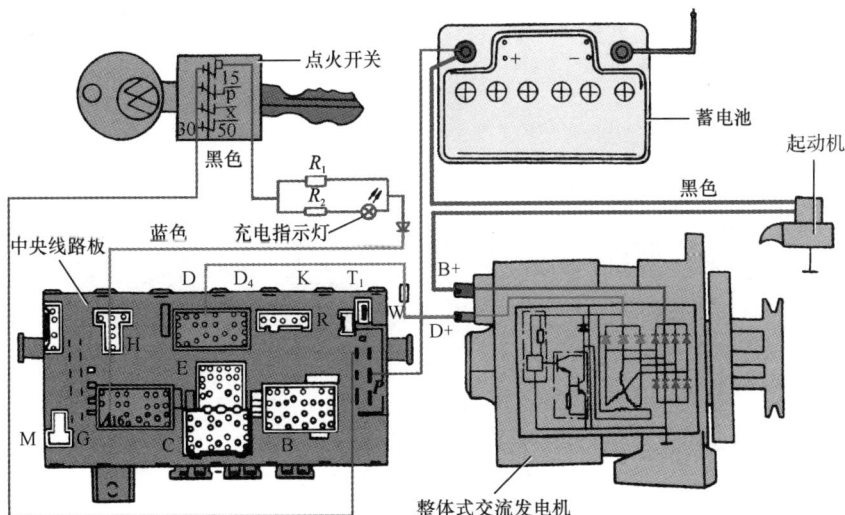

图 1-35　桑塔纳 2000 电源系统电路

由图 1-35 可见，放电警告灯及发电机磁场绕组线路为：蓄电池正极端子→中央线路板单端子插座 P 端子→中央线路板内部线路→中央线路板单端子插座 P 端子→点火开关"30"端子→点火开关→点火开关"15"端子→组合仪表盘下方 14 端子连接器的"14"端子→电阻 R_2

和放电警告灯(发光二极管)→二极管→中央线路板 A_{16} 端子→中央线路板内部线路→中央线路板 D_4 端子→单端子连接器 T_1(蓄电池旁边)→交流发电机"D+"端子→发电机的磁场绕组→电子调节器功率管→搭铁→蓄电池负极端子。

1.2.2 任务实施

在任务实施的过程中,将学习的内容运用其中,做到学以致用。

1.2.2.1 交流发电机的拆装与维护

交流发电机的维护可从 5 方面完成,即拆卸、分解、检查、组装和安装。

1.拆卸

① 脱开蓄电池负极(-)端子电缆。

② 脱开发电机电缆和连接器。

③ 拆卸发电机。

a.传动皮带;b.支架;c.发电机。

2.分解

① 拆卸发电机皮带轮。

② 拆卸发电机电刷座总成。

a.发电机端子绝缘体;b.电刷座;c.后端盖。

③ 拆卸发电机调节器总成。

④ 拆卸整流器。

⑤ 拆卸发电机转子总成。

a.驱动端盖;b.转子;c.整流器端盖。

3.检查

检查发动机,如图 1-36 所示。

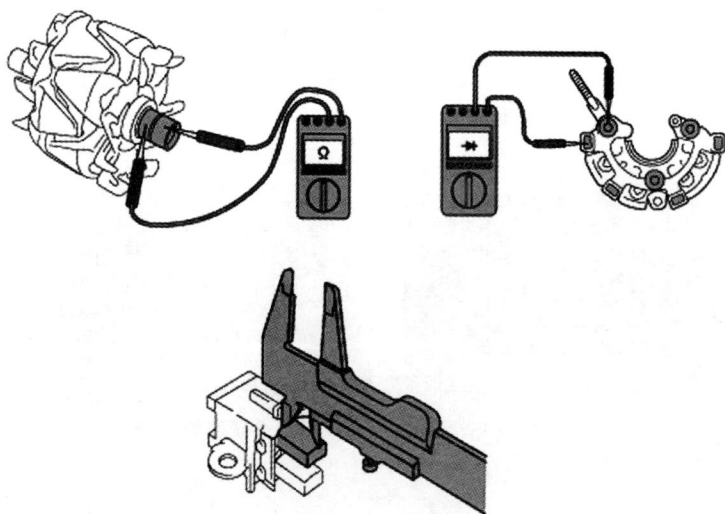

图 1-36 检查发电机

（1）检查发电机转子总成

目视检查，如图 1-37 所示。

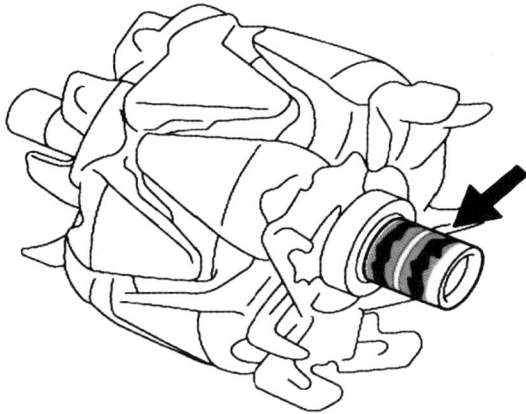

图 1-37 检查发电机转子总成

① 检查滑环变脏或烧蚀的程度。

提示：

- 旋转时滑环和电刷接触，使电流产生。
- 电流产生的火花会产生脏污和烧蚀。
- 脏污和烧蚀会影响电流，使发电机的性能降低。

② 用布料和毛刷，清洁滑环和转子。如果脏污和烧蚀明显，则应更换转子总成。

③ 使用万用表，检查滑环之间是否导通，如图 1-38 所示。

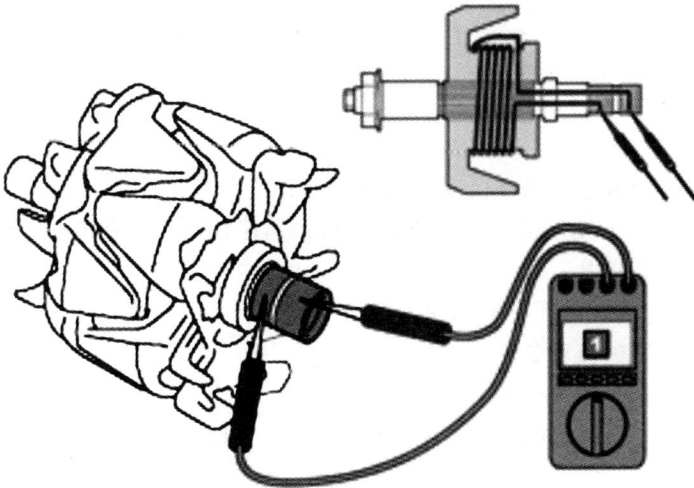

图 1-38 检查滑环之间是否导通

提示：

● 转子是一个旋转的电磁体，内部有一个线圈，线圈的两端应连接到滑环上。

● 检查滑环之间是否导通可以用于探测线圈内部是否开路。

● 如果发现在绝缘或者导通方面存在问题，可更换转子。

④ 用万用表，检查滑环和转子之间的绝缘，如图1-39所示。

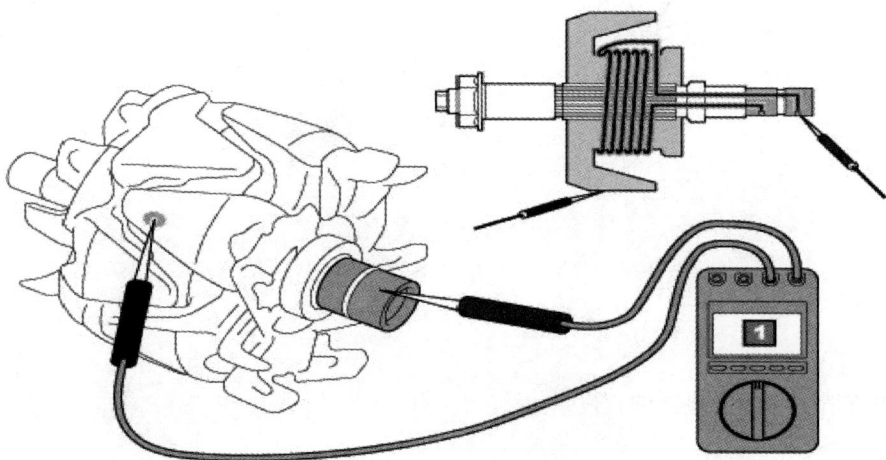

图1-39　检查滑环和转子之间的绝缘

提示：

● 在滑环和转子之间存在一个切断电流的绝缘状态。

● 如果转子线圈短路，电流会在线圈和转子之间流动。

● 检查滑环和转子之间的绝缘可以用来检测线圈内是否存在短路。

● 如果发现在绝缘或者导通方面存在问题，可更换转子。

⑤ 用游标卡尺测量滑环的外径。

提示：

● 如果测量值超过规定的磨损极限，须更换转子。

● 当滑环的外径小于规定值时，滑环和电刷之间接触不足，有可能影响电流环流的平稳，降低发电机的发电能力。

（2）检查整流器总成（如图1-40所示）

检查整流器二极管的流程如下。

● 使用万用表二极管测试模式。

● 在整流器的端子B和端子P_1到P_4之间测量，交换测试导线时，检查是否只能单向导通。

● 改变端子B至端子E的连接方式，测量过程同上。

提示：

● 发电机产生交流电，但是由于汽车使用直流电，交流电必须转换成直流电。转换电流的装置就是整流器，整流器用二极管将交流电转换成直流电。

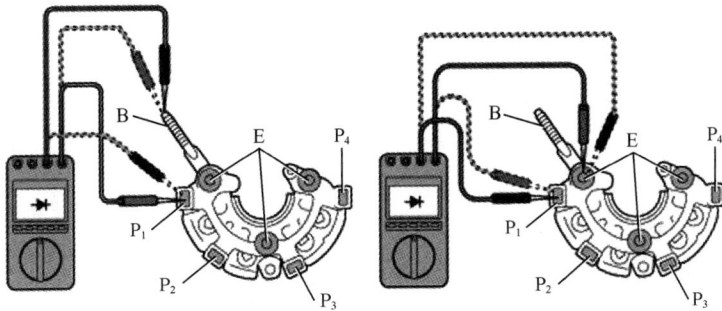

图 1-40　检查整流器总成

● 二极管单向导通电流。因此，用万用表或电路测试仪检查时，使电流通过测试仪的内部电池到达二极管，根据流过二极管的电流来检查二极管是否正常。

（3）检查发电机电刷座

用游标卡尺，测量电刷的长度。

4. 组装

① 安装发电机转子总成。

② 安装整流器端盖。

用压机将整流器端盖压到驱动端盖内。

③ 安装发电机电刷座总成。

a. 安装发电机电刷座。尽可能使用最小的平头螺钉旋具，并将电刷压入电刷座，将电刷座安装到端机座内。

b. 目视检查。拉出螺钉旋具，目视检查电刷是否碰撞到滑环。

④ 安装发电机皮带轮。

5. 安装

① 安装发电机（如图 1-41 所示）。

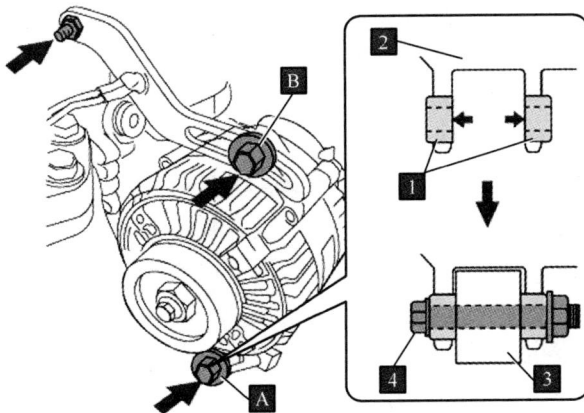

图 1-41　安装发电机

滑动轴套直到表面和托架平齐(管接头一端)。

提示:

用锤子和铜棒将发电机安装部分的轴套向外滑动,以便安装发电机。

- 初步安装发电机,使它通过贯穿安装螺栓 A。
- 初步安装螺栓 B。
- 安装传动带。
- 通过锤子的手柄等移动发电机来调整传动带的张紧度。
- 拧紧安装螺栓 A 和螺栓 B 以牢固地安装发电机。

② 连接发电机电缆和连接器。

③ 连接蓄电池负极。

1.2.2.2 电源系统故障诊断的基本方法

1. 放电警告灯诊断

在装备有放电警告灯的汽车上,利用放电警告灯来诊断充电系统有无故障,方法如下。

① 首先预热发动机,启动发动机后,使其怠速或将发电机转速控制在 1200 r/min 左右运转 10 min,断开点火开关,使发动机停止运转。

② 然后接通点火开关(将点火开关转到"ON"位,并不启动发动机),观察放电警告灯是否发亮。此时放电警告灯应当发亮,如果不亮,说明放电警告灯线路或充电指示控制器有故障。

③ 最后启动发动机,并逐渐升高发动机转速(即逐渐加大油门),当发动机转速升高到 600~800 r/min(即发电机转速升高到 1200~2000 r/min)时,放电警告灯自动熄灭,说明放电警告灯线路正常,发电机能够发电。此时检查调节器工作是否正常,需用电压表或万用表进行检测诊断。

2. 用电压表诊断

① 将直流电压表(万用表拨到直流电压 DC 挡)的正极接发电机"输出"端子(B),负极搭铁。

② 记下此时电压表指示的电压值,该电压即为蓄电池的空载电压,正常值为 12.0~12.6 V。

③ 启动发动机,逐渐加大加速踏板的踩踏力度使发动机的转速升高,当发动机的转速高于怠速转速(600~800 r/min)后,电压表指示的电压应高于蓄电池的空载电压,并随发电机的转速升高而稳定在某一调节电压值。

若电压表指示的电压高于调节器的调节电压,且随发电机的转速升高而升高,则说明发电机能发电,调节器有故障;若电压表指示的电压随发电机的转速升高而保持蓄电池的空载电压值不变或低于蓄电池的空载电压值,则说明发电机或调节器有故障,此时可将发电机和调节器从车上拆下分别进行检测,也可继续进行以下检测。

a. 另取一根导线将调节器中大功率晶体管的集电极与发射极短接。方法为:对外搭铁型调节器,导线的一端接发电机的磁场 F 端,另一端接发电机的"搭铁"端子(E);对内搭铁型调节器,导线的一端接发电机的"磁场"端子(F),另一端接发电机的"输出"端子(B),这样便可将发电机磁场绕组的电路直接接通。

b. 启动发动机,将其转速升到比怠速稍高后,观察电压表指示的电压,若仍等于或低于蓄电池的空载电压,则说明发电机有故障(发电机不发电);若此时电压表指示的电压随发电机的转速升高而升高,则说明发电机能发电,故障出在调节器。

3. 空载与负载性能的诊断

由于各型汽车充电系统的性能参数不尽相同,因此本任务仅以天津夏利 TJ7100、TJ7100U 型轿车充电系统为例,说明空载与负载性能的诊断方法。

(1)空载性能诊断

① 将电压表的正负极分别与蓄电池的正负极相连,将钳形直流电流表的检测夹夹到发电机"输出"端子(B)上的引出导线上,如图 1-42 所示。

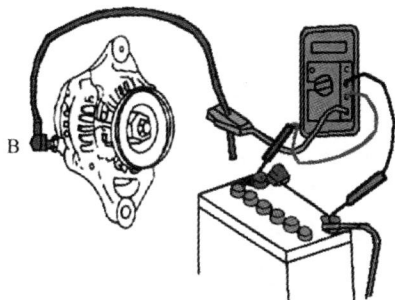

图 1-42　检测充电系统性能

② 启动发动机,将其转速升高到 2000 r/min。此时电压表指示的电压(即调节电压)应为 13.9~15.1 V(25℃),电流表的读数应小于 10 A。调节电压过高或过低应检修或更换调节器;电流过大说明蓄电池充电不足或有故障,应补充充电或更换蓄电池。

(2)负载性能诊断

① 检测仪器的连接同空载性能诊断。

② 启动发动机并使其以 2000 r/min 运行。

③ 接通前照灯和暖风电动机(夏季则接通空调器),此时调节器电压应为 13.9~15.1 V,电流表的读数应大于 30 A。若小于 30 A,则说明发电机的功率不足,应拆下检修或更换发电机。

1.2.2.3　电源系统的常见故障诊断与排除

电源系统的故障主要是以蓄电池是否充电来表现,主要有蓄电池不充电、蓄电池充电电流过小和蓄电池充电电流过大等故障。

1. 蓄电池不充电

(1)故障现象

① 发动机中高速运转,放电警告灯不熄灭。

② 开前照灯,电流表指示放电。

(2)故障原因

① 线路的接线断开或短路。

② 电流表的接线错误。

③ 发电机故障。

④ 调节器调整不当或有故障。

（3）判断步骤与方法

① 检查发电机传动带的状况。

a. 检查发电机传动带的松紧度，用手指压下传动带的中部，若压下量过大，说明发电机传动带过松，应调整。

b. 检查发电机传动带是否打滑。

② 检查充电线路各导线和接头有无断裂或松脱，检查发电机的接线是否正确。

③ 打开点火开关，但不启动发动机，用试灯将其一端接在发电机的磁场接线柱上，另一端搭铁，观察试灯。

a. 若试灯不亮，说明故障在调节器。

b. 若试灯亮，则拆下发电机"电枢"接线柱上的导线并悬空，用试灯将其一端接在发电机"电枢"接线柱上，另一端搭铁；若试灯不亮或灯光发红，说明发电机有故障。

④ 若发电机有故障，可用万用表测量各接线柱之间的电阻值，粗略判断故障所在。测量前，拆下发电机各接线柱上的导线，将万用表置于 R×1 挡测量各接柱之间的电阻值，其值应符合规定；若不符合规定，应对发电机进行拆检。

⑤ 若调节器有故障，应进行如下操作。

a. 对于晶体管调节器，应更换。

b. 对于触点式调节器，应进行如下操作。

● 检查低速触点有无烧蚀或脏污，若有，应用砂纸或砂布条研磨或清洁。

● 检查高速触点能否分离，若不能分离应修复。

2. 蓄电池充电电流过小

（1）故障现象

① 蓄电池在亏电情况下，发动机以中速以上运转时，电流表指示充电电流过小。

② 蓄电池经常存电不足。

③ 打开前照灯，灯光暗淡；按动电喇叭，声音小。

（2）判断步骤与方法

① 外观检查。

a. 检查发电机传动带的松紧度，用手指按下传动带的中部，若压下量过大，说明发电机传动带过松，应调整。

b. 检查充电线路各导线接头是否接触不良或烧蚀脏污。

② 拆下发电机"+"和"F"接线柱的导线，用试灯的两根接线分别触及"+"和"F"接线柱，启动发动机，并逐渐提高发电机的转速，同时观察试灯。

a. 若试灯亮度不变或变化很小，说明故障在发电机。

b. 若试灯亮度随发动机的转速增加而增加，说明故障在调节器。

③ 对于装有晶体管调节器的充电系统，可启动发动机，并使其略高于怠速；然后连接调节器的"F"与"-"接线柱，逐渐提高发动机转速，观察电流表。

a. 若电流表指示的充电电流增大，说明故障在调节器。

b. 若电流表指示无变化，说明故障在发电机。

④ 若是故障在发电机，应进行解体检查。

⑤ 若是故障在调节器，应进行如下操作。

a. 对于晶体管调节器，应更换。

b. 对于触点式调节器，应拆下调节器盖进行检查。检查步骤如下：

• 用手拉紧弹簧，启动发动机并以中速运转，若充电电流增大，说明调节器的限额电压过低，应调整弹簧拉力。

• 用螺钉旋具连接低速触点，若充电电流增大，说明低速触点烧蚀或脏污，应研磨或清洁。

3. 蓄电池充电电流过大

(1)故障现象

① 在蓄电池不亏电的情况下，充电电流仍在 10 A 以上。

② 蓄电池中的电解液损耗过快。

③ 分电器断电器触点经常烧蚀。各种灯泡经常烧坏。

(2)判断步骤与方法

充电电流过大的故障，一般都是调节器失调所致，所以在检查时，主要对调节器进行检查。

① 对于装有晶体管调节器的充电系统，应检查发电机与调节器是否匹配。如果无匹配问题，则应更换调节器。

② 对于装有触点式调节器的充电系统，应进行弹簧弹力及衔铁间隙的调整，使之符合要求。

项目二

汽车起动机的选用、匹配、检测与维修

学习目标

◇ 掌握启动系统的功用与结构。
◇ 掌握起动机的工作原理。
◇ 掌握起动机的选用与匹配方法。
◇ 掌握起动机各组成部分的检测方法。
◇ 掌握启动系统的常见故障与维修方法。
建议完成本项目的学时为 4~6 学时。

任务描述

学习启动系统的作用、结构及工作原理;完成起动机的选用、匹配、检测与维修工作。

2.1　项目实施学习引导

2.1.1　启动系统的作用

要使发动机由静止状态过渡到工作状态,必须用外力转动发动机的曲轴,使汽缸内吸入(或形成)可燃混合气并燃烧膨胀,工作循环才能自动进行。曲轴在外力的作用下转动到发动机开始自动地怠速运转的全过程,称为发动机的启动。启动系统的功用就是通过转动曲轴启动发动机,发动机启动后,启动系统便立即停止工作(如图 2-1 所示)。

常用的启动方法有手摇启动和电力启动两种。

手摇启动只需将启动手柄端头的横销嵌入发动机曲轴前端的启动爪内,以人力转动曲轴。此方法操作不便,易加重驾驶员的劳动强度。

电力启动是用电动机作机械动力,当电动机轴上的齿轮与发动机飞轮周缘的齿圈啮合时,动力就传到飞轮和曲轴,使其旋转。电动机以蓄电池作为能源。

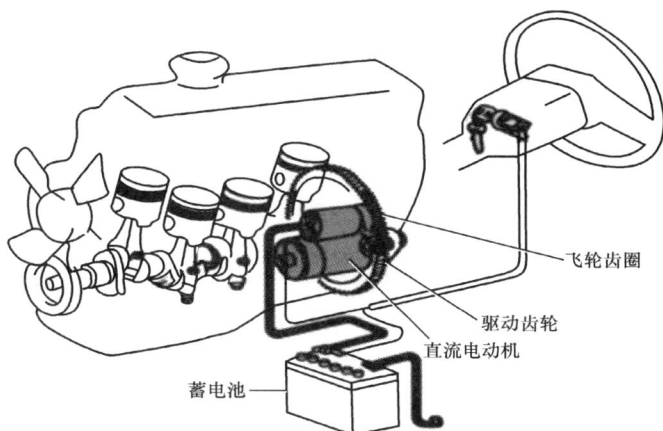

飞轮齿圈

驱动齿轮

直流电动机

蓄电池

图 2-1　启动系统

2.1.2　起动机的结构与组成

起动机由直流电动机、传动机构和操纵机构 3 部分组成(如图 2-2 所示)。

直流电动机：将蓄电池输入的电能转换为机械能，产生电磁转矩。

传动机构：由单向离合器与驱动齿轮、拨叉等组成。其作用是在启动发动机时使驱动齿轮与飞轮齿圈相啮合，将起动机的转矩传递给发动机曲轴；在发动机启动后又能使驱动齿轮与飞轮自动脱离，在它们脱离过程中，发动机飞轮反拖驱动齿轮，单向离合器使其形成空转，避免了飞轮带动起动机轴旋转。

操纵机构：主要是指起动机的电磁开关，用来接通或断开电动机与蓄电池之间的电路。

操纵机构（电磁开关）

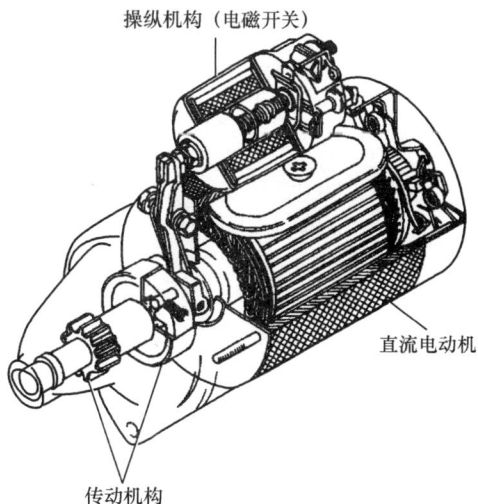

直流电动机

传动机构

图 2-2　起动机组成

2.1.3　直流电动机

串励式直流电动机是起动机最主要的组成部分，其工作原理和特性决定了起动机的工作原理和特性。

1. 串励式直流电动机的结构

串励式直流电动机由电枢(转子)、磁极(定子)、换向器和电刷等主要部件构成。

(1)电枢(转子)

直流电动机的转动部分称为电枢，又称转子。转子由外圆带槽的硅钢片叠成的铁芯、电枢绕组线圈、电枢轴和换向器组成，如图2-3所示。

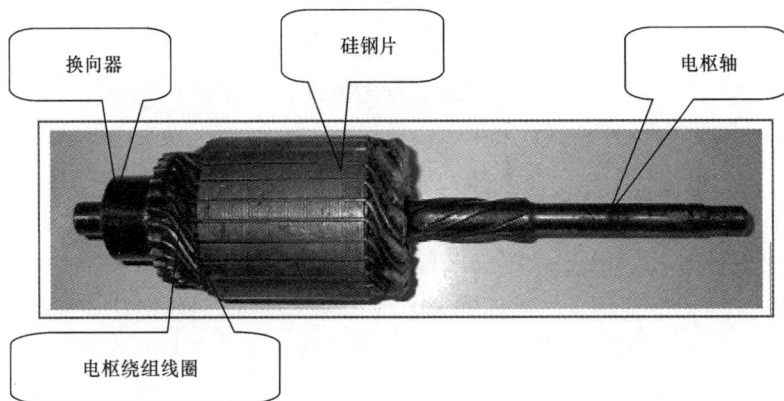

图2-3　电枢的组成

为了获得足够的转矩，通过电枢绕组的电流较大(汽油机为200~600 A，柴油机可达1000 A)，因此，电枢绕组采用较粗的矩形裸铜漆包线绕制为成型绕组。

(2)磁极(定子)

磁极由固定在机壳内的磁极铁芯和磁场绕组线圈组成，如图2-4所示。

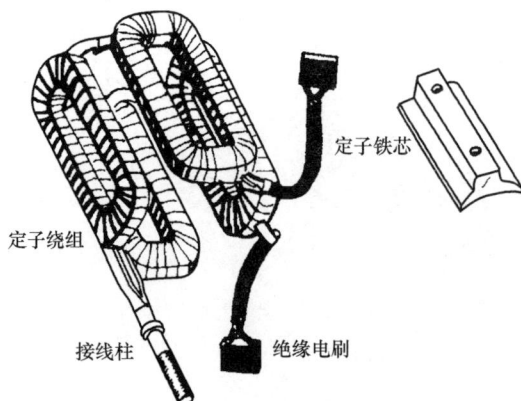

图2-4　磁极

　　磁极一般是4个，两对磁极相对交错安装在发电机的壳体内，定子与转子铁芯形成的磁通回路如图2-5所示，低碳钢板制成的机壳也是磁路的一部分。

　　4个励磁线圈有的是相互串联后再与电枢绕组串联(称为串联式)，有的是两两串联后并联，再与电枢绕组串联(称混联式)，如图2-5所示。

　　起动机内部线路连接：励磁绕组一端接在外壳的绝缘接线柱上，另一端与两个非搭铁电刷相连接。

　　当启动开关接通时，电动机的电路为：蓄电池正极→接线柱2→励磁绕组3→正电刷6→换向器和电枢绕组5→负电刷4→搭铁→蓄电池负极。

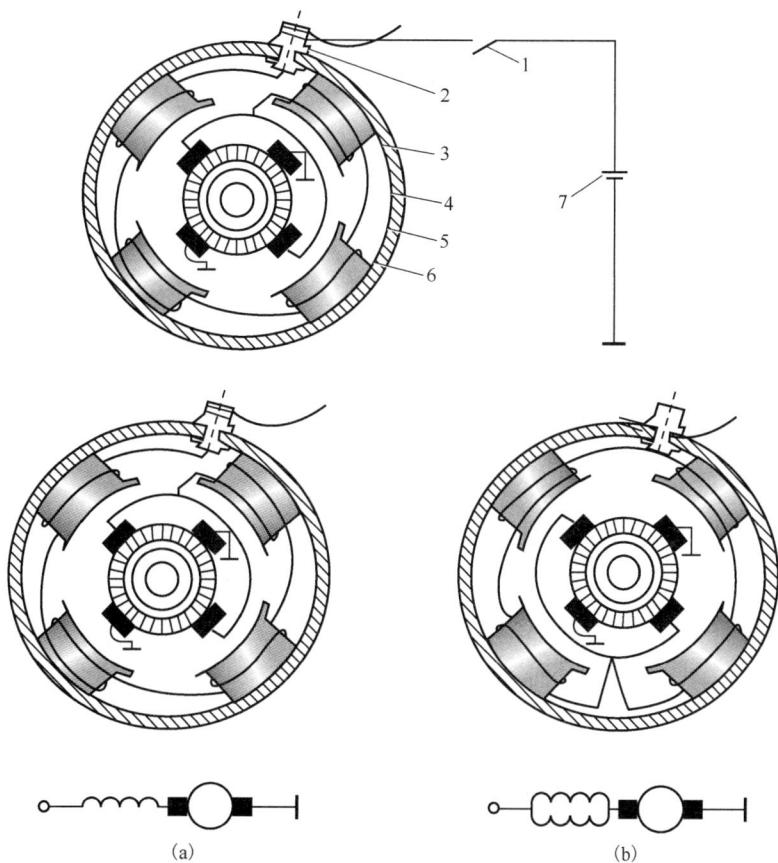

图2-5　磁场绕组的连接

(a)4个励磁绕组相互串联；(b)励磁绕组两两串联后并联

1—启动开关；2—接线柱；3—励磁绕组；4—负电刷；5—换向器；6—正电刷；7—蓄电池

(3)电刷与电刷架

　　如图2-6所示，电刷架一般为框式结构，其中正极电刷架绝缘地固定在端盖上，负极电刷架与端盖直接相连并搭铁。电刷置于电刷架中，电刷由铜粉与石墨粉压制而成，呈棕黑色。电刷架上有较强弹性的盘形弹簧。

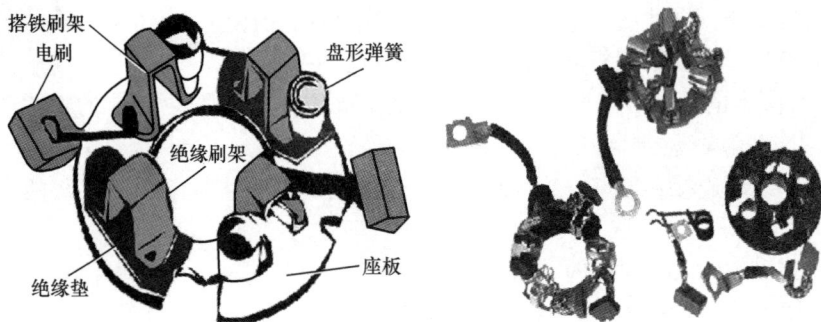

图 2-6 电刷及电刷架

（4）换向器

作用：向旋转的电枢绕组注入电流。

换向器由许多截面呈燕尾形的铜片围合而成，如图 2-7 所示。铜片之间由云母绝缘。云母绝缘层应比换向器铜片外表面凹下 0.8 mm 左右，以免铜片磨损时，云母片很快突出。电枢绕组各线圈的端头均焊接在换向器的铜片上。

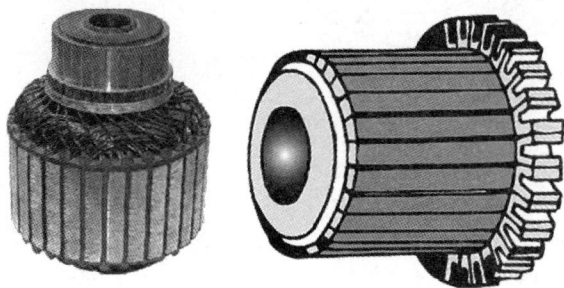

图 2-7 换向器的外形

2. 直流电动机的工作原理

直流电动机的基本工作原理是通电的导体在磁场中会受电磁力作用，电磁力的方向遵循左手定则。

如图 2-8 所示，两片换向片分别与环状线圈的两端连接，电刷的一端与两换向器片相接触，另一端分别接蓄电池的正极和负极。在环状线圈中电流的方向交替变化，用左手定则判断可知，环状线圈在电磁力矩的作用下按顺时针方向连续转动。这样在电源连续对电动机供电时，其线圈就不停地按同一方向转动。

为了增大输出力矩并使运转均匀，实际的电动机中电枢采用多匝线圈，随线圈匝数的增多换向片的数量也要增多。

3. 直流电动机的工作特性

直流电动机工作时有如下的特点。

• 电动机中的电流越大，电动机产生的扭矩越大。

• 电动机的转速越高，电枢线圈中产生的反电动势就越大，电流也随之下降。

起动机在初始启动期间和启动期间各项指标的比较见表 2-1。

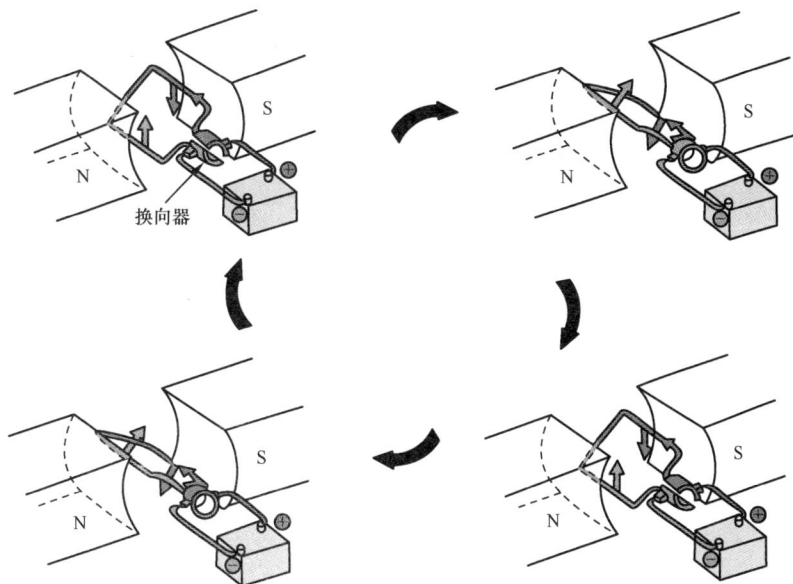

图 2-8 直流电动机基本工作原理

表 2-1 起动机在初始启动期间和启动期间各项指标的比较表

阶段项目	初始启动期间	正常启动期间
电动机速度	较低	较高
电动机电流	较大	较小
电动机产生的扭矩	较大	较小
电枢中的反向电动势	较小	较大

直流串励式电动机的力矩 M、转速 n 和功率 P 随电枢电流变化的规律，称为直流串励式电动机的特性。图 2-9 所示为直流串励式电动机的特性曲线，其中曲线 M、n 和 P 分别代表力矩特性、转速特性和功率特性。

结合表 2-1 和图 2-9 可知，在起动机启动的瞬间，电枢转速为零，电枢电流达到最大值，力矩也相应达到最大值。这时，发动机的启动变得很容易。这就是汽车起动机采用串励式电动机的主要原因。

串励式电动机在输出力矩大时，电枢电流也大，电动机转速随电流的增加而急剧下降；反之，在输出力矩较小时，电动机转速随电枢电流的减小而很快上升。

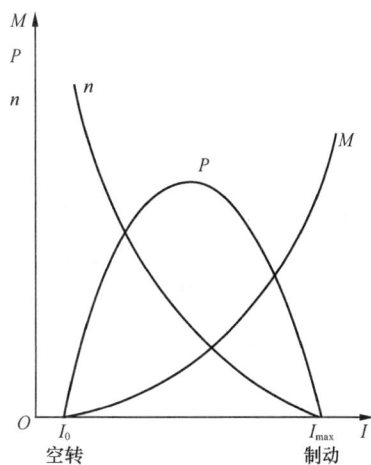

图 2-9 直流串励式电动机的特性

串励式电动机具有轻载转速高、重载转速低的特性，对保证启动安全可靠是非常有利的，是汽车采用串励式电动机的一个重要原因。

串励式电动机的功率 P 可表示为：

$$P = Mn/9550$$

式中，M——电枢轴上的力矩，N·m；

　　　n——电枢转速 r/min。

电动机完全制动时，转速和输出功率为零，力矩达到最大值。空载时电流最小，转速最大，输出功率也为零。当电枢电流接近制动电流的一半时，电动机输出功率最大。

2.1.4　起动机的传动机构

传动机构的作用是把直流电动机产生的转矩传递给飞轮齿圈，再通过飞轮齿圈把转矩传递给发动机的曲轴，使发动机启动；发动机启动后，飞轮齿圈与驱动齿轮自动打滑脱离。传动机构一般由驱动齿轮、单向离合器、拨叉、啮合弹簧等组成。单向离合器有滚柱式、摩擦片式、弹簧式等类型，其中滚柱式单向离合器是最常用的。下面以滚柱式单向离合器为例，讨论其结构和工作原理。

1. 滚柱式单向离合器的构造

如图 2-10 所示，滚柱式单向离合器的驱动齿轮通常与外壳制成一体，外壳内装有十字块、4 套滚柱、压帽和弹簧。十字块与花键套筒固连，壳底与外壳相互扣合密封。

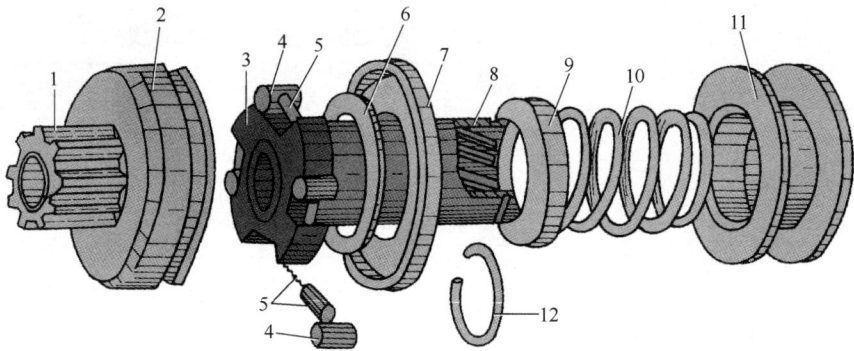

1—驱动齿轮；2—外壳；3—十字块；4—滚柱；5—压帽及弹簧；6—垫圈；
7—护盖；8—花键套筒；9—弹簧座；10—啮合弹簧；11—拨环；12—卡簧

图 2-10　滚柱式单向离合器

花键套筒的外面装有啮合弹簧及垫圈，末端安装着拨环与卡簧。整个离合器总成套装在电动机轴的花键部位上，可做轴向移动和随轴转动。在外壳与十字块之间，形成 4 个宽窄不等的楔形槽，槽内分别装有 1 套滚柱、压帽及弹簧。滚柱的直径略大于楔形槽窄端，略小于楔形槽的宽端。

2. 工作过程

滚柱的受力分析如图 2-11 所示。当起动机电枢旋转时，转矩经套筒带动十字块旋转，滚柱滚入楔形槽窄端，将十字块与外壳卡紧，使十字块与外壳之间能传递力矩，如图 2-11（a）所示；发动机启动以后，飞轮齿圈会带动驱动齿轮旋转，当转速超过电枢转速时，滚柱滚入宽端打滑，这样发动机的力矩就不会传递至起动机，起到保护起动机的作用，如图 2-11（b）所示。

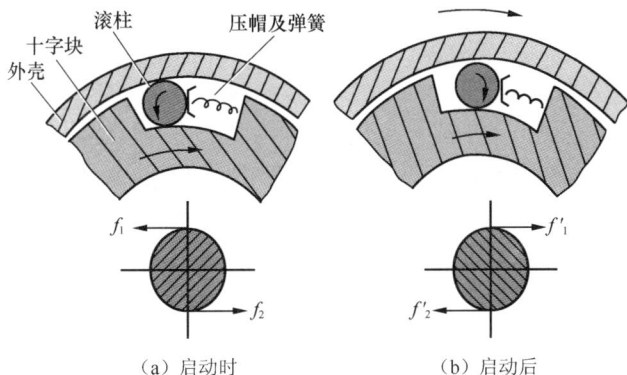

图 2-11　滚柱的受力及作用示意

2.1.5　起动机的控制装置

电磁控制装置在起动机上称为电磁开关，其作用是控制驱动齿轮与飞轮齿圈的啮合与分离，并控制电动机电路的接通与切断。在现代汽车上，起动机均采用电磁式控制电路，电磁式控制装置是利用电磁开关的电磁力操纵拨叉，使驱动齿轮与飞轮齿圈啮合或分离。

1. 电磁控制装置的组成

图 2-12 所示为电磁开关结构图。电磁开关主要由吸引线圈、保持线圈、回位弹簧、活动铁芯、接触片等组成。其中，端子 C 接点火开关，通过点火开关再接电源；端子 30 直接接电源。

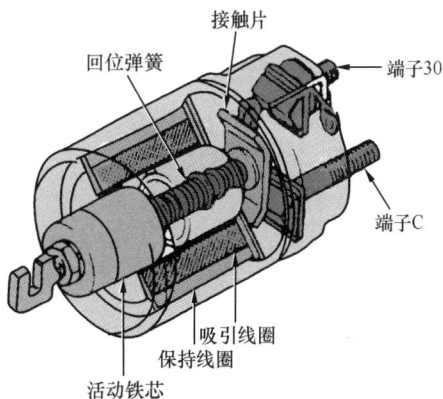

图 2-12　电磁开关结构

2. 基本工作过程

电磁开关的工作过程要结合电路进行分析，此处不对其进行单独分析。其主要的工作过程见启动系统控制电路（如图 2-13 所示）。当启动电路接通后，保持线圈的电流经起动机接线柱 50 进入，经线圈后直接搭铁。吸引线圈的电流也经起动机接线柱 50 进入，但通过线圈后未直接搭铁，而是进入电动机的励磁线圈和电枢后再搭铁。线圈通电后产生较强的电磁力，克服回位弹簧弹力使活动铁芯移动：一方面通过拨叉带动驱动齿轮移向飞轮齿圈并与之啮合；另一方面推动接触片移向接线柱 50 和端子 C 的触点，在驱动齿轮与飞轮齿圈进入啮合后，接触片将两个主触点接通，使电动机通电运转。在驱动齿轮进入啮合前，由于经过吸引线圈的电流经过了电动机，所以电动机在这个电流的作用下会产生缓慢旋转，以便于驱动齿轮与飞轮齿圈进入啮合。在两个主接线柱触点接通后，蓄电池的电流直接通过主触点和接触片进入电动机，使电动机进入正常运转，此时通过吸引线圈的电路被短路，吸引线圈中无电流通过，主触点接通的位置靠保持线圈来保持。发动机启动后，切断启动电路，保持线圈断电，在弹簧的作用下，活动铁芯回位，切断电动机的电路，使驱动齿轮与飞轮齿圈脱离啮合。

2.1.6　启动系统控制电路

启动系统的控制电路指除起动机本身电路以外的启动系统电路。启动系统的控制电路随车型的不同而有所不同，大体上可以分为无启动继电器的控制电路、带有起动继电器的控制电路和带有保护继电器的控制电路。下面介绍几种典型的控制电路。

1. 无启动继电器的控制电路(如图 2-13 所示)

下面以丰田 AE 系列轿车和普通桑塔纳轿车为例，介绍无启动继电器的控制电路。

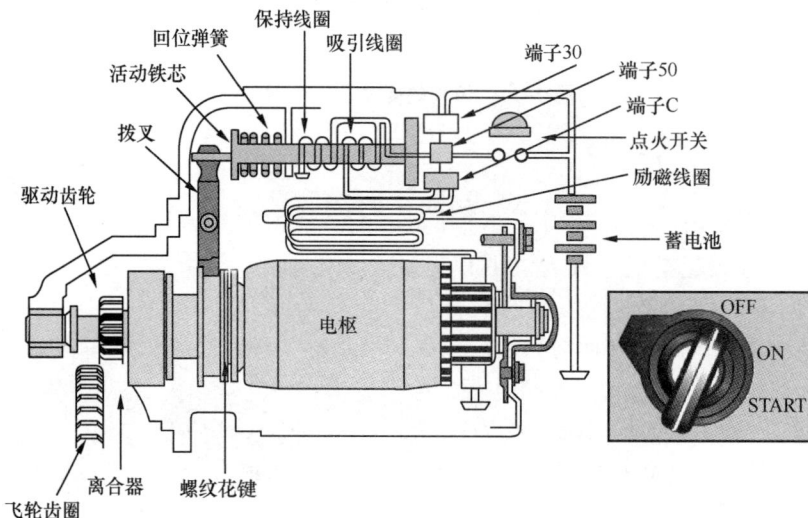

图 2-13　无启动继电器的控制电路

(1)丰田 AE 系列轿车

图 2-14 所示为丰田 AE 系列中常用的起动机控制电路。其工作过程如下。

当点火开关位于启动挡时，电流的流向为：蓄电池"+"→点火开关启动开关→端子 50→保持线圈→搭铁；同时吸引线圈中也通过电流，方向为：蓄电池"+"→点火开关启动开关→端子 50→吸引线圈→端子 C→励磁线圈→电枢→搭铁。此时由于吸引线圈和励磁线圈中的电流非常小，电动机以低速运转，同时吸引线圈和保持线圈中产生的磁场吸引活动铁芯向右运动，克服回位弹簧的作用力，拉动拨叉向左运动，拨叉使离合器的小齿轮向左和飞轮的齿圈啮合。这个过程电动机的转速低，可以保证齿轮之间平顺啮合。

当小齿轮和飞轮齿圈完全啮合后，与活铁芯连在一起的接触片向右运动，和端子 30 及端子 C 接触，从而接通了主开关，通过起动机的电流增大，电动机的转速升高。电枢轴上的螺纹使小齿轮和飞轮齿圈更加牢固的啮合，此时吸引线圈两端的电压相等，所以无电流通过。保持线圈产生的磁场力使活铁芯保持在原位不动。此时的电流方向分别为：蓄电池"+"→点火开关启动开关→端子 50→保持线圈→搭铁；蓄电池"+"→端子 30 接触片→端子 C→励磁线圈→电枢绕组→搭铁。

发动机启动以后，点火开关从"START"挡回到"ON"挡，切断了端子 50 上的电压，接触片和端子 30 及端子 C 仍保持接触。如图 2-14 所示，电路中的电流为：蓄电池"+"→端子 30

→接触片→端子 C→吸引线圈→保持线圈→搭铁。同时电流还经过端子 C→励磁线圈→电枢→搭铁。由于此时吸引线圈和保持线圈的电流方向相反，产生的磁场力相互抵消，在复位弹簧的作用下，活动铁芯向左运动，使得小齿轮与飞轮齿圈脱离。同时，接触片和两个端子断开，切断电动机中的电流，整个启动过程结束。

（2）普通桑塔纳轿车的启动控制电路

桑塔纳轿车采用 QD1225 型起动机，启动系统的控制电路采用无启动继电器的启动电路，如图 2-15 所示。在其控制电路中，点火开关 30 接线柱接电源，由红/黑色导线从点火开关上 50 接线柱送至中央线路板 B8 结点，再通过中央线路板 C18 结点，引到起动机电磁开关 50 端子。用黑色导线连接蓄电池正极与起动机 30 端子。

其工作过程如下。

点火开关 1 拨到第二挡，其 30 端子与 50 端

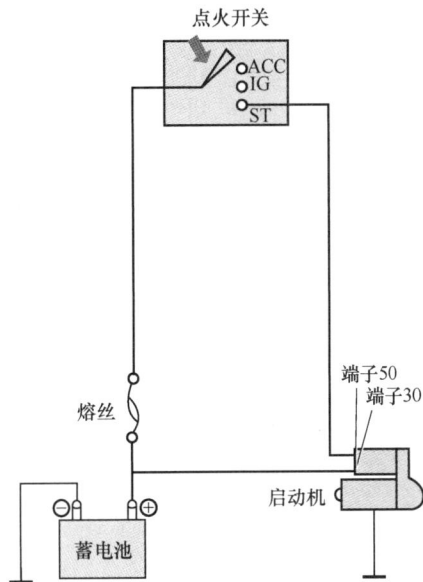

图 2-14 丰田 AE 系列常用的起动机控制电路

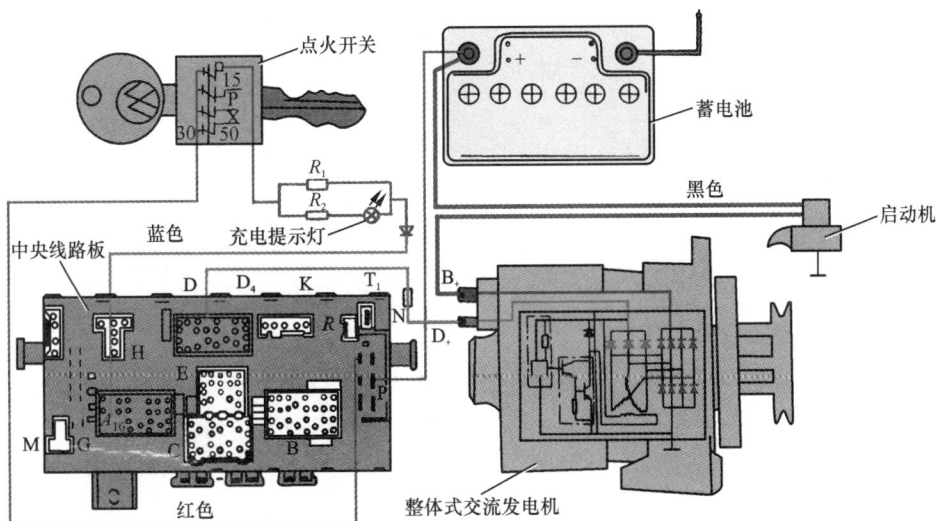

图 2-15 桑塔纳系列轿车启动控制线路

子接通，起动机的电磁开关通电，起动机进入工作状态。其电路为：蓄电池正极端子→红色导线→中央线路板 16 的单端子插座 P 端子→中央线路板内部线路→中央线路板单端子插座 P 端子→红色导线→点火开关 30 端子→点火开关→点火开关 50 端子→中央线路板 B8 端子→中央线路板内部线路→中央线路板 C18 端子→起动机 50 端子→进入电磁开关。

2. 带启动继电器的控制电测

装启动继电器的目的是减小通过点火开关的电流，防止点火开关烧损。启动继电器有 4

个接线柱，分别标有起动机、蓄电池、搭铁和点火开关。点火开关与搭铁接线柱之间是继电器的电磁线圈，起动机和电池接线柱之间是继电器的触点。接线时，点火开关接线柱接点火开关的启动挡，蓄电池接线柱接电源，搭铁接线柱直接搭铁，起动机接线柱接起动机电磁开关上起动机接线柱，如图 2-16 所示。

发动机启动时，将点火开关启动挡接通，继电器的电磁线圈通电，使触点闭合，电源的电流便经继电器的触点通往起动机电磁开关的起动机接线柱。电磁开关通电后，便控制起动机进入工作状态。从电路中可以看出，启动期间流经点火开关启动挡和继电器线圈的电流较小，大电流经过继电器开关流入起动机，保护了点火开关。启动过程的工作原理如前述，此处不再重复。

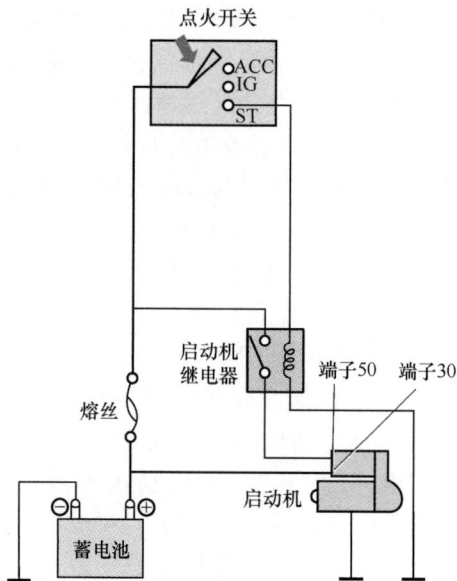

图 2-16　带启动继电器的控制电路

3. 带保护继电器的控制电路

为了防止发动机启动以后启动电路再次接通，一些启动电路中还安装了带有保护功能的组合式继电器。下面以 CA1090 型汽车启动系统电路为例，介绍其作用和工作过程。

（1）组合继电器

CA1090 型汽车启动系统采用了 JD171 型组合继电器，如图 2-17 所示。

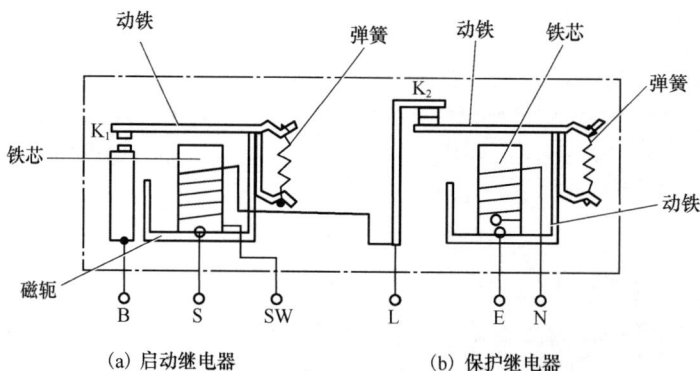

（a）启动继电器　　　　　（b）保护继电器

图 2-17　JD171 型组合继电器

JD171 型组合继电器由两部分构成，一部分是启动继电器，其作用与前述启动继电器的作用相同；另一部分是保护继电器，其作用是与启动继电器配合，使启动电路具有自动保护功能，另外还控制充电指示灯。

组合继电器中的启动继电器、保护继电器都由铁芯、线圈、磁轭、动铁、弹簧、触点组成，其中启动继电器触点 K_1 为常开式，保护继电器触点 K_2 为常闭式。由于启动继电器线圈

与保护继电器触点 K_2 串联，因此，当 K_2 打开时，K_1 不可能闭合。组合继电器共有六个接线柱，分别为 B、S、SW、L、E、N，分别接电源、起动机电磁开关、点火开关启动挡、充电指示灯、搭铁和发电机中性点。

（2）启动系统的工作过程

CA1091 型汽车的启动系统电路如图 2-18 所示，其工作过程如下。

① 当点火开关 3 置于启动挡（Ⅱ挡）时；启动继电器线圈通电，电流回路为：蓄电池正极→熔断器→电流表→点火开关启动触点Ⅱ→启动继电器线圈→保护继电器常闭触点→搭铁→蓄电池负极。

启动继电器线圈通电使启动继电器的常开触点闭合，接通了起动机电磁开关电路，使起动机进入启动状态。

② 发动机启动后，松开点火开关，钥匙自动返回点火挡（Ⅰ挡）；启动继电器触点打开，切断了起动机电磁开关电路，电磁开关复位，起动机停止工作。

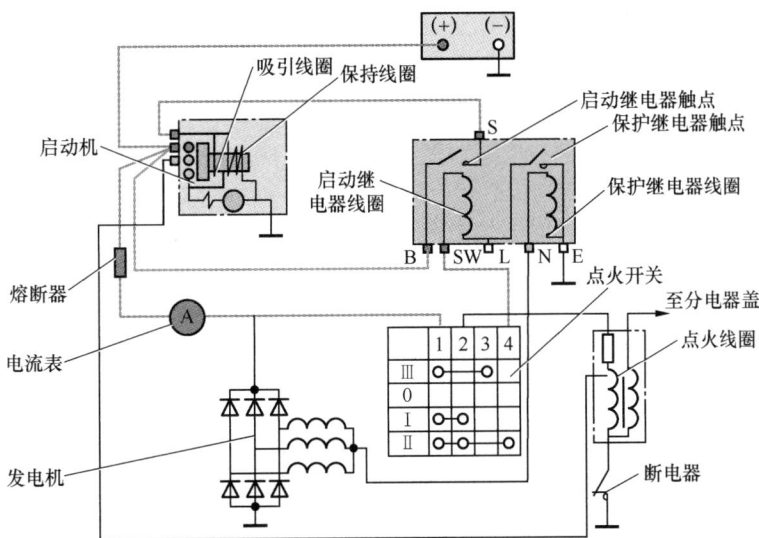

图 2-18　CA1091 型汽车启动系统电路图

③ 发动机启动后，如果点火开关没能及时返回Ⅰ挡，则组合继电器中的保护继电器线圈由于承受交流发电机中性点的电压，使常闭触点断开，自动切断了启动继电器线圈的电路，使起动机电磁开关断电，起动机自动停止工作。发动机启动后，由于触点的断开，充电指示灯的搭铁电路切断，充电指示灯熄灭。

④ 在发动机运行时，如果误将点火开关置于启动挡，由于在此控制电路中，保护继电器的线圈总加有交流发电机中性点电压，常闭触点处于断开状态，启动继电器线圈不能通电，起动机电磁开关不能动作，避免了发动机在运行中使起动机的驱动齿轮进入与飞轮齿圈的啮合而产生的冲击，起到了保护作用。

有的汽车启动继电器线圈通过防盗系统搭铁。发动机启动时，只有防盗系统发出启动信号后，继电器线圈才能搭铁；如果防盗系统没有收到启动信号，则继电器线圈中无电流，起动机无法工作，防盗功能实现。

2.2　项目实施

在任务实施的过程中，将学习的内容运用其中，做到学以致用。

2.2.1　启动系统的匹配与选用

1.起动机与发动机的匹配关系

首先，在设计发动机时，应考虑起动机的安装位置、布置空间、起动系统齿轮副工作参数、发动机的最低极限工作环境温度，以及在最低极限环境温度下起动所需要的最小转动力矩和最低点火转速。如果有条件，发动机厂还应该提出起动机设计验证试验标准和试验大纲。将这一切整理为发动机厂的《起动机设计任务书》提交给起动机制造厂，起动机厂设计时根据发动机厂提出的工作条件，进行初始设计，确定电动机主参数范围，确定基本结构形式，设计制作模型或初始样机。其次，在发动机初始设计完成后，根据起动机的模型进行模型试装或者样机物理试装，以确定起动机外形结构是否满足发动机安装空间需要，有无安装干涉，安装空间是否充裕。然后，进入样机试制匹配试验阶段，起动机样机在完成试验室内的台架试验后，应随同发动机进行道路试验和环境试验，以检验产品性能的符合性。在对试验结果进行准确评定后，可以进入产品的修正和发布阶段，让市场广泛细致地检验产品的品质。起动机的控制部件，如电磁开关、综合控制继电器等应至少离开热源100 mm，如果在布局上不能满足这个要求，应该采取隔热或散热措施。

现有发动机或新发动机怎样选择更适用的起动机呢? 首先，要注意起动机工作特性的对比。说到工作特性，如果仅仅依据起动机外形图图纸或说明书中标称的额定功率进行功率对比，那是极其轻率和粗疏的。因为对于起动机来说，功率是一个相对概念，它表明起动机在一定条件 (指测试时施加在起动机上的外电路电源的放电特性和测试环境温度)下的机械功率。起动机是一种可以工作在过载条件下的短时工作的直流电动机，其输出特性受外电路影响很大，外电路放电曲线斜率越小，起动机输出功率越高。为了规范设计验证标准，国际通行的SAE标准给出了不同负荷等级起动机进行功率标定时所应该遵守的电源特性值。需要特别指出的是，该标准的制定是建立在SAE蓄电池标准特性的前提下，与中国现行的蓄电池特性标准没有可比性。

在标定的温度条件方面，目前国际著名起动机制造商对于其产品标定温度，往往采用低温条件下测定值为标称额定功率，而国内多采用常温值。相对而言，采用低温值更能说明起动机的工作能力。综上所述，在比较起动机的功率时，必须明确 的前提条件是：在相同的电源放电特性条件下，在相同的环境温度下的测量值的比较。国内一些技术实力不足的厂家，为了盲目达到标称额定功率，采用较硬的电源特性进行测试，其结果似乎满足了要求，但实际产品品质并不能满足使用的需要。另外，即使在相同的外电源特性下，直接驱动式起动机与减速驱动式起动机相比，由于其结构原理的区别，相同或相近功率等级的起动机呈现的转速扭矩效果大相径庭。一般说来，减速起动机的拖动转速略低于直驱式起动机，但是在拖动过程中转速的平稳性，减速起动机要好于直驱式起动机。这也是为什么低温状态下减速起动机起动效果要好于直驱式起动机的原因。在克服了初始净扭矩后，减速起动机能够以充足的扭矩平稳地拖动发动机直至其点火工作，拖动过程中发动机后爆发产生的反作用力被起动机减速机构吸纳，并在下次克服压缩阻力时被释放出来利用。之所以强调起动机的标称额定功率是机械功率，是因为起动机标称的额定功率不是简单的"电流×电压"产生的电功率，这两者的区别在于：起动机的机械效率较低，一般在 60% 左右，即只有 60% 左右的电功率被成功转化为机械功率，用来驱动发动机，其余部分变成了热能消耗损失了。而不同制造厂家由于技术水平的差异，其起动机产品的实际效率水平也有很大差别。如果说高制造水平的产品效率可以达到 60%，那么制造水平差的起动机其效率水平能高于 50% 就很可观了。效率越高的产品，其能源浪费越少，发热量越少，使用寿命越可靠。另次，需要校核起动机的传动工作参数(齿轮参数)是否匹配，工作中心距和变位系数是否合理，是否具有合理的侧隙与顶隙，起动机驱动齿轮的导向角与发动机齿圈的导向角是否匹配，等等。校核通过方能进入试装试验阶段，进行匹配性验证。

2.起动机与车辆的匹配关系

起动机与车辆的匹配关系，需要考虑以下 5 个方面的因素。

(1)起动保护功能的设置

起动机是一个被动工作部件，不受到激发，不会主动与发动机飞轮啮合。在一般情况下，起动机与发动机的飞轮齿圈间存在一定的间隙。在实际工作中，常常会看到起动机的驱动齿轮沿啮合方向局部或全周被整齐地磨去一部分，有的甚至会达到 4 mm 以上而将导向角部分全部磨去，同时发动机的飞轮齿圈在全周上也会留下明显的磨损痕迹。这些表明在发动机处于运转状态下，起动机又强制啮合了。由于驱动齿轮与发动机齿圈齿数悬殊，且发动机处在运转状态，啮合不可能成功，齿轮局部与旋转齿圈接触，发生端面摩擦，造成驱动齿轮局部或全周损坏，同时也造成齿圈损坏。

在发动机运转状态下，起动机强制啮合的原因，主要有两个方面：①起动机控制电路没有保护功能或控制电路失效；②起动机的控制电路中并接有其他负载，工作时会对起动机产生直接的影响。

(2)蓄电池的选择

由于认识上的差别，目前国内的蓄电池强调的是持续放电能力及耐用性。而起动机需要的是瞬时或者短时放电能，是爆发性。在车辆设计时，有时为了满足车辆的需要，选用持续放电能力强（安时数高）的蓄电池。虽然这些大容量蓄电池的瞬时放电能力也会相应高强，但是如果蓄电池的瞬间放电能量超出起动机的设计范围，在起动瞬间超限度的强大电流加在起动机的电动机上，对电动机的机械部分产生巨大的冲击，这种冲击往往会造成机械部件的强度损坏。反之，如果所选用的蓄电池短时放电能力较差，那么在冬季时，起动机很难将发动机拖到点火转速。冬季的启动失败，严重时会带来灾难性的后果。所以，蓄电池起动状态的放电特性，必须经过适用性校核。

(3)起动机与变速器的匹配关系

目前常用的变速器根据工作原理和结构，可以分为自动变速器和手动变速器两类。其中，自动变速器因其特有的柔性盘结构，要求起动机的驱动齿轮在静止状态下与飞轮保持合理的"安全距离"，避免因柔性盘的变形，损伤起动机的驱动齿轮，或者驱动齿轮与飞轮齿圈两败俱伤。而自动变速器更换一次飞轮齿圈，其操作复杂性远非普通机械变速器可比。

(4)起动机在起动时是否需要带动其他负载

对于绝大多数的施工机械，如汽车起重机，在起重状态下起动发动机，起动机除了要带动发动机工作外，还需要同时带动液压系统工作，这比一般的汽车多了一个负载。因此必须对起动机能否在此工况下、在任何环境温度下顺利完成起动动作进行考核。同时，这类液压负载往往在工作中使得发动机飞轮壳内存储一定压力的液压油。这要求起动机有良好的密封性，既不会泄压漏油，又不会因油的浸入造成短路事故。

(5)起动机维修的便利性、起动机的接线方向及周边空间。起动机周边空间过小，无疑会给用户使用及保养起动机带来诸多不便。起动机电路的主电缆应该垂直地面，以免在自身重力作用下，因为车辆振动把电磁开关的端盖撕裂；所有线缆应远离热源至少100 mm，在条件不允许时可包裹隔热层。线缆应该进行可靠的捆扎，在需要穿过金属板壁时，过孔周边必须采取措施，避免因振动摩擦造成绝缘层损坏，带来火灾事故。

3. 起动机功率的选用及计算方法

为了使发动机能迅速、可靠地起动，起动机必须具有足够的功率。如果起动机的功率不够，就会使重复起动的次数增多，起动时间延长。这不仅对蓄电池不利，并且对燃料的消耗、零部件的磨损以及车辆的工作都是极其不利的。汽车发动机所需起动机的功率，决定于发动机的最低起动转速和发动机的起动阻力矩。其计算公式为：

$$P = (M \cdot n)/9549.3$$

式中，n——最低起动转速，r/min；

M——发动机的起动阻力矩，N·m；

P——起动机功率，kW。

一般地，汽油机的最小起动转速为 50~70 r/min，柴油机为 100~200 r/min。发动机的阻力矩包括摩擦阻力矩、压缩损失力矩和驱动发动机辅助机构的阻力矩，它们主要取决于气缸的工作容积、缸数、压缩比、转速和温度等。各型发动机的阻力矩应当由试验方法确定。温度为 0 时，发动机的阻力矩可用下列经验公式

$$M = C_0 \cdot V$$

式中，V——发动机的工作容积，L；

C_0——系数，一般地，汽油发动机该系数为 3.0~4.2，柴油发动机该系数为 7.0~7.4。

由于发动机的起动阻力矩与发动机的工作容积成正比，因此，起动发动机所必需的功率（起动机的标称功率）可以按照以下经验公式进行选用

汽油机：$P = (0.18~0.22)L$ (kW)

柴油机：$P = (0.74~1.1)L$ (kW)

式中，L——发动机的排量。

设计起动机的标称功率时，一般应满足条件：起动机的标称功率应大于按经验公式计算的发动机所需要的功率。对于多缸柴油机而言，当功率超过 150 马力(约 110.25 kW) 时，起动机功率只需按 $P = (0.5~0.6)L$ 计算即可满足使用要求。选择起动机功率时，还应该注意起动机产品的功率等级。起动机的标称功率，不同的厂家各有不同。对于 24 V 系统，常见的有 3.5 kW、3.7 kW、4.5 kW、4.78 kW、5.2 kW、5.4 kW、6 kW、6.6 kW、7.5 kW 等 9 种。

示例：广西玉柴机器股份有限公司生产的 YC6J200-30 型发动机的排量为 6.50 L，按照

此经验公式，可计算得到所需起动机的功率为：$P = 4.81 \sim 7.15$ kW。根据起动机的功率等级，发动机上配备的起动机标称功率应选用 $P = 6.0$ kW，实际使用的是北京佩特来电器有限公司 M93R3016SE 型起动机（24 V，6.0 kW）。起动机的功率确定后，就可以对蓄电池的容量进行选择了。起动机的功率随蓄电池容量的增大而增大，但用增加蓄电池的容量来增大起动机的功率，其效果并不显著，且受蓄电池质量的限制。选择蓄电池的容量时，除了考虑满足性能要求外，还应考虑整个起动系统（起动机、蓄电池和连接导线）的轻量化。

一般按下列经验公式选定蓄电池的容量：

$$C = (600 \sim 800) P/U$$

式中，C——蓄电池的额定容量，Ah；

P——起动机的额定功率，kW；

U——起动机的额定电压，V。

对于大功率起动机(7~11 kW)，蓄电池的容量可以比计算值要小一些。

2.2.2 启动系统的检测

起动机的检测分为不解体检测和解体检测两种。解体检测随解体过程一同进行；不解体检测可以在拆解之前或装复后进行。

1.起动机的不解体检测

在进行起动机的解体前，通过不解体性能检测可以大致找出故障；起动机组装完毕后也应进行性能检测，以保证起动机正常运行。

(1)吸引线圈性能测试

将起动机励磁线圈的引线断开，按图 2-19 所示连接蓄电池与电磁开关。

(2)保持线圈性能测试

按图 2-20 所示连接导线，在驱动齿轮移出之后从端子 C 上拆下导线。

(3)驱动齿轮复位测试

驱动齿轮复位测试方法如图 2-21 所示。

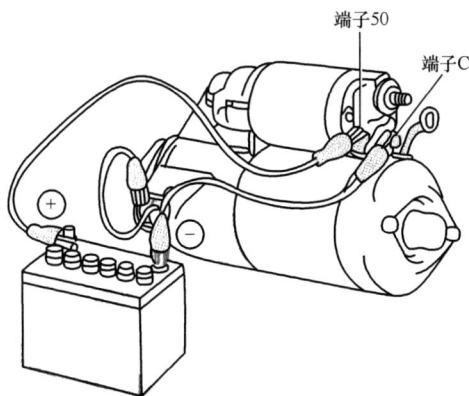

图 2-19 吸引线圈性能测试

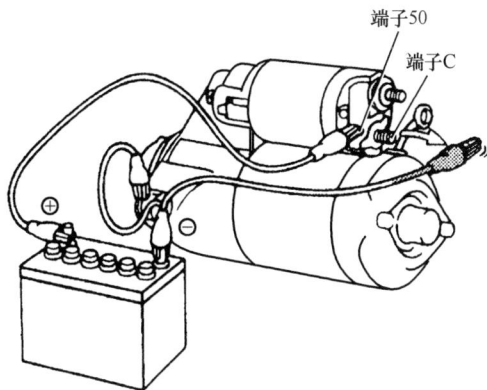

图 2-20 保持线圈性能测试

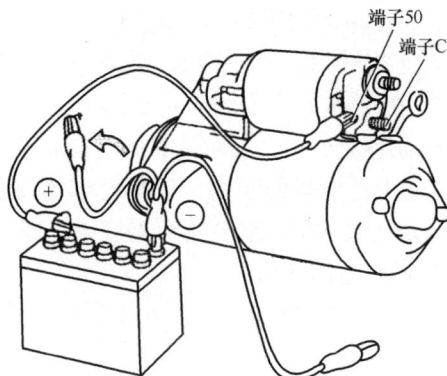

图 2-21　驱动齿轮复位测试

(4)驱动齿轮间隙的检查

按图 2-22(a)所示连接蓄电池和电磁开关,按图 2-22(b)所示进行驱动齿轮间隙的测量。

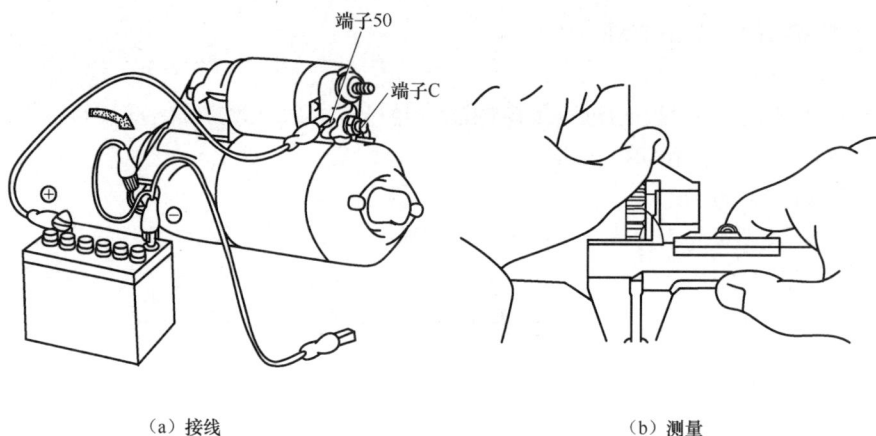

(a)接线　　　　　　　　　　　　　　　　(b)测量

图 2-22　驱动齿轮间隙检查

(5)起动机空载测试

首先将起动机固定好,再按图 2-23 所示连接导线,起动机运转应平稳,同时应移出驱动齿轮。读取安培表的数值,应符合标准值。断开端子 50 后,起动机应立即停止转动,同时驱动齿轮缩回。

2.起动机的解体检测

(1)直流电动机的检测

① 磁场绕组的检测。

磁场绕组的常见故障有接头脱焊、绕组短路、断路或搭铁等。

a.短路故障的检查。

首先观察绕组导线表面是否有烧焦的现象或气味,若有,则证明有短路的征兆,可将蓄电池的 2 V 电压进行通电,试验各磁极的电磁吸力的大小和均匀程度,以证明其是否有短路故障,如图 2-24 所示。

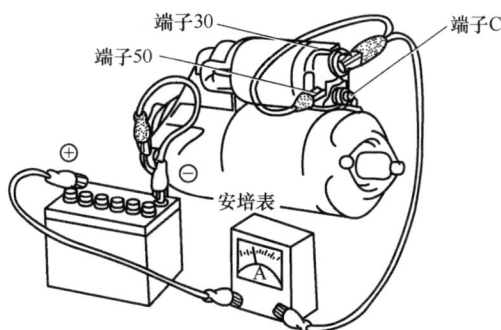

图 2-23　起动机空载测试

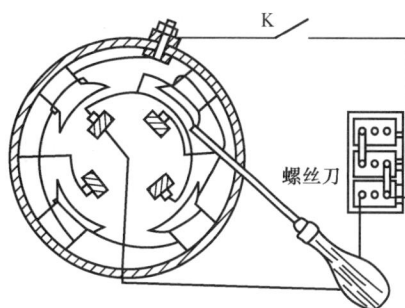

图 2-24　磁场绕组短路故障检测

b. 断路故障的检测。

最常见的断路点是在机壳接线柱与绕组接头之间的导线焊接处、各励磁线圈之间的接线处，在拆检的同时应注意观察。也可用万用电表的低电阻挡进行测量，试棒分别测量机壳接线柱与两个绕组电刷之间的通断情况。若电阻值是零，证明绕组没有断路；若有一定电阻值或是无穷大，则说明绕组中有断路之处。

c. 励磁绕组绝缘性能的检测。

用 220 V 交流试灯、万用表的高电阻挡或兆欧摇表进行测量，如图 2-25 所示。两个试棒分别接触机壳接线柱与一个定子电刷(另一只电刷不要碰机壳)，若试灯亮或万用表显示导通，证明该励磁绕组有搭铁故障，其绝缘性能不良；若试灯不亮或万用表显示电阻无穷大，则证明该励磁绕组无搭铁故障，其绝缘性能良好。

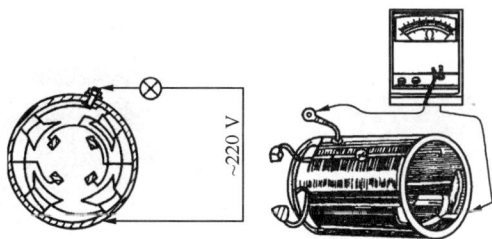

图 2-25　励磁绕组绝缘性能检测

② 电枢总成的检测。

电枢绕组常见的故障是匝间断路、短路或搭铁、绕组接头与换向器铜片脱焊等。

a. 断路故障的检测。

首先查看线圈端头与环向片的焊接状况，若有脱焊的痕迹，即可断定此处断路。

断路检测还可在万能试验台上的电枢感应仪上进行，如图 2-26 所示。将待试电枢放在感应仪上，接通开关，指示灯发亮。将两个测试棒接触两相邻换向片，在换向器上移动试棒，直到能够测得电流表指示较大电流值时，固定试棒的位置，慢慢转动电枢，使所有换向片均依次经过此位置。同时，观察各相邻换向片对应的电流表读数，若读数均相等，证明定子绕组无断路故障；若读数不等或无读数，则证明该相邻换向片间绕组有断路。

b. 匝间短路故障的检测。

匝间短路故障的检测可在电枢感应仪上进行，如图 2-27 所示。将待试工件放在电枢感应仪上，接通开关，指示灯发亮。将钢片放于转子绕组顶部的槽上，慢慢转动转子，使钢片越过所有槽顶。若越过某槽顶时钢片发生电磁振动，说明该处绕组有匝间短路故障；若无以上现象，则证明该电枢绕组无匝间短路故障。

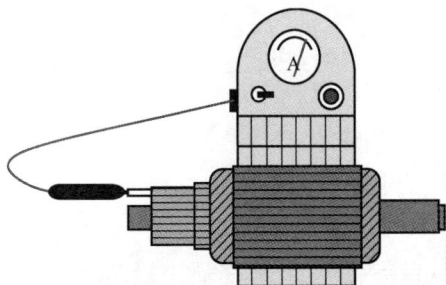

图 2-26　电枢绕组断路检测　　　　　图 2-27　匝间短路故障检测

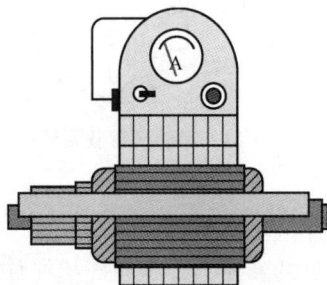

c. 绕组绝缘性能的检测。

用 220 V 交流试灯或万用表的高电阻挡进行测试，如图 2-28 所示。两个试棒分别接触换向片和电枢轴，若试灯亮或万用表显示导通，就说明该电枢绕组有搭铁故障，其绝缘性能不良；若试灯不亮或万用表显示电阻无穷大，则证明该电枢绕组绝缘性能良好。

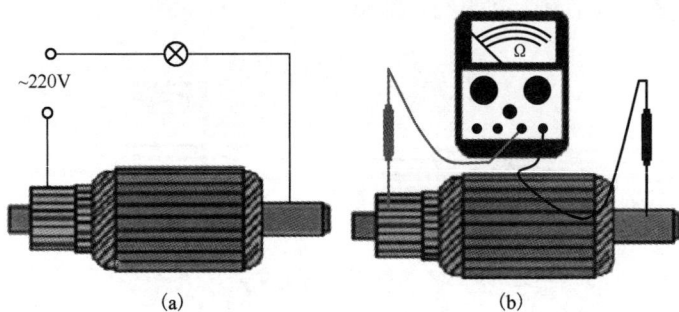

~220V

(a)　　　　　　　　(b)

图 2-28　电枢绕组绝缘性能检测

d. 换向器故障的检测。

换向器故障多为表面烧蚀、云母片突出等。轻微烧蚀用 "00" 号砂纸打磨即可。严重烧蚀的换向器应进行加工，但加工后换向器铜片的厚度不得小于 2 mm。

换向器最小直径的检测：若测得的直径小于最小值，应更换电枢。

绝缘片的检查方法：换向片应洁净无异物，绝缘片的深度为 0.5~0.8 mm，最大深度为 0.2 mm。

③ 电刷、电刷架及电刷弹簧的检测。

电刷的检测如图 2-29(a) 所示。电刷高度应不低于标准高度的 2/3，接触面积应不少于 75%。电刷在电刷架内应无卡滞现象，否则须进行修磨或更换。

电刷架的检测如图 2-29(b)所示，用万用表或试灯可检查绝缘电刷架的绝缘性，正电刷"A"和负电刷"B"之间不应导通，若导通，应进行电刷架总成的更换。

电刷弹簧的检测如图 2-29(c)所示，用弹簧秤检测电刷弹簧的张力，不同型号的起动机的弹簧张力是不同的，若测得的张力不在规定范围之内应更换电刷弹簧。

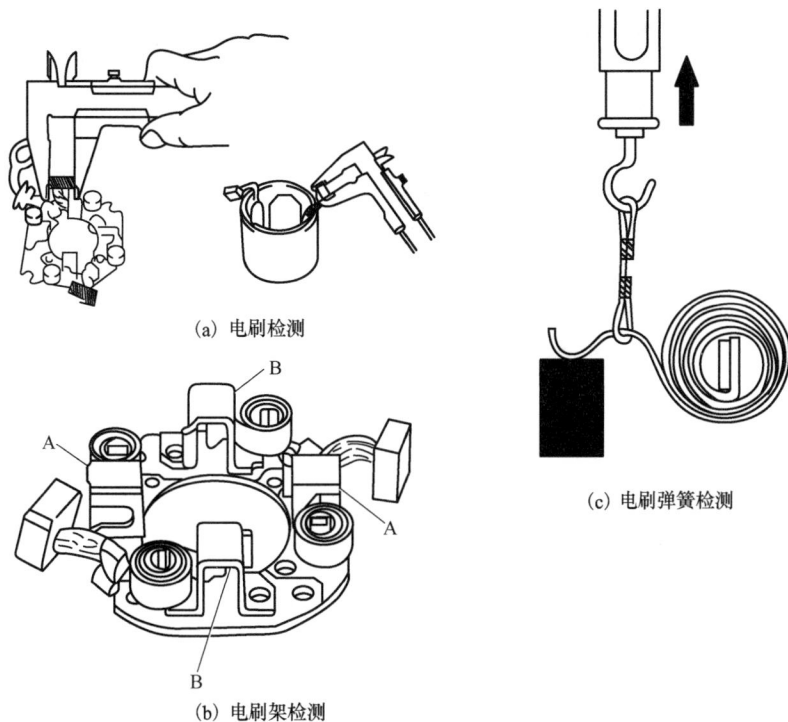

(a) 电刷检测

(c) 电刷弹簧检测

(b) 电刷架检测

图 2-29　电刷、电刷架及电刷弹簧的检测

(2)传动机构的检测

单向离合器总成常见的故障是驱动齿轮磨损和离合器打滑。驱动齿轮齿长磨损不得超过其原尺寸的 1/4，否则，应更换；单向离合器打滑的检查方法是将其安装上专用套筒，用台钳夹住离合器齿轮，用扭力表检查其正向扭矩，应大于 30 N·m 而不打滑，否则更换。

(3)电磁开关的解体检测

① 接触片检测。

解体检测电磁开关接触片的接触状况如图 2-30 所示。用手推动活动铁芯，使接触盘与两接线柱接触，然后将表笔两端置于端子 30 与端子 C，接触片应导通，且正常情况下电阻的阻值应为 0。

若接触片不导通，则应解体直观检测电磁开关的触点和接触盘是否良好，烧蚀较轻的可用砂布打磨后使用，烧蚀较重的应进行翻面或更换。

② 吸引线圈开路检测。

解体检测吸引线圈开路如图 2-31 所示。用欧姆表连接端子 50 和端子 C，吸引线圈应导通。电阻的阻值在标准范围内，否则吸引线圈可能出现开路故障。检测时也可以进行不解体检测。

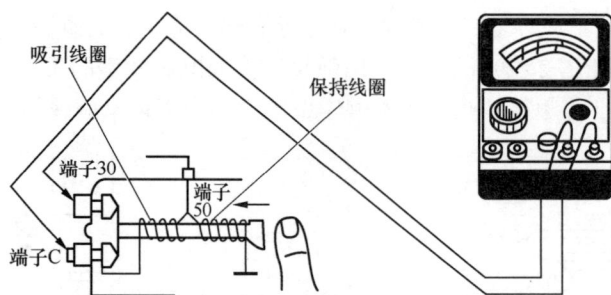

图 2-30　解体检测电磁开关接触片

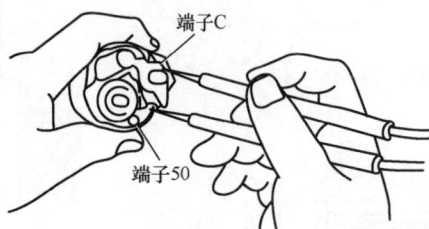

图 2-31　吸引线圈开路检测

③ 保持线圈开路检测。

解体检测保持线圈开路，用欧姆表连接端子 50 和搭铁，保持线圈导通。电阻的阻值在标准范围内，否则保持线圈可能出现开路故障或线圈搭铁不良现象。检测时也可以进行不解体检测。

2.2.3　启动系统的诊断与维修

启动系统常见的故障主要有起动机不转、起动机运转无力及起动机空转等，现一一进行分析。

1. 起动机不转

（1）故障现象

将点火开关旋至启动挡，起动机的驱动齿轮不向外伸出，起动机不转。

（2）故障原因

① 电源故障：蓄电池严重亏电或极板硫化、短路等，蓄电池极柱与线夹接触不良，启动电路的导线连接处松动而接触不良等。

② 起动机故障：换向器与电刷接触不良，励磁绕组或电枢绕组有断路或短路，绝缘电刷搭铁，电磁开关线圈断路、短路、搭铁或其触点烧蚀，等等。

③ 点火开关故障：点火开关接线松动或内部接触不良。

④ 启动系统线路故障：启动线路中有断路、导线接触不良或松脱等。

2. 起动机转动无力

（1）故障现象

将点火开关旋至启动挡，起动机的驱动齿轮发出"咔哒"声并向外移出，但是起动机不转动或转动缓慢无力。

（2）故障原因

① 电源故障：蓄电池亏电或极板硫化短路，启动电路的导线连接处接触不良等。

② 起动机故障：换向器与电刷接触不良，电磁开关接触盘和触点接触不良，电动机励磁绕组或电枢绕组有局部短路等。

3. 起动机空转

（1）故障现象

接通启动开关后，只有起动机快速旋转而发动机的曲轴不转。

（2）故障原因

此现象表明起动机的电路畅通，故障在于起动机的传动装置和飞轮齿圈等处。

（3）故障诊断

① 起动机空转时，有较轻的摩擦声，起动机的驱动齿轮不能与飞轮齿圈啮合而产生空转，即驱动齿轮还没有啮合到飞轮齿圈中，电磁开关就提前接通，说明主回路的接触行程过短，应拆下起动机，进行起动机接通时刻的调整。

② 若在起动机空转的同时伴有齿轮的撞击声，则表明飞轮齿圈齿轮或起动机小齿轮磨损严重或已损坏，致使不能准确地与飞轮齿圈啮合。

③ 起动机传动装置故障有：单向啮合器弹簧损坏，单向啮合器滚子磨损严重，单向啮合器套管的花键槽烧蚀。这些故障会阻碍小齿轮的正常移动，造成不能与飞轮齿圈准确啮合等。

④ 有些起动机的传动装置采用一级行星齿轮减速装置，其结构紧凑，传动比大，效率高。但使用中常会出现载荷过大而烧毁卡死。有的采用摩擦片式离合器，若压紧弹簧损坏，花键锈蚀卡滞和离合器摩擦片打滑，也会造成起动机空转。

项目三

照明与信号系统线路识读与测试

3.1　任务一　照明系统线路识读与测试

学习目标

◇ 掌握照明系统的组成、功能以及工作的基本过程。

◇ 能够识读典型的照明电路图以及根据电路图检修照明系统。

◇ 掌握照明系统中灯具的特点以及维修方法。

◇ 掌握整车照明电路的故障排查的方法和技巧，能够排除典型的故障。

建议完成本任务的学习为 12 学时。

任务描述

学习汽车照明系统的组成、功用以及工作原理；掌握汽车照明系统的电路控制方法以及系统中主要部件的构造和检修方法，完成汽车照明系统典型故障的检测与排除任务。

3.1.1　任务实施学习引导

3.1.1.1　汽车照明与信号装置的功用

为了保证发动机的正常工作和行驶安全，提高运输效率，降低运输成本，汽车上安装了各种照明、信号和仪表。

1. 汽车的灯光系统

汽车的灯光系统可分为外部照明装置、内部照明装置和汽车灯光信号装置。一般来说，汽车上至少有 50~60 个灯。

2. 汽车的灯光系统电路

汽车的灯光系统工作电路一般为：电源（正极）→熔丝/继电器→开关→灯→搭铁（负极）。

3. 汽车灯具的种类

(1)照明灯(如图 3-1 所示)

① 前照灯。

前照灯(前大灯)装在汽车头部两侧,用于夜间行车时的照明。前照灯有两灯制和四灯制之分,功率一般为 40~60 W。

② 雾灯。

雾灯有前雾灯和后雾灯两种。前雾灯装在汽车前部比前照灯稍低的位置,用于在雨雾天气行车时的照明。为保证雾天高速行驶的汽车向后方车辆或行人提供本车位置信息,交通管理部门规定,运行车辆应在车辆后部加装功率较大的后雾灯,以降低交通事故的发生率。雾灯的光色规定为光波较长的黄色、橙色或红色。

③ 牌照灯。

牌照灯装于汽车尾部的牌照上方,用于夜间照亮汽车牌照。

④ 仪表灯。

仪表灯装于汽车仪表板上,用于仪表照明,以便于驾驶员获取行车信息和进行正确操作,其数量根据仪表设计布置而定。

⑤ 顶灯。

顶灯装于驾驶室或车厢顶部,用于车内照明。

⑥ 工作灯。

车上一般只装工作灯插座,配有导线及移动式灯具,为在排除汽车故障或检修时提供照明。

(2)灯光信号装置(如图 3-1 所示)

① 转向信号灯。

转向信号灯一般有 4 只或 6 只,装在汽车前后或侧面,功率一般为 20 W,用于汽车转弯时发出明暗交替的闪光信号,使前后车辆、行人、交警知其行驶方向。

② 危险报警灯。

危险报警灯与转向信号灯共用。当车辆出现故障停在路面上时,按下危险警报开关,全部转向灯同时闪亮,提醒后方车辆避让。

③ 示廓灯。

示廓灯(前小灯)装于汽车前后两侧边缘,光色为白色,用于标示汽车夜间行驶或停车时的汽车的宽度轮廓。

④ 尾灯。

尾灯装于汽车尾部,左右各 1 只,红色,用于在夜间行驶时向后面的车辆或行人提供位置信息。

⑤ 制动灯。

制动灯装于汽车后面,用于当汽车制动或减速停车时,向车后发出灯光信号,以警示随后车辆及行人。多采用组合式灯具,一般与尾灯共用灯泡(双丝灯),但制动灯功率较大,为 20 W 左右。

⑥ 倒车灯。

倒车灯装于汽车尾部,左右各 1 只,光色为白色,用于照亮车后的路面,并警告车后的车辆和行人，该车正在倒车。

(a)

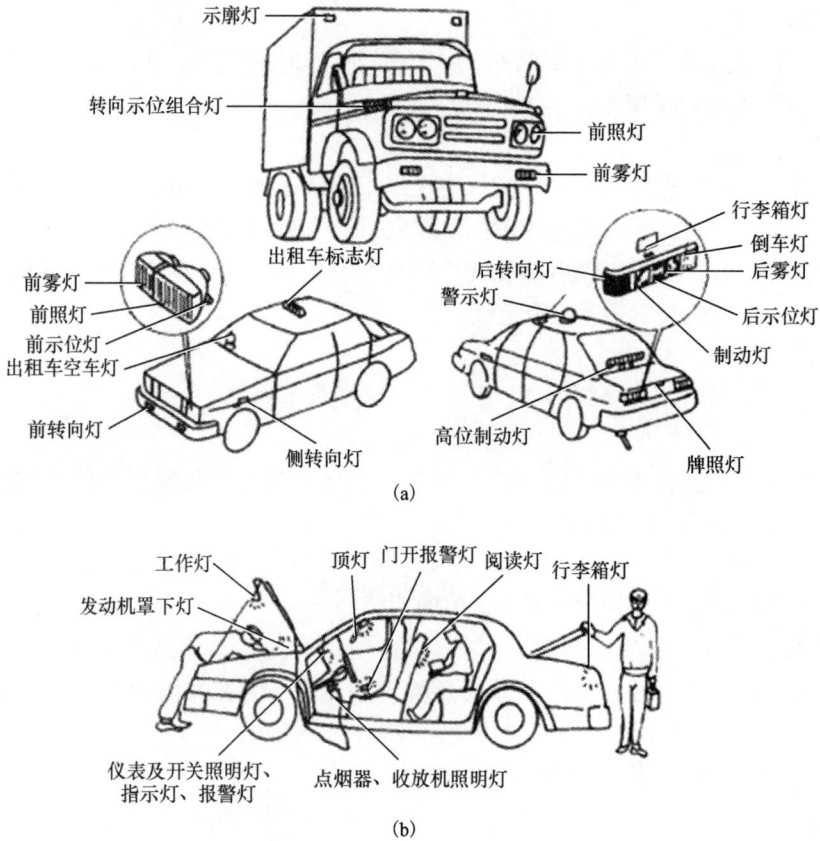

(b)

图3-1 汽车灯光系统的位置

3.1.1.2 汽车前照灯

为了确保夜间行车的安全，前照灯应保证车前有明亮而均匀的照明，使驾驶员能够辨明车前100 m(或更远)内道路上的任何障碍物。随着汽车行驶速度的不断提高，对前照灯的要求也越来越高，现代高速汽车的前照灯的照明距离能达到200~250 m。

前照灯应具有防眩目的装置，以免夜间行车时，因对方驾驶员目眩而发生事故。

1. 汽车前照灯的结构

汽车前照灯一般由光源(灯泡)、反光镜、配光镜(散光镜)3部分组成。

(1)灯泡

目前汽车前照灯所用的灯泡有普通灯泡(白炽灯泡)和卤素灯泡，两种灯泡的灯丝均采用熔点高、发光强的钨制成，如图3-2所示。

普通灯泡的灯丝用钨丝制成，从玻璃泡内抽出空气，然后充以86%的氩气和约14%的氮气的混合惰性气体以减少钨丝受热蒸发，延长其使用寿命，灯丝制成紧密的螺旋状。灯泡在长期使用后会发黑，表明灯丝的损耗依然存在，因此并不能阻止钨丝的蒸发。卤素灯泡是在惰性气体中加入了一定量的卤族元素(如碘、溴)，使得从灯丝上蒸发出来的气态钨与卤族元

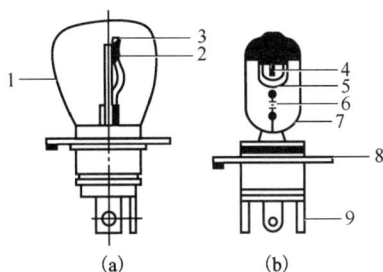

图 3-2　前照灯的灯泡

1、7—配光屏；2、4—近光灯丝；3、5—远光灯丝；6—定焦盘；8—泡壳；9—插片

素反应生成了一种挥发性的卤化钨，在扩散到灯丝附近的高温区域后又受热分解，使钨重新回到灯丝上，如此循环防止了钨的蒸发和灯泡黑化的现象。白炽灯泡的发光效率一般为 8~12 lm/W，卤素灯泡的发光效率可达 18~20 lm/W，比白炽灯泡高 20% 以上。由于卤钨灯泡体积小、耐高温、发光强度高、使用寿命长，故而目前得到广泛的应用。

（2）反射镜

反射镜的表面形状呈旋转抛物面，如图 3-3 所示，一般由 0.6~0.8 mm 的薄钢板冲压或由玻璃、塑料制成。其内表面镀银、铝或镀铬，然后抛光处理。目前反射镜内面采用真空镀铝的较多。

反射镜的作用是将灯泡的散射（直射）光反射成平行光束，使光度大大增强，增强几百倍乃至上千倍，以保证汽车前方 150~400 m 内有足够的照明，如图 3-4 所示。

图 3-3　半封闭式前照灯的反射镜

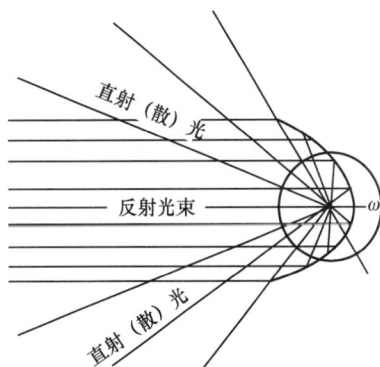

图 3-4　反射镜的作用

（3）配光镜

配光镜又称散光玻璃，由透光玻璃压制而成，是多块特殊棱镜和透镜的组合，外形一般为圆形和矩形，如图 3-5 所示。配光镜的作用是将反射镜反射出的平行光束进行折射，使车前的路面有良好而均匀的照明，如图 3-6 所示。

图 3-5　配光镜的结构

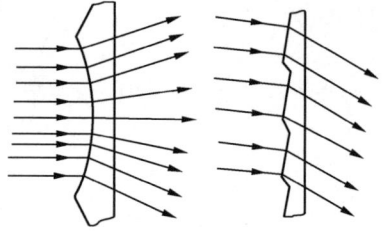

图 3-6　配光镜的作用

2. 前照灯的类型

按照安装数量的不同前照灯可分为两灯制前照灯和四灯制前照灯。前者每只灯具有远、近光双光束；后者外侧一对灯为远近双光束，内侧一对灯为远光单光束。

按照安装方式的不同前照灯可分为外装式前照灯和内装式前照灯。前者的整个灯具在汽车上外露安装；后者的灯壳嵌装在汽车车身内，装饰圈、配光镜裸露在外。

按前照灯配光镜的形状不同可分为圆形、矩形和异形前照灯 3 类。按照发射的光束类型不同可分为远光前照灯、近光前照灯和远近光前照灯 3 类。

按前照灯反光镜的结构不同，可将其分为可拆卸式、半封闭式、封闭式 3 种。

（1）可拆式前照灯

该灯气密性差，反射镜易受湿气和尘埃污染而降低反射能力，严重降低照明效果，目前已很少采用。

（2）半封闭式前照灯

半封闭式前照灯的结构如图 3-7 所示。配光镜靠卷曲反射镜边缘上的齿紧固在反射镜上，两者之间垫有橡胶密封圈；灯泡从反射镜后端装入，灯泡可以互换。目前半封闭式前照灯仍被各国广泛采用。

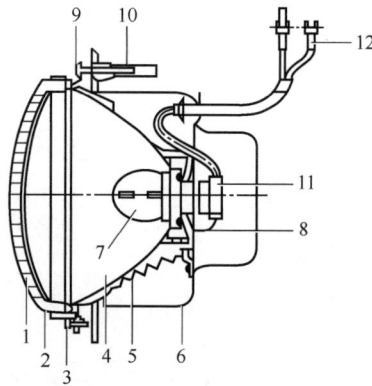

图 3-7　半封闭式前照灯

1—配光镜；2—固定圈；3—调整圈；4—反射镜；5—拉紧弹簧；6—灯壳；7—灯泡；8—防尘；
9—调节螺钉；10—调整螺母；11—胶木插座；12—接线片

（3）封闭式前照灯

封闭式前照灯的结构如图 3-8 所示，其反射镜和配光镜用玻璃制成一体，形成灯泡，里面充以惰性气体。全封闭式前照灯反射镜不受大气中灰尘和潮气污染，其发光率较高，一个功率约 30 W 的前照灯可产生 750000 cd 的照度，且使用寿命长。

3.其他形式的前照灯

（1）高亮度弧光灯

高亮度弧光灯的结构如图 3-9 所示，这种灯的灯泡里没有灯丝，取而代之的是装在石英管内的两个电极，管内充有氙气及微量金属（或金属卤化物）。在电极上加上 5000 ～ 12000 V 的电压后，气体开始电离而导电。由气体原子激发到电极间少量水银蒸气弧光放电，最后转入卤化物弧光灯工作，采用多种气体是为了加快启动。

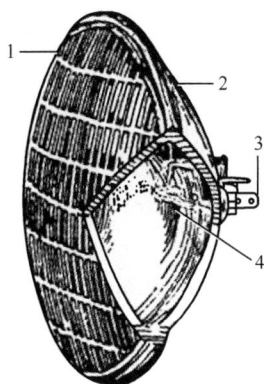

图 3-8　封闭式前照灯

1—配光镜；2—反射镜；

3—插头；4—灯丝

弧光式前照灯由弧光灯组件、电子控制器和升压器 3 大部分组成。其灯泡的光色和日光灯相似，亮度是目前卤钨灯泡的 2.5 倍，寿命是卤钨灯泡的 5 倍，灯泡的功率为 35 W，可节能 40%。

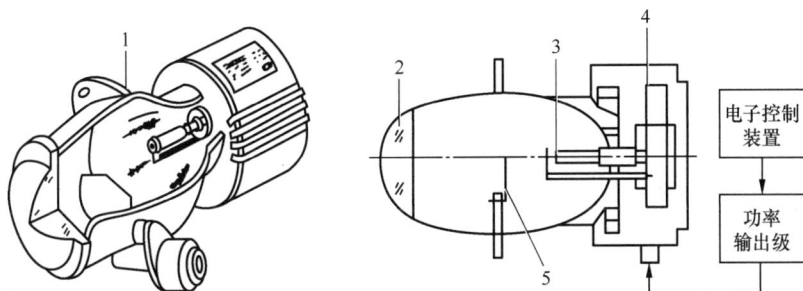

图 3-9　高亮度弧光灯

1—总成；2—透镜；3—弧光灯；4—引燃及稳弧部件；5—遮光板

（2）气体放电灯

近年来德国宝马公司和博世公司携手研制了一种更新式的前照灯——气体放电灯。气体放电灯是由小型石英灯泡、变压器和电子控制器组成，通过变压器升压到 0.5 万～1.2 万伏的高压电，激励小型石英灯泡发亮。其亮度比现在用的卤素灯亮 2.5 倍，发出的亮光色调与太阳光十分相似，而且气体放电灯发亮并达到规定的工作温度时，功率消耗只有 35 W，比卤素灯低 1/3，非常经济，很适宜用作轿车的前照灯。目前一些中高级轿车已经使用这种气体放电灯。

（3）氙灯

氙灯的结构如图 3-10 所示，这是一种含有氙气的新型前照灯，又称高强度放电灯或气体放电灯，简称 HID（high intensity discharge lamp）。目前奔驰 E 级车、宝马 7 系列、丰田凌志、本田阿库拉等高档车都使用了这种新型前照灯。氙灯亮度大，发出的亮色调与太阳光比较接近，消耗功率低，可靠性高，不受车上电压波动影响。

氙灯由小型石英灯泡、变压器和电子单元组成。接通电源后，通过变压器，在几微秒内升压到两万伏以上的高压脉冲电通过石英灯泡内的金属电极之间，激励灯泡内的物质(氙气、少量的水银蒸气、金属卤化物)在电弧中电离产生光亮。同时高温导致碰撞激发，并随压力升高使线光谱变宽形成带光谱。灯开关接通的一瞬间，氙灯即产生与 55 W 卤素灯一样的亮度，约 3 s 达到全部光通量。

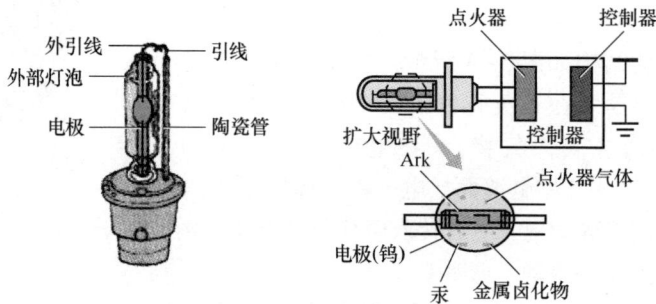

图 3-10　氙灯的结构

氙灯灯泡的玻璃用坚硬的耐温耐压石英玻璃(二氧化硅)做成，灯内充入高压氙气以缩短灯被点亮的时间，灯的发光颜色则由充入灯泡内的氙气、水银蒸气和少量金属卤化物所决定。

电子控制器系统是一个独立的系统，包括变压器和电子控制单元，具有产生点火电压和工作电压两种功能。变压器将低电压变为高电压输出，电子控制单元的主要功能是限制氙灯灯泡的工作电流，向灯泡提供两万伏以上的点火电压和维持工作的低电压(80 V 左右)。

氙灯与卤素灯的主要区别在于，前者通过气体电离发光，后者通过加热钨丝发光。虽然氙灯的发光电弧与卤素灯的钨丝长度直径一样，但发光效率和亮度提高了两倍。由于不用灯丝，没有了传统灯易脆断的缺陷，使用寿命也提高了 4 倍。据测试，一个 35 W 的氙灯光源可产生 55 W 卤素灯两倍的光通量，使用寿命与汽车差不多。因此，安装氙灯不但可以减少电能消耗，还相应提高了车辆的性能，这对于轿车而言具有很重要的意义。

20 世纪 90 年代，欧洲开发了 AFS 灯光系统的前照灯，日本开发了 ILS 智能灯光系统。在 AFS 灯光系统中，每只前照灯的组件内有 8 个反射器，在转弯、高速行驶及雨雾天气等不同情况下受控生成能适应各种驾驶环境的灯光模式。但由于其体积较大，存在装配上的局限性，且灯泡更换不方便，因此推广困难。目前 ILS 正在向自动控制光线的方向发展，为驾车者提供比较理想的光束模式。这需要引入微电子技术，并装入先进的电控元件。虽然当前的技术还无法做到这一点，但预测在今后 3 年内，这些技术难题将会得到解决，智能化灯光系统将会陆续面市。

智能化灯光系统能使汽车的前照灯随行驶状况的变化而实时变化，将出现具有 10~15 种不同光束的前照灯，相对行驶速度和路面而"随机应变"。例如，在高速公路上，汽车的前照灯会照亮前方不宽的区域，要远一点。当汽车行驶在弯道上，车辆转弯时外侧要亮度大些，使驾驶员看清楚弯道情况，而内侧暗些，避免对面会车的驾驶员炫目。

（4）LED 车灯

现在汽车照明灯已有白炽灯、卤素灯、氙灯等。除了前照灯外，其他灯具例如小灯、指示灯、厢内照明灯等多采用白炽灯。近年也流行采用 LED 指示灯，例如制动指示灯、转向指示灯等。

4.汽车前照灯的发展

轿车前照灯有两种功能，一种是照明，另一种是装饰。在今后几年内，前照灯的内在结构将发生一次重大的技术革命，灯具将会装上"脑袋"变成"聪明"的灯，智能化灯光系统将会陆续面市。智能化灯光系统能使汽车的前照灯随行驶状况的变化而实时变化，将会出现具有 10~15 种不同光束的前照灯，相对行驶速度和路面而"随机应变"。例如，当转向盘转向时，会有传感器立即探明车辆要转弯；微电脑接到信息后立即发出指令指挥前照灯内的活动组灯，随转向盘的角度变化来更改灯光的投射角度等。

3.1.1.3　前照灯电子控制装置

前照灯是汽车夜间行驶时必不可少的照明设备，为了提高汽车夜间行驶的速度，确保行车安全，不少汽车上采用了前照灯电子控制装置，对前照灯进行自动控制。常用的控制装置有前照灯自动变光器、昏暗自动发光器以及前照灯自动关闭延时器等。

1.汽车前照灯自动变光器

汽车前照灯自动变光器是一种根据对方车辆灯光的亮度自动变远光为近光或变近光为远光的自动控制装置。其优点是实现了自动控制，不需要驾驶员操纵，其次是变光器的体积小，性能稳定可靠，且灵敏度高。

在夜间两车相对行驶，当相距 150~200 m 时，对方的灯光照射到自动变光器上，立即自动变远光为近光，有效地避免了远光给对方驾驶员带来的炫目；待两车相会后，变光器又自动变近光为远光，汽车即可恢复原来的行驶速度。

图 3-11 所示为具有光敏电阻的自动变光器的电路。该电路主要由电子电路（包括晶体管 VT_1~VT_6、二极管 VD_1 及电阻 R_1~R_{15}、光敏电阻 R 及继电器组成。为了防止电子电路出故障后影响夜间行驶，还保留了脚踏变光开关。

2.昏暗自动发光控制系统

昏暗自动发光控制系统的功用是，在行驶中当车前自然光的强度减低到一定程度时，自动将前照灯的电路接通，以确保行车安全，同时还有延时关灯的作用。

图 3-12 所示为昏暗自动发光控制系统电路。它主要由光传感器和控制元件及晶体管放大器组件两大部分组成。

3.前照灯关闭自动延时控制装置

前照灯关闭自动延时控制装置的主要功能是，当汽车夜间停入车库后，为驾驶员下车离开车库提供一段时间的照明，以免驾驶员摸黑走出车库时造成事故。图 3-13 所示为集成电路 ICCSG5551 和继电器 J 组成的前照灯关闭延时装置电路，其延时关闭时间为 50 s。

3.1.1.4　汽车照明电路举例

解放 CA1092 汽车照明系统电路如图 3-14 所示。

车灯开关为拉杆式，开关拉到 I 挡时接通仪表灯、示廓灯电路。开关拉到 II 挡时继电器的磁化线圈通电，继电器的触点闭合；电流由继电器到变光开关，由变光开关控制前照灯的远光灯和近光灯；在前照灯电路接通的同时，仪表灯、示廓灯电路继续接通。开关不拉出时，

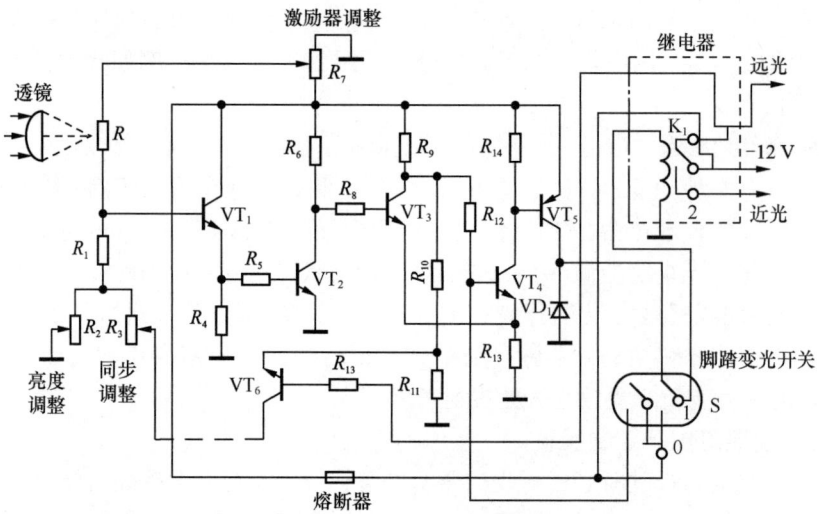

图 3-11　具有光敏电阻的自动变光器的电路

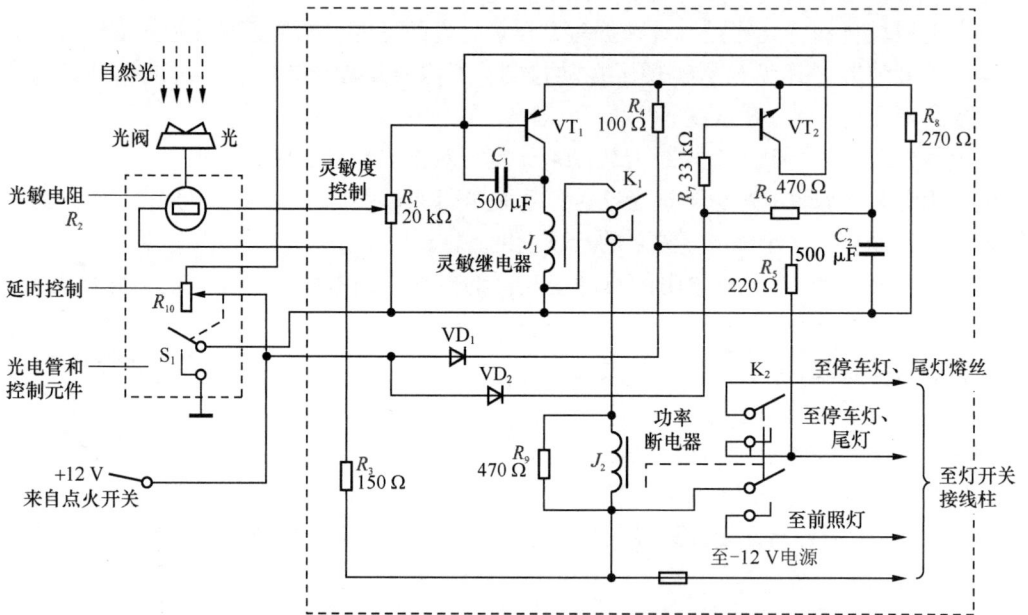

图 3-12　昏暗自动发光控制系统电路

旋转按钮，可接通顶灯。在电路中除设置了多个熔断器外，还设置了前照灯继电器，设置继电器是为了避免前照灯的大电流直接通过车灯开关，以保护车灯开关。

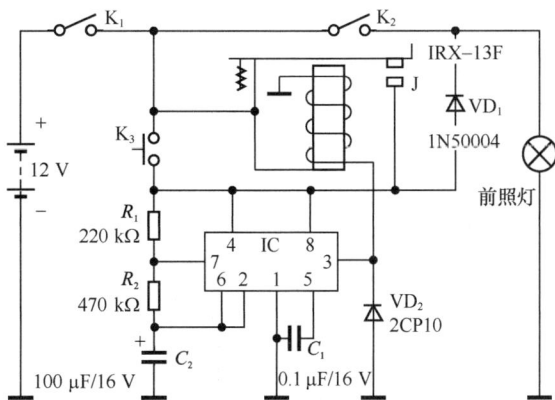

图 3-13 前照灯关闭自动延时控制器电路

K₁—电源开关；K₂—车灯开关；K₃—延时按钮

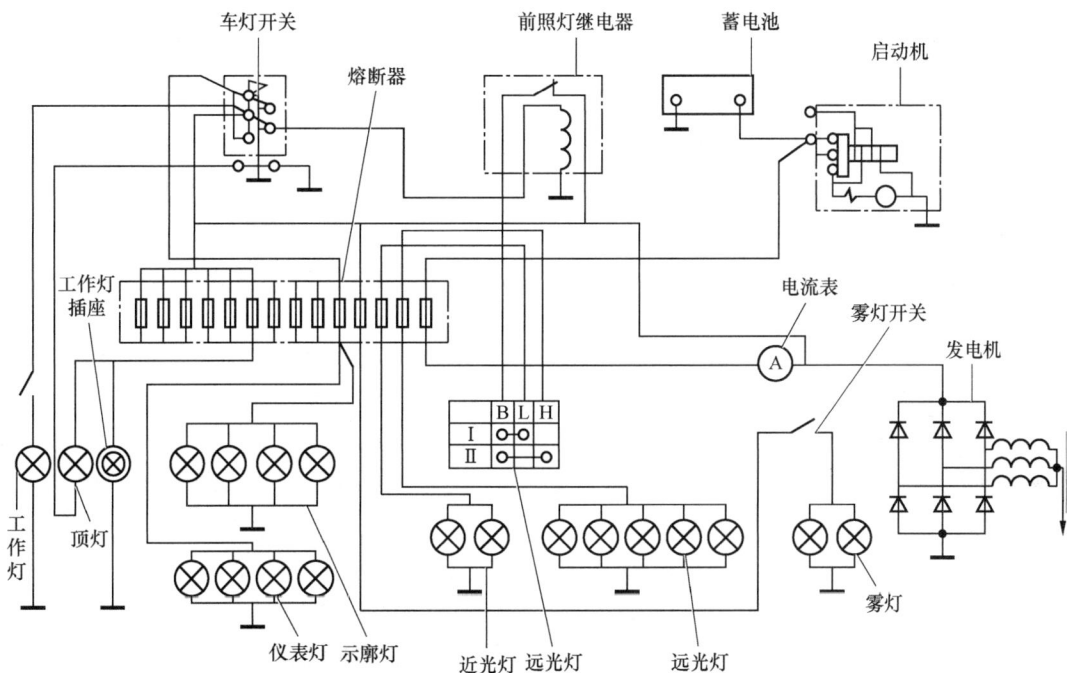

图 3-14 解放 CA1092 汽车照明系统电路

3.1.2 任务实施

在桑塔纳 LX 灯光台架上进行照明电路的识读，并正确使用万用表等检测工具，进行桑塔纳 LX 照明电路的检测与调整。

3.1.2.1 前照灯的检测与调整

前照灯在使用过程中，会因灯泡老化、反射镜变暗、照射位置不正而使前照灯的发光强度不足或照射位置不正确，影响汽车行驶速度和行车安全。因此，必须对前照灯进行检测和调整。

前照灯的发光强度是指光源在给定方向上所能发出的光线强度(单位：坎；符号：cd)。汽车每只前照灯远光光束的发光强度有明确的要求。两灯制：12000 cd；四灯制：1000 cd。测试时，电源系统可处于充电状态。注：采用四灯制的机动车中两只对称的灯达到两灯制的要求时视为合格。

前照灯的发光强度一般用前照灯检测仪进行检测。它利用光电池受光线照射后产生电动势，再由光度计(实质上是一个电流表)来指示前照灯的发光强度。前照灯的发光强度高，光电池产生的电流大，光度计指示的值高。

前照灯的光束照射位置是光轴中心相对于前照灯配光镜几何中心在垂直方向偏上或偏下、水平方向偏左或偏右的距离。对于对称配光特性的前照灯，一般把光束最亮区域的中心作为光轴中心，用此检测光束的照射位置。对于非对称配光特性的前照灯，一般以光束明暗截止线交点或中心作为光轴中心，用此检测光束照射位置。前照灯的远光一般采用对称式配光，光形分布具有水平方向宽、垂直方向窄等特点。前照灯的近光，我国规定采用非对称式配光，光形分布是近光光束最亮部分向右下偏移，在配光屏幕上具有明显的明暗截止线。用屏幕可以检测前照灯的光束照射位置，国家标准对汽车前照灯光束照射位置的规定是：机动车在检验前照灯的近光光束照射位置时，被测车辆空载(允许乘坐一名驾驶员)，轮胎气压正常，汽车正对屏幕 10 m 处，光束明暗截止线转角或中心的高度应为 0.6H~0.8H(H 为前照灯中心高度)，其水平方向位置向左偏或向右偏均不得超过 100 mm。四灯制前照灯远光单束灯的调整，要求在屏幕上光束中心离地面高度为 0.85H~0.90H，水平位置要求左灯向左或向右偏均不得大于 170 mm。前照灯光束照射位置不符合规定要求时，应利用上下、左右调整螺钉进行调整，装用远、近双丝灯的前照灯以调整近光光束为主。

用屏幕只能检测前照灯的光束照射位置，不能检测其发光强度。目前汽车维修企业和汽车检测站广泛采用前照灯检测仪来检测前照灯的发光强度和光束照射位置，并据此来检验和调整汽车前照灯的发光强度和光轴偏斜量。前照灯检测仪检测前照灯的光束位置一般是将 4 块光电池组合在一起，位于上、下的光电池接有上下偏斜指示计，位于左、右的光电池接有左右偏斜指示计；当前照灯照射在光电池上后，上下偏斜指示计和左右偏斜指示计将发生摆动，据此可测出前照灯的光束照射位置。前照灯检测仪按测量方法的不同可分为聚光式、屏幕式、投影式、自动追踪光轴式、全自动式等多种，使用方法虽各不相同，但检测原理大同小异，具体的使用方法可以参考其说明书操作。目前应用较多的是全自动式检测仪。

3.2　任务二　信号系统线路识读与测试

学习目标

◇ 掌握信号系统的组成、功能以及工作的基本过程。
◇ 能够识读典型的信号系统电路图以及根据电路图检修信号系统。
◇ 掌握信号系统更换元件的方法。
◇ 掌握汽车信号系统电路的故障排查方法和技巧，能够排除典型的故障。

建议完成本任务的学时为 8 学时。

任务描述

学习汽车信号系统的组成和功用，掌握汽车信号系统的结构和工作原理，熟悉闪光器的工作原理，完成对汽车信号系统电路进行分析和对典型故障进行诊断与排除的任务。

3.2.1　任务实施学习引导

为了保证汽车的行车安全，除照明灯外，还有用以指示其他车辆或行人的灯光信号标志，这些灯称为信号灯。汽车上的信号装置不仅仅是信号灯，还有电喇叭等的信号装置。

信号灯分为外信号灯和内信号灯。外信号灯指转向灯、制动灯、尾灯、示廓灯、倒车灯；内信号灯泛指仪表板的指示灯，主要有转向、机油压力、充电、制动、关门提示等仪表指示灯。

3.2.1.1　转向灯与危险警报灯

为指示汽车的行驶方向，汽车上都装有转向信号灯。转向灯系统一般由转向信号灯、转向指示灯、转向开关、闪光器等组成。当汽车要向左或右转向时，通过操纵转向开关，使车辆左边或右边的转向信号灯经闪光器通电而闪烁发光。转向后，回转方向盘，转向盘控制装置可自动使转向开关回位，转向灯熄灭。驾驶员还可以通过操纵危险警报开关使全部转向灯闪亮，发出警示。

转向信号灯一般应具有一定的频闪。我国规定 60~120 次/分，日本规定为（85±10）次/分，要求信号效果要好，而且亮暗时间比（通电率）在 3∶2 为佳。

转向信号灯的频闪由闪光器控制，闪光器可根据不同原理运作。目前使用的闪光器主要有电热式、电容式、电子式。由于电子式闪光器具有性能稳定、可靠性高、使用寿命长的特点，已获得广泛应用。

1. 电热式闪光器

图 3-16 所示为电热式闪光器的外形和电路图。该闪光器串联在电源与转向灯开关之间，有两个接头，分别接电源和转向灯开关。当汽车转向时，接通转向开关，电流从蓄电池"+"极→附加电阻→电热丝→触点臂→转向开关→转向灯及仪表指示灯（左或右）→搭铁→蓄电池"−"极，构成回路。由于附加电阻和电热丝串联在电路中，使电流较小，故转向灯不亮。经短时间电热丝（镍铬丝）发热膨胀，触点闭合，电流由蓄电池"+"极→线圈→触点→转向开关→转向灯及转向指示灯（左或右）→搭铁→蓄电池"−"极，构成回路。此时附加电阻和电热丝被短路，且线圈中产生的电磁吸力使触点闭合更紧，电路中电阻小电流大，转向灯发出较亮的光。此时无电流流经电热丝而使其冷却收缩，触点打开，附加电阻和电热丝又重新串入电路，灯光变暗。如此反复，使转向灯明暗交替，示意行驶方向。闪光频率（60~90 次/分）可通过调整电热线的电热丝拉力和触点间隙来进行。

2. 电容式闪光器

图 3-17 所示为电容式闪光器的外形和结构原理图。它串联在电源开关和转向灯开关之间，有两个接线柱（B 和 L），分别接电源开关和转向灯开关。汽车转向时接通转向开关 8，电流经蓄电池"+"极→电源开关 11→接线柱 B→线圈 3→常闭合触点 1→接线柱 L→转向灯开关

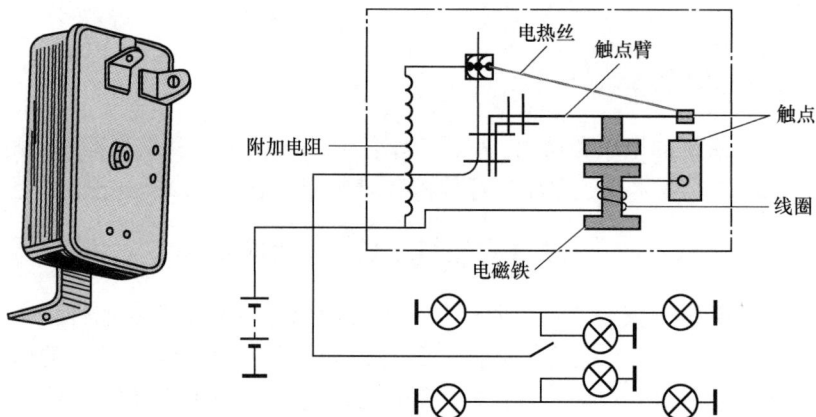

图 3-16 电热式闪光器的外形和电路

→转向灯及转向指示灯→搭铁→蓄电池"-"极，构成回路。此时线圈 4、电容 7、电阻 5 被触点 1 短路，流经线圈 3 所引起的吸力大于弹簧片 2 的作用力，将触点 1 迅速打开，转向灯处于暗的状态(尚未来得及亮)。触点 1 打开后，蓄电池开始向电容器 7 充电，其回路为：蓄电池"+"极→电源开关 11→接线柱 B→线圈 3→线圈 4→电容 7→转向灯开关 8→转向灯及转向指示灯(左或右)→搭铁→蓄电池"-"极。由于线圈丝电阻较大，充电电流较小，仍不足以使转向灯亮。同时，线圈 3、4 产生的电磁吸力方向相同，使触点 1 继续打开。随着电容器 C 两端电压升高，充电电流逐渐减小，电磁吸力也减小，在弹簧片作用下，触点 1 闭合。触点 1 闭合后，电源通过线圈 3、触点 1、经转向开关 8 向转向灯供电，电容器经线圈 4、触点 1 放电。由于此时线圈 3 和线圈 4 方向相反，产生的电磁吸力减小，不足以使触点 1 打开，故转向灯亮。随着电容器两端电压下降，流经绕圈 4 的电流减少，产生的退磁作用减弱，线圈 3 产生的电磁吸力又将触点 1 断开，转向灯变暗。同时，蓄电池再次向电容器充电。如此反复，使转向灯以一定的频率闪烁。

3. 电子式闪光器

电子闪光器可分为触点式(带继电器)和无触点式(不带继电器)，不带继电器的电子闪光器又称为全电子闪光器。

(1)带继电器触点式晶体管闪光器

如图 3-18 所示，当接通电源开关和转向灯开启后，主线路为蓄电池"+"极→电源开关 SW→接线柱 B→R_1→继电器 J 的触点→接线柱 S→转向开关→转向灯及转向指示灯(左或右)→搭铁→蓄电池"-"极，转向灯亮。当继电器 J 的触点闭合时，转向灯亮，触点断开时，转向灯灭，而触点的闭合与否取决于晶体管的导通状况，电容 C 的充放电使晶体管反复导通截止，这样触点也就时通时断，使转向信号灯闪烁发光。

(2)不带继电器无触点式晶体管闪光器

无触点晶体管闪光器又称全电子式闪光器，即把触点式晶体管闪光器中的继电器去掉，采用大功率晶体管来取代原来的继电器，如图 3-19 所示。本闪光器电路的振荡部分实际上是一个典型的非稳态多谐振荡器，其电路结构对称。即 $R_1 = R_4$、$R_2 = R_3$、$C_1 = C_2$，VT_1 与 VT_2

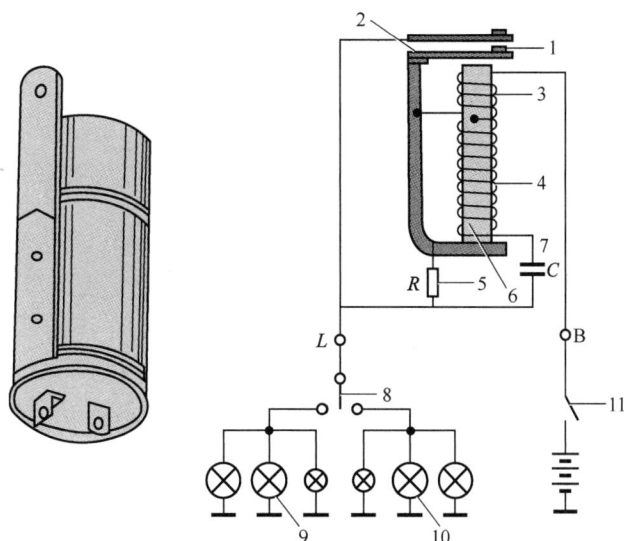

图 3-17　电容式闪光器外形和结构原理图

1—触点；2—弹簧片；3、4—线圈；5—灭弧电阻；6—铁芯；7—电容；8—转向灯开关；

9—左转向信号灯；10—右转向信号灯；11—电源开关

为同型号的晶体管，且参数相同。闪光器的输出级采用一只大功率晶体管 VT_3。当 VT_3 导通时，可将转向灯电路接通，使灯点亮；当 VT_3 截止时，转向灯电路被切断而使灯变暗，从而发出频率为 70～90 次/min 的闪光信号。

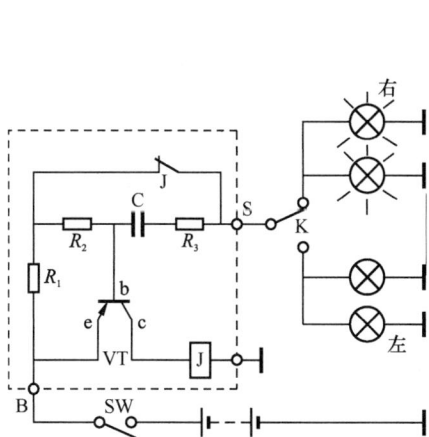

图 3-18　带继电器触点式晶体管闪光器电路

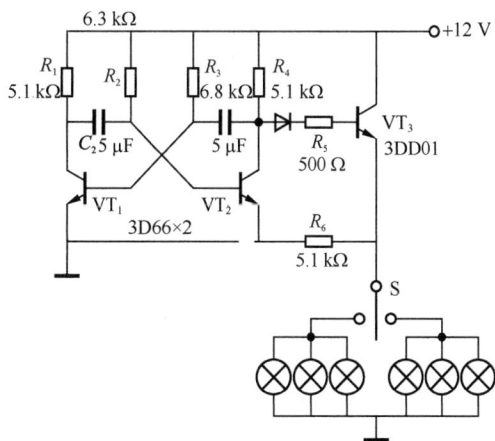

图 3-19　不带继电器无触点式晶体管闪光器

3.2.1.2　制动信号装置

制动信号灯安装在车辆尾部，通知后面车辆该车正在制动，以避免后面车辆与其后部相撞。其简化电路如图 3-20 所示。

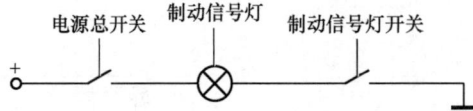

图 3-20 制动信号灯电路

由图 3-20 可知，制动信号灯由制动开关控制。根据控制的方式不同可分为：气压式、液压式和机械式 3 种。其中气压式和液压式制动开关一般装于制动管路中，工作情况都是利用气压或液压使开关中两接线柱相连，从而导通制动信号灯电路。这两种开关经常在载重货车上使用。小型轿车经常使用机械式开关，一般安装于制动踏板下方。当踩下制动踏板时，制动开关内的活动触点便将两接线柱接通，使制动灯点亮；当松开踏板后，断开制动灯电路。

图 3-21 所示为制动灯监视电路，用以监视制动灯的工作情况。

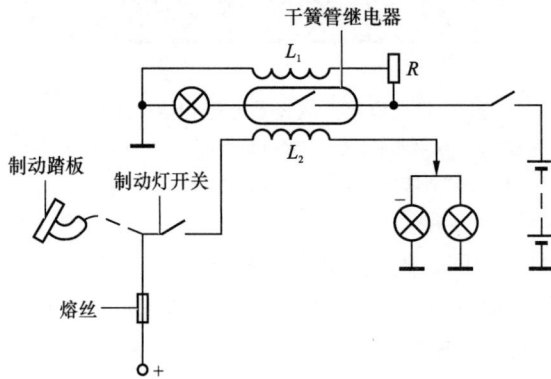

图 3-21 制动灯监视电路

制动灯监视电路工作原理如下：当踩下制动踏板时，电源经熔丝、线圈 L_2 到制动信号灯搭铁成回路，制动灯亮；但流过线圈 L_2 所产生的磁场，还不足以闭合干簧管继电器触点。在点火开关接通的情况下，经可调电阻 R、线圈 L_1、搭铁形成回路，使 L_1 中产生磁场。这两个磁场叠加时，干簧管继电器触点才闭合，12 V 电压加在指示灯上，表示制动灯的工作正常。当一只制动灯损坏时，流过 L_2 的电流减小一半，磁场减弱，干簧管继电器触点不闭合，指示灯不亮，表示制动灯有故障。监视指示灯的灵敏度可一次调整好，踏下制动踏板时，制动灯开关接通，调整可调电阻 R，直到干簧管触点闭合为止。为了模拟故障，可将一个制动灯拆下，这时，再踏下制动踏板时，指示灯应不亮。在制动灯电路中，短路的情况比较少见。由于制动灯电路有熔丝，当短路时，熔丝烧断，这时，踏下制动踏板指示灯不亮。

3.2.1.3 倒车信号装置

汽车倒车时，为了警告车后的行人和车辆的驾驶员，在汽车的后部常装有倒车灯、倒车蜂鸣器或语音倒车报警装置，这些装置都由装在变速器盖上的倒车开关自动控制。

倒车开关的结构如图 3-22 所示。当把变速杆拨到倒挡时，由于倒车开关中的钢球 1 被松开，在弹簧 5 的作用下，触点 4 闭合。于是倒车灯、倒车蜂鸣器或语音倒车报警器便与电源接通，使倒车灯发出闪烁信号、蜂鸣器发出断续鸣叫声、语音倒车报警器发出"倒车，请注意"的提示音。

倒车蜂鸣器是一种间歇发声的音响装置,其发声部分采用的是一只功率较小的电喇叭,控制电路是一个由无稳态电路和反相器组成的开关电路。图 3-23 所示为一种倒车蜂鸣器电路图。

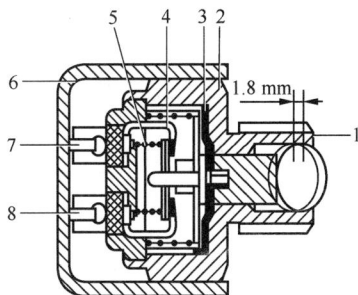

图 3-22　倒车开关

1—钢球；2—壳体；3—膜片；4—触点；
5—弹簧；6—保护罩；7、8—导线

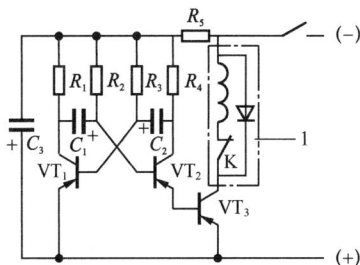

图 3-23　倒车蜂鸣器电路

3.2.1.4　喇叭系统

目前汽车上所装的喇叭多为电喇叭,主要用于警告行人和其他车辆,以引起注意,保证行车安全。

喇叭按发音动力分为气喇叭和电喇叭；按外形分为螺旋形、筒形和盆形；按声频分为高音和低音；按接线方式分为单线制和双线制。

气喇叭是利用气流使金属膜片震动产生音响,外形一般为筒形,多用在具有空气制动装置的重型载重汽车上。电喇叭是利用电磁力使金属膜片震动产生音响,其声音悦耳,广泛使用于各种类型的汽车上。

电喇叭按有无触点可分为普通电喇叭和电子电喇叭。普通电喇叭主要靠触点的闭合和断开,控制电磁线圈激励膜片震动而产生音响的；电子电喇叭无触点,它是利用晶体管电路激励膜片震动产生音响的。

在中小型汽车上,由于安装的位置限制,多采用盆形电喇叭。盆形电喇叭具有体积小、质量轻、指向好、噪声小等优点。

1. 汽车电喇叭的结构及工作原理

(1)筒形、螺旋形电喇叭

筒形、螺旋形电喇叭的构造如图 3-24 所示。其主要机件有山形铁芯、线圈、衔铁、膜片、共鸣板、扬声筒、触点以及电容器等。膜片和共鸣板借中心杆与衔铁、调整螺钉、锁紧螺母连成一体。通过线圈的通断使得膜片不断震动,从而发出一定音调的音波,由扬声筒加强后传出。

(2)盆形电喇叭

盆形电喇叭的工作原理与筒形、螺旋形电喇叭的相同,都是通过控制线圈的开闭使得膜片震动引起共鸣板共鸣来发声的。只不过盆形电喇叭的发声效果更好些,在没有扬声筒的情况下,仍能够发出较大的声响。其结构特点如图 3-25 所示。

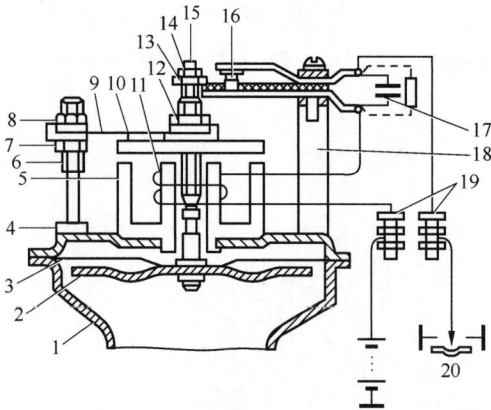

图 3-24　筒形、螺旋形电喇叭

1—扬声筒；2—共鸣板；3—膜片；4—底板；5—山形铁芯；
6—线螺柱；7、13—调整螺钉；8、12、14—锁紧螺母；
9—弹簧片；10—衔铁；11—线圈；15—中心杆；
16—触点；17—电容器；18—导线；
19—接线柱；20—按钮

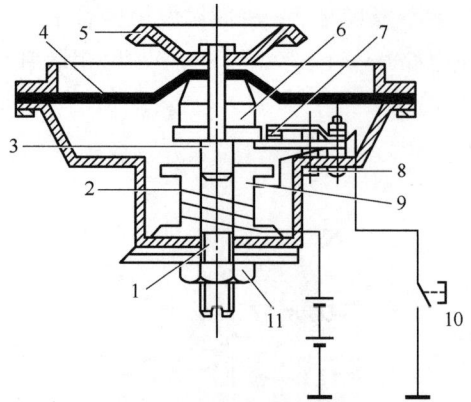

图 3-25　盆形电喇叭

1—下铁芯；2—线圈；3—上铁芯；4—膜片；5—共鸣板；
6—衔铁；7—触点；8—调整螺钉；9—铁芯；
10—按钮；11—锁紧螺母

（3）电子电喇叭

图 3-26 所示为盆形电子电喇叭的结构，其电路如图 3-27 所示。

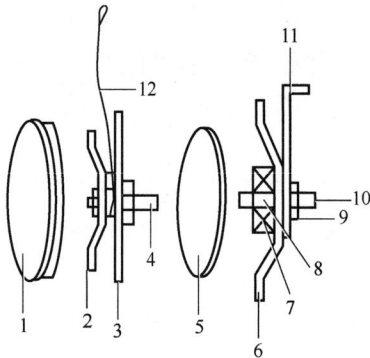

图 3-26　盆形电子电喇叭的结构

1—罩盖；2—共鸣板；3—绝缘膜片；4—上衔铁；
5—绝缘垫圈；6—喇叭体；7—线圈；8—下衔铁；
9—锁紧螺母；10—调节螺钉；11—托架；12—导线

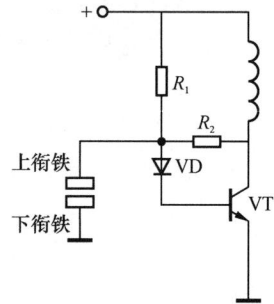

图 3-27　WDL-120G 型电子电喇叭电路

R_1—100 Ω；R_2—470 Ω；VD—2CZ；VT—D478B

由于用晶体管取代了触点，避免了触点烧蚀等故障的产生，使得电喇叭的工作性能更为可靠。

2. 电喇叭的发展

随着科技的不断发展，一种新型喇叭——"环保喇叭"问世了。它采用语言压缩技术，由集成电路制成，是一种结构简单、制作容易、耗能少、无噪声污染、低分贝、声音轻细柔和、音质悦耳动听的门铃式发音装置。"环保喇叭"不需要更改汽车线路设备，可直接并联到警示灯上。只要按下警示灯开关，就有声音、灯光双重提示，既完善了汽车警示功能，又解决了城市禁鸣喇叭的难题。

3.2.1.5　汽车信号电路举例

1.桑塔纳轿车转向及警告系统电路

（1）电路组成

桑塔纳轿车转向信号灯及危险警告灯系统电路如图3-28所示。主要由危险警告灯开关、电子闪光器、转向信号开关、转向信号灯、危险警告灯及熔丝等组成。

（2）电路工作原理

① 供电。

转向信号灯与危险警告灯共用一只电子闪光器。转向信号灯由点火开关控制的"15"号线经熔断器FUSl9供电。危险警告灯电源直接由蓄电池经熔断器FUS4供电（"30"，号线为不受点火开关控制的电源线）。

② 接通危险警告开关。

当该开关接通后，电流由蓄电池正极→30号线→熔断器FUS4→中央接线盘B28插头（图3-28中中央接线盘均未画出，以下同）→警告灯开关30接柱→警告灯开关49接柱→中央接线盘A18插头→闪光器1/49接柱→闪光器3/49a接柱→中央接线盘A10接柱→警告灯开关49a、L、R接柱→中央接线盘A7、A20接柱→中央接线盘E1、C8、E6、C19接柱→转向灯泡→蓄电池负极，警告灯闪亮。

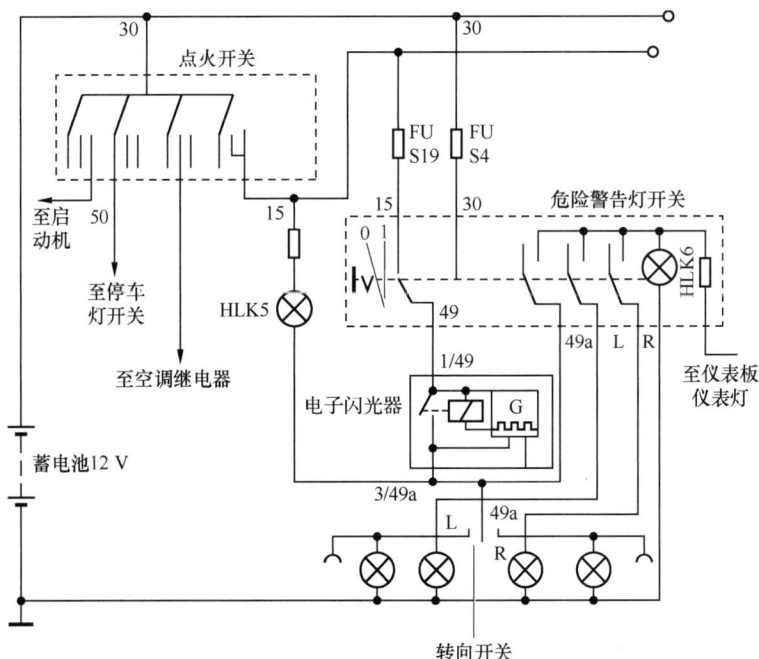

图3-28　桑塔纳轿车转向信号灯及危险警告灯系统电路

③ 接通转向信号灯开关。

蓄电池正极电流→30 号线→点火开关 15 号线→中央接线盘 G2 接柱→熔断器 FUSl9→中央接线盘 A13 接柱→警告灯开关 15 接柱→49 接柱→中央接线盘 A18 接柱→闪光器 1/49 接柱→闪光器 3/49a 接柱→中央接线盘 A10 接柱。

此时，危险警告灯开关处于断开位置，电流走向如下。

a. 左转向灯：转向灯开关 49a 接柱→转向开关 L 接柱→中央接线盘 A20 接柱→中央接线盘 E6 接柱→中央接线盘 C19 接柱→左前、左后转向灯泡→搭铁→蓄电池负极。

b. 右转向灯：转向灯开关 49a 接柱→转向开关 R 接柱→中央接线盘 A7 接柱→中央接线盘 E11 接柱→中央接线盘 C8 接柱→右前、右后转向灯泡→搭铁→蓄电池负极。

④ 报警灯

危险警告灯开关内的照明灯泡是经仪表板调光电阻 E20 通电的。平时较暗，接通危险警告灯时，灯泡点亮。闪光器使用三接线柱及带集成电路的有触点式继电器，当转向灯工作而有一只灯泡损坏时，闪光速度加快，以示要检查更换灯泡。闪光继电器位于中央接线盘上的12 位。

2. 捷达轿车转向及危险警报电路

(1)电路组成

捷达轿车转向及危险警报电路如图 3-29 所示。

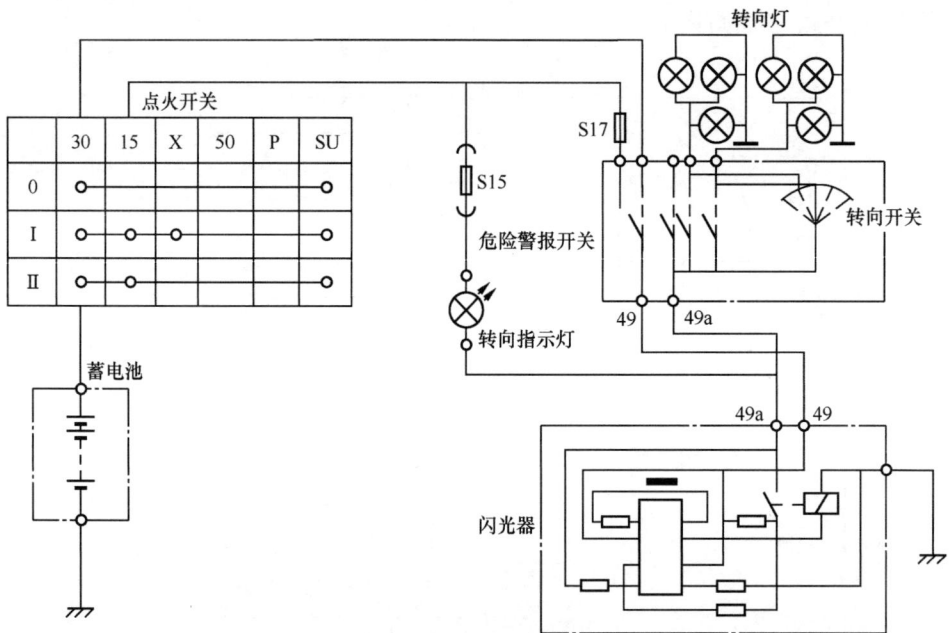

图 3-29　捷达轿车转向及危险警报电路

(2)电路工作原理

① 转向信号。

当点火开关处于 I 挡，并拨动转向开关，蓄电池(+)→点火开关触点→熔断器 S15→转向指示灯→转向开关的触点 49a→转向开关→左(或右)侧转向灯→搭铁→蓄电池(-),转向指示灯亮。由于这一电流较小,故转向灯不亮。当闪光器触点闭合时,转向灯亮。其电流由蓄电池(+)→点火开关→熔断器 S17→危险警报灯开关常闭触点→闪光器接点 49→触点 49a→转向开关左(或右)触点→转向灯→搭铁→蓄电池(-)。这时转向指示灯两端电位差为零,转向指示灯灭。因此,转向指示灯的频闪状态与转向信号灯相反。

②危险警报。

当汽车有紧急情况时,按下危险警报开关,所有转向灯一起闪烁。其电流由蓄电池(+)→危险警报开关(图 3-29 左)→闪光器接点 49→触点 49a→危险报警开关(图 3-29 右)→所有转向灯→搭铁→蓄电池(-)。从这一线路可知,无论点火开关处于什么位置,只要按下危险警报开关,危险报警灯(即转向灯)都可以工作。

3.2.2　任务实施

在桑塔纳 LX 轿车灯光台架上进行灯光信号电路的识读,并正确使用万用表等检测工具,进行桑塔纳 LX 轿车灯光信号电路的检测与故障排除。

3.2.2.1　典型故障诊断与排除

1.转向灯系统的典型故障诊断与排除

(1)转向灯全不亮故障的诊断与排除

首先用电压表检测闪光器电源接线柱上的电压,点火开关的位置为"ON"时,应为 12~14 V。如果电压正常,应拆下闪光器 B、L 两接线柱上的导线,并连接在一起,拨动转向开关:如转向灯亮但不闪,则表示闪光器已坏;如转向灯仍不亮,将电源直接引到转向灯接线柱;若灯亮,则闪光器至转向开关间导线断路或转向开关损坏;如转向灯一边亮一边不亮,则不亮的一边转向灯至转向开关之间的导线断路或搭铁;如果闪光器电源接线柱上的电压不正常,则为电源断路。

(2)转向信号灯单边亮度和闪光失常故障的诊断与排除

故障现象为:将转向灯开关拨至某转向指示一边时(如左转向),左边转向信号灯的亮度和闪光正常;拨向右转向指示一边时,两边的转向灯都发光微弱。出现这种故障,大多是一边的灯泡搭铁不良所致。因为现在多数汽车上转向灯和小灯(示廓灯)是采用一只双丝灯泡。

遇到此类故障现象时,可将转向开关放在空挡,开小灯进行检验。如出现一边小灯的亮度正常,另一边小灯的亮度暗淡,表明亮度暗淡一边的小灯搭铁不良。接好该灯的搭铁,故障即可排除。

(3)转向信号灯闪烁频率不正常故障的诊断与排除

故障现象为:拨动转向灯开关,左右转向灯的闪烁频率不一致或闪烁频率都不正常。当遇到这类故障现象时,应检查闪光器、转向灯开关接线柱上接线是否松动,转向灯灯泡功率是否与规定相符,左右灯泡功率是否相同。对于电热式闪光器,灯泡功率对闪烁频率影响很大,若灯泡功率小于规定值,闪烁频率低;反之,闪烁频率高。对于电子式闪光器,则灯泡功率大,闪烁频率低;灯泡功率小,闪烁频率高。若灯泡功率都符合规定,则应检查是否有某一只灯泡烧坏。

若左右转向灯闪光频率都高于或低于规定值(安全标准规定为 50~120 次/分,一般标准为 80~90 次/分),一般为闪光继电器失调,应予调整,调整无效的应更换新件。

2. 喇叭的典型故障诊断与排除

（1）喇叭不响

当按下喇叭按钮时，喇叭不响，应按一定程序进行诊断和排除。

① 喇叭无声。

用电压表检查继电器电池接线柱上的电压，应为蓄电池电压。如不正常，则电源线路断路或接触不良，应按电池→保险→继电器电池接线柱的顺序查找原因和修理。

② 喇叭"嗒"一声后不响。

原因为喇叭触点烧蚀，不能打开，灭弧电阻或触点间短路。

（2）喇叭声响不正常

当按下喇叭按钮时，喇叭音响沙哑、发闷或刺耳，应从引起故障的外部原因着手。首先检查蓄电池存电是否充足。如蓄电池电量充足，则为喇叭及其电路有故障，其排除方法如下。

① 用跨接线将喇叭壳体搭铁，按下按钮，如声音正常，则为喇叭搭铁不良。

② 用跨接线将继电器按钮接线柱搭铁。如声音正常，则为喇叭按钮烧蚀，搭铁不良，应对其检查和修理。

③ 用螺钉旋具短接继电器的电池与喇叭两个接线柱。如喇叭声音正常，则应检查继电器触点是否烧蚀；若喇叭声音不正常，则故障在喇叭内部，应拆下检修。

④ 拆下喇叭盖罩，检查触点是否烧蚀或接触不良。如果修磨触点和调整接触状态后，喇叭声音仍不正常，则检查调整衔铁与铁芯的间隙和触点间隙以及各零件的技术状态。

⑤ 喇叭声音不正常，应以调整衔铁与铁芯间隙为主。调整时先检查衔铁是否平整。当声音尖锐刺耳时，应增大衔铁与铁芯的间隙；如声音低哑，应适当减小间隙。由于该间隙与触点间隙相互影响，所以在调妥该间隙后，还应调整触点间隙，使工作电流略小于规定电流。触点间隙调整后会影响该间隙的大小，因此要反复调整，使两者均达到规定值。当调整无效时，应进而拆检膜片。若膜片损坏，应更换。

项目四

仪表及指示灯系统拆装与测试

4.1　任务一　汽车仪表系统的拆装与测试

学习目标

◇ 掌握汽车仪表系统的组成和功能。
◇ 掌握汽车仪表系统的工作原理。
◇ 能独立或合作完成汽车仪表系统的拆卸和安装。
◇ 能独立或合作完成汽车仪表系统的检测工作。
◇ 能分析汽车仪表系统的典型故障。
建议完成本任务的学时为 8 学时。

任务描述

学习汽车仪表组成及原理；完成对汽车仪表拆装和检测以及解决仪表系统的故障的任务。

4.1.1　任务学习引导

汽车仪表系统是汽车的重要系统之一，它能集中、直观、迅速地反映汽车在行驶过程中的各种动态指标，以便驾驶员随时掌握车辆的各种状况，并及时发现和排除潜在的故障。

传统仪表广泛使用组合式模拟显示仪表，各种测量仪表集中在驾驶员座位前方的仪表板上，不同汽车仪表板的仪表不尽相同。图 4-1 所示为典型的组合式汽车仪表板。常用的仪表有车速里程表、发动机转速表、机油压力表、水温表、燃油表和电压表等。其中大部分仪表通过传感装置获得被监测对象的状态变化而直接表述出来。

随着汽车电子技术的发展，多功能、高精度、高灵敏度、读数直观的电子数字显示及图像显示的仪表已不断应用在汽车上。汽车仪表的功能已不仅仅是显示，而是通过对汽车各部件参数的监测和微电脑处理相配套，从而达到控制汽车各种运行工况的目的。

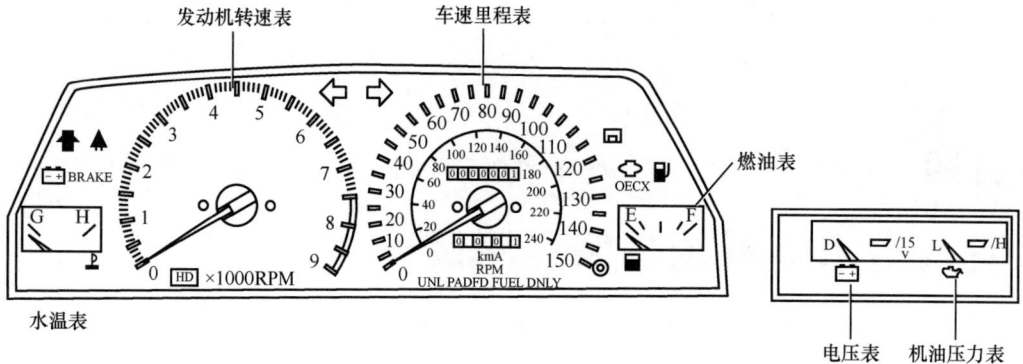

图 4-1　汽车仪表

4.1.1.1　传统汽车仪表系统的组成和工作原理

1.机油压力表

(1)作用

机油压力表用来检测和显示发动机主油道的机油压力的大小，以防因缺机油而造成拉缸、烧瓦的重大故障发生。

(2)组成

机油压力表由机油压力传感器和机油压力指示表两部分组成。

(3)分类

机油压力指示表可分为电热式、电磁式和弹簧式 3 种。机油压力传感器可分为双金属片式和可变电阻式两种。电热式机油压力指示表配双金属片式机油压力传感器，电磁式机油压力指示表配可变电阻式机油压力传感器。

(4)电热式机油压力表工作原理

机油压力表的工作有 3 种情况。一是当无机油压力时，传感器中的双金属元件上的触点断开，此时接通点火开关，无电流经过触点，故指针保持在"0"位不动，如图 4-2 所示。二是当机油压力低时，此时膜片会推动触点而产生轻微接触，使电流经过传感器和显示器中的电热丝。由于触点的接触压力很小，所以极弱的电流便可使传感器的双金属元件发生翘曲而断开触点，显示器的双金属元件的温度便不会上升，只会轻微翘曲，使指针偏转量很微小。三是当机油压力高时，膜片会强力推动触点，使双金属元件与触点的接触压力增大，需要通过很强的电流才能断开。所以整个线路的平均电流增大，使显示器的双金属元件的温度上升，翘曲度增大，带动指针大幅度偏转，如图 4-3 所示。

2.燃油表

燃油表用来指示汽车油箱内储存燃油量的多少，由装在仪表板上的燃油指示表和装在燃油箱内的传感器两部分组成。燃油表有电磁式、双金属电热式等类型，传感器均为可变电阻式。

(1)电磁式燃油表

电磁式燃油表的结构如图 4-4 所示。指示表中有左、右两只铁芯，铁芯上分别绕有线圈，中间置有转子，转子上连有指针。传感器由可变电阻、滑片和浮子组成。浮子浮在油面上，随油面的高低而改变位置。

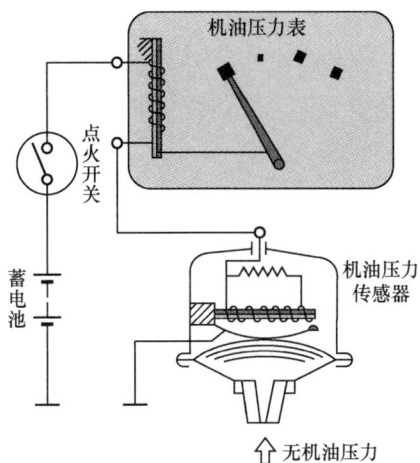

图 4-2　无机油压力时的工作情况

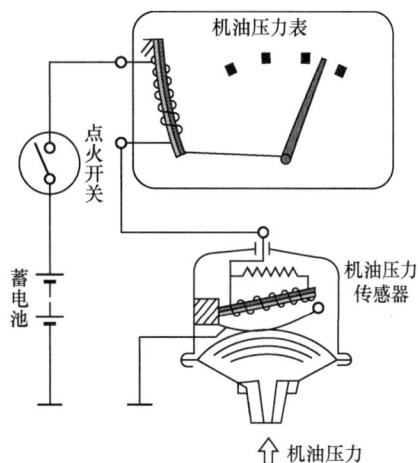

图 4-3　机油压力高时的工作情况

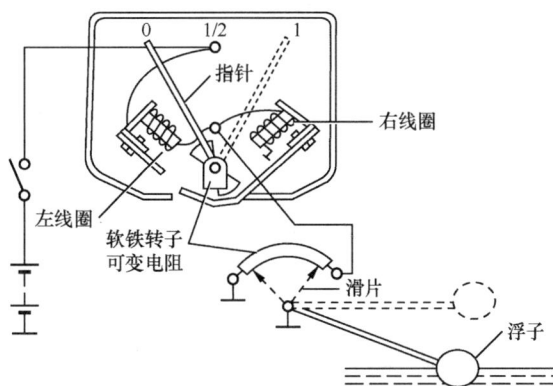

图 4-4　电磁式燃油表结构

点火后，电流由蓄电池正极经左线圈后分流，一路经右线圈搭铁构成回路；另一路经可变电阻、滑片搭铁构成回路。电流通过左线圈和右线圈时，产生电磁吸力并形成合成磁场，转子在合成磁场的作用下转动，使指针指在某一刻度上。

油箱无油时，浮子下沉，可变电阻被短路，此时右线圈两端搭铁也被短路，故无电流通过。左线圈在全部电源电压的作用下，通过的电流达最大值，产生的电磁吸力最强，吸住转子，使指针停在最左边的"0"位上。

随着油箱中油量的增加，浮子上浮，带动滑片移动。可变电阻部分接入，左线圈因串联电阻，线圈内电流相应减小，左线圈电磁吸力减弱；右线圈中有电流流过，产生磁场。转子在合成磁场的作用下向右偏转，带动指针指示油箱中的燃油量。油箱半满时，在合成磁场的作用下，指针指在"1/2"的位置上；油箱满时，在合成磁场的作用下，指针便指在"1"的位置上。

有些燃油表在左线圈两侧并联一个分流电阻，使通过左线圈的电流减小；右线圈的电流增大，使转子偏转角增大，提高了燃油表的灵敏度。传感器可变电阻末端搭铁，可避免滑片与可变电阻接触不良时产生火花而引起火灾。

（2）双金属电热式燃油表

双金属电热式燃油表的结构如图4-5所示。其指示表头与机油压力表类似，也装有双金属片元件和电热丝。当电热丝发热时，双金属片元件发生变形，带动表针摆动一定的角度，以显示油量。

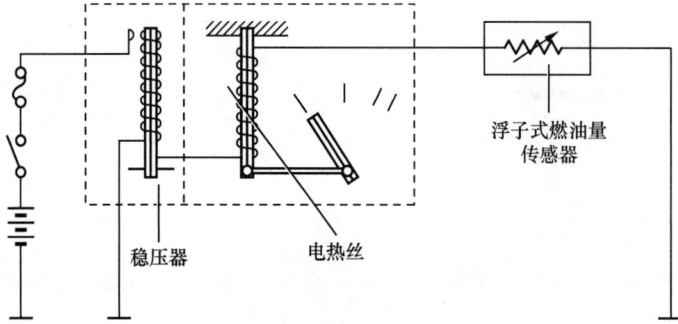

图4-5 双金属电热式燃油表

3. 水温表

水温表用来指示发动机冷却水套中的冷却液的温度。水温表由装在仪表板上的水温指示表和装在发动机汽缸盖的冷却水套上的水温表传感器两部分组成。图4-6所示为带稳压器的双金属式水温表电路。

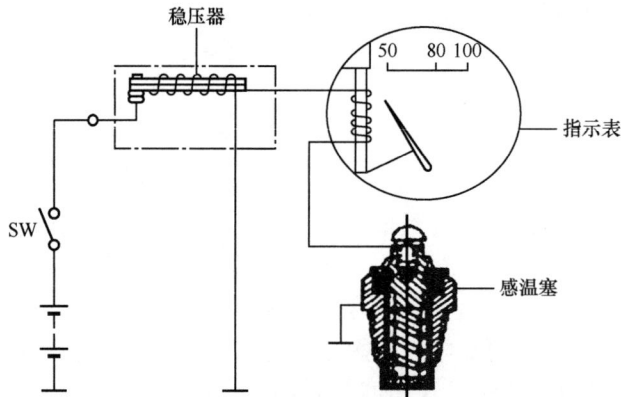

图4-6 带稳压器的双金属式水温表电路

4. 车速里程表

车速里程表是用来指示汽车的行驶速度和累计行驶里程的仪表，由车速表和里程表两部分组成。普通车速里程表一般为磁感应式，其结构如图4-7所示。

车速里程表主要由永久磁铁、铝罩、护罩、刻度盘和表针等组成。永久磁铁与主动轴紧固在一起，主动轴由来自变速器输出轴的挠性软轴驱动，指针、铝罩固接在中心轴上，刻度盘固定在表外壳上。不工作时，铝罩在游丝的作用下，使指针位于0位。当汽车行驶时，软

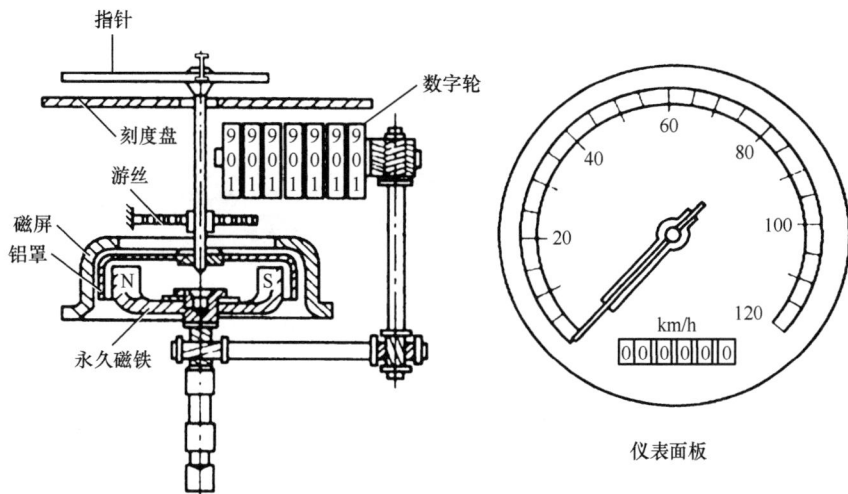

图 4-7 磁感应式车速里程表

轴驱动主动轴带动 U 形永久磁铁旋转,在铝罩上感应出电涡流并产生磁场;磁场与永久磁铁的旋转磁场相互作用产生扭矩,使铝罩向永久磁铁旋转方向转过一定角度,直到由游丝的弹力所产生的反方向扭矩与之平衡。车速越高,产生的扭矩越大,指针在刻度盘上摆动的角度就越大,即指示的车速就越高。

车速里程表主要由涡轮蜗杆和数字轮组成,当汽车行驶时,主动轴经 3 对涡轮蜗杆驱动数字轮上的最右侧的第一个数字轮(一般为 1/10 km),任意一个数字轮与左侧相邻的数字轮传动比都为 10∶1。这样显示的数字呈十进位递增,自动累积了汽车总的行驶里程。

4.1.1.2 电子仪表的组成与工作原理

电子仪表的作用与常规机电模拟式的仪表基本相同,都是从各种传感器接收信号,并将信号经处理后通过显示器显示数据,使驾驶员了解车辆的速度、发动机转速、燃油量、冷却液的温度等。不同的是:电子仪表是通过仪表中的微电脑和各种集成电路处理各种传感器的信号,然后以数字形式在真空荧光显示器显示出来。电子仪表的零部件以及功能如图 4-8 所示,其大体组成可分为各种传感器、微电脑、集成电路和真空荧光显示器等。

1. 传感器

(1)车速传感器

车速传感器如图 4-9 所示,其中有一内置光电耦合器,将发光二极管和光敏晶体管组合在一起。在发出光线的二极管和接收这些光线的光敏晶体管之间,有一个开有 20 条狭槽的转轮旋转。开槽转轮连接在车速表传动软轴上,其转动速度根据车速的快慢而增减。开槽转轮转动时不停地隔断发光二极管和光敏晶体管之间的光线,使光敏晶体管时通时断,并因此也使晶体管时通时断。晶体管将 20 个 PPR(每转动一周地脉冲数)的信号传输至微电脑端子,使微电脑得知车速。

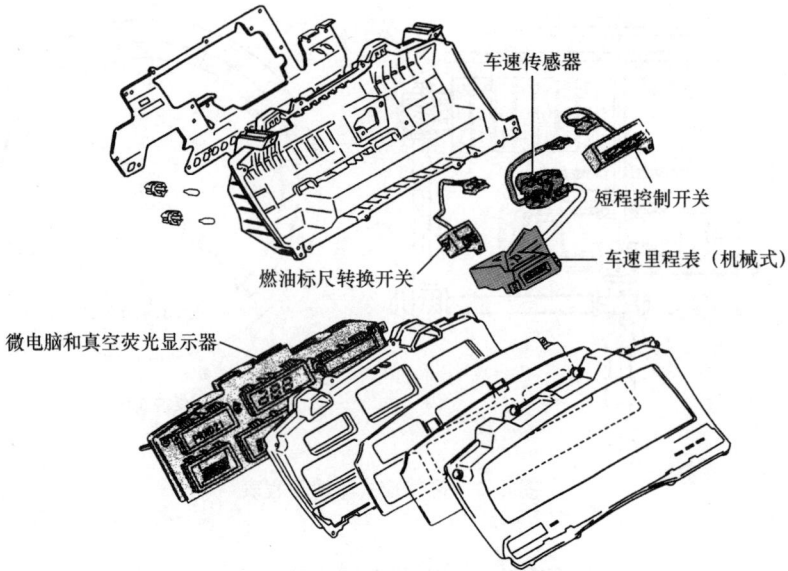

图4-8　电子显示组合仪表的结构

(2)英里/公里转换开关

某些国家车辆采用短程控制开关。短程控制开关示意如图4-10所示,其上装有英里/公里显示转换开关。按下该开关,便可以在车速表上交替显示出"英里/小时"和"公里/小时"。当断开英里/公里显示转换开关,即断开微电脑相应的端子时,车速表仅以公里/小时显示车速。反之,端子闭合时,车速表仅以英里/小时显示车速。

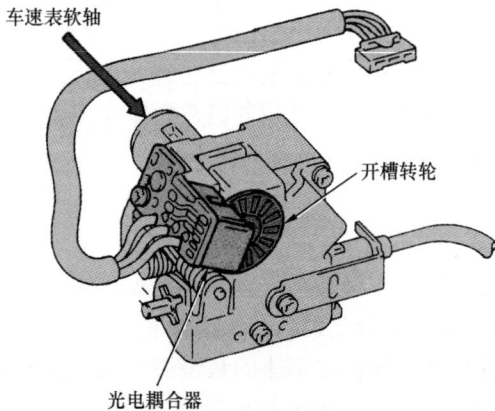

图4-9　车速传感器

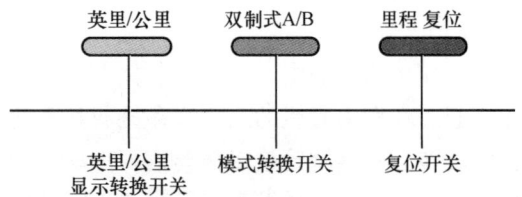

图4-10　短程控制开关

(3)短程复位开关

此开关是与短程里程表相配合使用的。按下该复位开关,便接通了复位开关的触点,相应端子接地,使目前显示的数据复位归零。松开复位开关,各触点断开,短程里程表重新开始计算距离。

（4）短程模式转换开关

此开关也是与短程里程表配合使用的，按下模式转换开关（A/B）可接通该开关的触点，使相应的端子接地，从而将 A 模式转换为 B 模式或从 B 模式转回 A 模式（放开模式转换开关时，各触点断开）。在某些国家使用的车辆上，英里/公里转换开关安装在双制式短程里程表内，按下转换开关，短程表上的英里显示变成公里显示。转换开关与车速里程表的显示器连接在一起。

2. 各显示表的原理

（1）车速表

车速表的工作原理如图 4-11 所示。微电脑通过在一段预定时间内从车速传感器传出的脉冲信号来计算车速，然后真空荧光显示器发光，显示车速，同时可以通过英里/公里转换开关切换单位。在某些国家使用的车辆上装有车速警报器，当车速达到或超过 125 km/h（78 mile/h）时，微电脑内的晶体管便反复接通和断开，使警报器发出警告蜂鸣。

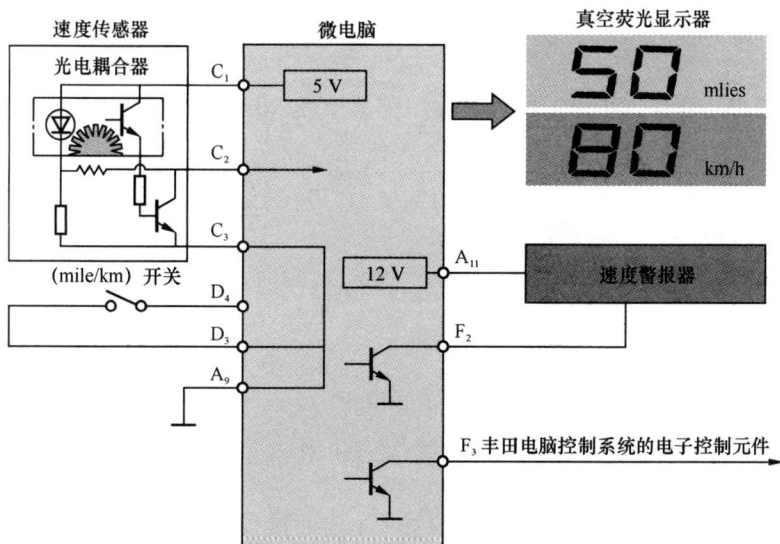

图 4-11　车速表的原理

（2）双制式短程里程表

双制式短程里程表的工作原理如图 4-12 所示。它是由微电脑计算车速传感器发出的速度信号，计算出行驶距离，然后将计算结果由真空荧光显示器显示在短程里程表上。它可以通过复位开关进行复位归零，还可以通过模式转换开关转换模式。

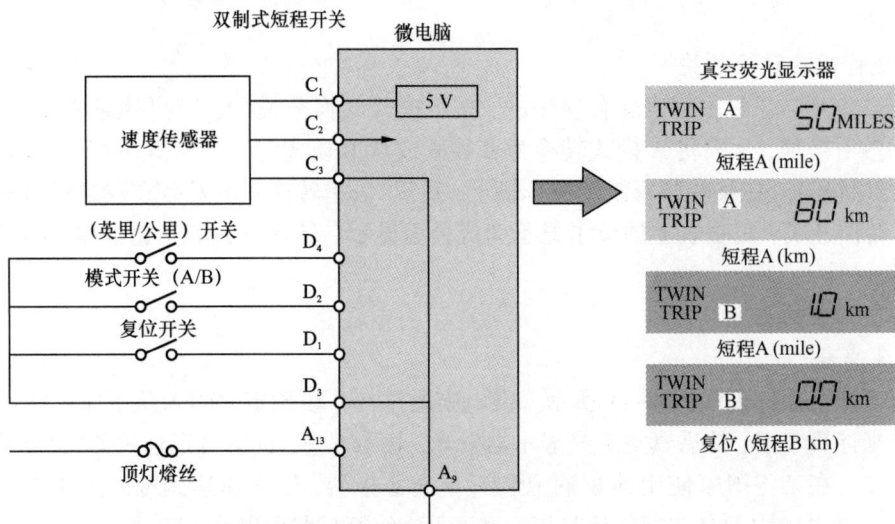

图 4-12　双制式短程里程表原理

4.1.2　任务实施

在任务实施的过程中，将学习的内容运用到其中去，做到学以致用。

4.1.2.1　汽车仪表检测与故障诊断

1. 工具准备

① 整车电路台架、专用诊断仪。

② 万用表、试灯、连接线、常用工具。

2. 技术要求与标准

① 所有操作符合安全操作要求。

② 所有操作符合汽车仪表系统维修技术标准。

③ 在操作过程中不允许出现安全事故。

3. 要完成的工作

对一辆发生故障的汽车仪表台架进行检查，主要的检查项目如下。

① 汽车转速表系统部件与电路认识。

② 汽车燃油表系统部件与电路认识。

③ 汽车冷却液温度表系统部件与电路认识。

④ 汽车机油压力表系统部件与电路认识。

⑤ 汽车车速里程表系统部件与电路认识。

⑥ 用专用诊断仪进行仪表诊断。

⑦ 根据仪表系统的连接情况，绘制出接线简图。

4. 汽车仪表故障诊断

当仪表不工作或工作不良时，应对其线路、机械传动装置和传感器进行检查。线路的通断情况可用万用表或试灯进行检查；机械传动装置用常规的检查方法检查即可。传感器的检查相对复杂，故本部分以传感器的检查为主。若线路、机械传动装置及传感器工作正常，而仪表不工作或工作不正常，则应更换仪表。

4.2 任务二 汽车报警系统的拆装与检测

学习目标

◇ 掌握汽车报警系统的工作原理。
◇ 掌握汽车报警系统的电路分析方法。
◇ 独立或合作完成汽车报警系统的检测工作。
◇ 能分析汽车报警系统的典型故障。
建议完成本任务的学时为 4 学时。

任务描述

学习汽车报警系统的结构、工作原理及其电路的分析方法；完成正确识读汽车报警系统的电路图，排除汽车报警系统常见故障的任务。

4.2.1 任务学习引导

4.2.1.1 汽车报警装置的组成与原理

报警装置一般均由传感器和红色警告灯组成。

1. 机油压力报警装置

弹簧管式机油压力警告灯电路。如图 4-13 所示。

传感器金属壳体内有一弹簧管，弹簧管一端管接头与发动机润滑油道相通，另一端则焊接动触点，静触点经接触片与接线柱相连。当发动机润滑系统主油道的机油压力低于 0.05～0.09 MPa 时，弹簧管变形小，动、静触点接触，接通警告灯电路，使警告灯点亮，以提请驾驶员注意并及时停止发动机的运转。当润滑系主油道的机油压力高于 0.05～0.09 MPa 时，弹簧管变形大，动、静触点分离，切断警告灯电路，使警告灯熄灭，说明润滑系统工作正常。

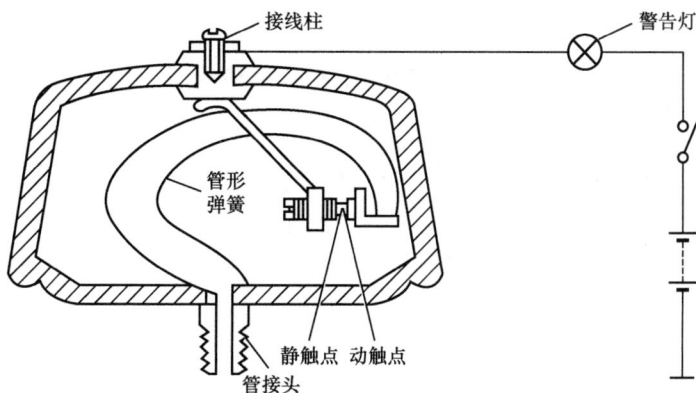

图 4-13 弹簧管式机油压力警告灯电路

2. 冷却液温度报警装置

冷却液温度警告灯电路如图 4-14 所示。

触点式传感器中的核心元件为双金属片。当冷却液的温度达到 $95\sim98℃$ 时，双金属片向静触点方向弯曲，使两触点接触，红色警告灯点亮，表示发动机过热。

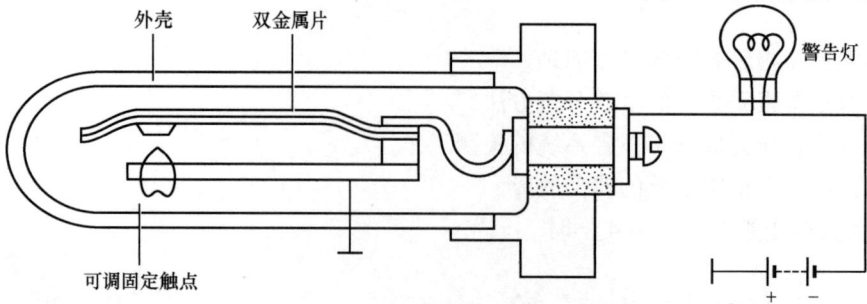

图 4-14　冷却液温度警告灯电路

3. 燃油量报警装置

热敏电阻式燃油油量警告灯电路如图 4-15 所示。

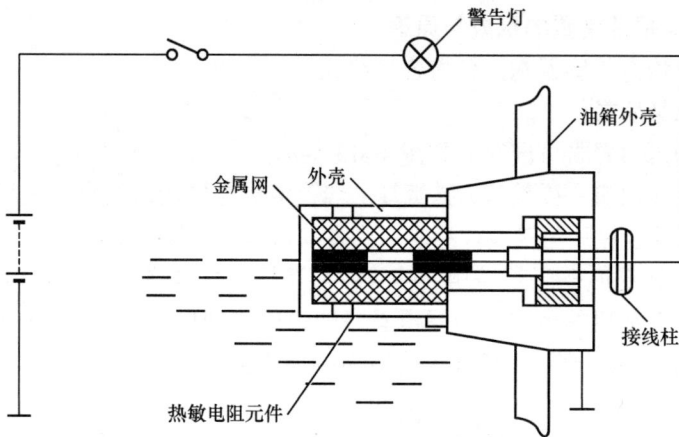

图 4-15　热敏电阻式燃油油量警告灯

当油箱中的燃油储量多时，热敏电阻元件浸在燃油中散热快；由于其温度低，电阻值增大，与其串联的警告灯中通过的电流较小，警告灯不亮。当油箱中的燃油储量减少到规定值以下时，热敏电阻元件露出油面散热慢；由于其温度高，电阻值减小，与其串联的警告灯中通过的电流增大，警告灯点亮，以示警告。

4. 制动系统低压报警装置

(1)制动液面报警

制动液面报警开关用于指示已使用驻车制动器或制动液不足，其结构如图 4-16 所示。制动液面警告灯开关装在制动主缸的储液罐内，外壳的外面套装着浮子；浮子上固定有

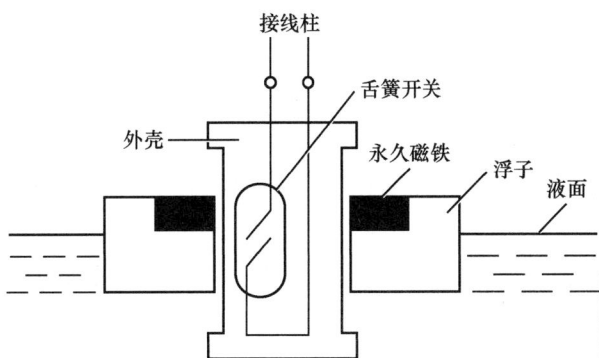

图 4-16 制动液面报警开关

永久磁铁；外壳内部装有舌簧开关，舌簧开关的两个接线柱与警告灯和电源相连。当制动液面在规定值以上时，浮子浮在靠上的位置，永久磁铁的吸力不足，舌簧开关在自身的弹力作用下保持断开的状态；当制动液面下降到一定值时，浮子位置下降，舌簧开关在永久磁铁吸力作用下闭合，警告灯点亮。

（2）制动器摩擦片报警装置

制动摩擦片报警装置的作用是当制动摩擦片磨损到使用极限厚度时，自动发出报警信号。图 4-17 所示为报警装置两种结构形式的原理图。

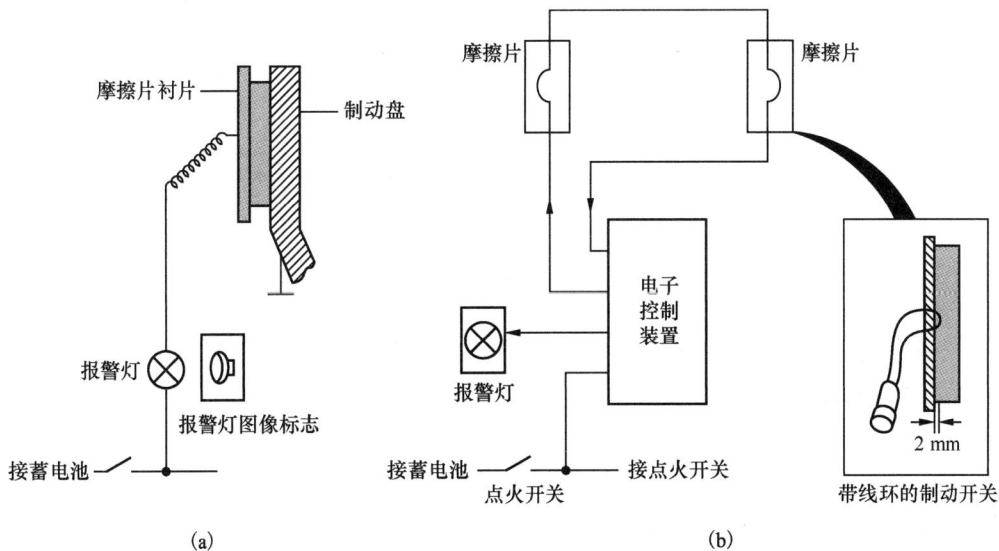

图 4-17 制动摩擦片报警装置原理

图 4-17(a)所示的装置是将一个金属触点埋设在摩擦片内部，当摩擦片的磨损达到使用极限厚度时，金属触点就会和制动盘(或制动鼓)接触而搭铁，使安装在仪表板上的报警灯和报警图像标志点亮。这种结构形式较简单，价格低，但可靠性较差。图 4-17(b)所示的装置

是将一段导线埋设在摩擦片内部,该导线与电子控制装置相连,当摩擦片的磨损达到使用极限厚度时,导线磨断,使电路中断。当接通点火开关后,电子控制装置便向摩擦片内埋设的导线通电数秒进行检查。若摩擦已磨损到使用极限厚度,并且埋设的导线被磨断,电子控制装置则使报警灯发出报警,表示制动摩擦片需要更换。

5. 空气滤清器堵塞报警装置

空气滤清器堵塞报警装置由与空气滤清器滤芯内外侧相连通的气压式开关传感器和报警灯两部分组成。气压式传感器是利用其上、下气室产生的压力差,推动膜片移动,从而使与膜片相连的磁铁跟随移动。磁铁的磁力使舌簧开关开或闭,控制报警灯电路接通或断开。若空气滤清器的滤芯未堵塞,则传感器上、下气室间压差小,膜片及磁铁的移动量小,舌簧开关处于常开状态;若空气滤清器的滤芯被堵塞,则传感器上下气室间压差增大,膜片及磁铁的移动量增大,磁铁磁力吸动舌簧开关而闭合,报警灯电路被接通,报警灯点亮,如图4-18所示。

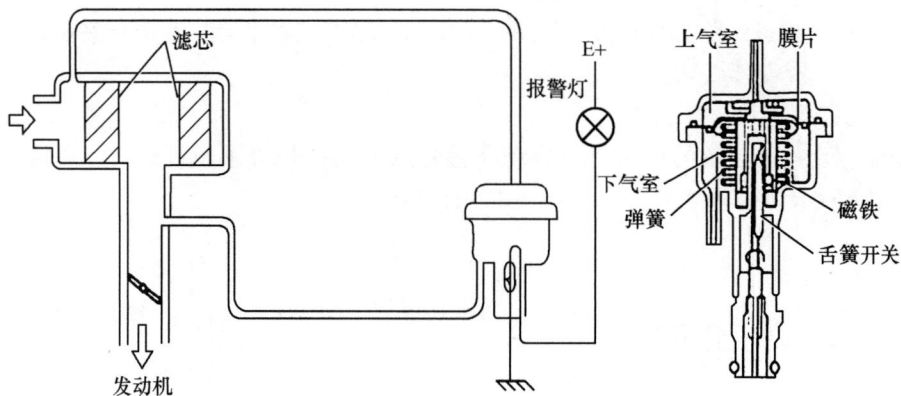

图 4-18 空气滤清器堵塞报警装置

4.2.2 任务实施

在任务实施的过程中,将学习的内容运用其中,做到学以致用。

4.2.2.1 汽车报警装置检测

1. 工具准备

① 桑塔纳整车电路台架、专用诊断仪。

② 万用表、试灯、连接线、常用工具。

2. 技术要求与标准

① 所有操作符合安全操作要求。

② 所有操作符合汽车报警系统维修技术标准。

③ 在操作过程中不允许出现安全事故。

3. 要完成的工作

对典型汽车报警电路(如图4-19所示)进行识读和检测。

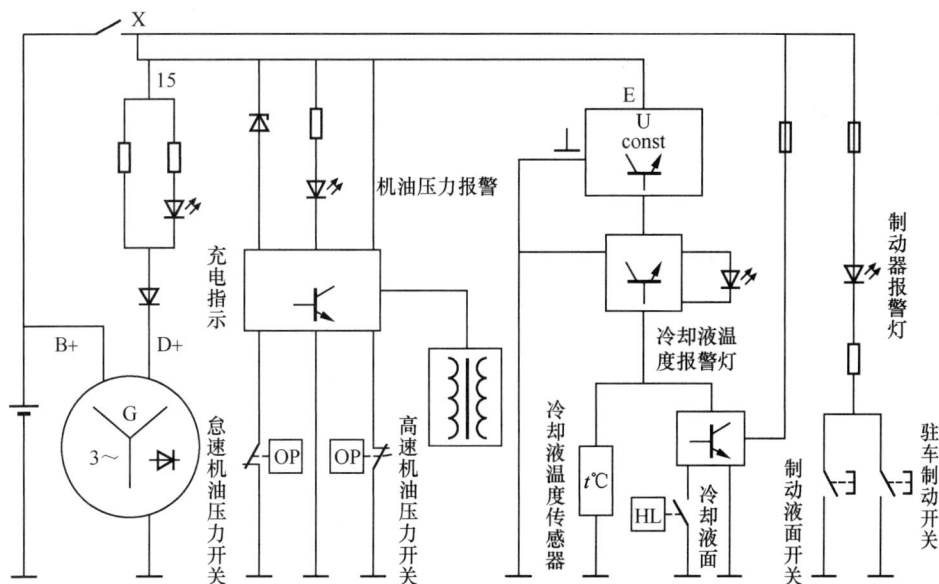

图4-19　桑塔纳普通型轿车报警灯电路

①机油压力报警灯由汽缸盖上的低压机油压力开关(在汽缸盖上)、机油滤清器支架上的高压机油压力开关及仪表内的电子控制器控制。

②冷却液温度报警灯由冷却液温度传感器和冷却液液面过低报警开关控制。接通点火开关"ON"挡,冷却液温度报警灯闪烁5 s后自动熄灭。发动机工作时,当膨胀储液罐冷却液液面过低或水温高于115℃,冷却液温度报警灯闪烁。

③制动器报警灯由驻车制动器报警开关和制动液不足报警开关控制。拉起驻车制动器拉杆时,报警灯亮;制动液液面过低时,制动器报警灯亮。

④检查桑塔纳轿车的报警系统,如报警灯、连接导线、连接器等是否正常。

4.2.2.2　汽车报警装置故障诊断与分析

下面以桑塔纳轿车机油压力报警灯故障为例介绍汽车报警装置故障的诊断方法。

1. 故障现象

汽车在行驶过程中,发动机机油压力报警灯常亮。

2. 故障原因

① 机油压力报警开关故障(有的车辆采用两个报警开关同时控制,如桑塔纳、捷达、奥迪轿车装有低压30 kPa报警开关和高压180kPa报警开关)。

② 润滑油油路压力达不到规定要求。

③ 线路故障。

3. 故障诊断

桑塔纳轿车的发动机机油压力报警灯由安装在发动机缸盖油路的低压报警开关(30 kPa开关)和机油滤清器附近的高压报警开关(180 kPa)控制。发动机工作时,当低压报警开关的油压低于30 kPa时,则报警灯被点亮;当发动机转速超过2000 r/min时,如果高压报警开关的油压低于 180 kPa，则高压报警开关的触点被断开，仪表板内的控制单元控制报警灯被点亮，同时蜂鸣器也发出响声，以示报警。

当出现机油压力报警灯亮故障时，首先要区分是润滑系统故障还是报警系统自身故障，然后采用测量油压的方法进行诊断。

项目五
汽车辅助电器电路分析、设计与检修

5.1　任务一　汽车电动座椅电路分析、设计与检修

学习目标

◇ 熟悉电动座椅的功用与结构。
◇ 掌握普通电动座椅的工作原理。
◇ 掌握带记忆功能电动座椅的工作原理。
◇ 掌握电动座椅调节机构、驱动系统的设计过程。
◇ 掌握电动座椅的常见故障及排除方法。
建议完成本任务的学时为 8 学时。

任务描述

学习电动座椅的结构和工作原理，完成电动座椅电路分析、设计与检测等任务。

5.1.1　任务实施学习引导

1. 汽车电动座椅的功用

汽车座椅的主要功能是为驾驶员及乘员提供便于操作、舒适又安全、不易疲劳的驾乘位置。

座椅调节的目的是提高驾驶员和乘员的乘坐舒适性，减少驾驶员和乘员长时间乘车的疲劳。座椅的调节正向多功能化发展，目前常见的有带电子控制调节系统的电动座椅和不带电子控制调节系统的座椅。

带电子控制的电动座椅自动化程度高，它能够使座椅前后滑动，座椅的前、后部垂直上下的调节，座椅的高度调节，靠背的倾斜度调节，枕垫的上下调节以及腰垫的调节等。这种座椅是靠电子控制的，有的还有记忆功能，它能把驾驶员调定的座椅位置靠电脑储存下来，作为以后调节的依据。驾驶员需要调节时，只要按一下按钮即可按记忆自动调节到理想的位置。

电动座椅的前后方调节量一般为 100~160 mm，座位前部与后部的调节量约 30~50 mm。全程移动所需时间约为 8~10 s。电动座椅一般由控制装置和执行机构组成。

2. 普通电动座椅的基本组成

为了实现座椅位置的调节，普通电动座椅包括若干个双向电动机、传动装置和控制电路（包括控制开关）3 个主要部分。其结构和电动机的安装位置分别如图 5-1 和图 5-2 所示。

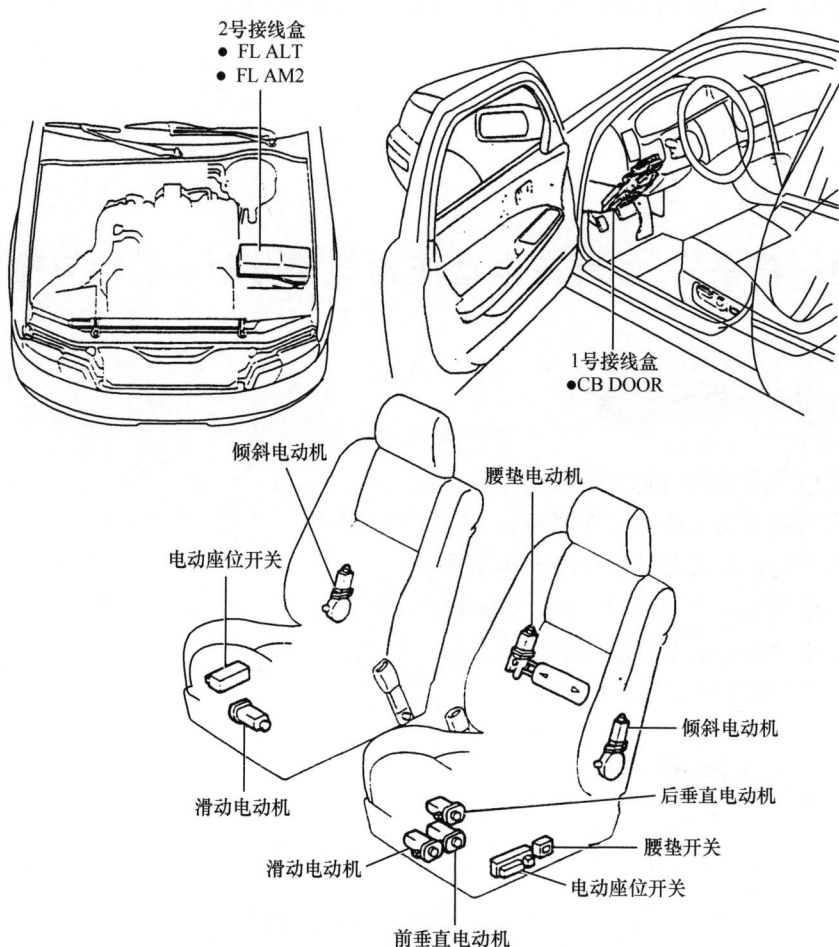

图 5-1　典型电动座椅的结构

双向电动机产生动力，传动装置可以把动力传至座椅，通过控制开关实现座椅不同位置的调节。

（1）电动机

电动座椅中使用的电动机一般为永磁式双向直流电动机，通过控制开关来改变流经电动机内部的电流方向，从而实现座椅转动方向的改变。

（2）传动装置

电动机的旋转运动驱动传动机构改变座椅的空间位置。

① 高度调整机构。

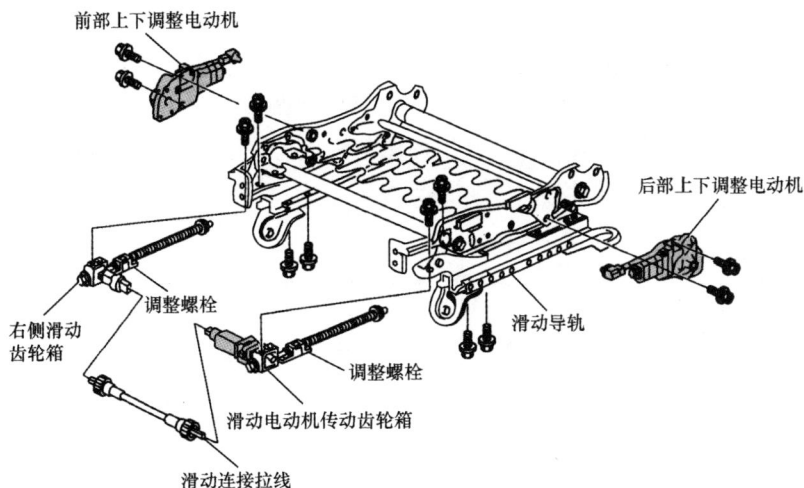

图 5-2 座椅电动机的安装位置

高度调整机构由蜗杆轴、涡轮、芯轴等组成（图 5-3）。调整时，蜗杆轴在电动机的驱动下，带动涡轮转动，从而保证芯轴旋进或旋出，实现座椅的上升或下降。

② 纵向调整机构。

纵向调整机构由蜗杆、涡轮、齿条、导轨等组成（图 5-4）。齿条装在导轨上，调整时，电动机转矩经蜗杆传到两侧的涡轮上，经导轨上的齿条，带动座椅前后移动。

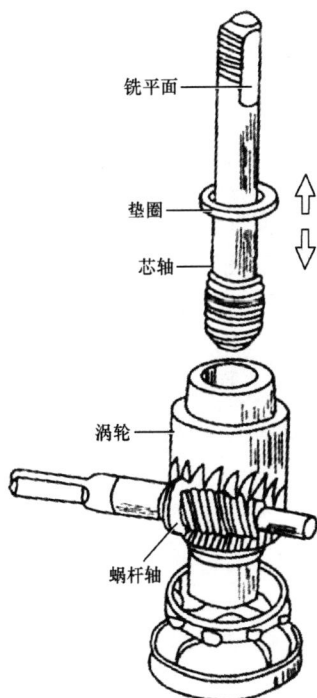

图 5-3 高度调整装置

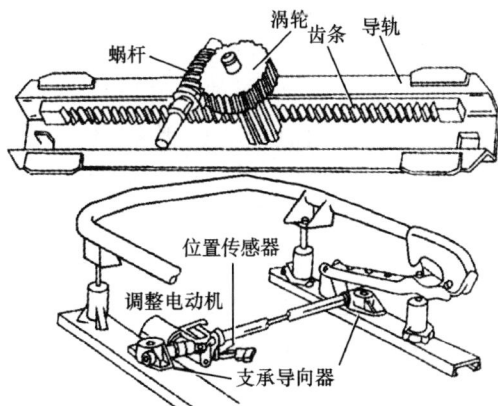

图 5-4 纵向调整机构

（3）电动座椅控制电路

如图 5-5 所示，该电动座椅包括滑动电动机、前垂直电动机、倾斜电动机、后垂直电动机和腰垫电动机，可以实现座椅的前后移动、前部高度调节、靠背倾斜度调节、后部高度调节及腰椎前后调节。下面以座椅靠背的倾斜度调节为例，介绍电路的控制过程。

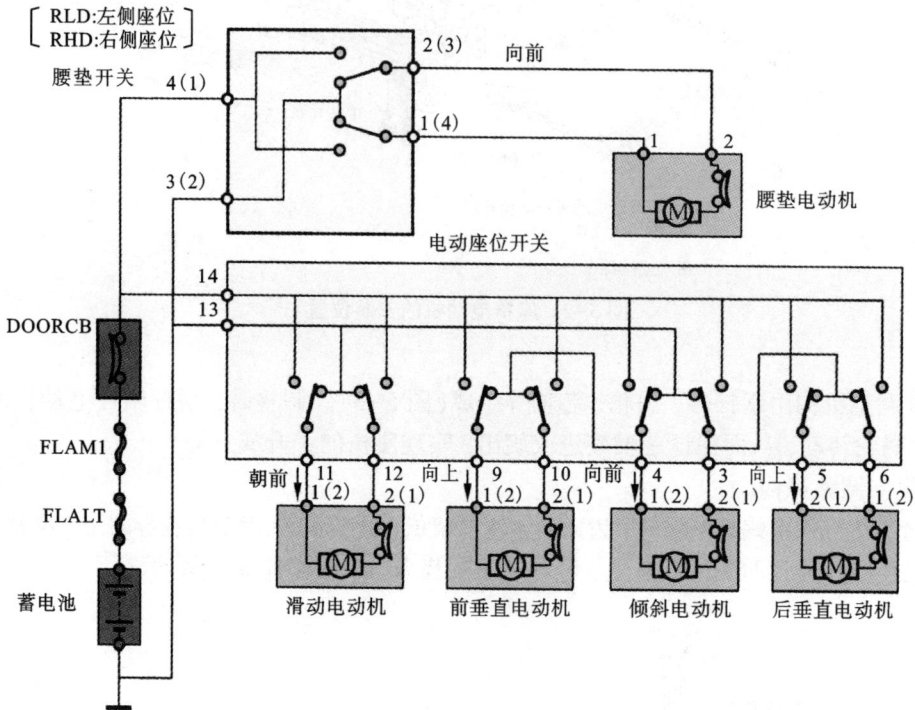

图 5-5　电动座椅的控制电路

当电动座椅的开关处于"倾斜"位置时，如果要调整靠背向前倾斜，则闭合倾斜电动机的前进方向开关。端子 4 置于左位时，电路为：蓄电池正极→FLALT→FLAM1→DOOR CB→端子 14→（倾斜开关"前"）→端子 4→1（2）端子→倾斜电动机→2（1）端子→端子 3→端子 13→搭铁。此时座椅靠背前移。

端子 3 置于右位时，倾斜电动机反转，座椅靠背后移。此时的电路为：蓄电池正极→FLALT→FLAM1→DOOR CB→端子 14→（倾斜开关"后"）→端子 3→2（1）端子→倾斜电动机→1（2）端子→端子 4→端子 13→搭铁。

3. 典型电动座椅电路

（1）2003 款本田雅阁轿车电动座椅电路

2003 款本田雅阁轿车电动座椅电路，如图 5-6 所示。

电路分析与图 5-5 中的电路分析类似，此处不再重复。

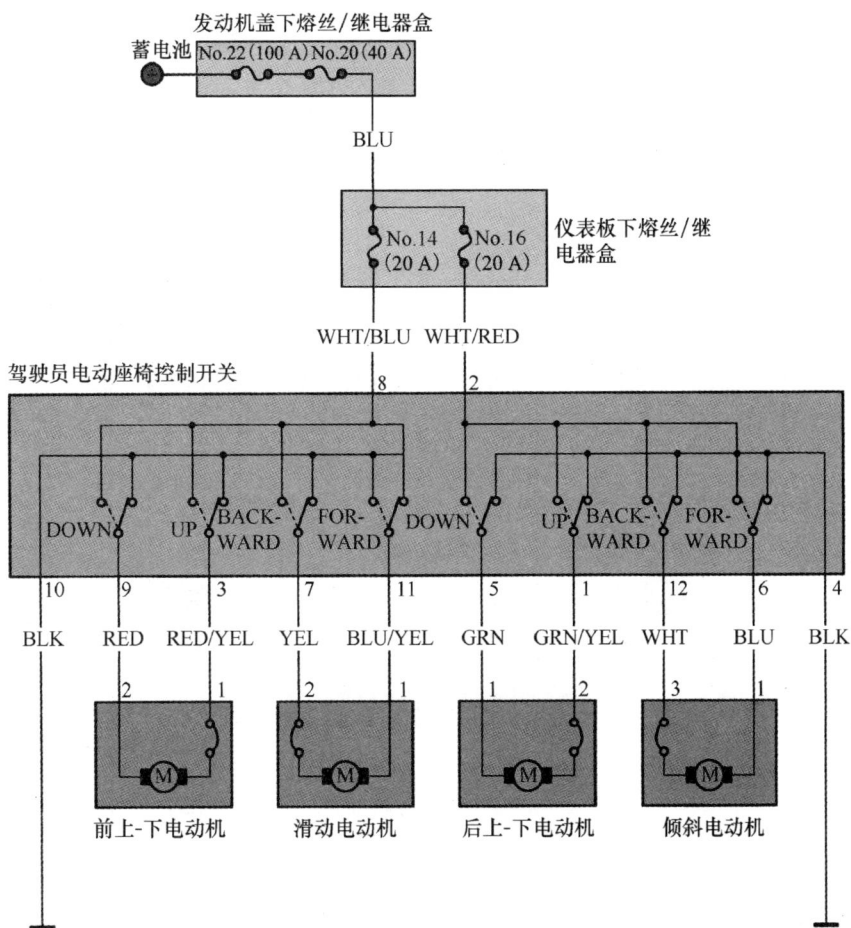

图 5-6 本田雅阁轿车电动座椅电路

(2)北京现代索纳塔轿车电动座椅电路

北京现代索纳塔轿车电动座椅电路，如图 5-7 所示。

注：此电路中的开关中有虚线连接的为联动开关。分析电路时注意联动关系和搭铁方向。此处不作详细的分析，请参考图 5-5 的电路分析。

4.电子控制自动调节电动座椅

电子控制自动调节电动座椅，如图 5-8 所示。这种电动座椅带有记忆功能，它能够将调节后的座椅位置记录下来，作为以后自动调节的基准。驾驶员需要调节时，只要一按开关就可自动调节到理想的位置。

电子控制自动调节电动座椅主要由电气控制部分和执行机构等组成。

电气控制部分主要由继电器、保护装置、控制开关(手动调节开关、存储复位开关)、电子控制模块和位置电位计等组成。

(1)保护装置

保护装置的作用是防止电气设备过载，保护电气设备的安全。

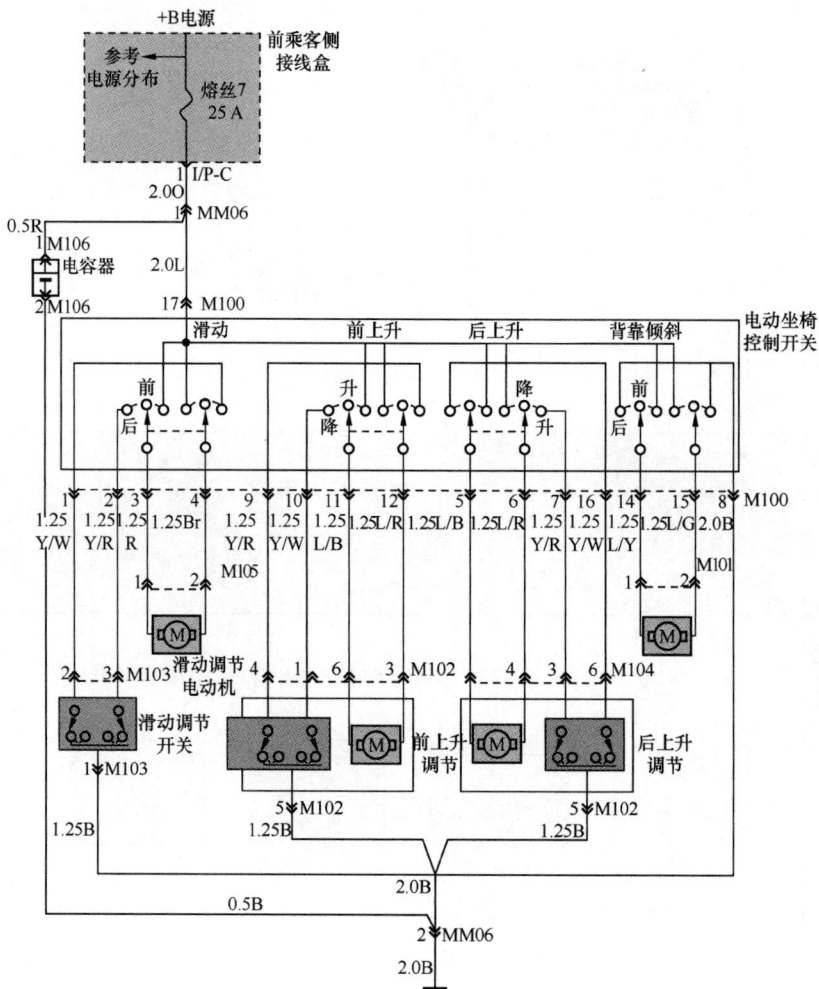

图 5-7　北京现代索纳塔轿车电动座椅电路

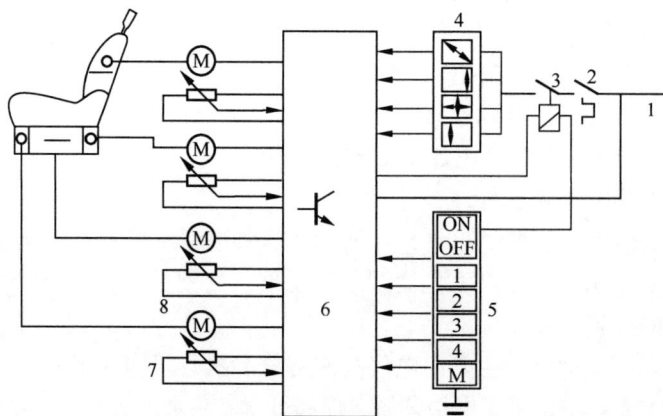

图 5-8　带记忆功能的电动座椅电子控制示意图

1—接蓄电池；2—过载保护装置；3—继电器；4—手动调节开关；5—存储复位开关；
6—电子控制模块；7—位置电位计；8—电动机

（2）控制开关

控制开关安装在驾驶员座椅的左侧，其作用是控制座椅的调节，由手动调节开关和存储复位开关组成。当需要个别调节时，可按开关上的标志进行操作。

①存储是通过操纵存储开关，将电位计输送来的电压信号存储在电子控制模块中，作为以后调节的依据。

②复位开关的作用是通过操纵复位开关使座椅根据记忆恢复到原来的位置。

（3）电子控制模块

电子控制模块主要是用来自动控制座椅的调节。

（4）位置电位计

位置电位计主要由壳体、螺杆、滑块、电阻丝等组成。其作用是将座椅的位置转变成电压信号输送给电子模块存储起来。其基本原理是当调节座椅时，电动机将动力传给螺杆使螺杆转动，螺杆又带动滑块在电阻丝上滑移，于是改变了电阻值。根据欧姆定律，电阻值的变化引起电压的变化，当座椅的位置调定后将电压输送给电子模块，驾驶员只要按下存储按钮，就能将选定的调节位置进行存储作为重新调节基准。使用时只要按指定的按键，座椅就会调节到预先选定的座椅位置上。

5.1.2　任务实施

在任务实施的过程中，将学习的内容运用其中，做到学以致用。

5.1.2.1　电动座椅的设计

电动座椅设计部分主要叙述轿车电动座椅调节机构设计（以微型轿车电动座椅调节机构设计为例），设计时从传动机构的组成入手，以前人的经验及研究为基础，总结传动机构的多种方案组合，然后确定采用蜗杆轴、蜗轮和齿条相组合的结构并通过计算选择出适合的可逆直流电动机，最后针对汽车电动座椅下活动空间小等特点进行传动机构、尺寸、性能参数的设计以及电动座椅可控制电路的设计。

1. 电动座椅调节机构的设计思路分析

首先，轿车电动座椅对调节机构的外形总体尺寸有一定要求，由于轿车里空间非常有限，调节机构必须安装在座椅底下，因此调节机构结构必须紧凑，以满足安装要求；其次，调节机构的传递效率一定要高，力传动比一定要大，汽车上电器一般为 24 V 或 12 V 的直流电源，因而驱动电机的功率不能太大，但是调节时的总重量至少为一个人的体重，尤其是垂直方向高度的调节，所需功率较大，因此调节机构一定要有高的传动效率和大的力传动比才能满足调节要求；最后，调节简单方便，驾驶员开车时，主要精力应该集中在驾驶操纵上，座椅调节一定要方便，不能占用驾驶员太多精力和时间。

电动座椅调节机构的设计思路是利用电动机的动力来实现调整座椅前后和上下位置。①高度调整机构由蜗杆轴、涡轮、芯轴等组成，传动比大，可以产生较大的扭矩。调整时蜗杆轴在电动机的驱动下，带动涡轮转动，从而保证芯轴旋进或旋出，实现座椅的上升或下降。②水平调整机构由蜗杆、齿条、导轨等组成，结构紧凑，调节范围大。齿条装在导轨上，调整时，电动机转矩经蜗杆传至两侧的涡轮上，经导轨上的齿条，带动座椅前后移动。

2. 主要传动零部件的设计

电动座椅的零件设计在满足应用需要的条件下结构应尽量简单。另外，由于汽车座椅的内部空间小，调节机构的结构应该紧凑，外形尺寸应该尽量小。

（1）滑轨结构设计

座椅的滑轨对水平方向运动起导向作用，并且支撑这整个座椅及驾驶员的重量，所以不但结构要紧凑而且耐磨性要好，制造时的加工工艺应该简单，因此滑轨材料选耐磨性较好的导轨。最上面的两个面为承载面，支撑所有的重量，两个侧面为导向面，限制座椅前后运动的轨迹。选用导轨副时可选用滑动导轨或滚动导轨。与滑动导轨相比，滚动导轨有以下优点：①运动灵敏度高，远小于滑动导轨，不论高速运动还是低速运动，滚动导轨的摩擦系数基本上不变，一般滚动导轨运动是没有爬行现象；②定位精度高；③牵引力小，移动灵活，磨损小，精度保持性好；④润滑系统简单，维护方便。因此，一般选用滚珠直线导轨副。通过计算载荷和额定寿命确定在导轨上的滑座内侧装上长为 390 mm 齿条，与齿轮啮合，通过齿轮转动带动齿条前后移动，实现座椅的前后调节。具体的 CAD 软件设计图及尺寸如图 5-9 所示。

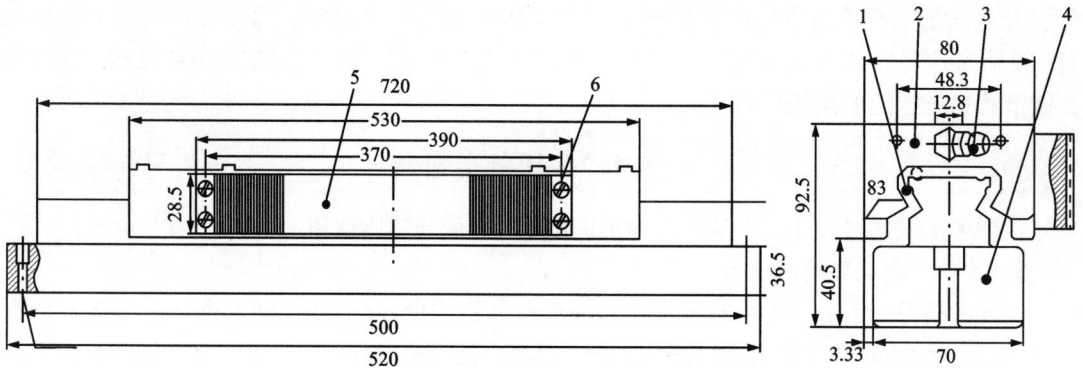

图 5-9 导轨结构主视图与左视图

1—滚珠；2—滑座；3—油嘴；4—滑轨；5—齿条；6—沉头螺钉

（2）垂直方向结构的设计

垂直方向调节机构的零件中，蜗轮由于内部有螺纹传动，外边要与蜗杆啮合，蜗轮受力较复杂，和蜗杆啮合时有径向力，因此必须有两个承受径向力的深沟球轴承。螺杆由于内部有螺杆啮合，有较大的轴向力，因此还必须有一个承受径向力的止推轴承，蜗轮材料选45 钢。

（3）水平方向结构的设计

水平方向调节机构的零件中，由蜗杆的转动带动蜗轮，蜗轮与齿轮同轴转动，齿轮与齿条啮合转动，蜗轮受力比较复杂，和蜗杆啮合时有径向力，且齿轮转动有较大的轴向力，因此必须有两个承受径向力的深沟球轴承，蜗轮齿轮材料均选45 钢。

3. 调节机构设计计算

（1）座椅调节范围及参数的确定

座椅调节不能太复杂，要简单方便，制造和维护的成本也不能太高。根据家用微型轿车的主要机构参数，由于水平方向空间较大，根据不同驾驶员的驾驶习惯和身高不同，确定调节范围为 200 mm；垂直方向由于空间较小，调节范围不能太大，确定调节范围为 60 mm。通过对竖直调节参数的计算和校核，确定蜗杆的参数及几何尺寸。确定机构安装方式：垂直方向上,由于蜗轮蜗杆啮合时蜗轮上存在轴向力,也有径向力,因此蜗轮上采用两个角接触球轴承支撑,再用一个深沟球轴承支撑。通过对水平调节参数设计计算和校核,确定蜗杆的参数及几何尺寸。确定机构安装方式:水平方向上,由于蜗轮蜗杆啮合时蜗轮上存在轴向力,蜗轮承受轴向力,因此采用两个深沟球轴承支撑。

（2）水平方向齿轮传动及齿轮齿条传动

根据传动方案,齿轮传动选用直齿圆柱齿轮传动。工作机速度不高,故选用 7 级精度。材料选择:选择一齿轮材料为 40Cr(调制),硬度为 280 HBS,另一齿轮材料为 45 钢(调制),硬度为 240 HBS,两者材料硬度差为 40 HBS。通过计算和校核:选定为模数 $m = 1.5$ mm;齿数 $Z = 20$,选分度圆直径为 $d = 108.5$ mm,$d = mZ$,则取 $Z_1 = Z_2 = 73$,则取分度圆直径为 109.5 mm;齿宽 $b_1 = b_2 = 34$ mm。为使整个机构的结构紧凑,齿轮安装时采用深沟球轴承,此长轴上的蜗杆与轴之间采用花键连接,位置在轴的两侧,为了使整个结构通过壳体固定,轴中间安装深沟球轴承,通过轴承衬套将其固定,安装在固定板上。齿轮齿条传动选取模数 $m = 1.5$ mm,选 $d_1 = 42$ mm,$Z_1 = 42/1.5 = 28$,分度圆直径 $d_1 = mZ_1 = 42$ mm,齿轮宽度 $b = 42$ mm,取齿条 $B_1 = 42$ mm,$B_2 = 43$ mm。为使整个机构的结构紧凑,齿轮安装时采用滑动轴承,齿轮和轴之间采用矩形键连接,齿轮的两边安装的是滑动轴承的衬套,整个结构通过壳体固定,安装在固定板上。

4. 电动座椅调节机构整体结构图

以家用轿车内部参数为背景,座椅调节机构的空间分布就显得极为有限,怎样合理的搭配各调节部分的关系、设计零部件的尺寸并满足校核也是本设计的关键。根据上述设计计算,各零部件均满足校核要求,电动座椅的整体结构图用 AUTOCAD 软件设计,如图5-10 所示。

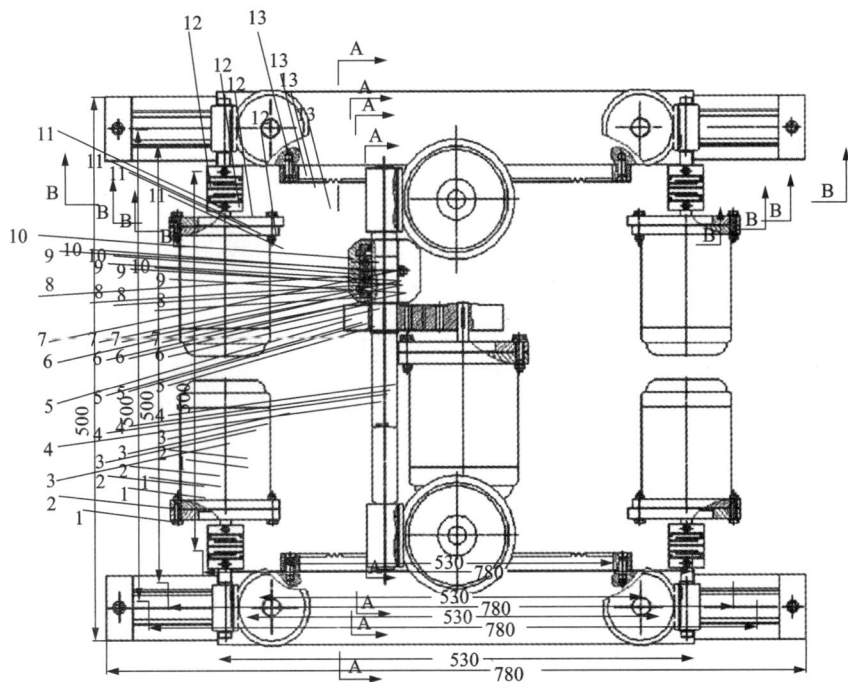

图 5-10　电动座椅整体结构图

1—螺钉;2—固定板;3—小电机;4—花键轴;5—齿轮;6—端盖;7—螺栓;
8—联轴器壳体;9—套筒;10—深沟球轴承;11—螺栓;12—联轴器;13—沉头螺钉

　　从图 5-10 中看到，大电机带动齿轮 5 转动，与齿轮配合的花键轴 4 两端安装有蜗杆带动水平调节机构工作，齿轮 1 和齿条黏合，带动座椅前后运动。四个小电机同时启动，通过联轴器 12 带动蜗杆转动，垂直调节机构工作带动座椅上下运动。为了更清楚的描述座椅内部的三维结构，从图中 A—A 方向绘制出设计与制造局部剖视图和 B—B 方向的剖视图，如图 5-11、图 5-12 所示。

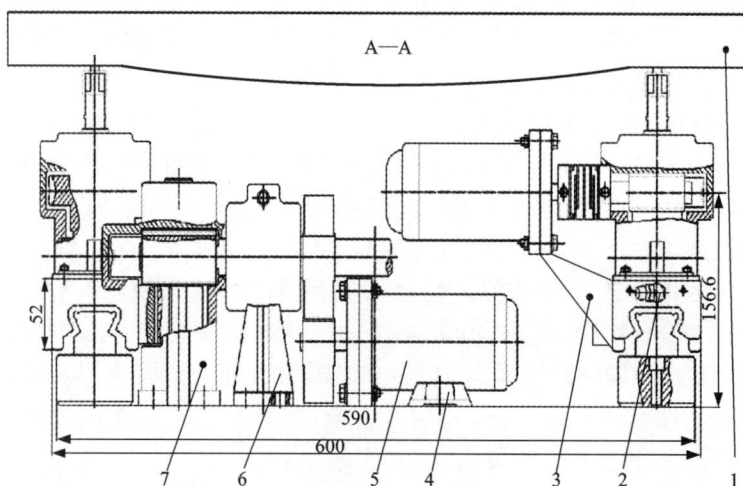

图 5-11　A—A 方向视图

1—座椅架；2—油塞；3—电机安装架 1；4—电机安装架 2；5— 大电机；6—肋板；7—下涡轮罩

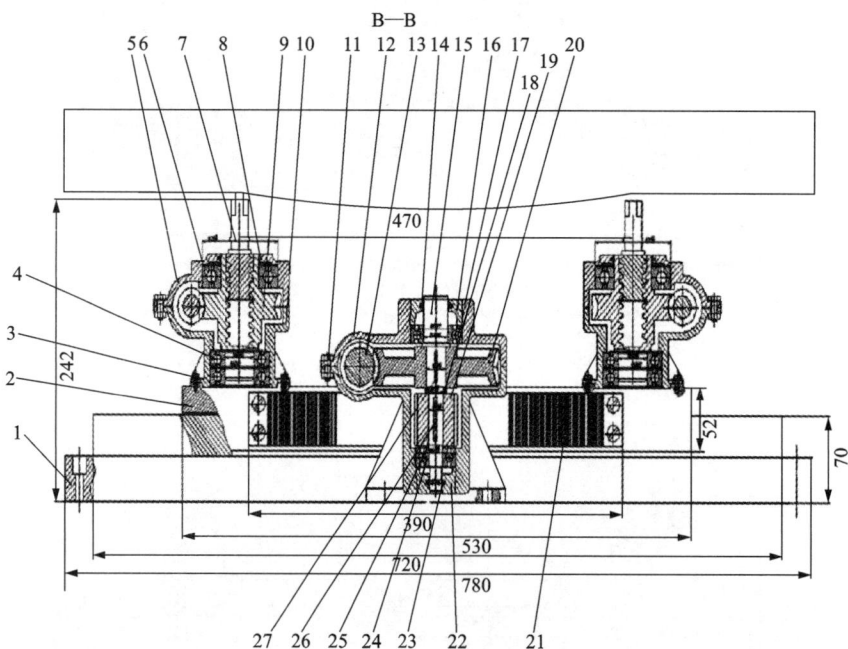

图 5-12　B—B 方向视图

1—滑轨；2—滑座；3—螺钉；4—角接触球轴承；5—上涡轮罩；6—深沟球轴承；7—芯轴；8—密封圈；9—涡轮；10—下涡轮罩；11—螺栓；12—上涡轮罩；13—蜗杆 14—密封圈；15—轴；16—端盖；17—深沟球轴承；18—套筒；19—齿轮；20—大涡轮；21—齿条；22—端盖；23—密封圈；24—深沟球轴承；25—套筒；26、27—矩形键

5. 驱动系统设计计算

（1）电机选择

① 垂直方向电机：根据设计方案计算，已选 A30-70H 电动机，输出功率为 300 W，转速为 7000 r/m。

② 水平方向电机：已选 Z 型并励直流电动机 Z400/40-220，额定转速为 4000 r/m，$P =$ 400 W。

（2）控制电路设计

操控员按下前进按钮时座椅电机通电，前进工作指示灯亮起，座椅向前移动，操控员松开按钮，电机停止工作，工作指示灯灭。

控制电路如图 5-13 所示。座椅的调节通过三个开关控制，当开关处于两端不同的位置时电机分别可以正反转，实现两个方向的调节，其中 W_5 为水平方向驱动电机，W_1、W_2、W_3、W_4 分别为垂直方向的前端和后端的调节电机。当水平方向方向调节时通过开关 K_2 处于上位，控制电机正转，使座椅向前运动，驾驶员通过控制开关闭合时间的长短来控制座椅的位置。当开关断开时座椅即停止运动，向后运动时，将开关 K_2 拨到下位，这时电路换向，电机反向转动，座椅则向后运动。当在垂直方向调节时，控制电路的原理与水平方向相同，向上拨动开关 K_1，时座椅向上运动，向下拨时则向下运动。

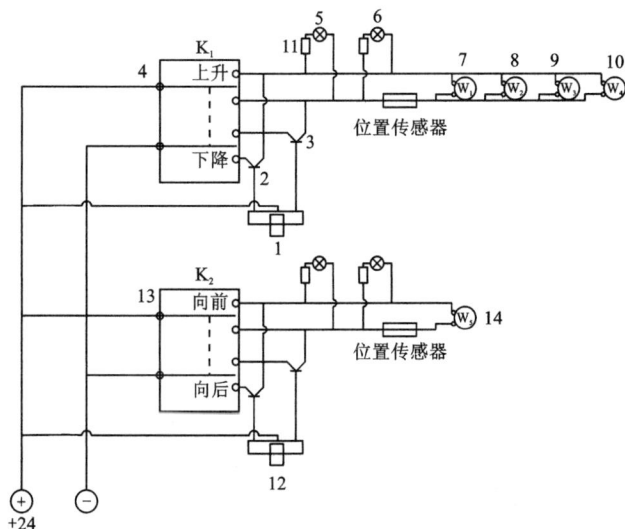

图 5-13　控制电路图

1、12—位置开关；2、3—三极管；5、6—工作指示灯；7、8、9、10、14—电动机；4、13—六角三位开关；11—电阻

6. 设计总结

对微型轿车电动座椅调节机构设计是在现有汽车手动调节的基础上，通过理论计算和对调节机构的分析，设计出符合实际要求的汽车电动座椅系统，多数零件均标准化，非标准零件的设计都从加工工艺角度考虑。调节机构中采用四个小型电机分别控制垂直调节系统运动，动力强劲，一个大电机控制并同时带动水平方向的两个调节机构，结构分布紧凑合理，所以 满足了使用要求，也使设计简单、使用和维护方便。

5.1.2.2　电动座椅的检修

1.普通电动座椅的检测与维修

下面以北京现代索纳塔轿车为例，介绍电动座椅的检修步骤。如图5-14所示为电动座椅的位置电位器。

若电动机运转，但是座椅不动，首先检查座椅是否已达到极限位置。如果不是，则检查电动机与变速器和相关的传动部分是否磨损过大或卡住，必要时进行更换。

若电动机不转，应该检查电路中是否有断路，熔丝是否烧毁，搭铁情况是否良好，然后进行以下单件的检查。

（1）电动座椅控制开关的检查

首先拔出控制开关的连接器，然后按表5-1检查各端子的导通情况，如果不导通则更换控制开关。如图5-15所示为控制开关和连接器的端子图。

表5-1　电动座椅控制开关的检查

开关位置		\\\ 端子号 1	2	3	4	5	6	7	8	9	10	11	12	13	14	15	16	17
滑动开关	前	○			○													
				○														○
	后		○	○														
					○													○
前高度开关	UP											○						○
										○			○					
	DOWN										○		○					
后高度开关	UP					○											○	
							○	○										
	DOWN					○												○
靠背开关	前								○						○		○	
	后								○						○			
																○		○

（2）电动座椅电动机的检查

电动座椅电动机的检查基本思路是拆下电动机的连接器，用蓄电池的正负极分别接某电机的两个端子，观察电动机的运转情况，然后颠倒正负极的接法，再观察反转的情况。注意：电动机停止转动时要立刻断开电源以免烧坏电动机。

2.电子控制自动座椅的检修

以凌志LS400轿车为例，介绍自动座椅的检修方法。

若电动机运转而座椅不动，同样首先看是否已到极限位置，然后检查电动机与变速器之间的相关轴器是否磨损过大或损坏，必要时应更换。

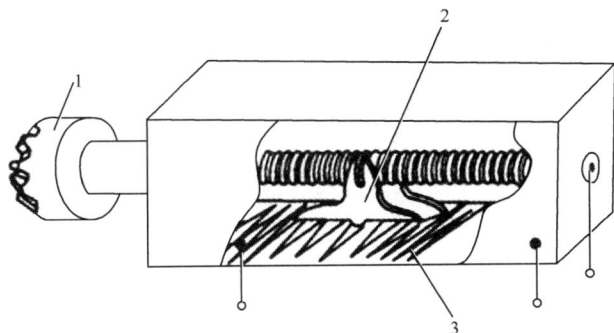

图 5-14　电动座椅的位置电位器
1—齿轮(电动机驱动)；2—滑块；3—电阻丝

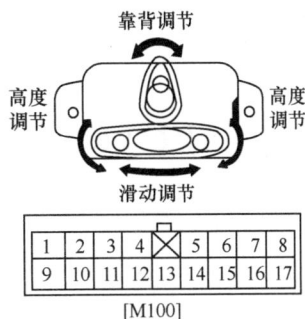

图 5-15　电动座椅开关及连接器的端子图

若电动机不工作，应检查电源线路、开关线路、电动机控制线路是否断路，搭铁是否牢固，然后进行如下单件检测。

(1)电动座椅开关检查

检查各端子之间的导通状况，若导通状况不符合规定要求，应更换开关。

(2)腰垫开关的检测

腰垫开关共 4 个接线端子，检查各端子间的导通状况。若导通状况不符合规定要求，应更换开关。

(3)位置传感器检测

① 拆下驾驶座椅。

② 拆下前垂直调节器上的螺栓并将坐垫略微抬高。坐垫不宜抬得过高，否则线束会被拉出，夹箍可能会松动。

③ 随连接器一起从坐垫下面的固定处拆下电动座椅 ECU。

④ 把电动座椅 ECU 的端子 CHK 连接车身搭铁，使 ECU 进入检查状态。

⑤ 测量电动座椅 ECU 的端子 SO 与车身接地间的电压(采用指针式电压表)。

⑥ 检查应输出图示"已准备好"代码。

⑦ 分别打开电动座椅手动开关并检查座椅各项移动时的电压变化。

⑧ 输入信号正常和不正常时输出电压的变化。

⑨ 当座椅移动到极限位置时，电压应从正常代码变为不正常代码。当证实其他系统功能完好，并通过对电压表指针的摆动量比较，确认正常和不正常代码后，再进行分析处理。电压表指针摆动量取决于仪表。

5.2　任务二　汽车电动车窗电路分析与检修

学习目标

◇ 掌握电动车窗的功用与结构。
◇ 理解电动车窗的工作原理。

◇ 掌握电动车窗的常见故障及排除方法。

建议完成本任务的学时为 6 学时。

任务描述

学习电动车窗的结构与原理，完成电动车窗的拆装、检测与维修等任务。

5.2.1　任务实施学习引导

5.2.1.1　电动车窗的组成及分类

现代轿车中普遍安装了电动车窗，以使车窗的升降更加方便。电动车窗主要由车窗玻璃、车窗玻璃升降器、电动机和控制开关等组成。车窗电动机、控制开关及车窗继电器在车上的布置如图 5-16 所示。

电动车窗上的电动机是双向的，有永磁式的，也有双绕组串励式的。每个车门各有一个电动机，通过开关控制电动机中的电流方向从而控制玻璃的升降。控制开关一般有两套，一套为总开关，装在仪表板或驾驶员侧的车门上，这样驾驶员就可以控制每个车窗玻璃的升降。另一套为分开关，分别安装在每个车窗上，这样乘客也可以对各个车窗进行升降控制（图 5-16）。由于所有车窗的电动机都要通过总开关搭铁，所以如果总开关断开，分开关就不能起作用。

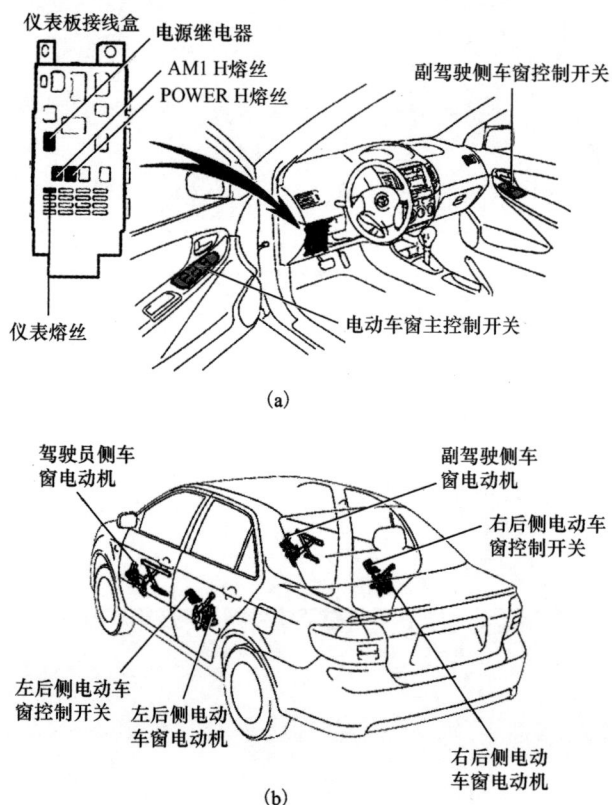

(a)

(b)

图 5-16　电动车窗部件在车上的布置

常见的电动车窗升降机构有绳轮式、交臂式和软轴式等，如图5-16(b)所示为交臂式的升降机构，如图5-17、图5-18所示分别为绳轮式和软轴式的升降机构。其中绳轮式和交臂式电动车窗升降机构使用较为广泛。

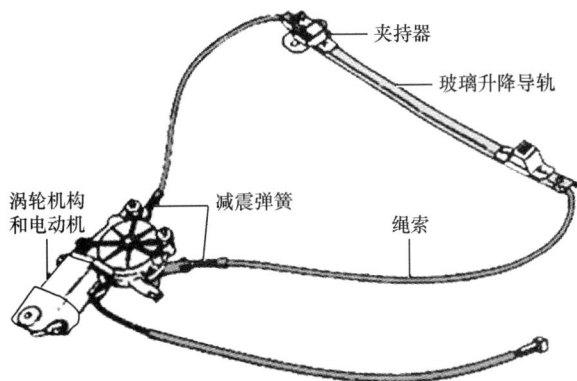

图5-17　绳轮式电动车窗的基本结构

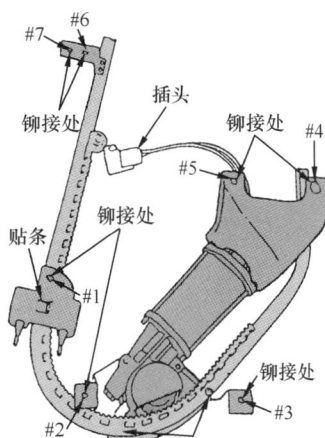

图5-18　软轴式玻璃升降机构

5.2.1.2　电动车窗的控制电路及工作原理

如图5-19所示为四车门电动车窗的主控制按钮，如图5-20所示为该电动车窗的控制电路。该控制电路可以实现手动控制和自动控制，所谓的手动控制是指按下相应的手动旋钮，车窗玻璃可以上升或下降，若中途松开旋钮，上升或下降的动作即停止；而自动控制是指按下自动旋钮，松开手后车窗会一直上升至最高或下降至最低。下面分别分析手动控制和自动控制过程。

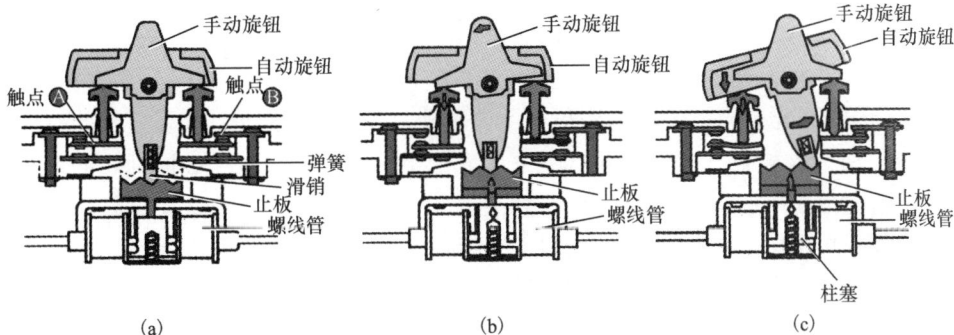

(a)　　　　　　　　　　(b)　　　　　　　　　　(c)

图5-19　电动车窗的控制开关

1. 手动控制车窗玻璃升降

以驾驶员侧的车窗玻璃升降为例，如图5-19(b)所示，向前按下手动旋钮后，触点A与开关的"UP"相连，电路如图5-20所示。

如图5-19(b)所示，当把手动旋钮推向车辆方向，车窗玻璃即上升。此时，触点A与UP(向上)侧相连，触点B处于原来状态，电动机按UP箭头方向通过电流，车窗玻璃上升车至关闭；当把手离开旋钮时，利用开关自身的回复力，开关即回到中立位置。若把手动旋钮推向车辆后方，触点A保持原位不动，而触点B则与DOWN(向下)侧相连，电动机按DOWN

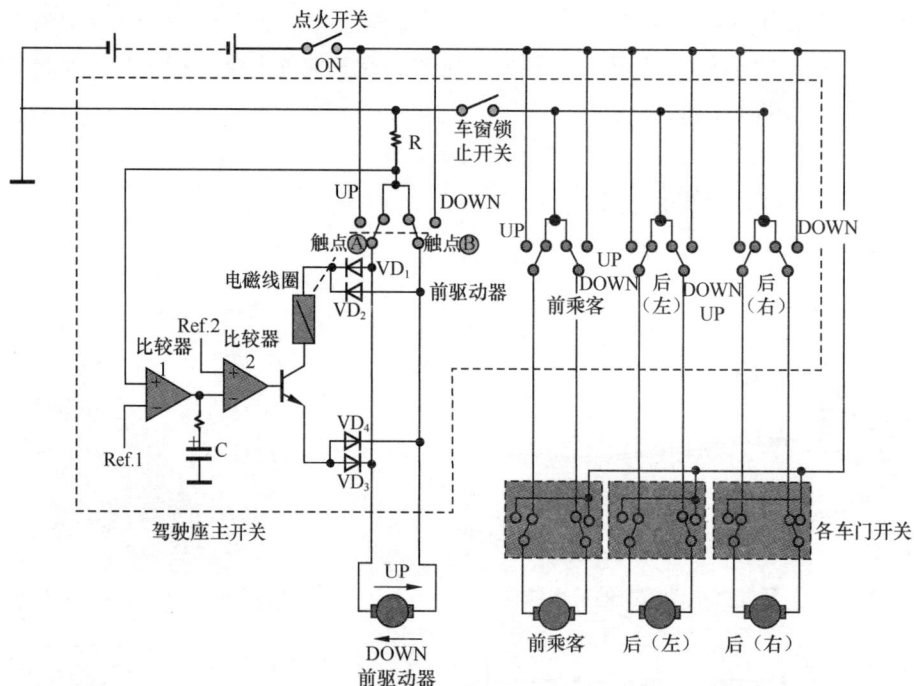

图 5-20　电动车窗控制电路

箭头所示的方向通过电流，电动机反转，以实现车窗玻璃向下移动，直至下降到底。

2. 自动控制玻璃升降

当把自动旋钮向前方按下时，如图 5-19(c)所示，触点 A 与 UP 侧相连，电动机按 UP 箭头方向通过电流，车窗玻璃上升；与此同时，检测电阻 R 上的电压降低，此电压加于比较器 1 的一端，它与参考电压 Ref.1 进行比较。Ref.1 的电压值设定为相当于电动机锁止时的电压。所以，通常情况下，比较器 1 的输出为负位。比较器 2 的基准电压 Ref.2 设定为小于比较器 1 的输正电位，所以比较器 2 的输出电压为正电压，晶体管接通，电磁线圈通过较大的电流，其路径为：蓄电池正极→点火开关→UP→触点 A→二极管 VD$_1$→电磁线圈→晶体管→二极管 VD$_4$→触点 B→电阻 R→搭铁(蓄电池负极)。此电流产生较大的电磁吸力，吸引驱动器开关的柱塞，于是把止板向上顶压，越过止板凸缘的滑销于原来位置被锁定，这时即使把手离开自动旋钮，开关仍会保持原来的状态。

当车窗玻璃上升至终点位置后，在电动机上有锁止电流流过，检测电阻 R 上的电压降增大，当此电压超过参考电压 Ref.1 时，比较器 1 输出低电位，此时，电容 C 开始充电，当 C 两端电压上升至超过比较器 2 的参考电压 Ref.2 时，比较器 2 则输出低电位，三极管立即截止，电磁线圈中的电流被切断，止板被弹簧通过滑销压下，自动旋钮自动回复到中立位置，触点 A 搭铁，电动机停转。

在自动上升过程中，若想中途停止，则向反方向扳手动旋钮，然后立刻放开。这样触点 B 将短暂脱离搭铁，使电动机因回路被切断而自动停转。同时，通过电磁线圈的电流已被切断，止板弹簧通过滑销压下，自动旋钮自动回复到中立位置，触点 A，B 均搭铁，电动机停转。

车窗玻璃自动下降的工作情况与上述情况相反，操作时只需将自动旋钮压向车辆后方即可。

3. 电动车窗电路应用实例

如图 5-21 所示为北京现代索纳塔轿车的电动车窗电路图,该电动车窗的基本组成和基本的工作原理与图 5-20 中电路的工作情况基本相同,此处以左前电动机为例进行分析。电动车窗中的主开关用虚线框标识,主开关位于驾驶员侧。两个开关之间的虚线表示操作时总开关内部是联动关系。

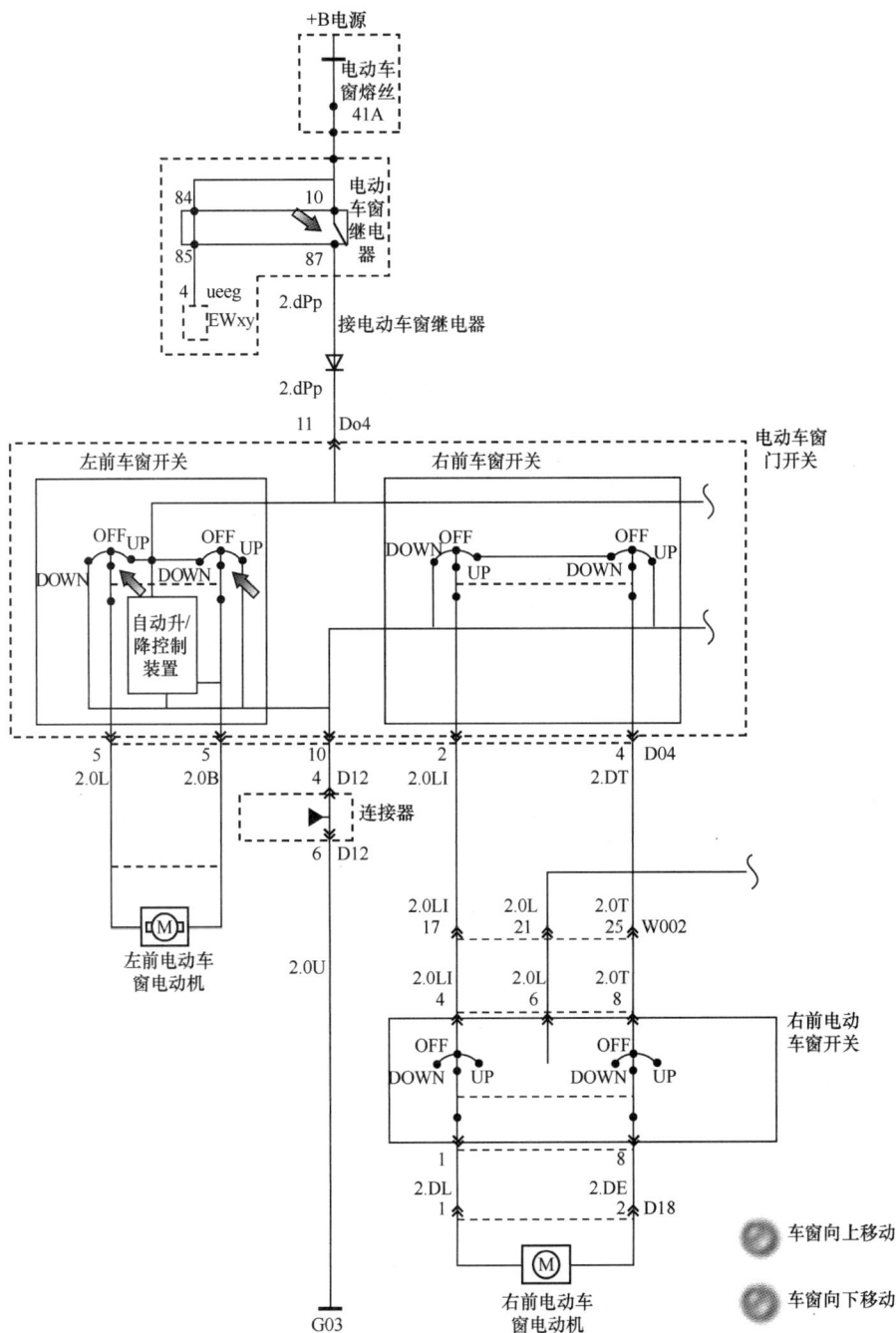

图 5-21　北京现代索纳塔轿车的电动车窗电路图

（1）手动控制玻璃升降

当点火开关位于 ACC 或 ON 的位置时，电流便经过电动车窗继电器的电磁线圈，通过 ETACM（时间和信息系统控制模块）搭铁，车窗继电器的开关闭合。

此时若使车窗玻璃向下运动，按下左前车窗的 DOWN 按钮，此时电流的流向为：电源+B→电动车窗熔丝→电动车窗继电器开关→左前车窗开关中右侧的 DOWN 端子→电动车窗主开关端子 6→左前电动机端子 2→左前电动机端子 1→电动车窗主开关端子 5→左前车窗开关中左侧的 DOWN 端子→电动车窗主开关端子 10→搭铁。此时电动机工作，车窗玻璃向下运动。车窗玻璃上升时的电流流向此处不再重复，此时电机中电流方向相反，其运动方向也相反。车窗玻璃上升或下降的中途若松开开关，开关会自动回到 OFF 位置，电动机也停止工作。

（2）自动控制车窗玻璃升降

按下自动旋钮后，自动升降控制装置起作用，自动升降控制装置内部工作情况和图 5-14、图 5-15 中所示的情况类似，此时再按下升/降按钮后，开关便不能自动断开，电动机中电流的流动情况和手动控制玻璃升降时相同，此处不再重复。

5.2.1.3　电动车窗的检修及故障诊断

下面以索纳塔轿车为例，介绍电动车窗常见的故障及其原因，如表 5-2 所示。

表 5-2　电动车窗常见的故障及其原因

常见故障	故障原因	诊断思路
某个车窗只能向一个方向运动	分开关故障或分开关至主开关可能出现断路	检查分开关导通情况及分开关至主开关控制导线导通情况
某个车窗两个方向都不能运动	传动机构卡住 车窗电动机损坏 分开关至电动机断路	检查传动机构是否卡住 测试电动机工作情况，包括断路、短路及搭铁情况检查 检查分开关至电动机电路导通情况
所有车窗均不能升降或偶尔不能升降	熔丝被烧断 搭铁不实	检查熔丝 检查、清洁、紧固搭铁
两个后车窗分开关不起作用	总开关出现故障	检查总开关导通情况

1.电动车窗总开关的检修

① 从驾驶员侧装饰板上拆下电动车窗的主控开关（索纳塔轿车的电动车窗主控开关和中控门锁主控开关是一体的）。主控开关连接器的端子图如图 5-22 所示。

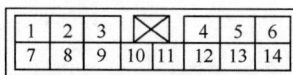

1	2	3	✕		4	5	6
7	8	9	10	11	12	13	14

图 5-22　电动车窗总开关端子

②用万用表的欧姆挡按着表5-3所示检查总开关在车窗玻璃处于上升、下降和关闭状态时各个端子的导通情况。若测得结果和表不相符，说明车窗的主开关损坏，要进行更换。

表5-3　电动车窗总开关检查

位置	端子															
	左前				右前				左后				右后			
	5	6	10	11	2	4	10	11	9	10	11	12	7	8	10	11
向上	○			○	○			○	○		○		○			○
		○——○				○——○				○——○				○——○		
关闭	○——○——○				○——○——○				○——○——○				○——○——○			
向下		○——○				○——○				○——○				○——○		
	○——————○				○——————○				○——————○				○——————○			

2.电动车窗闭锁开关检查

当开关位于LOCK位置时，端子1和11之间断路；当开关位于UNLOCK位置时，端子1和11之间导通。

3.电动车窗继电器的检修

索纳塔轿车电动车窗继电器的电路如图5-21所示，车窗继电器的端子检查如图5-23所示。

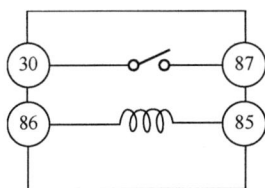

图5-23　车窗继电器的检查

（1）静态检查

将万用表置于R×1挡，测量端子85和端子86之间应为导通，若不导通说明线圈烧坏。测量端子30和端子87应为断路，若导通说明开关触点烧结或常闭，应进行更换。

（2）工作状况检查

用蓄电池的正负极分别接端子85和86，然后用万用表测量端子30和87应导通，否则应更换。

4.电动车窗分开关及车窗电动机的检查

（1）电动车窗分开关工作情况检查

用万用表的欧姆挡按着表5-4所示检查分开关在车窗处于上升、下降和关闭状态时各个端子的导通情况。

表 5-4　电动车窗分开关的检查

位置	端子				
	1	3	4	6	8
向上	○——————————○				
		○——————————————————○			
关闭	○—————————————○				
		○——————————————————○			
向下		○—————————○			
	○—————————————○				

（2）车窗电动机的检测

车窗电动机检查的基本思路：把蓄电池的正、负极分别接在车窗电动机的两个端子上并互换一次，电动机能够正转、反转，且转速平稳。否则说明电动机有故障，应进行更换。

注意：在进行车窗电动机的测试时，若电动机停止转动，要立刻断开端子引线，否则会烧坏电动机。

5.2.2　任务实施

在任务实施的过程中，将学习的内容运用其中，做到学以致用。

5.2.2.1　工具准备

① 北京现代索纳塔轿车汽车电动车窗、电动车窗电路图。

② 万用表、试灯、连接线、常用工具。

5.2.2.2　技术要求与标准

① 所有操作符合安全操作要求。

② 所有操作符合汽车电动车窗系统维修技术标准。

③ 在操作过程中不允许出现安全事故。

5.2.2.3　要完成的工作

1. 对北京现代索纳塔轿车电动车窗进行以下检查

① 对电动车窗总开关的检查。

② 对电动车窗闭锁开关检查。

③ 对电动车窗继电器的检查。

④ 对电动车窗分开关及车窗电动机的检查。

2. 对北京现代索纳塔轿车电动车窗进行以下故障检修

① 某个车窗只能向一个方向运动。

② 某个车窗两个方向都不能运动。

③ 所有车窗均不能升降或偶尔不能升降。

④ 两个后车窗分开关不起作用。

5.3　任务三　汽车电动后视镜的检修

学习目标

◇　掌握电动后视镜的功用与结构。
◇　理解电动后视镜的工作原理。
◇　掌握电动后视镜的常见故障及排除方法。
建议完成本任务的学时为 6 学时。

任务描述

学习电动后视镜的结构和工作原理，完成电动后视镜拆装、检测与维修等任务。

5.3.1　任务实施学习引导

驾驶员调整后视镜的位置比较困难，特别是乘客车门一侧的后视镜。使用电力控制系统能很方便地解决这个问题，驾驶员只需在驾驶位置上操纵电动后视镜的开关，就可获得理想的后视镜位置。

5.3.1.1　电动后视镜的组成及结构

汽车电动后视镜一般由镜片、驱动电动机、控制电路及操纵开关等组成。在每个后视镜镜片的背后都有两个可逆电动机，可操纵其上下及左右运动。通常垂直方向的倾斜运动由一个永磁电动机控制，水平方向的倾斜运动由另一个永磁电动机控制。后视镜的结构和典型开关如图 5-24 所示。

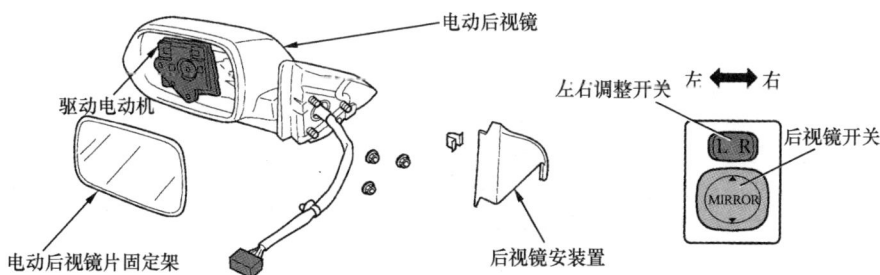

图 5-24　电动后视镜的结构和控制开关示意图

5.3.1.2　电动后视镜控制电路及工作原理

下面以北京现代索纳塔轿车和本田雅阁轿车的电动后视镜电路为例，介绍电动后视镜的控制电路的工作原理。

1. 北京现代索纳塔轿车电动后视镜电路

如图 5-25 所示为北京现代索纳塔轿车的双后视镜控制电路，如图 5-26 所示为其电动后视镜的开关及其连接器的端子图。每个后视镜都用一个独立的开关控制。操纵开关能使一个电动机单独工作，也可使两个电动机同时工作。

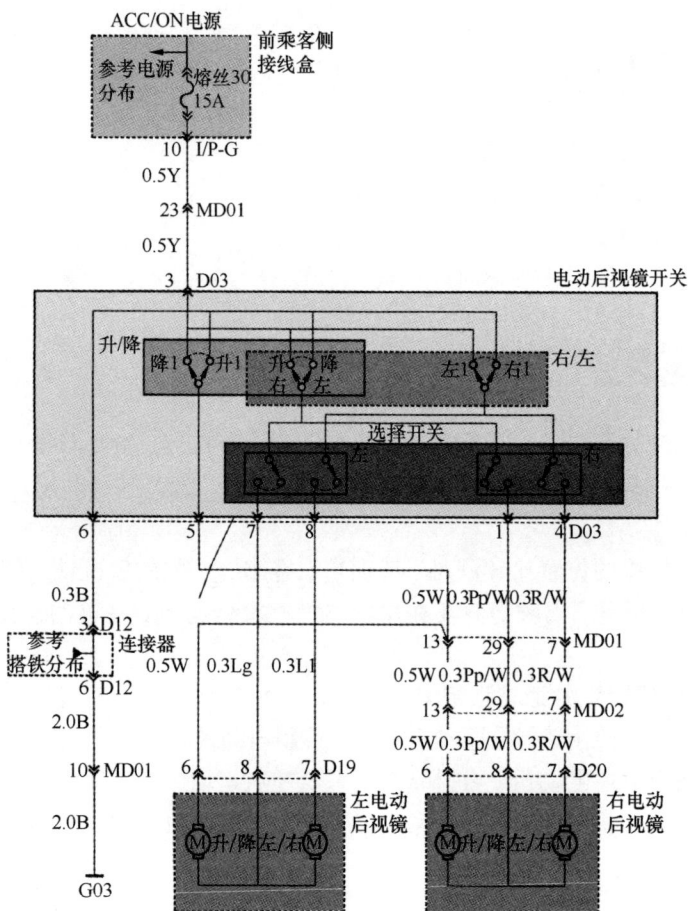

图 5-25　北京现代索纳塔轿车电动后视镜电路

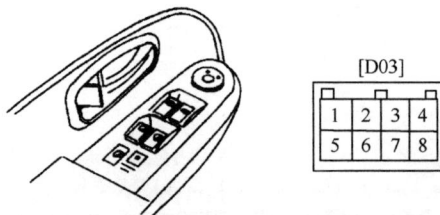

图 5-26　电动后视镜开关及其连接器的端子图

电路分析如下。

首先说明图 5-25 中用实线框和虚线框分别表示操作时总开关内部的联动情况。在这里只讨论一侧后视镜中一个电动机的工作情况。若要调节左后视镜垂直方向的倾斜程度，按下"升/降"按钮。

（1）"升"的过程

实线框"升/降"开关中的箭头开关均和"升"接通，此时电流的方向为：电源→熔丝30→开关端子3→"升右"端子→选择开关中的"左"→端子7→左电动后视镜连接端子8→"升/降"电动机→端子6→开关端子5→升1→开关端子6→搭铁，形成回路，这时左后视镜向上旋转运动。

（2）"降"的过程

实线框"升/降"开关中的箭头开关均和"降"接通，此时的电流方向为：电源→熔丝30→开关端子3→降1→开关端子5→左电动后视镜连接端子6→"升/降"电动机→左电动后视镜连接端子8→开关端子7→选择开关中的"左"→"降左"端子→开关端子6→搭铁，形成回路，此时后视镜向相反的方向旋转。

电动后视镜的左右运动的电路分析与此类似，此处不再赘述。

2. 本田雅阁轿车电动后视镜控制电路

如图5-27所示为本田雅阁轿车电动后视镜的控制电路，下面以左侧电动后视镜为例简单分析其工作过程。此电动后视镜开关中上面的四个开关为共用的后视镜方向调节开关，下面两个开关为控制左侧或右侧电动后视镜的联动分开关。

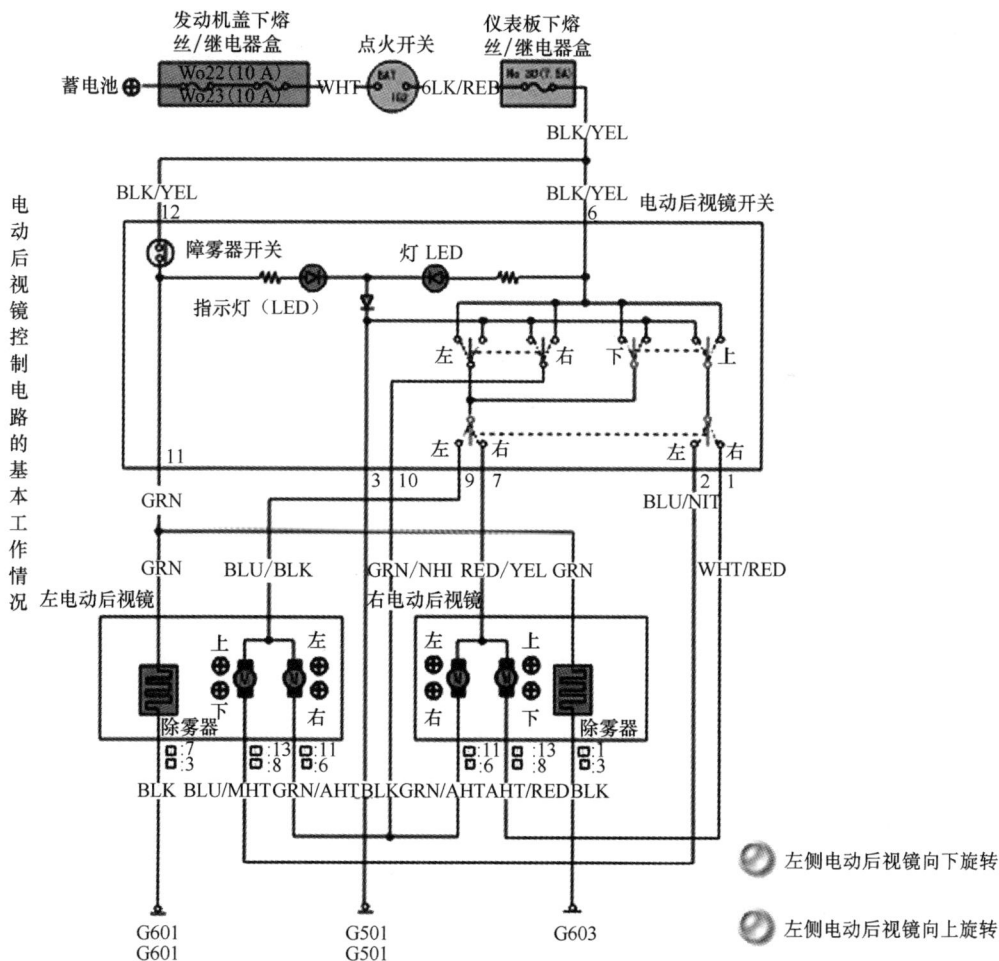

图5-27　本田雅阁轿车电动后视镜电路

（1）左侧电动后视镜向下旋转

首先将电动后视镜开关中下面的联动分开关按至"左"位置，然后按下"下"，此时电路的电流方向为：蓄电池+→熔丝22和23→点火开关→熔丝30→电动后视镜开关端子6→联动开关"下"的左端→左侧后视镜开关→电动后视镜开关端子9→左电动后视镜"上下"调节电动机→电动后视镜开关端子2→左侧后视镜开关→联动开关"下"的右端→搭铁，左侧电动后视镜实现向下旋转。

（2）左侧电动后视镜向上旋转

此时，电动后视镜开关中下面的联动开关依然在"左"的位置，按下"上"，电流的流向为：蓄电池+→熔丝22和23→点火开关→熔丝30→电动后视镜开关端子6→联动开关"上"的右端→左侧后视镜开关→电动后视镜开关端子2→左电动后视镜"上下"调节电动机→电动后视镜开关端子9→左侧后视镜开关→联动开关"上"的右端→搭铁，左侧电动后视镜实现向上旋转。

电动后视镜的左右运动的电路分析与此类似，此处不再赘述。

5.3.1.3 电动后视镜的检修

以北京现代索纳塔轿车电动后视镜为例，介绍电动后视镜的检修。当电动后视镜出现故障时，首先检查熔丝、电路连接和搭铁情况，若仍不能排除故障，则应检查开关和电动机是否良好。出现故障时要结合电路、上述的检查顺序以及表5-5中的情况来分析故障的原因和解决方法。

表5-5 电动后视镜故障诊断表

故障现象	故障原因	故障排除方法
电动后视镜均不能动	熔丝熔断 搭铁不良 后视镜开关损坏 后视镜电动机损坏	检查确认熔断后更换 修理 更换 更换
一侧电动后视镜不能动	后视镜开关损坏 电动机损坏 搭铁不良	更换 更换 修理
一侧电动后视镜上下方向不能动	上下调整电动机损坏 搭铁不良	更换 修理
一侧电动后视镜左右方向不能动	左右调整电动机损坏 搭铁不良	更换 修理

1. 电动后视镜开关的检查

电动后视镜的连接端子如表5-6所示。检查时从开关上拔下连接器，检查各个端子的导通情况，如不导通，要更换开关。

2. 电动后视镜电动机的检查

电动后视镜检查的基本思路是把蓄电池的正、负极分别接至电动后视镜电动机连接器端子，端子如图5-28所示。检查时把蓄电池正、负极分别接在各端子之间，检查电动机的工作情况。如图5-29所示为接线及检查示意图。

表 5-6　电动后视镜开关总成的检查

后视镜	动作	端子号							
		1	2	3	4	5	6	7	8
左	UP			●————		●——●————		——●	●
	DOWN			●——●——		●	●——●——	—●	●
	OFF			●———●		———●		——●	
	LEFT			●———		●——●——	●————		●
	RIGHT			●——●——		●	●————		●
右	UP	●———		●——●——	●	●——●——			
	DOWN	●———		●——●——	●	●————	●		
	OFF	●———●		●———●	●	●			
	LEFT	●———		●——●——	●——●—	●	●		
	RIGHT	●———		●——●——	●	●			

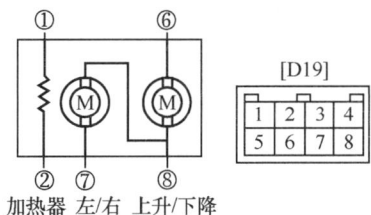

图 5-28　电动后视镜电动机的连接器端子

加热器　左/右　上升/下降

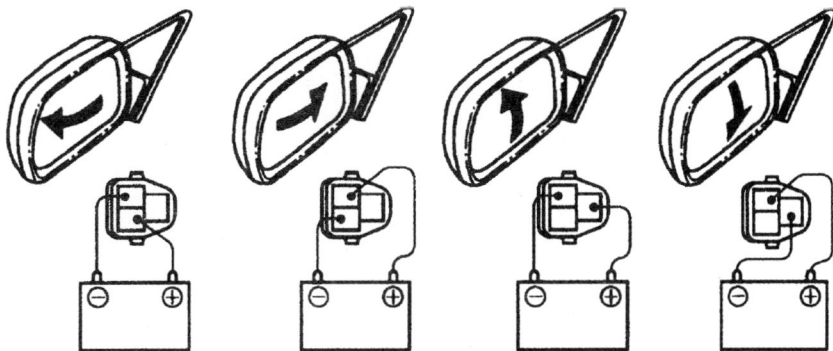

图 5-29　电动后视镜电动机的检查示意图

5.3.2 任务实施

在任务实施的过程中,将学习的内容运用其中,做到学以致用。

5.3.2.1 工具准备

① 北京现代索纳塔轿车汽车电动后视镜、电动后视镜电路图。

② 万用表、试灯、连接线、常用工具。

5.3.2.2 技术要求与标准

① 所有操作符合安全操作要求。

② 所有操作符合汽车电动后视镜系统维修技术标准。

③ 在操作过程中不允许出现安全事故。

5.3.2.3 要完成的工作

1. 对北京现代索纳塔轿车电动后视镜进行以下检查

① 对电动后视镜开关的检查。

② 对电动后视镜电动机检查。

2. 对北京现代索纳塔轿车电动后视镜进行以下故障检修

① 电动后视镜均不能动。

② 一侧电动后视镜不能动。

③ 一侧电动后视镜上下方向不能动。

④ 一侧电动后视镜左右方向不能动。

项目六

汽油机电控喷油控制系统试验与检测

6.1　任务一　汽油机电控喷油系统传感器的试验与检测

学习目标

◇ 掌握汽油机电控喷油控制系统的组成与分类。
◇ 掌握汽油机电控喷油控制系统的工作原理。
◇ 掌握汽油机电控喷油控制系统传感器的试验与检测。

任务描述

学习汽油机电控喷油控制系统组成、分类及工作原理；掌握汽油机电控喷油控制系统常见传感器的检测方法和分析步骤；完成奥迪 A4 的发动机传感器的试验与检测。

6.1.1　任务实施学习引导

6.1.1.1　汽油机电控喷油系统组成

汽车发动机电子控制燃油喷射系统又称为发动机电控喷油系统或燃油喷射系统（engine fule injection，EFI）。它主要由空气供给系统（供气系统）、燃油供给系统（供油系统）和燃油喷射电子控制系统 3 个子系统组成。

1. 空气供给系统

空气供给系统简称为供气系统。主要功用是向发动机提供新鲜空气，并测量进入气缸的空气量。行驶时，空气量由节气门来控制；怠速时，节气门关闭，空气量由旁通气道控制。

根据燃油喷射式发动机怠速进气量的控制方式不同，供气系统分为旁通式和直接供气式两种。北京切诺基吉普车和 BJ2020 VJ 型吉普车、桑塔纳 2000GLI 采用了旁通式供气系统；桑塔纳 2000GSI、3000 型轿车，宝来（BORA），捷达系列轿车和红旗轿车采用了直接供气式系统。

（1）旁通式供气系统

旁通式供气系统设置有旁通空气道，发动机怠速进气量由怠速控制阀控制，结构如图

6-1（a）所示，主要由空气滤清器、空气流量传感器、怠速控制阀、进气歧管、动力腔、节气门体等组成。

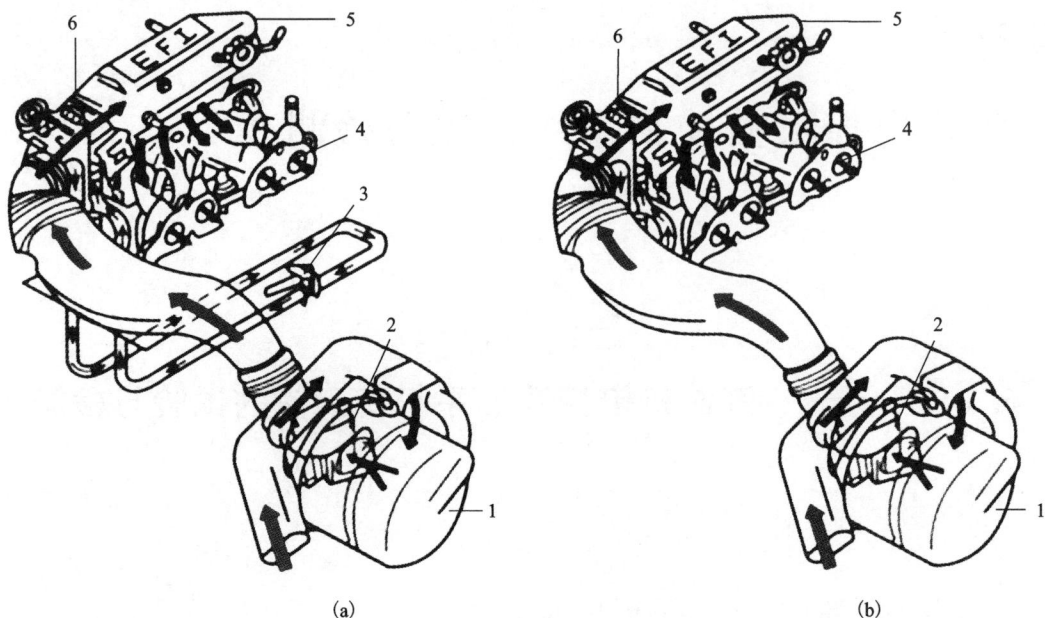

图 6-1　空气供给系统

（a）旁通式供气系统；（b）直接供气式供气系统

1—空气滤清器；2—空气流量传感器；3—怠速控制阀；4—进气歧管；5—动力腔；6—节气门体

　　旁通式供气系统的工作路径根据发动机不同工况分两个通道，如图 6-2 所示。当发动机正常工作时，按照空气通道①进行；当发动机怠速运转时，按照空气通道②进行。汽车正常行驶时，由节气门控制进入发动机气缸的空气流量，电控单元（ECU）根据安装在进气道上的空气流量传感器检测的进气量信号控制流量大小。怠速时，节气门关闭，由怠速控制阀控制流经旁通道空气道的空气量来实现怠速控制。

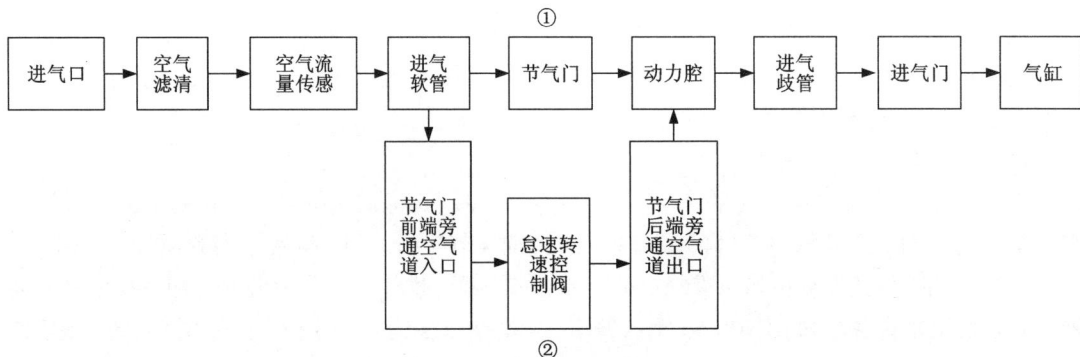

图 6-2　旁通式供气系统空气通道

①发动机正常工作；②发动机怠速运行

（2）直接供气式系统

直接供气式系统没有设置旁通空气道，发动机怠速进气量由节气门直接控制，结构如图6-1（b）所示。与旁通式供气系统相比，直接供气式系统。

发动机正常工作和怠速运转时的空气通道完全相同，其空气通道如图6-3所示。由节气门控制进入发动机气缸的空气流量，电控单元（ECU）根据安装在进气道上的空气流量传感器检测的进气量信号控制流量大小。发动机怠速运转时，捷达 AT、GTX 与桑塔纳 2000GSI、3000 型轿车发动机直接供气系统的标准进气量为 2.0~5.0 g/s。

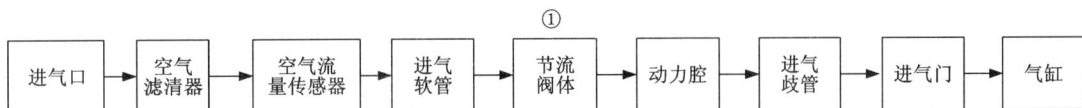

图6-3　直接供气式系统空气通道

2.燃油供给系统

燃油供给系统简称供油系统，其功用是向发动机供给燃烧所需的燃油。燃油喷射式发动机供油系统的结构如图6-4所示，主要由燃油箱、电动燃油泵、燃油滤清器、油压调节器、燃油分配管、喷油器等组成。工作原理如图6-5所示。

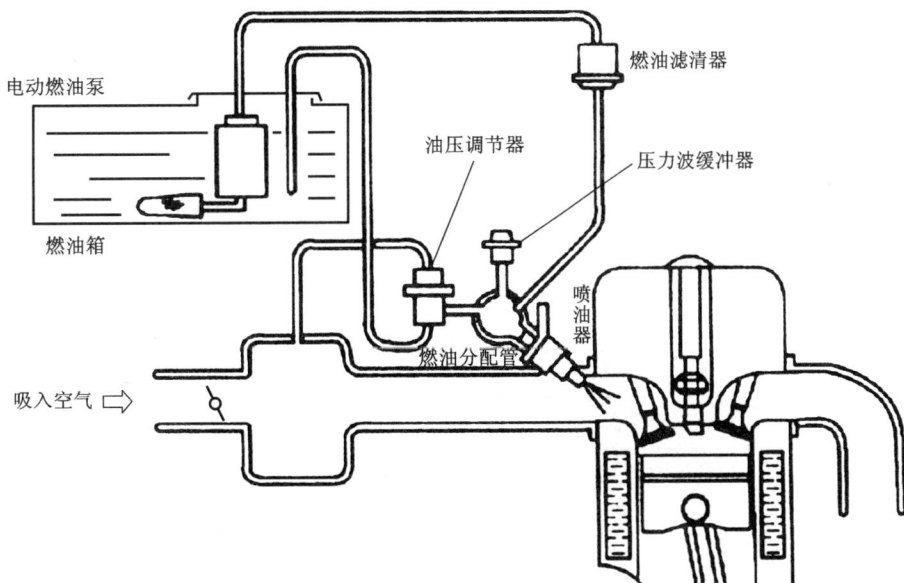

图6-4　燃油供给系统

发动机工作时，燃油通过电动燃油泵从油箱中泵出，经燃油管、燃油滤清器，由油压调节器调压，然后经燃油分配管配送给各个喷油器和冷启动喷油器；喷油器根据 ECU 发出的指令，将适量的燃油适时喷入各进气支管或进气总管，与供气系统提供的空气混合形成雾化良好的可燃混合气。当进气门打开时，混合气被吸入气缸燃烧做功。当燃油泵泵入供油系统的燃油增多、油路中的油压升高时，油压调节器将自动调节燃油压力，保证供给喷油器的油压基本不变；供油系统过剩的燃油由回油管流回油箱。

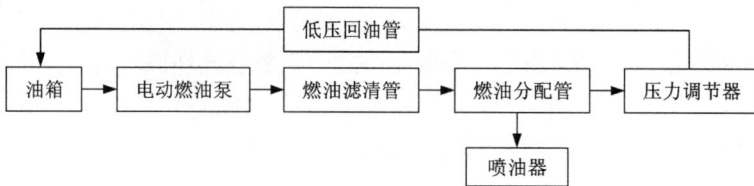

```
                    ┌─────────────┐
        ┌──────────→│  低压回油管  │←──────────────────────┐
        │           └─────────────┘                        │
   ┌────────┐  ┌──────────┐  ┌──────────┐  ┌──────────┐  ┌──────────┐
   │  油箱  │→│ 电动燃油泵 │→│ 燃油滤清管 │→│ 燃油分配管 │→│ 压力调节器 │
   └────────┘  └──────────┘  └──────────┘  └──────────┘  └──────────┘
                                                │
                                          ┌──────────┐
                                          │  喷油器  │
                                          └──────────┘
```

图 6-5　燃油供给系统工作原理

3. 燃油喷射电子控制系统

控制系统的功能是根据发动机工况和车辆运行状况确定汽油的最佳喷射量，使发动机既可获得较大的动力，又可具备良好的经济性，并满足对排放的要求。该系统由传感器、电控单元(ECU)和执行器组成，其功能如表 6-1 所示。

表 6-1　燃油喷射电子控制系统组成部件及功能

组成部件		功能
传感器	进气管压力传感器	检测发动机的进气压力，用以计算空气量
	空气流量传感器(空气流量计)	检测发动机吸入的空气量
	空气温度传感器	检测进气温度，用以计算空气量
	冷却液温度传感器	检测发动机冷却液温度
	转速与曲轴位置传感器	检测发动机转速及曲轴位置
	节气门位置传感器	检测节气门开度
	氧传感器	检测发动机空燃比
	车速传感器	测量汽车车速
	爆燃传感器	检测发动机有无爆燃产生
	开关量及其信号发生装置	检测各用电设备的开关状态，向 ECU 提供信号
电子控制单元 ECU	—	系统控制的核心，根据由传感器确定的发动机运行工况，计算喷油量的大小，并对喷油器进行控制
执行器	主继电器	控制电控燃油喷射系统总电源
	断路继电器	控制燃油泵电源
	冷启动喷油器定时开关	控制冷启动喷油的喷油时间

电子控制系统部件总体结构如图 6-6 所示。传感器是检测发动机工作状态的元件，ECU

是电控汽油机喷射系统的核心，发动机工作状态通过传感器感知并传递给 ECU。存储器存储喷射持续时间、点火时刻、怠速和故障诊断等数据，这些数据与发动机工况相匹配。ECU 经过逻辑运算，输出控制信号给执行器，通过执行器控制发动机工作状态。

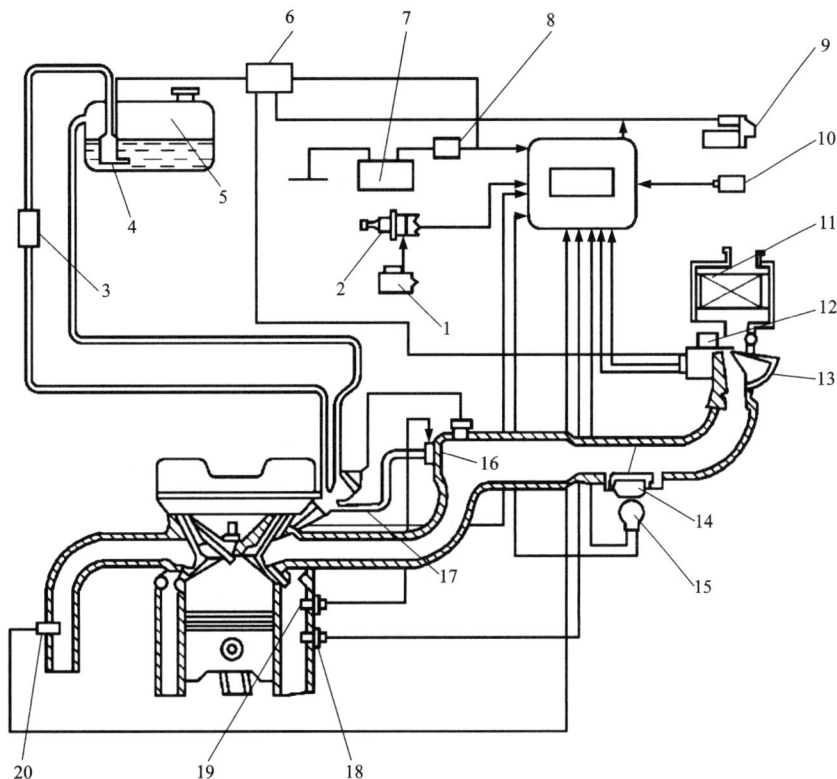

图 6-6 电子控制系统部件总体结构

1—点火开关；2—转速曲轴位置传感器(分电器)；3—汽油滤清器；4—电动燃油泵；5—油箱；6—断路继电器；
7—蓄电池；8—主继电器；9—启动装置；10—大气压力传感器；11—空气滤清器；12—进气温度传感器；
13—空气流量计；14—空气阀；15—节气门位置传感器；16—冷启动喷油器；17—燃油压力调节器；
18—冷却液温度传感器；19—温度时间开关；20—氧传感器

发动机燃油喷射电子控制系统采用的传感器主要有空气流量传感器(或歧管压力传感器)、转速曲轴位置传感器等、凸轮轴位置传感器、节气门位置传感器、冷却液温度传感器、进气温度传感器、氧传感器和车速传感器；开关信号主要有点火开关信号、启动开关信号、电源电压信号等；执行器主要有电动燃油泵和电磁喷油器等。将这些传感器和执行器进行不同组合，即可组成若干个子控制系统，如喷油控制系统、断油控制系统和空燃比反馈控制系统等。其中空气流量传感器(或歧管压力传感器)、转速曲轴位置传感器、凸轮轴位置传感器和节气门位置传感器是不可少的，对发动机的控制运行起到了决定性作用，其他传感器主要用于精度控制，起到辅助作用。

6.1.1.2　汽油机电控喷油系统分类

汽车发动机燃油喷射技术经历了机械控制、机电结合控制和电子控制等发展过程。其分类方法各不相同,常用分类方法有按控制方式、燃油喷射部位和喷油方式、空气流量的测量等方式进行分类,如图6-7所示。

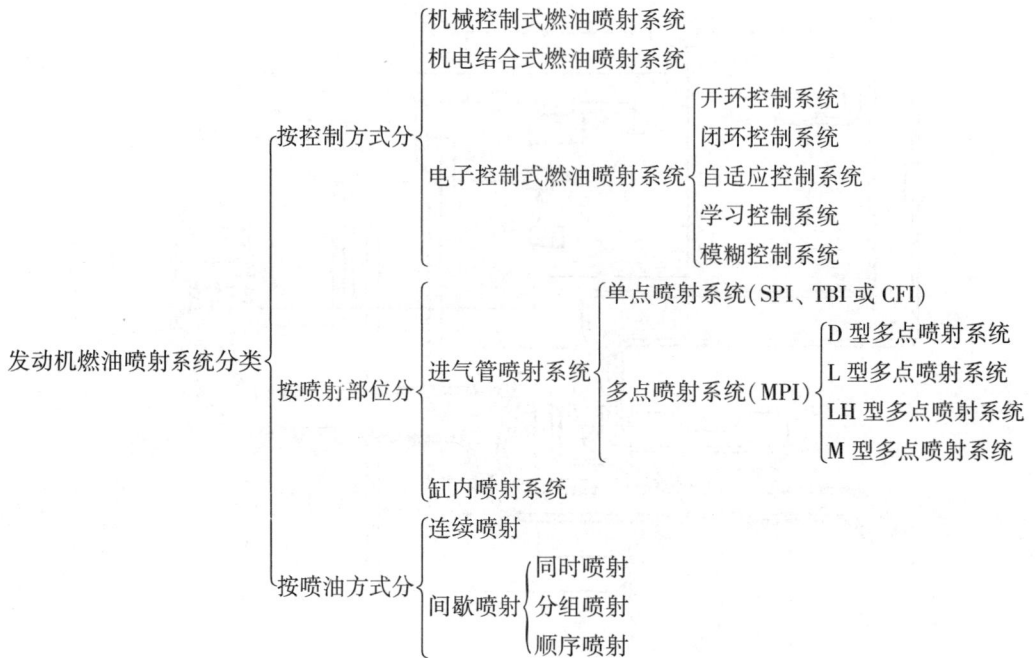

```
发动机燃油喷射系统分类
├─ 按控制方式分
│   ├─ 机械控制式燃油喷射系统
│   ├─ 机电结合式燃油喷射系统
│   └─ 电子控制式燃油喷射系统
│       ├─ 开环控制系统
│       ├─ 闭环控制系统
│       ├─ 自适应控制系统
│       ├─ 学习控制系统
│       └─ 模糊控制系统
├─ 按喷射部位分
│   ├─ 进气管喷射系统
│   │   ├─ 单点喷射系统(SPI、TBI 或 CFI)
│   │   └─ 多点喷射系统(MPI)
│   │       ├─ D 型多点喷射系统
│   │       ├─ L 型多点喷射系统
│   │       ├─ LH 型多点喷射系统
│   │       └─ M 型多点喷射系统
│   └─ 缸内喷射系统
└─ 按喷油方式分
    ├─ 连续喷射
    └─ 间歇喷射
        ├─ 同时喷射
        ├─ 分组喷射
        └─ 顺序喷射
```

图 6-7　发动机燃油喷射系统分类

按喷油器喷射燃油的部位不同,燃油喷射电子控制系统可分为缸内喷射系统和进气管喷射(即缸外喷射)系统两种类型。进气管喷射系统又可分为单点喷射(SPI、TBI 或 CFI)和多点喷射(MPI)两种类型。

(1)缸内喷射系统

缸内喷射是指喷油器将燃油直接喷射到气缸内部的喷射,又称为缸内直接喷射,如图6-8(a)所示。缸内直喷技术是柴油机分层燃烧技术衍生而来的汽油喷射新技术。缸内直喷系统均为多点喷射系统,这种喷射系统将喷油器安装在火花塞附近的气缸盖上,并以较高的燃油压力(10 MPa 左右)将燃油直接喷入气缸燃烧。因为汽油黏度低而喷射压力较高,且缸内工作条件恶劣(温度高、压力高),所以对喷油器的技术条件和加工精度要求较高。试验证明:缸内喷射的优越性在于喷油压力高、燃油雾化好,并能实现稀薄混合气(空燃比40∶1)燃烧。因此,能够显著降低油耗,减少排放和提高动力性。

(2)进气管(缸外)喷射系统

进气管喷射又称为缸外喷射,该喷射方式是将燃油喷射在节气门或进气门附近进气管内,然后再与空气混合形成可燃混合气进入气缸,如图6-8(b)所示。与缸内喷射相比,进气管喷射系统对发动机机体的改动量较小,喷油器不受燃烧高温、高压的直接影响。设计喷油器时受到的制约较少,喷油压力不高(0.6~0.3 MPa),结构简单,喷油器工作条件大大改善。

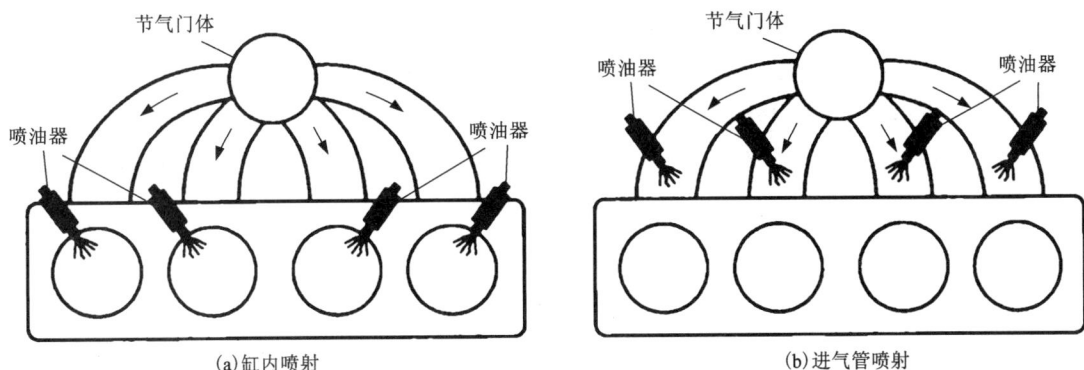

图 6-8　喷油器喷油位置

①单点燃油喷射系统(SPI、TBI 或 CFI)。

单点燃油喷射系统(single point fuel injection system)是指在多缸发动机节气门的上方,安装一只或并列安装两只喷油器且同时喷油的燃油喷射系统。这种喷射系统因喷油器位于节气门体上集中喷射,故又称节气门体喷射或集中喷射,也称中央燃油喷射(CFI)。美国通用(General)汽车公司的 TBI 系统、福特(Ford)汽车公司的 CFI 系统以及德国博世(Bosch)公司的 Mono-Motronic 系统等采用单点燃油喷射系统,如图 6-9(a)所示。

②多点燃油喷射系统(multi-point fuel injection system,MPFI 或 MPI)。

多点燃油喷射系统是指在发动机每个气缸都安装一只喷油器的燃油喷射系统,汽油直接喷射到各缸的进气门附近并与空气混合形成混合气,如图 6-9(b)所示。多点喷射使各缸混合气的均匀性得到改善,目前使用的较为普遍。

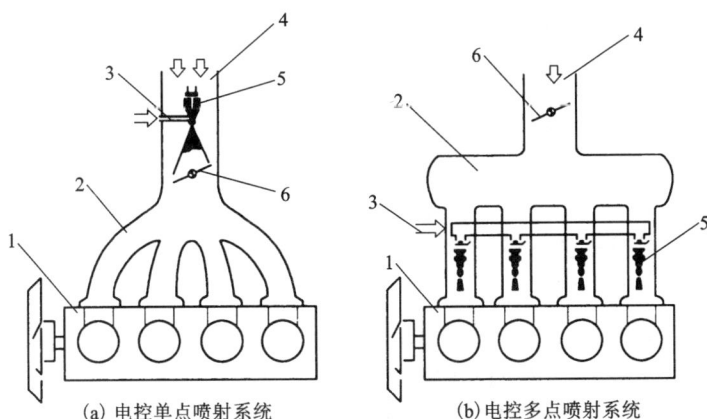

图 6-9　单点喷射和多点汽油喷射系统

1—发动机;2—进气支管;3—燃油入口;4—空气入口;5—喷油器;6—节气门

多点燃油喷射系统根据进气量的检测方式不同，又分为压力型（D 型）和流量型（L 型）燃油喷射系统两种类型。博世公司在 L 型多点燃油喷射系统的基础上又进行了改进，研发了 LH-Jetronic 和 Motronic 燃油喷射系统。

LH-Jetronic（LH 型）燃油喷射系统采用热丝式空气流量传感器替代叶片式空气流量传感器来检测进气量，如图 6-10 所示。热丝式空气流量传感器没有运动部件，进气量用电子电路检测，因此具有进气阻力减小、检测精度提高等优点。同时还采用了大规模集成电路组成电控单元，运算速度提高，控制范围扩大，控制功能增强。

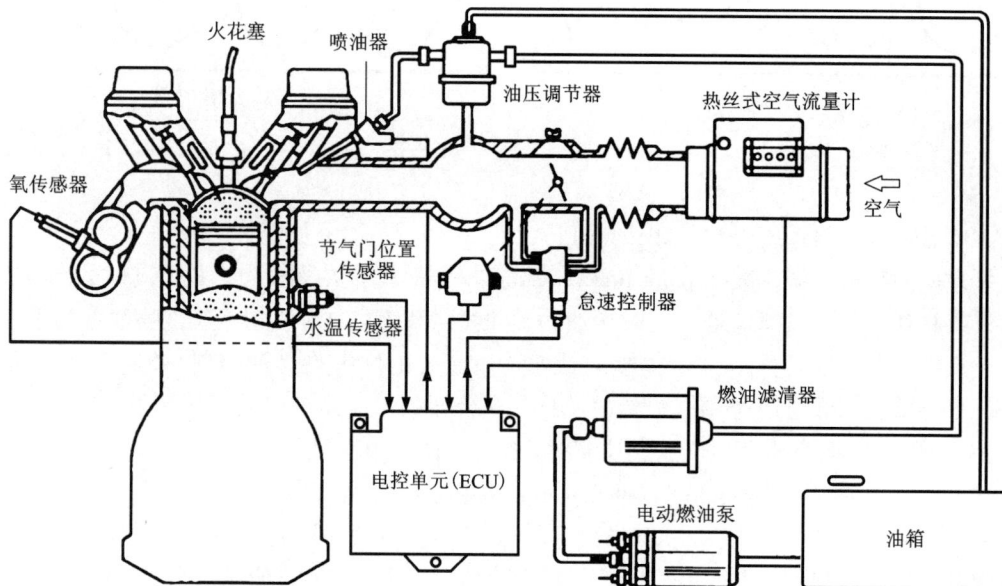

图 6-10　博世 LH 型电控多点燃油喷射系统

Motronic（M 型）燃油喷射系统是在 L 型燃油喷射系统上进行的改进，如图 6-11 所示。除了具有 L 型和 LH 型的全部功能之外，还可将点火提前角控制和喷油时间控制组合在一个电控单元中进行控制；因此其在发动机启动、怠速、加减速、全负荷等工况下，不仅能够自动调节喷油量，而且还能自动控制点火提前角，实现喷油量与点火提前角最佳匹配控制，使发动机的启动性能、加速性能、怠速稳定性、动力性、经济性以及排放性能得以大大提高。

6.1.1.3　电控喷油系统传感器的结构原理

传感器是指能感受某种物理量，并将其按一定规律转换成可用输入信号的器件或装置。车用传感器是将各种非电量（空气流量、油液温度和压力、转速与转角、位置和位移等）按一定规律转换成为电量的装置。电控喷油系统采用的传感器有空气流量传感器（或歧管压力传感器）、曲轴位置传感器、凸轮轴位置传感器、节气门位置传感器、冷却液温度传感器、进气温度传感器、氧传感器和车速传感器等；开关信号主要有点火开关信号、启动开关信号、电源电压信号等。各传感器将检测到的发动机运行参数输入控制单元，控制单元据此控制燃油量、空气流量和喷油时间等，以实现与发动机工况的最佳匹配，达到节省燃油、净化排气、改善加速性能和低温启动性能等目的。

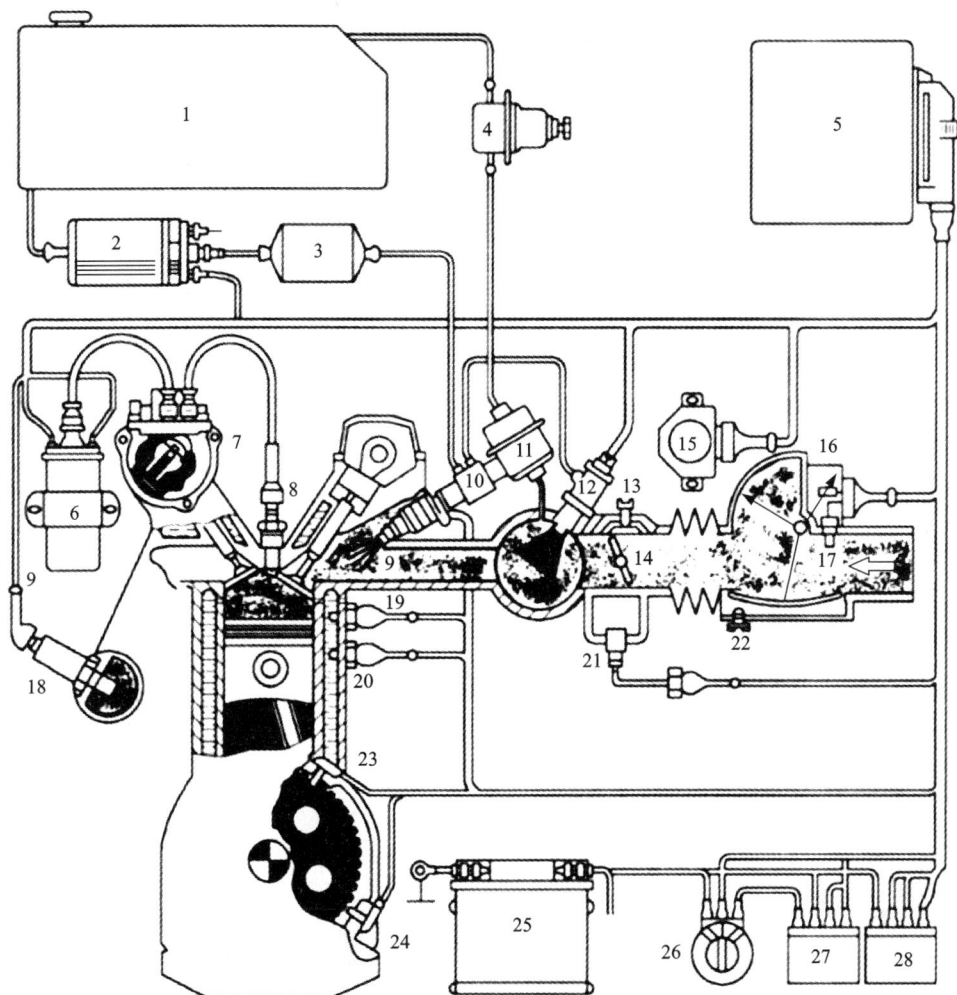

图 6-11　博世 M 型燃油喷射系统

1—油箱；2—电动燃油泵；3—汽油滤清器；4—油压缓冲器；5—ECU；6—点火线圈；7—配电器；8—火花塞；9—喷油器；10—燃油分配管；11—油压调节器；12—冷启动喷油器；13—怠速调节螺钉；14—节气门；15—节气门位置传感器；16—叶片式空气流量传感器；17—进气温度传感器；18—氧传感器；19—冷启动限时开关；20—冷却液温度传感器；21—怠速控制阀；22—CO 调节螺钉；23—凸轮轴位置传感器；24—曲轴位置传感器；25—蓄电池；26—点火开关；27—燃油喷射主继电器；28—燃油泵继电器

1. 空气流量传感器

空气流量传感器(air flow sensor, AFS)又称为空气流量计，其功用是检测发动机进气量的大小，将进气流量转变为相应的电信号输入电控单元(ECU)，以供 ECU 计算确定喷油时间（即喷油量）和点火时间。是电子控制计算器计算基本喷油量、确定最佳点火提前角的重要参数之一。根据测量原理不同，空气流量传感器分为叶片式、热丝(膜)式等几种类型。

热丝式和热膜式空气流量传感器主要在于其电热体的结构形式不同，热丝式空气流量传感器的发热元件是铂金属丝，热膜式空气流量传感器的发热元件是铂金属膜。铂金属导热性好，响应速度快，与卡门旋涡流量计相比测量时不受进气气流脉动的影响，测量进度较高。目前大多中高档轿车采用热丝(膜)式传感器。

热丝式空气流量传感器的结构如图 6-12 所示，主要有壳体、取样管、铂金属丝(热丝)、温度补偿电阻(冷丝)，以及控制热丝电流并产生输出信号的控制电路板等元件组成。传感器入口与空气滤清器一端的进气管连接，出口与节流阀体一端的进气管连接。传感器内部套装有两个塑料护套和一个热丝支撑环构成的取样管，取样管中设有一根直径(约 70 μm)的铂金属丝 R_H 作为发热元件，并制作成"Ⅱ"形张紧在取样管内。由于在工作时，铂金属丝要被电路提供的电流加热到高于进气温度 100~120℃，所以称为"热丝"。由于进气温度变化会使热丝的温度发生变化而影响进气量的测量精度，因此，在热丝附近的气流上游设有一只温度补偿电阻。其温度接近进气温度，所以称为"冷丝"。由于电阻丝在使用中容易折断而导致传感器报废，因此目前普遍采用在氧化铝陶瓷基片上印刷制作铂膜电阻。

为防止热丝粘有沉积物而影响传感器的测量精度，热丝主流式空气流量传感器都设有自洁功能：在发动机熄火后约 5 s，控制电路使热丝通过较大的电流脉冲(约 1 s)，将热丝迅速加热到 1000℃左右，用以烧掉热丝上的沉积物。

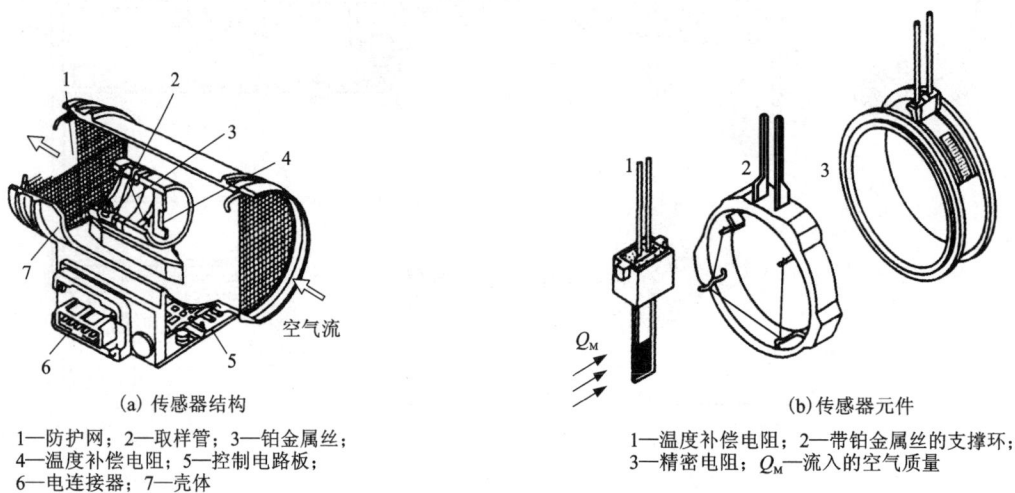

(a) 传感器结构

1—防护网；2—取样管；3—铂金属丝；
4—温度补偿电阻；5—控制电路板；
6—电连接器；7—壳体

(b)传感器元件

1—温度补偿电阻；2—带铂金属丝的支撑环；
3—精密电阻；Q_M—流入的空气质量

图 6-12 热丝式空气流量传感器

热丝式和热膜式空气流量传感器除发热元件不同外，其测量原理完全相同。为了叙述方便，下面将热丝与热膜统称为发热元件。发热元件放置在进气通道中，通电后使发热元件保持在某一温度；当有空气经过电热体时，空气带走热量使电热体温度下降，其电阻降低，电流增加。进气通道中的空气流量与发热元件的电流在一定范围内成正比关系，一般采用恒温差控制电路来实现流量检测。由测量电路将电热体的电流变化转换为电压变化，通过电压信号反映空气流量，如图 6-13 所示。

在恒温差控制电路中，发热元件电阻 R_H 布置在取样管中，取样管前后端安装温度补偿电阻 R_T 和作为惠斯通电桥臂的精密电阻 R_A，电桥另外一个臂是安装在控制电路板上的精密电阻 R_1，R_H、R_1、R_A、R_T 共同组成惠斯通桥，电桥的两个对角分别接控制电路的输入和输出。

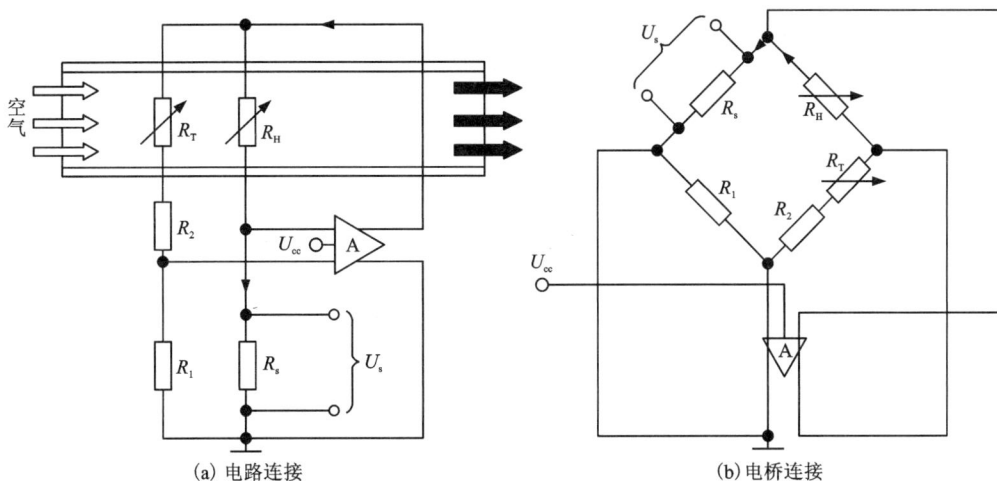

图 6-13　热丝式与热膜式空气流量传感器的原理电路

R_T—温度补偿电阻(进气温度传感器)；R_H—发热元件(热丝或热膜)电阻；R_s—信号取样电阻；

R_1、R_6—精密电阻；U_{cc}—电源电压；U_s—信号电压；A—控制电路

当发热元件的温度高于进气温度时，电桥电压才能达到平衡。加热电流(50~120 mA)由具有电流放大作用的控制电路 A 进行控制，其目的是使发热元件的温度 T_H 与温度补偿电阻的温度 T_T 之差保持恒定，即 $\Delta T = T_H - T_T = 120℃$。

当空气气流流经发热元件时，发热元件的热量被空气吸收而变冷，阻值减小，电桥电压失去平衡，控制电路将增大供给发热元件的电流，使其温度高于温度补偿电阻120℃。电流增量的大小，取决于发热元件受到冷却的程度，即取决于流过传感器的空气量。

2. 压力传感器

压力传感器在发动机上主要有两个方面的应用：一是用于气压的检测，包括进气压力、大气压力、气缸内的压力；二是用于油压的检测，包括燃油压力、润滑油压力、制动油压力等。压力传感器的功用就是将气体或液体的压力信号转换为电信号，并输入 ECU 进行处理，从而保证汽车正常行驶。

压阻效应式歧管压力传感器利用半导体的压阻效应将压力转换为相应的电压信号。压敏电阻是一种受拉或受压时电阻值会相应变化的敏感元件，工作原理如图 6-14(a)所示。硅膜片的一面是真空，另一面导入进气管压力，当进气管内的压力变化时，硅膜片的变形量会随之变化，并产生与进气压力相对应的电压信号。采用集成电路加工技术与台面扩散技术(扩散硼)制作四只梳状阻值相等的半导体力敏电阻，将四只电阻连接成惠斯通电桥电路，如图 6-14(b)所示。在应力作用下，半导体力敏电阻的电阻率发生变化，并引起阻值变化，惠斯通电桥上电阻值的平衡就被打破。当电桥输入端有电压时，输出端就有相应的电压变化，根据电压大小即可求出压力的大小。

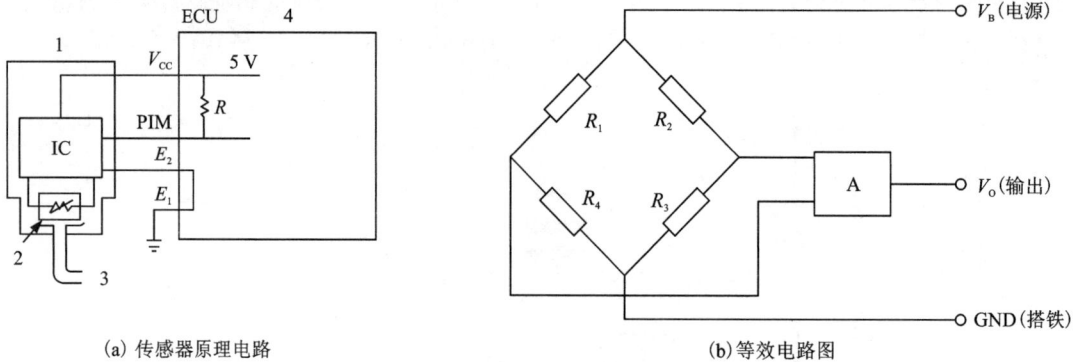

(a) 传感器原理电路　　　　　　　　　　　　　　(b) 等效电路图

图 6-14　进气歧管压力传感器原理图

1—进气管压力传感器；2—硅膜片；3—至稳压箱；4—ECU

发动机正常运行时，进气歧管内部的压力随进气流量的变化而变化。当节气门开度减小时，空气流量减小，空气流通面积减小，气体流速增加，压力降低。硅膜片感受到的应力减小，电阻的阻值变化量减小，电压降低，传感器输入 ECU 的信号电压降低。当节气门开度由小增大时，空气流量增大，空气流通面积增大，气体流速降低，压强升高，相应的硅膜片应力增大，经过电路传给 ECU 的电压升高。

3. 曲轴与凸轮轴位置传感器

曲轴位置传感器(crankshaft position sensor, CPS)又称为发动机转速与曲轴转角传感器，其功用是采集发动机曲轴转动角度和发动机转速信号，并将信号输入 ECU，以便确定合适的喷油时刻与点火时刻。

凸轮轴位置传感器(camshaft position sensor)又称为气缸判别传感器(cylinder identification sensor, CIS)和相位传感器。为了区别于曲轴位置传感器 CPS，凸轮轴位置传感器一般都用 CIS 表示。

曲轴位置传感器也可成为点火信号发生器，用于点火正时控制。在多点燃油顺序喷射系统中，由曲轴位置传感器来控制喷油器喷油或者火花塞跳火时刻。凸轮轴位置传感器主要是采集配气凸轮轴的位置信号，并将信号输入 ECU，以便 ECU 能够识别 1 缸活塞上止点。从而进行顺序喷射。曲轴位置传感器和凸轮轴位置传感器是多点燃油顺序喷射系统必不可少的传感器。如果曲轴位置传感器和凸轮轴位置传感器失效，那么发动机将不能启动。

电控发动机燃油喷射系统常用的曲轴与凸轮轴位置传感器分为磁感应式和霍尔式两种类型。

(1)磁感应式曲轴与凸轮轴位置传感器

磁感应式传感器的基本结构如图 6-15 所示，主要包括信号转子、传感线圈、永久磁铁和磁轭等组成。转子外缘设有与气缸数相等且等距离分布的齿。转子有 4 个齿，对应四缸发动机的四个缸，定子和转子及转子凸齿之间有一定的气隙。当信号转子旋转时，磁路中的气隙就会周期性地发生变化，磁路的磁阻和穿过传感线圈(信号线圈)磁头的磁通量随之发生周期性变化。根据电磁感应原理，传感线圈中就会感应产生交变电动势。

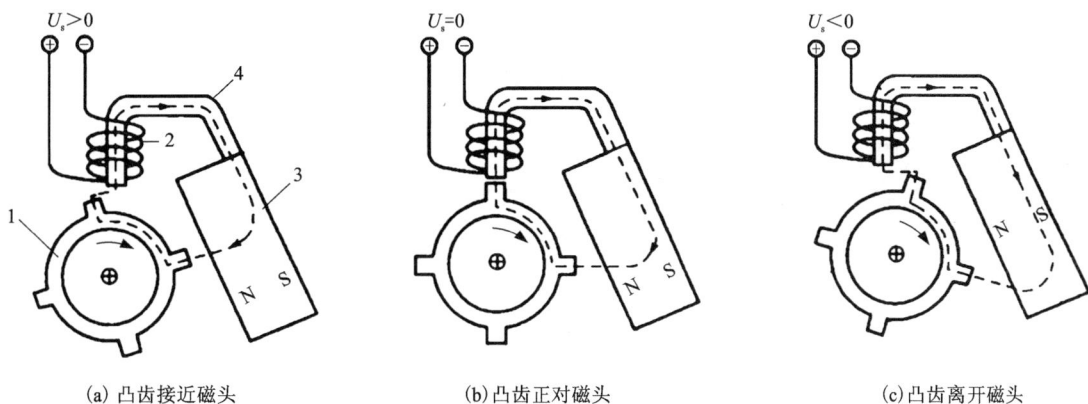

(a) 凸齿接近磁头　　　　　　(b) 凸齿正对磁头　　　　　　(c) 凸齿离开磁头

图 6-15　磁感应式传感器的基本结构与工作原理示意图

1—信号转子；6—传感线圈；3—永久磁铁；4—磁轭

由图 6-16 所示，当转子上的凸齿接近定子时形成磁路并产生磁通，转子凸齿与磁头间的气隙减小，磁路磁阻减小、磁通量 Φ 增多，感应电动势 E 为正（即 $E>0$）；在凸齿接近或离开凸齿与定子最近点的瞬间，磁通量变化最大，感应电动势也最大；当转子继续转动时，定子与转子凸齿之间的气隙增大，磁阻也随之增大，虽然磁通量 Φ 仍在增多，但磁通变化率减小，因此感应电动势 E 降低。由正脉冲转变为负脉冲的中点，感应电动势为 0，可用作触发点火的信号。

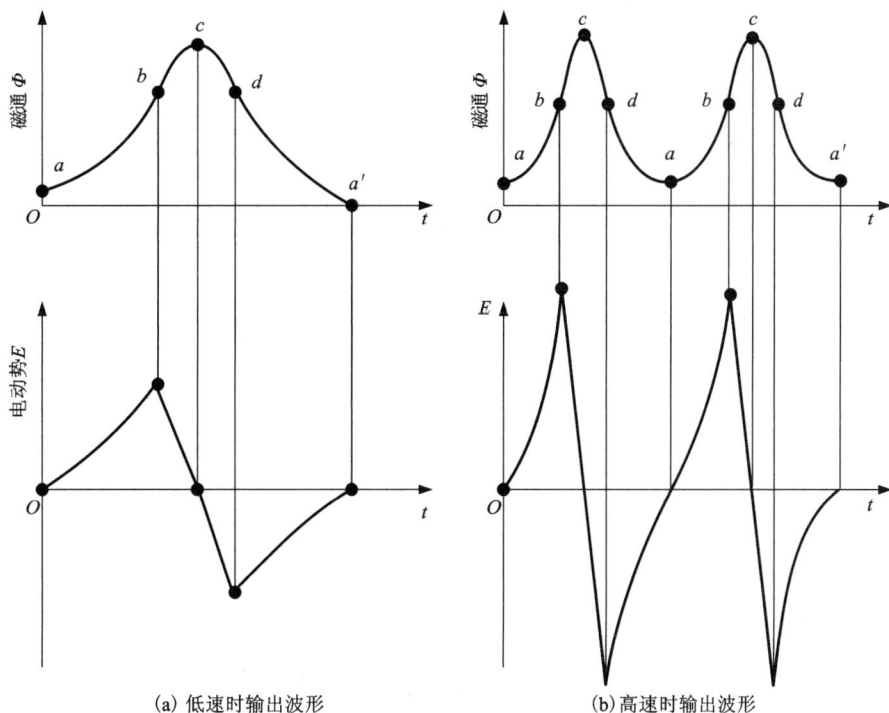

(a) 低速时输出波形　　　　　　　　　(b) 高速时输出波形

图 6-16　传感线圈中的磁通 Φ 和电动势 E 波形

由此可见，信号转子每转过一个凸齿，传感线圈中就会产生一个周期的交变电动势，即电动势出现一次最大值和一次最小值，传感线圈输出端相应地输出一个交变电压信号。把输出的变电压信号经整形、放大并送功率开关电路，就可控制点火线圈一次线圈电流的通断，从而在其二次线圈中产生高压并经火花塞放电点火。

（2）霍尔式曲轴与凸轮轴位置传感器

霍尔效应是美国约翰·霍普金斯大学物理学家爱德华·霍尔博士于1879年首先发现的。利用霍尔效应制成的元件称为霍尔元件，利用霍尔元件制成的传感器称为霍尔效应式传感器，简称霍尔传感器。霍尔式曲轴与凸轮轴位置传感器的结构如图6-17所示。其主要由两个部件组成，一个部件是与分火头制成一体的定时转子即触发叶轮，另一个是霍尔信号发生器。触发叶轮由导磁材料制成，其上的叶片数与发动机气缸数相同。霍尔信号发生器由霍尔集成电路、永久磁铁等组成，两者之间留有一个空气隙，以便叶轮的叶片能在空隙内转动。

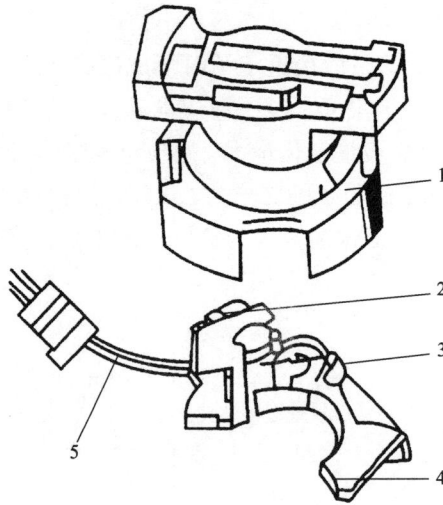

图6-17 霍尔式曲轴位置传感器的结构
1—定时齿轮；2—霍尔开关电路；3—永久磁铁；4—底板；5—导线及接插件

霍尔集成电路由霍尔元件、放大电路、稳压电路、温度补偿电路、信号变换电路和输出电路等组成，如图6-18所示。

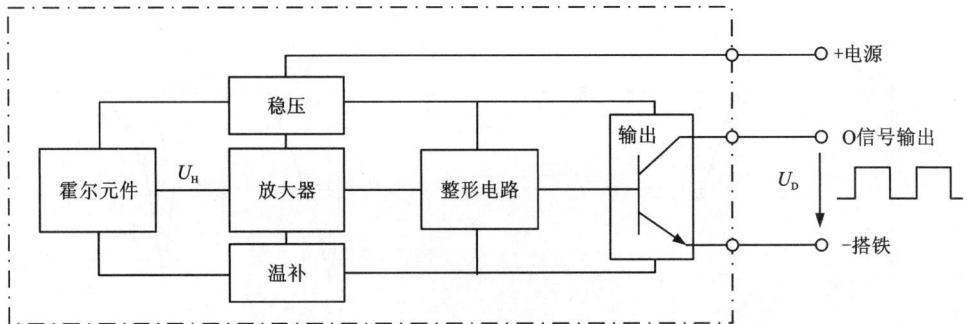

图6-18 霍尔集成电路组成

当传感器轴转动时，触发叶轮的叶片便从霍尔集成电路与永久磁铁之间的气隙中转过。当叶片进入气隙时，霍尔集成电路的磁场被叶片旁路，霍尔电压 U_H 为零，霍尔集成电路表面无磁场作用，内部的霍尔元件不产生霍尔电动势。当叶片离开气隙时，永久磁铁的磁通经霍尔集成电路和导磁钢片构成回路，霍尔元件生电压（$U_H = 1.9 \sim 2.0$ V），霍尔集成电路输出级的三极管导通，内部的霍尔元件产生霍尔电动势输出。随着叶轮的旋转，每个叶片都会使霍尔集成电路产生脉冲输出。该脉冲或经电子点火组件控制点火或经 ECU 点火。

汽车电控系统广泛采用霍尔式传感器的原因是其具有两个突出优点：一是输出电压信号近似于方波信号，二是输出电压高低与被测物体的转速无关。霍尔效应式传感器与磁感应式传感器不同的是需要外加电源。

4. 节气门位置传感器

各类型汽车电子控制系统用节气门位置传感器（throttle position sensor, TPS）都安装在节气门体上节气门轴的一端，外形结构基本相同，用以检测节气门的开度。节气门位置传感器的作用是将节气门开度（即发动机负荷）大小转变为电信号输入发动机 ECU，以便 ECU 判别发动机工况，如怠速工况、加速工况、减速工况、小负荷工况和大负荷工况等，并根据发动机不同工况来进行点火时间、燃油喷射、怠速、废气再循环、碳罐通气量及其他控制。在装备电子控制自动变速器的汽车上，TPS 信号还要输入变速器电控单元（ECT 或 ECU），作为确定变速器换挡时机和变短器锁止时机的主要信号之一。

按结构不同，节气门位置传感器分为触点式、线性可变电阻式、触点与可变电阻组合式三种。按输出信号的类型不同，节气门位置传感器可分为线性（模拟）信号输出型和开关（数字）信号输出型两种。下面主要介绍线性可变电阻式和组合式节气门位置传感器。

（1）线性可变电阻式节气门位置传感器

线性可变电阻式节气门位置传感器的结构和内部电路如图 6-19 所示。传感器主要由滑片电阻、传感器轴、怠速触点、电源等组成。线性可变电阻式节气门位置传感器相当于一个加设了怠速触点的滑片式电位器，测节气门位置滑片和测节气门全关滑片时都会与节气门联动。节气门开度变化时，节气门位置滑片在电阻体上做相应的滑动，电位器输出相应的节气门位置信号 V_{TA}。在节气门关闭时，节气门关闭滑片使怠速触点 IDL 处于接通状态，从 IDL 端子输出发动机怠速信号。

（2）组合式节气门位置传感器

组合式节气门位置传感器的基本结构与原理电路如图 6-20 所示，主要由可变电阻滑动触点、节气门轴、怠速触点和壳体组成。可变电阻为镀膜电阻，制作在传感器底板上，可变电阻的滑臂随节气门轴一同转动，滑臂与输出端子 V_{TA} 连接。

如图 6-21(a) 所示，当节气门关闭或开度小于 1.2°时，怠速触点与节气门联动的动触点接通，传感器输出怠速信号，节气门位置输出的线性电压信号经 A/D 转换后输送给 ECU。

当节气门开度变化时，可变电阻的滑臂便随节气门轴转动，滑臂上的触点便在镀膜电阻上滑动，传感器输出的 V_{TA} 与 E_2 之间的信号电压随之发生变化，如图 6-21(b) 所示。节气门开度越大，输出电压越高。传感器输出的线性信号经过 A/D 转换器转换成数字信号后再输入 ECU。

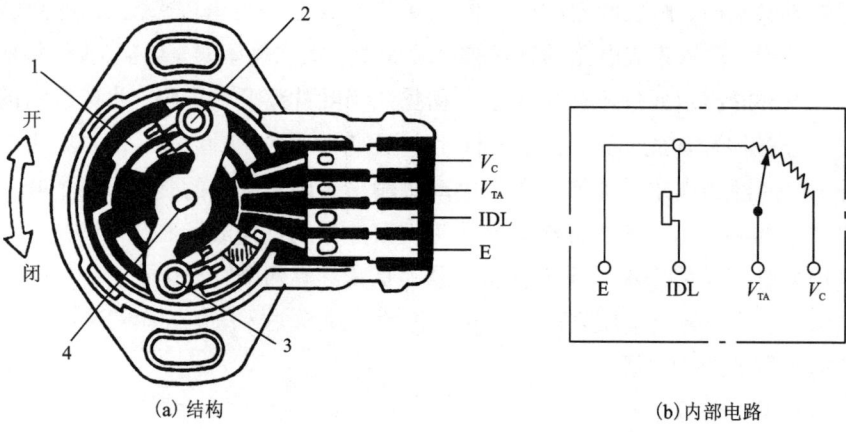

(a) 结构　　　　　　　　　　　　(b) 内部电路

图 6-19　线性式节气门位置传感器的结构与内部电路

1—滑片电阻；2—测节气门位置滑片；3—测节气门全开滑片；4—传感器轴；
V_C—电源；V_{TA}—节气门位置输出信号；IDL—怠速触点；E—搭铁

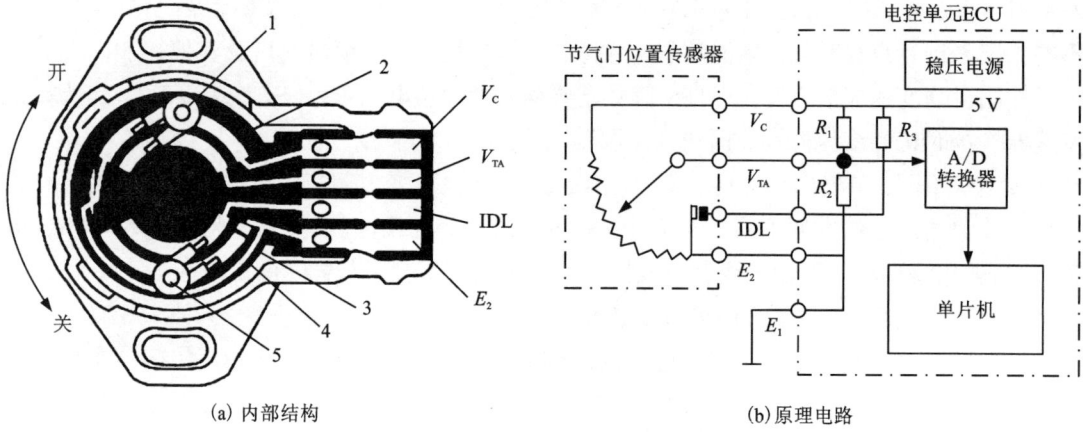

(a) 内部结构　　　　　　　　　　(b) 原理电路

图 6-20　组合式节气门位置传感器 TPS 的结构原理

1—可变电阻滑动触点；2—电源电压(5 V)；3—绝缘部件；4—节气门轴；5—怠速触点

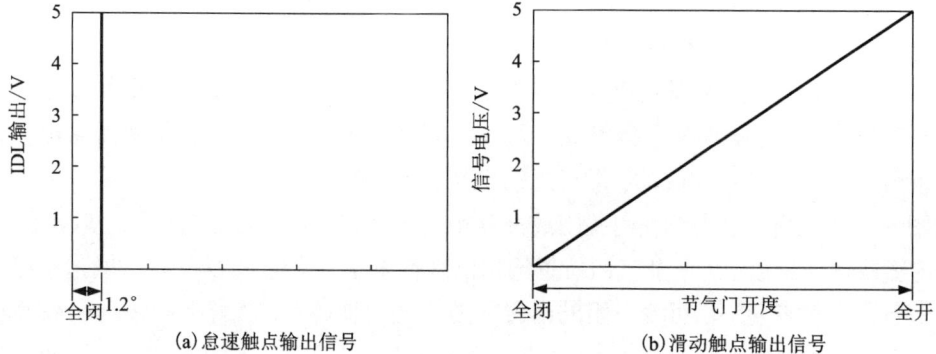

(a) 怠速触点输出信号　　　　　　　(b) 滑动触点输出信号

图 6-21　组合式节气门位置传感器 TPS 输出特性

5. 温度传感器

温度传感器用于将被测对象温度转换为相应的电信号,使控制器能进行温度修正或进行与温度相关的控制。测量对象不同,传感器信号反映的热负荷状态也不相同。安装在发动机冷却液管道上的冷却液温度传感器(CTS)的功用是:将发动机冷却液温度变换为电信号输入发动机 ECU,以便修正喷油时间和点火时间;安装在进气管道中的进气温度传感器(IATS)的功用就是:将进气温度信号变换为电信号输入发动机 ECU,以便修正喷油量。

汽车上最常用的为 NTC 型热敏电阻式温度传感器,其工作电路如图 6-22 所示,传感器的两个电极用导线与 ECU 插座连接。ECU 内部串联一只分压电阻,ECU 向热敏电阻和分压电阻组成的分压电路提供一个稳定的电压(一般为 5 V),传感器输入 ECU 的信号电压等于热敏电阻上的分压值。当被测对象的温度升高时,传感器阻值减小,热敏电阻上的分压值降低;反之,当被测对象的温度降低时,传感器阻值增大,热敏电阻上的分压值升高。ECU 根据接收到的信号电压值,可计算求得对应的温度值。

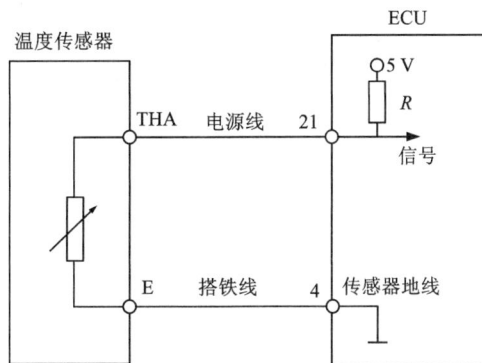

图 6-22 温度传感器工作电路

6. 氧传感器

氧传感器用于检测发动机废气中氧含量。电子控制系统根据氧传感器的电信号进行喷油器的混合气空燃比反馈修正控制,将混合气浓度控制在理论空燃比附近,使排气管中二元催化反应器对废气中 HC、CO、NO_x 的净化达到最佳效果。汽车上应用最多的氧传感器是氧化锆式氧传感器。

氧化锆式氧气传感器主要由氧化锆陶瓷、电极、电极座、导线、排气管、气孔等组成。其结构如图 6-23 所示。氧化锆陶瓷为固定电解质管,也称为锆管。锆管固定在带有安装螺钉的固定套内,锆管内表面与大气相通,外表面与排气相通,其内外表面都覆盖着一层多孔性的铂膜作为电极。氧传感器安装在排气管上,为了防止排气管内废气中的杂质腐蚀铂膜,锆管外表的铂膜上覆盖有一层多孔性的陶瓷层,并加有带槽口的防护套管。

当锆管接触氧气时,氧气透过多孔铂膜电极吸附氧化锆,并经电子交换成为负离子。由于锆管内表面通大气,外表面通排气,内外表面的氧气分压不同,极负氧离子浓度也不同,导致负氧离子由高浓度侧向低浓度侧扩散。当扩散处于平衡状态时,两电极间便形成电动势。由于上述电动势太小,通常采用铂催化。浓混合气时,燃烧后残留的低浓度氧和排气中

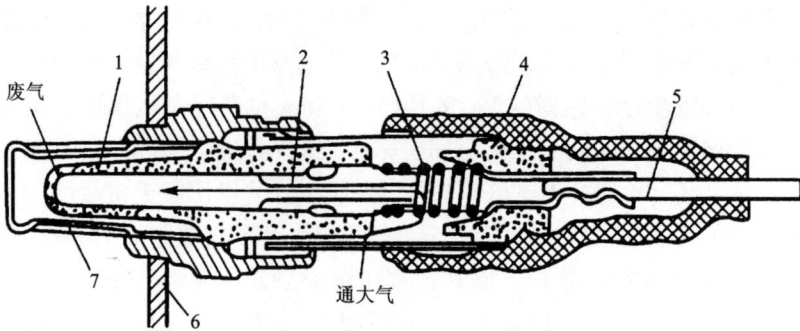

图 6-23　氧化锆式氧传感器

1—锆管；2—电极；3—弹簧；4—电极座(绝缘)；5—导线；6—排气管；7—气孔

的 HC、CO 发生反应，氧气基本消失，氧浓差非常大，产生 0.8~1 V 电动势。稀混合气时，排气中氧气浓度高，催化反应后仍有氧气残留，氧浓差小，约有 0.1 V 电动势。氧化锆传感器的电压特性如图 6-24 所示。其输出特性在过量空气系数 $\alpha=1$ 时突变，$\alpha>1$ 时输出几乎为 0，$\alpha<1$ 时输出电压接近 1 V。

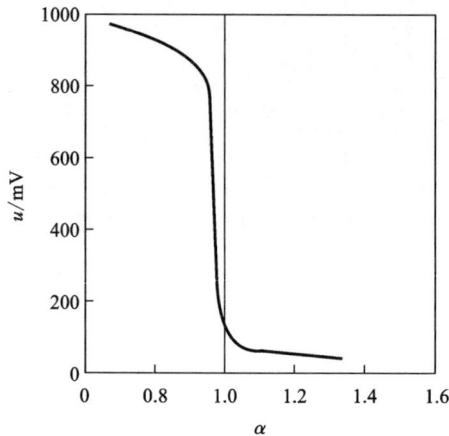

图 6-24　氧化锆式氧传感器的电压特性

　　ECU 将氧传感器的输出信号以 0.5 V 为界，大于 0.5 V 为混合气过浓，小于 0.5 V 为混合气过稀。ECU 通过控制喷油量的大小使混合气浓度在理论空燃比的附近波动。通常 ECU 按 10 s 变化 8 次的频率使氧传感器的输出电压在 0.1~0.8 V 变动。

　　氧化锆传感器的工作温度在 300℃ 以上，需要设置电加热元件，一般在发动机启动后 20~30 s 内将氧化锆传感器加热到工作温度。

　　7.爆燃传感器

　　爆燃传感器用于监测发动机是否爆燃，当发动机出现爆燃时，传感器便产生相应的电信号，并输送给电子控制器，电子控制器通过点火推迟的方法消除发动机爆燃。发动机爆燃时，其机体会产生异常的振动，爆燃传感器就是通过测发动机机体振动的方法监测爆燃。爆燃传感器有压电式和磁电式两种，磁电式传感器目前已经被淘汰。

压电式爆燃传感器工作原理如下：由石英晶体、钛酸钠等晶片制成的压电元件在受力变形时，内部产生极化现象，使两个表面分别产生正负两种电荷；当力消失时，元件变形恢复，电荷也立即消失。此种现象称为压电效应。利用压电元件测振动时，在传感器内设置一个具有一定质量的振子，通过振子随被测对象振动，给压电元件施力。被测物体振动越大，传感器振子的振动也越大，压电元件产生的电压信号幅值也就越大，传感器的输出电压的变化反映了被测对象振动幅度和振动频率。

压电式爆燃传感器根据其识别爆燃信号的方式不同，可分为共振型和非共振型两种，其结构如图 6-25 所示。

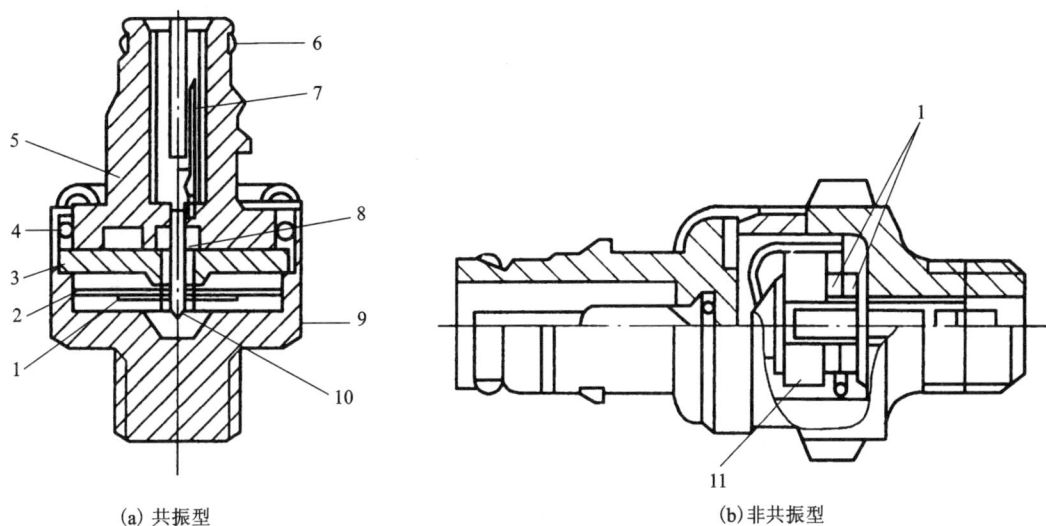

(a) 共振型　　　　　　　　　　　(b) 非共振型

图 6-25　压电式爆燃传感器的结构与工作原理

1—压电元件；2—振荡片；3—基座；4、6—O 形环；5—连接器；7—连线端子；8—密封剂；9—外壳；10—引线；11—振子

共振型爆燃传感器内振荡片 2 的自振频率在发动机爆燃的特征频带内，因而发动机爆燃时会产生共振，造成与其紧贴的压电元件 1 受力变形加剧，产生比非爆燃时大许多倍的电压信号。共振型爆燃传感器的信噪比高，检测电路对爆燃信号的识别和处理比较容易。

非共振型传感器内的振子 11 对发动机机体振动，并对压电元件施加压力，使压电元件产生振荡的电压信号。由于非共振型传感器的振子在发动机爆燃时不会产生共振，其电压信号并无明显增大，因此，爆燃的识别还需要用专门的滤波器。

6.1.2　任务实施

在任务实施的过程中，将学习的内容运用其中，做到学以致用。

6.1.2.1　工具准备

> **提示：**
> 在实施工作前，每小组按下表准备好检查与维修电控点火系统所需的资料、工具

资料、工具的名称	数量
电控发动机台架	一台
空气供给系统组件	一套
万用表	两个
示波器	一台
维修导线	一扎
常用工具	一套

6.1.2.2　汽油机电控喷油系统传感器检测方法

1. 故障码读取

奥迪 A4 发动机故障码读取只能通过专用诊断仪器读取。对应表 6-2，设置相应故障，读取故障码。

表 6-2　故障码

DTC SAE/VAG	说明	DTC SAE/VAG	说明
P0102/16486	质量空气流量传感器电路输入低	P0321/17705	发动机转速传感器电路范围/性能
P0103/16487	质量空气流量传感器电路输入高	P0322/16706	发动机转速传感器电路不起作用
P0107/16491	大气压力传感器电路输入低	P0327/16711	爆燃传感器 1 电路输入低
P0108/16492	大气压力传感器电路输入高	P0332/16716	爆燃传感器 2 电路输入低
P0112/16496	进气温度传感器电路输入低	P0422/16806	主催化剂效率低于临界点(组 1)
P0113/16497	进气温度传感器电路输入高	P0441/16825	燃油蒸发系统净化流量不正确
P0116/16500	发动机冷却液温度传感器电路范围/性能	P0442/16826	检测燃油蒸发系统少量泄漏
P0117/16501	ECT 传感器电路输入低	P0455/16839	检测燃油蒸发系统大量泄漏
P0118/16502	ECT 传感器电路输入高	P0501/16885	车速传感器范围/性能
P0121/16505	节气门位置传感器电路范围/性能	P0506/16890	怠速转速过低

续表6-2

DTC SAE/VAG	说明	DTC SAE/VAG	说明
P0122/16506	节气门位置传感器电路输入低	P0507/16891	怠速转速过高
P0123/16507	节气门位置传感器电路输入高	P0560/16944	系统电压故障
P0130/16514	加热式氧传感器1电路故障	P0562/16946	系统电压过低
P0131/16515	加热式氧传感器1电路输入低	P0563/16947	系统电压过高
P0132/16516	加热式氧传感器1电路输入高	P0601/16985	ECM检查和错误
P0133/16517	加热式氧传感器1电路响应慢	P0604/16988	ECM随机存取存储器故障
P0134/16518	加热式氧传感器1电路不起作用	P0707/17091	变速器挡位传感器电路输入低
P0136/16520	加热式氧传感器2电路故障	P0708/17092	变速器挡位传感器电路输入高
P0137/16521	加热式氧传感器2电路输入低	P1102/17510	HO2S1加热器电路输入低
P0138/16522	加热式氧传感器2电路输入高	P1105/17513	HO2S2电路对电压短路
P0140/16524	加热式氧传感器2电路不起作用	P1127/17535	长期燃油校正过浓(组1)
P0300/16684	检测到随机缺火	P1128/17536	长期燃油校正过稀(组1)
P0301/16685	检测到1号气缸缺火	P1136/17544	长期燃油校正过稀(组1)
P0302/16686	检测到2号气缸缺火	P1137/17545	长期燃油校正过浓(组1)
P0303/16687	检测到3号气缸缺火	P1176/17584	达到HO2S2校正极限
P0304/16688	检测到4号气缸缺火	P1196/17604	HO2S1电路故障
P1198/17606	HO2S2电路故障	P1476/17884	EVAP排放物泄漏检测泵系统真空不足
P1213/17621	1号气缸喷油器电路对电压短路	P1477/17885	EVAP排放物泄漏检测泵系统故障
P1214/17622	2号气缸喷油器电路对电压短路	P1500/17908	燃油泵继电器电路故障
P1215/17623	3号气缸喷油器电路对电压短路	P1502/17910	燃油泵继电器电路对地短路
P1216/17624	4号气缸喷油器电路对电压短路	P1505/17913	关闭节气门位置开关电路断路
P1225/17633	1号气缸喷油器电路对地短路	P1506/17914	关闭节气门位置开关电路对地短路
P1226/17634	2号气缸喷油器电路对地短路	P1543/17951	进气凸轮轴控制电路对电压短路
P1227/17635	3号气缸喷油器电路对地短路	P1544/17952	节气门驱动电位计信号过高
P1228/17366	4号气缸喷油器电路对地短路	P1545/17953	节气门位置控制故障
P1237/17645	1号气缸喷油器电路断路	P1546/17954	增压压力控制阀电路对电压短路
P1238/17646	2号气缸喷油器电路断路	P1547/17955	增压压力控制阀电路对地短路
P1239/17467	3号气缸喷油器电路断路	P1548/17956	增压压控制阀电路断路
P1240/17648	4号气缸喷油器电路断路	P1555/17963	超出充气压力上极限
P1250/17658	燃油面过低	P1556/17964	充气压力控制负偏差

续表6-2

DTC SAE/VAG	说明	DTC SAE/VAG	说明
P1325/17733	达到1号气缸爆燃控制极限	P1557/17965	充气压力驱动电气故障
P1326/17734	达到2号气缸爆燃控制极限	P1558/17966	节气门驱动电气故障
P1327/17735	达到3号气缸爆燃控制极限	P1559/17967	怠速转速控制自适应故障
P1328/17736	达到4号气缸爆燃控制极限	P1560/17968	超出发动机最大转速
P1337/17745	凸轮轴位置传感器电路对地短路	P1564/17972	怠速转速控制节气门位置自适应故障
P1338/17746	凸轮轴位置传感器电路对电压短路	P1602/1810	ECM电压低
P1386/17794	电子控制模块内部爆燃控制电路错误	P1606/18014	ABS控制模块识别不平道路
P1410/17818	燃油蒸发系统(EVAP)碳罐净化调节阀对电压短路	P1611/18019	故障指示灯电路/TCM对地短路
P1425/17833	EVAP碳罐净化调节阀对地短路	P1612/1/020	ECM编码不正确
P1426/17834	EVAP碳罐净化调节阀电路断路	P1613/1/8021	MIL电路对电压断路或短路
P1471/17879	EVAP排放物泄漏检测泵电路对电压短路	P1624/18062	MIL请求信号激活
P1472/17880	EVAP排放物泄漏检测泵电路对地短路	P1640/1/048	ECM EEPROM故障
P1473/17881	EVAP排放物泄漏检测泵电路断路	P1681/18089	ECM编程未完
P1475/17883	EVAP排放物泄漏检测泵电路故障	P1693/18101	MIL电路对电压短路

2.发动机传感器的检测

主要内容及目的：熟悉检测传感器的基本要领，能够判断传感器的好坏；能够正确检测奥迪A4发动机的进气节气门位置、压力传感器、氧爆震等传感器。

(1)节气门传感器检测方法

①连接好波形测试设备，探针接传感器信号输出端子，鳄鱼夹搭铁。

②打开点火开关，发动机不运转，慢慢地让节气门从关闭位置到全开位置，并重新返回至节气门关闭位置。慢慢地反复这个过程几次。这时波形应如图6-26(a)所示铺开在显示屏上。波形上不应有任何断裂、对地尖峰或大跌落。如果出现图6-26(b)的大跌落，表明节气门传感器出现故障。

(2)空气流量传感器检测方法

①连接好波形测试设备，探针接信号输出端子，鳄鱼夹搭铁。

②关闭所有附属电气设备，启动发动机，使其怠速运转。当怠速稳定后，检查怠速时输出信号电压。做加速和减速试验，应有类似图6-27中的波形出现。

③将发动机转速从怠速加至节气门全开(加速时不宜太急)，节气门全开后持续2 s，但不要便发动机超速运转。

④将发动机降至怠速运转，并保持 2 s。

⑤从怠速急加速发动机至节气门全开，然后再关小节气门使发动机回至怠速。

⑥定住波形。旋转翼片式空气流量传感器信号波形波形如图 6-27 所示。

峰值电压表示节气门
大开（WOT）

电压下降表示混合气
变稀（节气门关闭）

电压增加表示混
合气增加

最小电压表示节
气门已关闭

直流偏离电压表示点火开关
接通而节气门关闭的位置

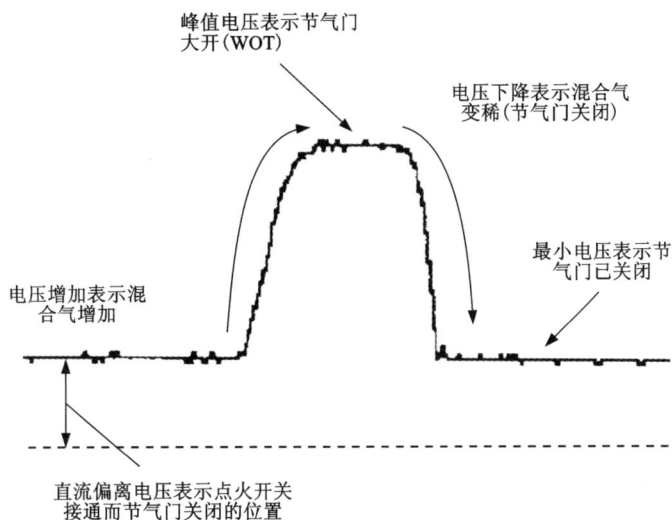

(a)正常波形分析

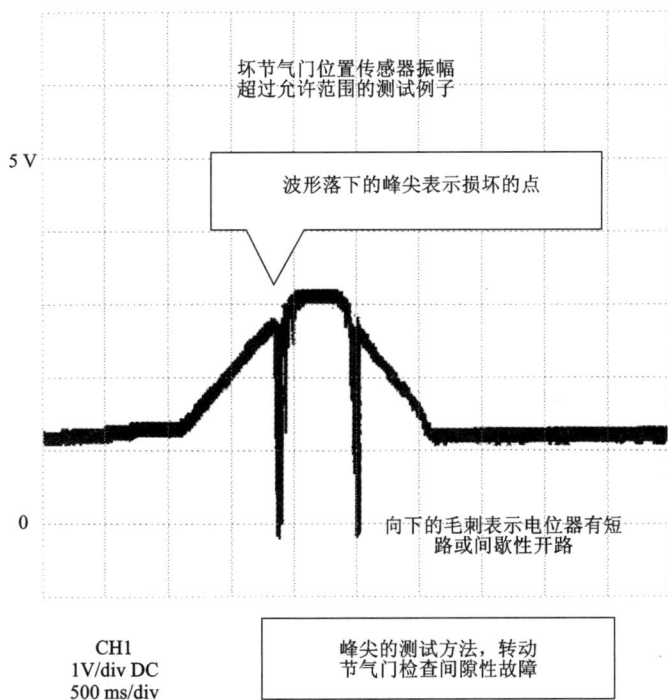

坏节气门位置传感器振幅
超过允许范围的测试例子

5 V

波形落下的峰尖表示损坏的点

0

向下的毛刺表示电位器有短
路或间歇性开路

CH1
1V/div DC
500 ms/div

峰尖的测试方法，转动
节气门检查间隙性故障

(b)典型故障波形

图 6-26　线性输出型节气门位置传感器信号波形

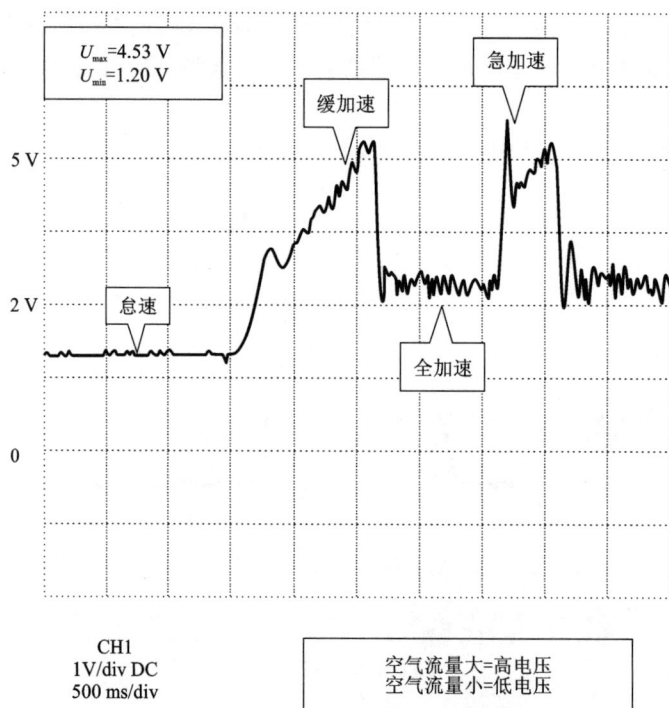

图 6-27　旋转翼片式空气流量传感器实测波形

（3）进气歧管绝对压力传感器检测方法

①连接好波形测试设备，探针接传感器信号输出端子，鳄鱼夹搭铁。

②关闭所有附属电气设备，启动发动机，并使其怠速运转。怠速稳定后，检查怠速输出信号电压（图中左侧波形）。做加速和减速试验，应有类似图 6-28 中的波形出现。

③将发动机转速从怠速加到油门全开（加速过程中油门应缓中速打开），并持续约 2 s，不宜超速。

④减速回到怠速状况，持续约 2 s。

⑤急加速至油门全开，然后再回到怠速。将波形定位，观察波形。半导体压敏电阻式进气歧管绝对压力传感器信号波形如图 6-28 所示。

也可以用手动真空泵对其进行抽真空测试，观察真空表读数值与输出电压信号的对应关系。

半导体压敏电阻式进气歧管绝对压力传感器信号波形说明如图 6-29 所示。

从车型技术资料中查到各种不同车型在不同真空度下的输出电压值，将这些参数与示波器显示的波形进行比较。通常半导体压敏电阻式进气歧管绝对压力传感器的输出电压在怠速时为 1.25 V，当节气门全开时略低于 5 V，全减速时接近 0。

大多数进气歧管绝对压力传感器在真空度高时（急减速是 81 kPa）产生的电压信号（接近 0），而真空值低时（全负荷时接近 10 kPa）产生高的电压信号（接近 5 V）。也有些进气歧管压力传感器设计成相反方式，即当真空度增高时输出电压也增高。

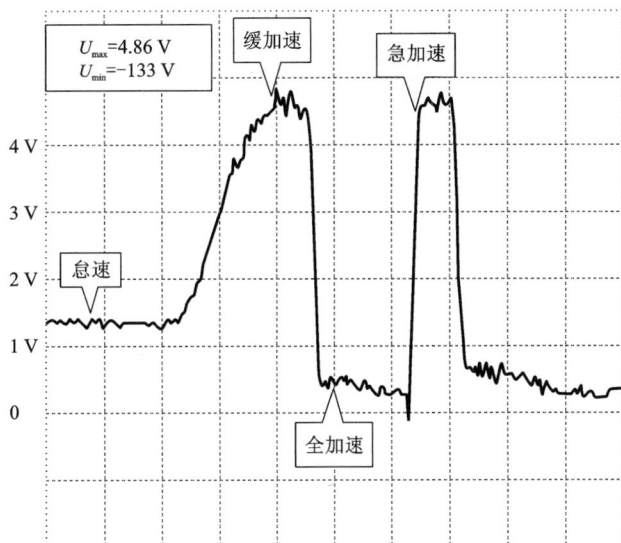

图 6-28　进气歧管绝对压力传感器信号波形

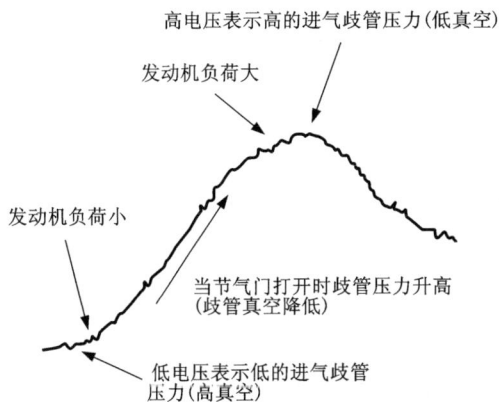

图 6-29　进气歧管绝对压力传感器信号波形分析

　　当进气歧管绝对压力传感器有故障时,可以查阅维修手册,波形的幅值应保持在接近特定的真空度范围内,波形幅值的变化不应有较大的偏差。当传感器输出电压不能随发动机真空值变化时,在波形图上可明显看出来,同时发动机将不能正常工作。

　　有些克莱斯勒汽车的进气歧管绝对压力传感器在损坏时,不论真空度如何变化,其输出电压仍不变。有些系统像克莱斯勒汽车通常显示出许多电子杂波,甚至用 normal 采集方式采集波形。而在波形上还有许多杂波(通常四缸发动机有杂波),因为在两个进气行程间真空度波动比较大.通用汽车进气歧管绝对压力传感器杂波最少。但是波形杂乱或干扰太大,在传送到发动机 ECU 后,发动机 ECU 中的信号处理电路会清除杂波干扰。如果出现不正常的信号波形,则应更换半导体压敏电阻式进气歧管绝对压力传感器。

（4）氧传感器信号波形的检测方法

氧传感器信号测试中有 3 个参数（最高信号电压、最低信号电压和混合气从浓到稀时信号的响应时间）需要检查，只要在这 3 个参数中有 1 个不符合规定，氧传感器就必须予以更换。

更换氧传感器以后还要对新氧传感器的这 3 个参数进行检查，以判断新的氧传感器是否完好。

测试步骤（氧化钛型传感器和氧化锆型传感器都适用）如下：

①连接并安装加注丙烷的工具。

②把丙烷接到真空管入口处（对于有 PCV 系统或制动助力系统的汽车应在其连接完好的条件下进行测试）。

③接上并设置好波形测试设备。

④启动发动机，让发动机在 2500 r/min 下运转 2~3 min。

⑤使发动机怠速运转。

⑥打开丙烷开关，缓慢加注丙烷，直到氧传感器输出的信号电压升高（混合气变浓）。此时一个运行正常的燃油反馈控制系统会试图将氧传感器的信号电压向变小（混合气变稀）的方向拉回；然后继续缓慢地加注丙烷，直到该系统失去将混合气变稀的能力；接着再继续加注丙烷，直到发动机转速因混合气过浓而下降 100~200 r/min。这个操作步骤必须在 20~25 s 内完成。

⑦迅速把丙烷输入端移离真空管，以造成极大的瞬时真空泄漏（这时发动机失速是正常现象，并不影响测试结果），然后关闭丙烷开关。

⑧待信号电压波形移动到波形测试设备显示屏的中央位置时锁定波形，测试完成。接着通过分析信号电压波形来确定氧传感器是否合格。

一个好的氧传感器应输出如图 6-30 所示的信号电压波形，其 3 个参数值必须符合表 6-3 所列的值。

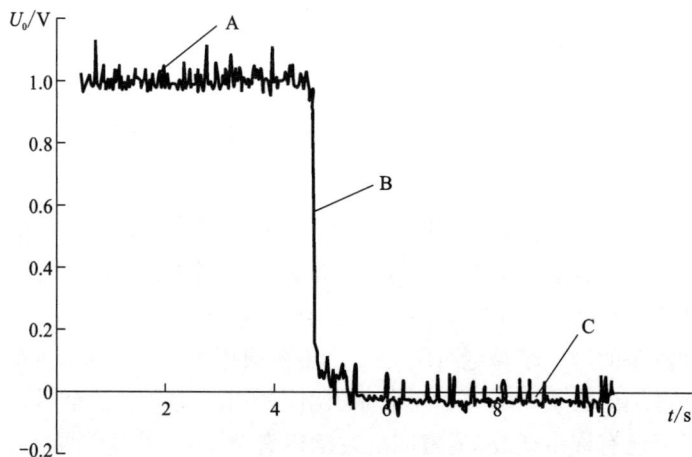

图 6-30 氧传感器标准信号电压波形

A—最高信号电压（1.1 V）；B—信号的响应时间（40 ms）；C—最低信号电压（0）

表 6-3　参数标准

序号	测量参数	允许范围
1	最高信号电压(左侧波形)	>850 mV
2	最低信号电压(右侧波形)	75~175 mV
3	混合气从浓到稀的最大允许响应时间 (波形的中间部分)	<100 ms(波形中在 300~600 mV 之间的下降段应该是上下垂直的)

　　一个已损坏的氧传感器可能输出如图 6-30 所示的信号电压波形。其中,最高信号电压下降至 427 mV,最低信号电压<0,混合气从浓到稀时信号的响应时间却延长为 237 ms,所以这 3 个参数均不符合标准。

　　用汽车波形测试设备对氧传感器进行测试时可以从显示屏上直接读取最高和最低信号电压值,并且还可以用波形测试设备游动标尺读出信号的响应时间(这是汽车波形测试设备特有的功能)。

　　汽车波形测试设备还会同时在其屏幕上显示测试数据值,这对分析波形非常有帮助。如果在关闭丙烷开关之前,发动机怠速运转时间(即混合气达到过浓状态的时间)超过 25 s,则可能是氧传感器的温度太低。这不仅会使信号电压的幅值过低,而且还会使输出信号下降的时间延长,造成氧传感器不合格的假象。因此,在检测前应将氧传感器充分预热(即让发动机在 2500 r/min 下运转 2~3 min)。如果发动机仅怠速运转 5 s,就可能有 1 个或多个参数不合格。这个不合格并不说明氧传感器是坏的,只是测试条件没有满足的缘故。多数损坏的氧传感器都可以从其信号电压波形上明显地分辨出来。

　　如果从信号电压波形上还无法准确地断定氧传感器的好坏,则可以用波形测试设备上的游动标尺读出最大和最小信号电压值以及信号的响应时间,然后用这 3 个参数来判断氧传感器的好坏。

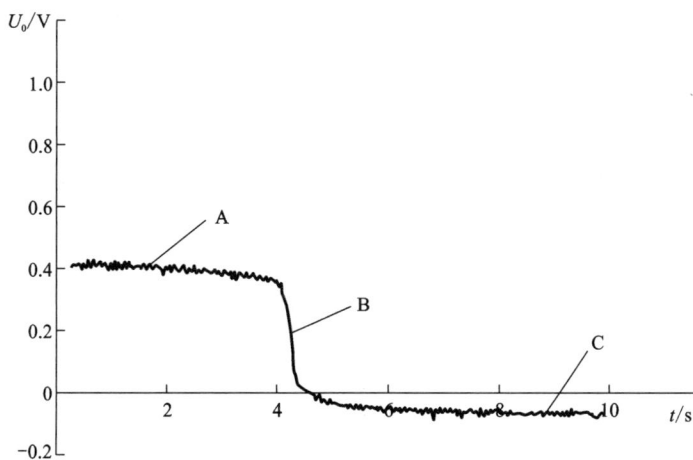

图 6-31　已损坏的氧传感器信号电压波形

A—最高信号电压(427 V);B—信号的响应时间(237 ms);C—最低信号电压(-130 V)

6.1.2.3 汽油机电控喷油系统传感器检测结果

1. 发动机传感器的检测结果

找到相应测量端子号，对应标准数据测量，将测量值填入表6-4中。

表6-4　发动机传感器检测结果

测量端子号	元件	标准数据	测量值
	V60 急速电动机	急速电动机工作时 11.35 V，不工作时 0	
	V60 急速电动机	急速电动机工作时为 8~9 V，不工作时 0	
	F60 急速开关	69 与 67 之间；急速时 0，节气门打开时 11~12 V	
	G69 节气门电位计信号	75 与 67 之间；急速时 4.35 V 左右，节气门全开时 0.5 V 左右	
	传感器电源	点火开关 ON 时 5 V，	
	G88 急速转换电位计信号	电压随 V60 急速电动机变化而变化，4.55~0.5 V，V60 急速电动机不工作时 3.77 V	
	G40 霍尔传感器信号	脉冲电压，用示波器检测	
	G28 发动机转速传感器地线	脉冲电压，用示波器检测	
	G28 发动机转速传感器信号	AC：5~11 V 脉冲电压，用示波器检测	
	传感器搭铁线	低于 0.1 V	
	G61 爆燃传感器 1 信号	发动机达正常工作温度，保持急速 3 min，然后加大发动机负载，加速到 5000 r/min，连续几次，用示波器检测其脉冲电压	
	G66 爆燃传感器 2 信号	同上	
	防盗控制单元通信线	11.48~12.58	
	空调系统	（空）	
	空调系统	（空）	
	启动锁和倒车灯断电器信号	"N"挡时 0，"D""3""2""1"挡时 10~12 V	
	进气温度传感器	进气温度 25℃时，2.2~3.0 V；电阻：25℃时，2000~2500 Ω。进气温度 40℃时，1.5~2.0 V；电阻：25℃时 1250~1500Ω；	
	水温传感器	冷却液温度 25℃时，2.2~3.0 V；电阻：25℃时，2000~2500 Ω。冷却液温度 85℃时，0.5~1.0 V；电阻：85℃时 300~450 Ω；	
	发动机控制单元电源	点火开关 ON，电源电压；点火开关 OFF，0	
	搭铁线	低于 0.1 V	
	J17 燃油泵继电器搭铁控制线	点火开关 ON，电源电压；启动发动机，0	

续表6-4

测量端子号	元件	标准数据	测量值
	G70 空气流量计电源	点火开关 ON, 5 V; 点火开关 OFF, 0	
	G70 空气流量计负线	低于 0.1 V	
	G70 空气流量计信号	电压随发动机进气量变化而变化, 0.5~3.0 V, 急速时约为 1.67 V	
	氧传感器搭铁信号	低于 0.1 V	
	氧传感器信号	发动机热车, 0.1~0.9 V	
	氧传感器加热器控制搭铁线	启动发动机后, 7~11 V	
	发动机转速信号	脉冲信号, 用示波器检测	
	车速信号	脉冲信号, 用示波器检测	
	N80 活性炭罐电磁阀控制搭铁	急速时 12 V	
	点火线圈 1、4 缸点火信号	脉冲信号, 用示波器检测	
	点火线圈 2、3 缸点火信号	脉冲信号, 用示波器检测	
	N30 喷油阀	发动机运转时为脉冲搭铁信号。喷油阀线圈电阻: 13.4~14.2 Ω	
	N31 喷油阀	发动机运转时为脉冲搭铁信号。喷油阀线圈电阻: 13.4~14.2 Ω	
	N32 喷油阀	发动机运转时为脉冲搭铁信号。喷油阀线圈电阻: 13.4~14.2 Ω	
	N33 喷油阀	发动机运转时为脉冲搭铁信号。喷油阀线圈电阻: 13.4~14.2 Ω	
	BATT	电源电压	

2. 车辆复位与清洁

表 6-5 车辆复位与清洁表

项目	内容
启动车辆	□任务完成
发动机故障灯状态	□正常; □不正常
观察发动机运转状态	□正常; □不正常
读取故障码 清除故障码	
车辆检验、交车	□任务完成

6.2 任务二 汽油机电控喷油系统执行器试验与检测

学习目标

◇ 掌握汽油机电控喷油系统各执行器的功用。
◇ 掌握汽油机电控喷油系统各执行器的结构与原理。
◇ 掌握汽油机电控喷油系统各执行器的控制法。
◇ 掌握汽油机电控喷油系统各执行器的检测方法。

任务描述

一台电控发动机不能启动，通过诊断仪检查，检查出与怠速控制阀相关的故障码，需要对电控喷油系统执行器进行检修。汽车机电维修工根据维修前台接待提供的维修工单，在汽车机电维修工位，在规定工时内以经济的方式按照专业要求使用通用工具、发动机维修专用工具、设备和汽车维修资料等，完成发动机怠速控制系统的故障诊断与维修。对汽车发动机怠速控制系统进行的维护、拆卸、检查、修理、安装和调整等工作按照标准规范。对已完成的工作进行记录存档，自觉保持安全作业及 5S 的工作要求

6.2.1 任务实施学习引导

6.2.1.1 电控喷油系统执行器的结构原理

执行器是接收控制信息并对受控对象施加控制作用的装置，是电子控制系统的执行机构。能够根据输出信号控制参量，并迅速调整到设定的值，以使控制对象工作在设定的状态。汽车发动机电子控制燃油喷射系统采用的执行器主要有电动燃油泵和电磁喷油器等。

1. 电动燃油泵

在电子控制燃油喷射系统中，电动燃油泵的作用是从油箱中吸出燃油，加压后输送到管路，与燃油压力调节器配合建立合适的系统压力，通常高于进气歧管压力 250~300 kPa，最终将燃油输送到喷油器。为防止发动机供油不足及由于高温而产生的气阻，油泵的最高输出油压需要 470 kPa 左右，其供油量比发动机最大油耗量大得多，多余的燃油从回油管返回油箱。

（1）电动燃油泵的分类

电动燃油泵按结构不同，可分为滚柱式、叶片式、齿轮式、涡轮式和侧槽式等。目前常用的有滚柱式、叶片式和齿轮式三种油泵。按油泵安装方式不同，电动燃油泵可分为外置式和内置式两种。外置式安装在燃油箱外的输油管路中，内置式安装在燃油箱内。目前，大多数汽车都采用内置式燃油泵。与外置式油泵相比，内置式油泵不易产生气阻和泄漏，有利于燃油输送和电动机冷却，且噪声较小。

（2）电动燃油泵的结构原理

电动燃油泵的外形与内部结构如图 6-31 所示，主要由永磁式直流电动机、油泵、限压阀、单向阀和泵壳等组成。当点火开关接通时，直流电动机电路接通，电枢受电磁力的作用而开始

转动，泵转子便随电动机一同转动，将燃油从油箱经输油管和进油口泵入燃油泵。当油泵内油压超过单向阀处弹簧压力时，燃油便从出油口经输油管泵入供油总管，再分配给每只喷油器。

为保证系统安全，电动燃油泵还装备了泄压阀和单向阀。当油路中燃油泵出口连接的管路因为堵塞等的影响而产生燃油压力高于限定值(一般为 320 kPa)时，泄压阀打开，高压燃油与燃油泵入口管路连接，使燃油在油泵内部循环，避免压力升高而使管路破裂。单向阀的作用是当发动机熄火时，关闭单向阀使电动燃油泵和燃油压力调节器之间保持一定的压力，以便发动机再次启动。

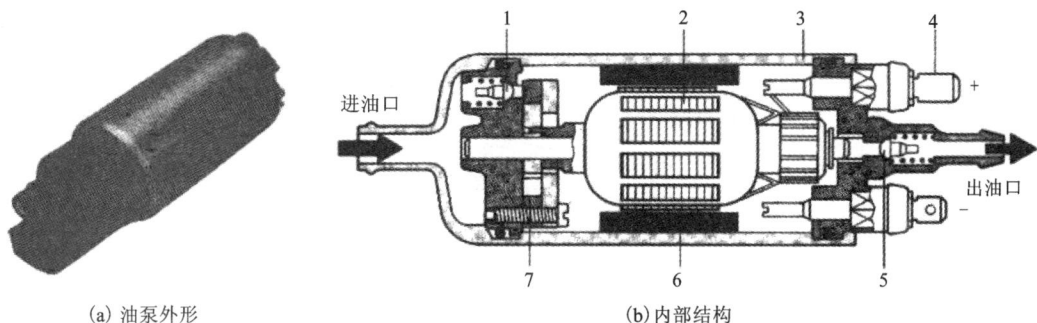

(a) 油泵外形　　(b) 内部结构

图 6-31 电动燃油泵的结构

1—限压阀；2—电枢；3—泵壳；4—接线插头；5—单向阀；6—永久磁铁；7—泵体

2. 燃油分配管

燃油分配管安装在发动机进气歧管上方，其功用是储存燃油、固定喷油器和油压调节器，并将燃油分配给每只喷油器。因为燃油液体具有可压缩性，因此，燃油分配管还有抑制油压脉动的功能。燃油分配管总成由燃油分配管、油压调节器和电磁喷油器等组成，结构如图 6-32 所示。

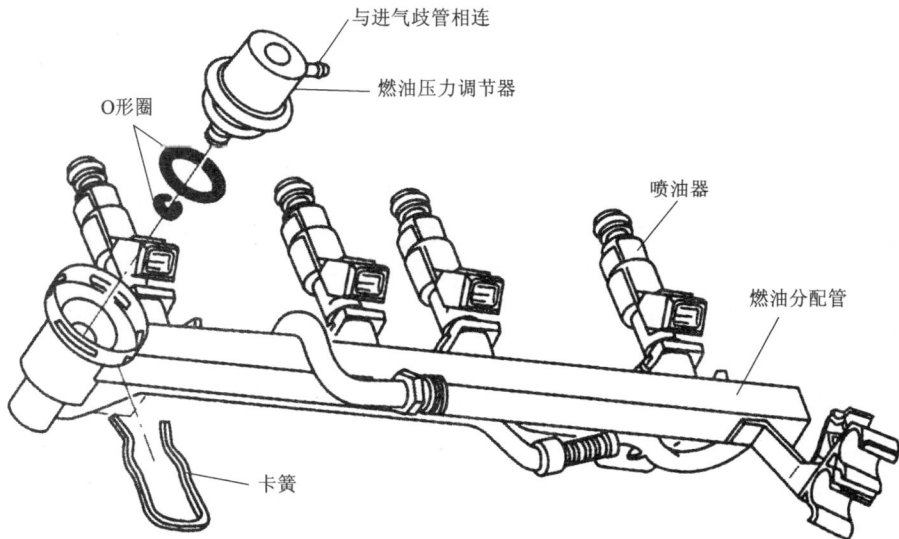

图 6-32 燃油分配管总成

3. 油压调节器

油压调节器一般安装在燃油分配管的一端，其主要功能是使供油总管内的油压(系统油压与进气歧管压力之差)保持恒定，缓冲喷油器断续喷油引起的压力波动和燃油泵供油时产生的压力波动。

油压调节器主要由燃油室、出油阀、壳体、弹簧室、弹簧、膜片、进油口、出油口等组成，结构如图6-33所示。金属外壳的内部被膜片分割为弹簧室和燃油室，弹簧室内有螺旋弹簧作用在膜片上，通过软管与发动机进气歧管相通，燃油室通过进油口直接与燃油总管相通。

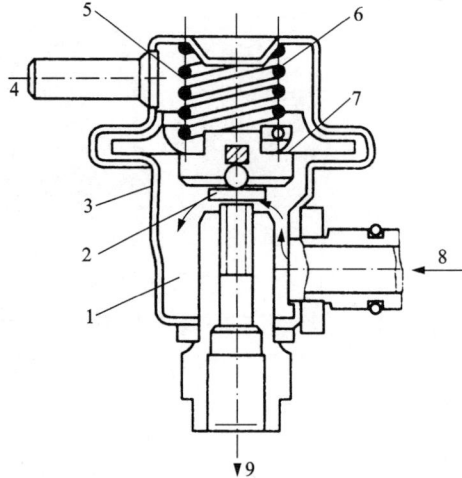

图6-33　燃油压力调节器

1—燃油室；2—出油阀；3—壳体；4—真空接口；5—弹簧室；6—弹簧；7—膜片；8—进油口；9—出油口

发动机根据ECU加给喷油器的通电时间来控制燃油喷射量。如果不控制燃油压力，即使加给喷油器的通电时间相同，当燃油压力高时，燃油喷射量增加，燃油压力低时，喷油量减少。为使系统油压和进气歧管压力差保持稳定，采用燃油压力调节器来控制系统油压，应随着进气歧管压力变化而相应变化。

油压调节器实际上是一个膜片式溢流阀。当电动燃油泵运转时，燃油不断泵入燃油分配管，并从油压调节器进油口进入调节器燃油腔。燃油压力作用到金属膜片上，并随泵油量增加而增大。当燃油压力与歧管压力的合力大于弹簧预紧力时，膜片向上拱曲，打开阀门，部分燃油通过回油口和回油管流回油箱，燃油压力随之降低。当燃油压力降低到燃油压力与歧管压力的合力小于弹簧预紧力时，膜片复位，出油阀关闭，燃油压力随泵油量增加而增大。

4. 电磁喷油器

电磁喷油器简称喷油器，俗称喷嘴，是电控燃油系统中十分关键的一个执行器。为了满足燃油喷射系统控制精度的要求，喷油器须具有抗堵塞性能好、燃油雾化好和动态流量范围大等优点。喷油器安装在燃油分配管上，其功用是按照电子控制单元(ECU)的指令准确地计量燃油并适时喷入进气道或者进气管内与空气形成可燃混合气。

按总体结构不同，喷油器可分为轴针式、球阀式和片阀式三种。按喷油器电磁线圈阻值大小，喷油器可分为高阻型(13~18 Ω)和低阻型(1~3 Ω)两种。喷油器的驱动方式分为电流驱动和电压驱动。电流驱动只适用于低电阻喷油器，电压驱动既可用于低电阻喷油器，又可用于高电阻喷油器。

球阀式喷油器的结构如图6-34所示。主要由带球阀的阀体、带喷孔的阀座、带线束插座的喷油器体、电磁线圈和复位弹簧等组成。

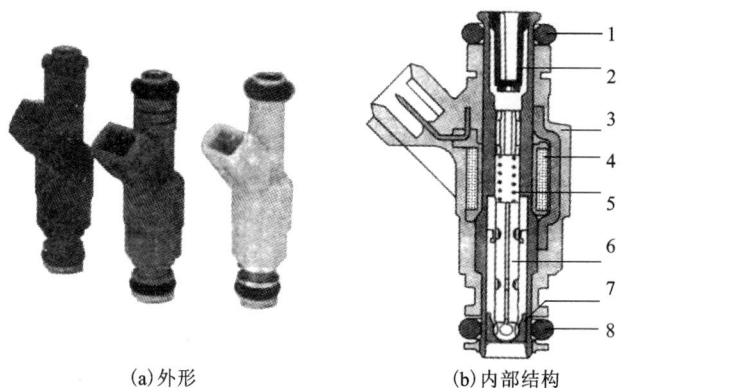

(a)外形　　　　　　(b)内部结构

图6-34　球阀式喷油器结构

1、8—O形密封圈；2—滤网；3—喷油器体；4—线圈；5—复位弹簧；6—球阀阀体；7—阀座

6.2.1.2　电控喷油系统执行器的工作原理

1.汽油机电控喷油系统工作原理

在汽车电子控制燃油喷射系统工作过程中，ECU接收各种传感器输出的发动机工况信号，并根据ECU内部预先编制的控制程序和存储的试验数据，确定适应发动机工况的喷油时间、喷油脉宽等参数；其主要控制喷油器、喷油正时和喷油量的喷射，使发动机能够保持在最佳运行状态。

(1)燃油喷射控制原理

虽然不同汽车上所采用的传感器和执行器的数量和形式各不相同，但其燃油喷射的控制原理大同小异，图6-35为空气流量型(即L形)燃油喷射系统的控制原理简图。

在发动机工作过程中，各种传感和开关信号通过输入接口电路输入ECU；CPU根据输入信号进行数学计算和逻辑判断，并确定出具体的控制量(如喷油开始时刻、喷油持续时间等)；CPU通过输出接口电路(即输出回路)向执行器(即喷油器)发出喷油控制指令，控制信号经输出电路进行功率放大后，再驱动喷油器喷油，同时CPU还要控制喷油开始时刻、喷油持续时间等，从而实现发动机不同工况时的喷油实时控制。在控制过程中，各种传感器的工作情况如下。

凸轮轴位置传感器(CIS)向ECU提供反映活塞上止点位置的信号，以便计算确定和控制喷油提前角(即提前时间)。

车速传感器(VSS)向ECU提供反映汽车车速的信号，以便判断发动机运行在怠速状态(节气门关闭、车速为零)还是运行在减速状态(节气门关闭、车速不为零)等。

曲轴位置传感器(CPS)向ECU提供反映发动机曲轴转速和转角的信号。

空气流量传感器(AFS)或进气歧管绝对压力传感器(MPA)向ECU提供反映进气量多少

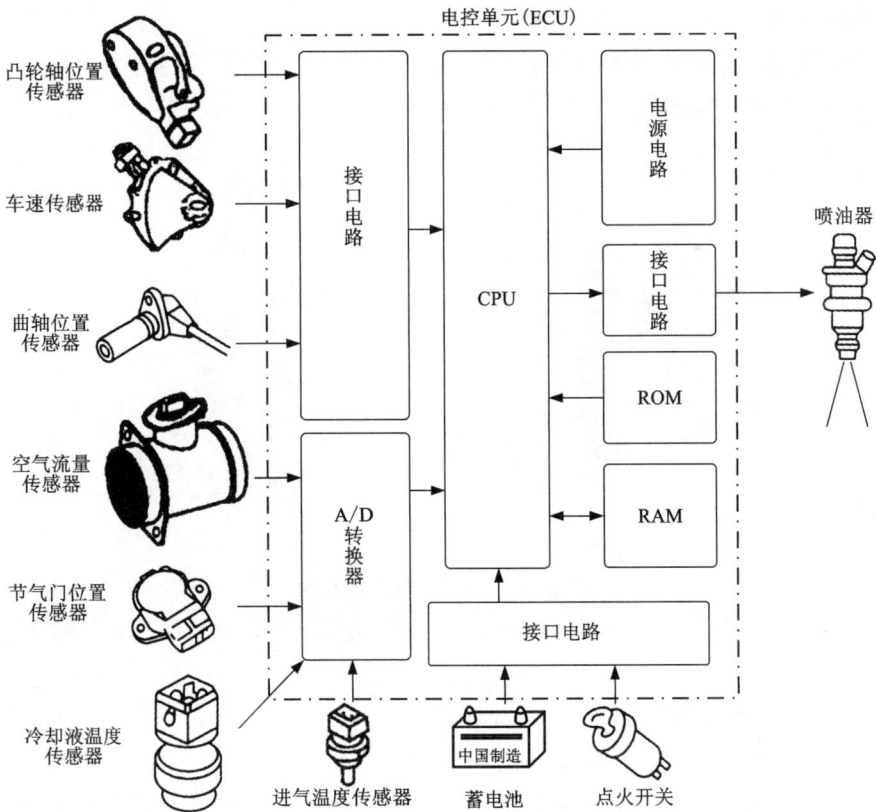

图 6-35 L 形燃油喷射系统喷油控制原理

的信号，ECU 根据这两个信号计算基本喷油量(即喷油持续时间)，并根据曲轴转角信号控制喷油提前角和点火提前角等。

节气门位置传感器(TPS)向 ECU 提供反映发动机负荷大小的信号，ECU 根据 TPS 信号确定增加或减少喷油量。

冷却液温度传感器(TPS)向 ECU 提供发动机冷却液温度信号，以便计算确定喷油修正量，判断是否为冷机启动等。

进气温度传感器(IATS)提供吸入进气歧管空气的温度信号，以便计算确定喷油修正量。

点火启动开关信号包括点火开关接通信号 IGN 和启动开关接通信号 STA，用于 ECU 判定发动机工作在启动状态还是正常工作状态，并控制运行相应的控制程序。

蓄电池电压信号是汽车电源电压信号，蓄电池正极柱经导线直接与 ECU 的电源端于连接，不受点火开关和其他开关控制。当电源电压变化时，ECU 将改变喷油脉冲宽度，修正喷油器喷油持续的时间。当发动机停止工作时，蓄电池将向 ECU 和存储器等提供 5~20 mA 电流，以便存储器保存故障代码等信息而不致丢失。

(2)发动机喷油量的控制

喷油量的控制其实就是喷油器的喷油持续时间。发动机工况的不同，对混合气浓度的要求也不相同，特别是冷启动、怠速、急加减速等特殊工况，对混合气浓度都有特殊要求。因此,喷油量的控制大致可分为发动机启动时喷油量的控制和发动机启动后(即运转过程中)喷油量的控制两种情况。

①发动机启动时喷油量的控制。

当起动机驱动发动机运转时,发动机转速很低(汽油发动机 30~50 r/min,柴油发动机150~200 r/min)且波动较大,导致反映进气量的空气流量信号或进气压力信号无法精确测量。因此在启动发动机时,ECU 不是以空气流量传感器信号或进气压力信号作为计算喷油量的依据,而是按照可编程只读存储器(ROM)中预先编制的启动程序和预先设定的空燃比来控制喷油,如图 6-36 所示。

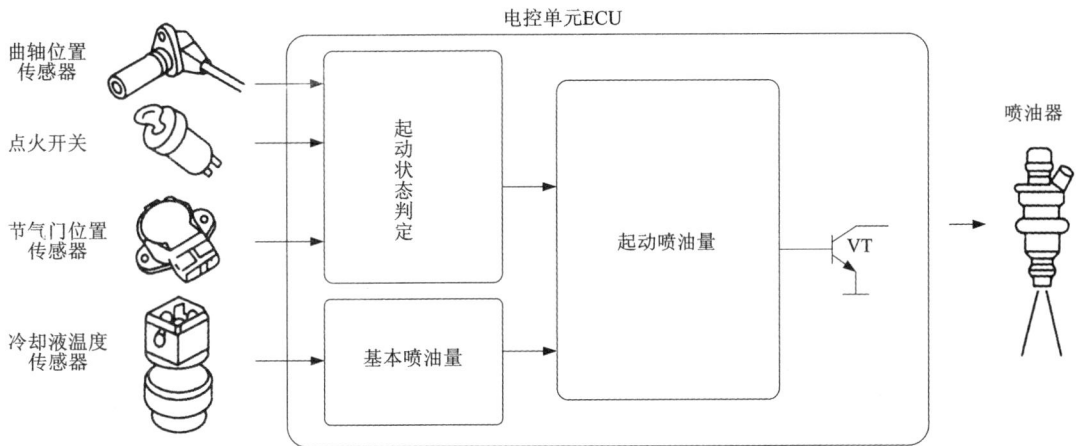

图 6-36　启动时的喷油量控制

首先,ECU 根据曲轴位置传感器、点火开关和节气门位置传感器提供的信号,判定发动机是否处于启动状态,以便决定是否按启动程序控制喷油。然后,ECU 根据发动机冷却液温度,由存储器中事先设定好的冷却液温度-喷油时间的关系找出相应的喷油脉宽图。最后,用进气温度和蓄电池电压等参数进行修正,得到启动时的喷油脉宽。

冷车启动时,发动机温度很低,喷入进气管的燃油不易蒸发,吸入气缸内的可燃混合气浓度相对减小。因此,为了保证发动机启动时具有足够浓度的可燃混合气,ECU 还要根据冷却液温度传感器信号反映的发动机温度高低控制喷油器的喷油量,以使冷态发动机能够顺利启动。冷却液温度与喷油量的关系如图 6-37 所示,温度越低,喷油时间越长,喷油量则越大;反之温度越高,喷油时间越短,喷油量则越小。

②发动机启动后喷油量的控制。

在发动机启动后的运转过程中,为了提高控制精度,简化计算程序,一般将喷油总量分为基本喷油量、喷油修正量和喷油增量三部分,如图 6-38 所示。先分别计算结果,然后再叠加在一起。

基本喷油量由空气流量传感器(AFS)信号或歧管压力传感器(MAP)信号、曲轴位置传感器(CPS)信号以及试验设定的空燃比计算确定。

喷油修正量由与进气量有关的进气温度传感器(IATS)信号、大气压力传感器(APS)信号、氧传感器(EGO)信号和蓄电池电压(UBAT)信号计算确定。

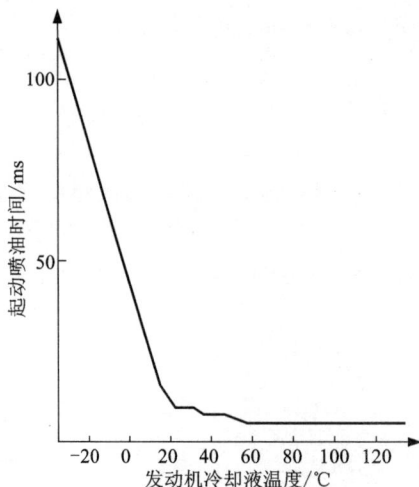

图 6-37　冷启动时的基本喷油量

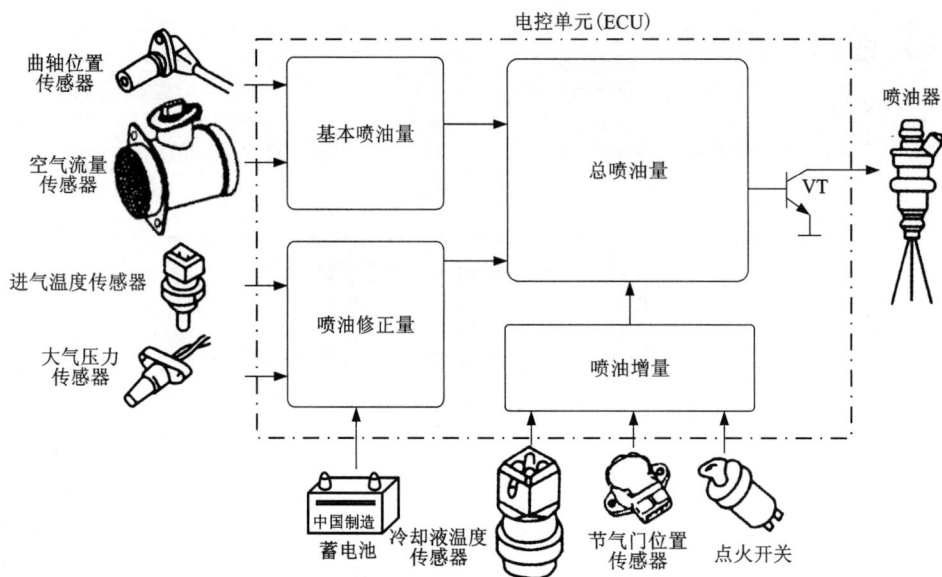

图 6-38　发动机启动后喷油量控制

　　喷油增量由反映发动机工况的节气门位置传感器(TPS)信号、冷却液温度传感器(CTS)信号和点火开关(IGN)信号等计算确定。

　　2.发动机怠速控制系统

　　发动机怠速是很常见的工况,如果怠速控制质量不好,则很容易引起起步后熄火、怠速转速波动大以及怠速振动等现象。因此,需要对发动机怠速转速进行调整。燃油喷射式发动机都配置有怠速控制系统。

　　发动机怠速工况的影响因素有很多。在发动机使用过程中,发动机老化、气缸积碳、火花塞间隙变化和温度变化等都会导致怠速转速发生改变。为了保持怠速转速的稳定性,需要在负载变化时进行补偿。

（1）怠速控制系统的组成

怠速控制就是怠速转速的控制。实质上是对怠速工况下的进气量进行控制，主要有两种控制方式：节气门直动式和旁通空气式，如图 6-39 所示。

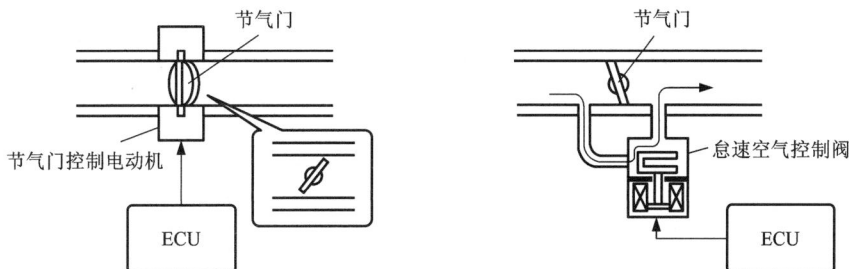

图 6-39　怠速进气量控制方法

(a)节气门直动式；(b)旁通空气式

车速传感器提供车速信号，气门位置传感器提供节气门开度信号，这两个信号用来判定发动机是否处于怠速状态。ECU 识别到怠速状态后，根据负载情况以及目标怠速转速的设置，实施转速闭环控制。通过怠速控制阀改变怠速旁通空气量，控制相应的燃油供给量增减，从而改变怠速时的可燃混合气总量，达到怠速转速控制的目的。

（2）怠速控制阀的功用与类型

怠速控制阀的功用是：通过调节发动机怠速时的进气量来调节怠速转速。怠速控制阀安装在发动机节气门体上或节气门体附近，不同车型采用的怠速控制阀各有不同。常用的怠速控制阀分为步进电动机式、旋转滑阀式、脉冲电磁阀式和真空阀式四种。

步进电动机式怠速控制阀的结构。步进电动机是一种由脉冲信号控制其转动方向和转动角度的电动机。利用同性相斥、异性相吸原理即可使转子步进旋转。步进电动机式怠速控制阀安装在发动机进气总管上，主要由步进电动机、螺旋机构、阀芯、阀座等组成，如图 6-40 所示。

步进电动机的结构与其他电动机一样，由永磁转子、定子绕组等组成，其功用是产生驱动力矩。螺旋机构的作用是将步进电动机的旋转运动变换为往复运动，出螺杆（又称为丝杠）和螺母组成。螺母与步进电动机的转子制成一体，螺杆的一端制有螺纹，另一端固定有阀芯；螺杆与阀体之间为滑动花键连接，只能沿轴向作直线移动，不能做旋转运动。

当步进电动机的转子转动时，螺母将带动螺杆做轴向移动。转子转动一圈，螺杆移动一个螺距。因为阀芯与螺杆固定连接，所以螺杆将带动阀芯增大或减小阀门开度。ECU 通过控制步进电动机的转动方向和转动角度来控制螺杆的移动方向和移动距离，从而达到控制怠速阀开度、调整怠速转速之目的。

3.进气控制系统

进气控制系统主要是指在发动机气缸容积不变的情况下，尽量增加进入气缸的空气量、喷油量，增加混合气总量，提高发动机功率。目前，提高进气量的进气控制系统主要包括进气惯性增压控制系统、废气涡轮增压系统、可变气门控制系统、电子控制节气门系统等。

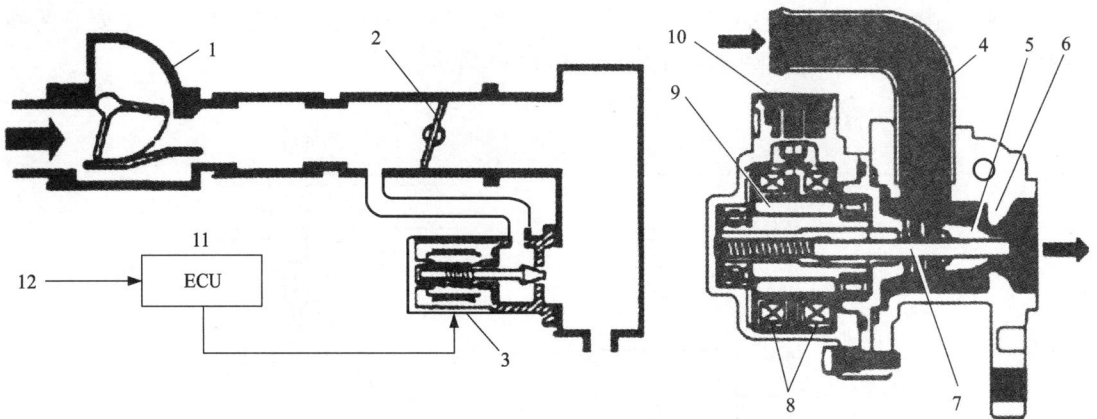

图 6-40　步进电动机式怠速控制阀 ISCV 的结构

1—空气流量传感器；2—节气门；3—怠速控制阀；4—旁通空气道；5—阀芯；6—阀座；7—螺杆；8—定子绕组；
9—永磁转子；10—线束插座；11—ECU；16—各种传感器信号

（1）进气惯性增压控制系统

进气惯性增压系统是利用进气惯性产生的压力波来提高充气效率。当气体高速流向进气门时，如果进气门突然关闭，进气门附近的气体流动将突然停止；由于惯性作用，进气管中气体仍将继续流动，使进气门附近的气体压缩，压力上升被压缩的气体又开始膨胀，向与进气气流相反的方向波动，压力下降。膨胀气体波传到进气管口又被反射回来，如此反复，形成压力波。

如果使进气压力脉动波与进气门的配气相位很好地配合，即可使进气管内的空气产生谐振。利用谐振效果在进气门打开时就会形成增压进气效果，有利于提高发动机性能。

研究表明，进气管长度长时，压力波波长大，发动机中低速区功率增大；进气管长度短时，压力波波长短，发动机高速区功率大。所以，如果进气管长度可改变或者波长可以改变，则可以兼顾整个发动机的工作过程。目前常见的有可变进气歧管长度增压系统和谐波进气增压系统。

①可变进气歧管长度增压系统。

可变进气歧管长度增压系统可以根据发动机的转速和负荷的变化来自动改变进气歧管有效长度，结构如图 6-41 所示。当发动机中低速运行时，发动机 ECU 控制转换阀控制机构关闭转换阀，空气将沿着弯曲而细长的，如图 6-41 中实线所示。当发动机高速运转时，转换阀开启，空气经空气滤清器和节气门直接进入进气歧管，路径较短，如图 6-41 中虚线所示。粗短的进气歧管进气阻力小，波长短，与进气门的开启频率相适应，可提高进气量。

②谐波进气增压系统。

谐波进气增压控制系统是在发动机其他结构不变的基础上，在进气管中部增加一个谐振室和相应的控制装置。图 6-42 为丰田皇冠车型 2JZ-GE 发动机采用的谐波进气控制系统。该发动机进气管长度虽不能变化，但由于在进气管中部增设了一个大容量的空气室和电控真空阀，即可实现压力波传播有效长度地改变，不论低速和高速都能够提高发动机性能。

图 6-42（c）、图 6-42（d）为谐波增压进气控制系统的工作原理图。当发动机转速较低

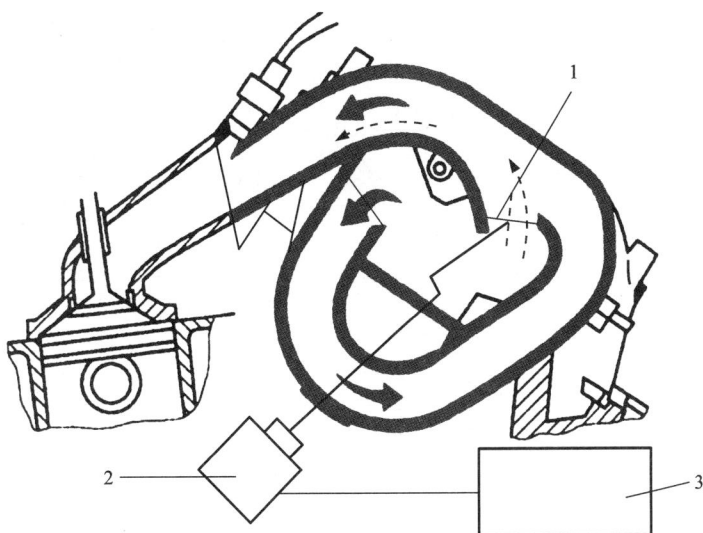

图 6-41　可变进气歧管
1—转换阀；2—转换阀控制机构；3—ECU

时，大容量空气室出口的控制阀关闭，进气管内的脉动压力波传动长度为空气滤清器到进气门的距离，这一距离较长，是按发动机中低速进气增压效果要求设计的。当发动机转速较高时，ECU 接通电磁真空通道阀的电路，真空阀打开，由于大容量空气室的参与，在进气道控制阀处形成气帘，使进气压力脉动波只能在空气室出口和进气门之间传播。这样便等效缩短了压力波传播距离，为发动机在高速区也能得到较好的气体动力增压效果。

（2）废气涡轮增压系统

废气涡轮增压系统是指在发动机进气管外安装一个废气涡轮增压器，使进入气缸的气体预先被压缩，再以高密度送入气缸，使发动机得到更多的新鲜空气，提升发动机功率。研究表明，增压使发动机功率比非增压提高 40%~60%，甚至更多。

废气涡轮增压系统如图 6-43 所示，主要由废气涡轮增压器（包括动力涡轮和增压涡轮）、膜片式放气控制阀、废气旁通阀、增压压力控制电磁阀和冷却器等组成。发动机的排气在动力涡轮中降压、降温、增速、膨胀，其压力能变为动能，推动涡轮旋转，并带动增压器轴和增压涡轮一起旋转。空气经过空滤器进入增压涡轮，在增压涡轮中减速增压，大部分动能转化为压能。进气密度增加，从而提高发动机功率。

废气涡轮增压闭环控制系统如图 6-44 所示。ECU 依据发动机的加速、爆震、冷却液温度、进气量等信号确定增压压力的目标值，并通过进气管压力传感器来反馈发动机的实际增压压力值。ECU 根据其差值控制脉冲信号的占空比，进而分别控制电磁阀的相对开启时间，以此调节可变喷嘴环和涡轮增压器废气放气阀真空膜盒的真空度，改变可变喷嘴环的角度和废气放气阀的开度，从而控制废气涡轮的转速，以此产生发动机所需的目标增压压力。

（3）可变气门控制系统

传统的自然吸气式发动机，其配气机构的配气相位和气门升程都是固定的，在不同工况下进气量也是固定的。为了兼顾高低速和大小负荷的各种工况的经济性、排放性能等，可变

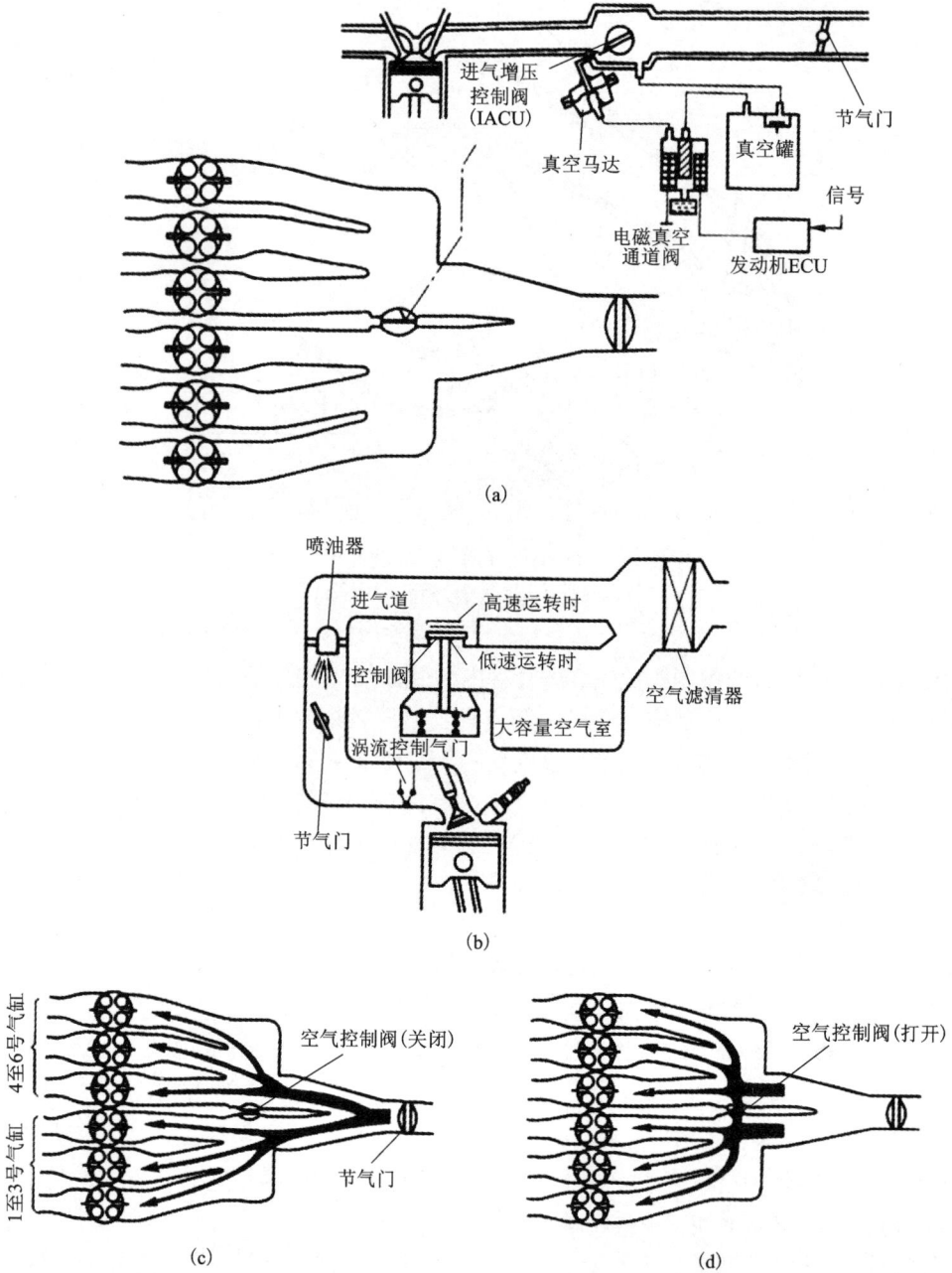

(a)

(b)

(c)　　　　　　　　　　　(d)

图 6-42　谐波增压进气控制工作原理

(a)总布置图；(b)总布置图；(c)打开 VSV(进气增压阀关闭)；(d)关闭 VSV(进气增压阀打开)

气门控制技术得到了迅速发展。在发动机转速较高时，希望进气门提早开启、推迟关闭，尽量地增大进气量，提高充量系数。在发动机转速较低时，希望进气门相对推迟开启、提早关闭。如果仍然像高速时一样进气门提前开启、推迟关闭，会造成进气门开启相位提前角和排气门关闭相位推迟角过大，不仅使大量废气冲入进气管，还可能将已经吸入气缸的新鲜空气

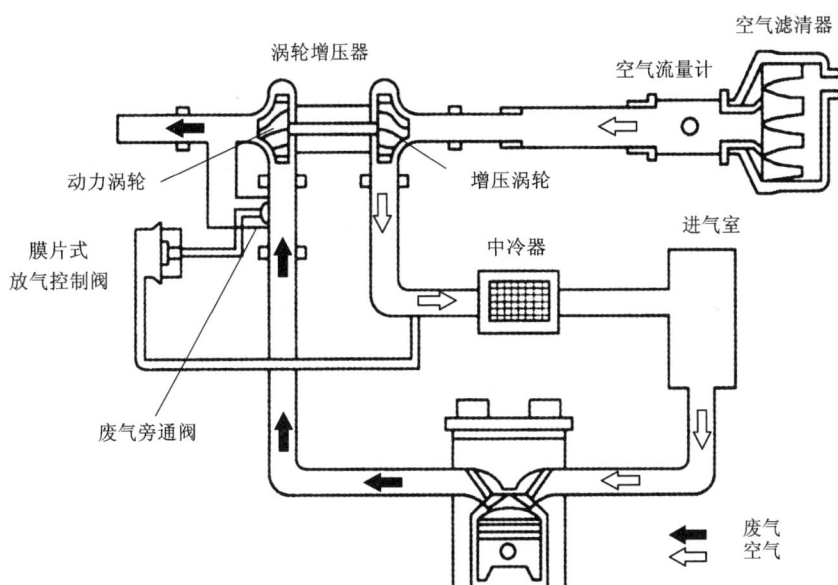

图 6-43　废气涡轮增压系统

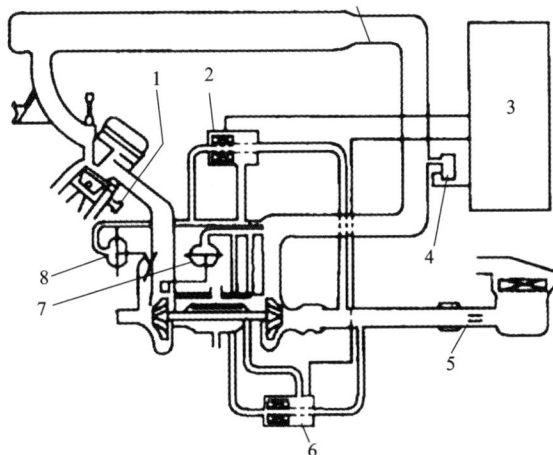

图 6-44　增压压力闭环控制系统

1—爆震传感器；2—放气阀控制电磁阀；3—ECU；4—进气管压力传感器；5—空气流量计；
6—可变喷嘴环控制电磁阀；7—可变喷嘴环控制膜盒；8—放气阀真空膜盒

重新推回进气管中，导致发动机工作粗暴，急速不稳，启动困难。

　　图 6-45 为大众车系的可变气门正时系统，主要由调整电磁阀、可移动活塞、正时链条、凸轮轴调节器、进排气凸轮轴构成。发动机工作时，当 CEU 判定可变气门正时系统为工作，凸轮轴调整电磁阀通电，改变凸轮轴调整器内机油的流向，可移动活塞上、下的机油压力发生变化，使链条上、下长度发生变化。

　　图 6-46 为可变气门正时系统工作情况。当发动机高速运转时，凸轮轴调整器向上推动

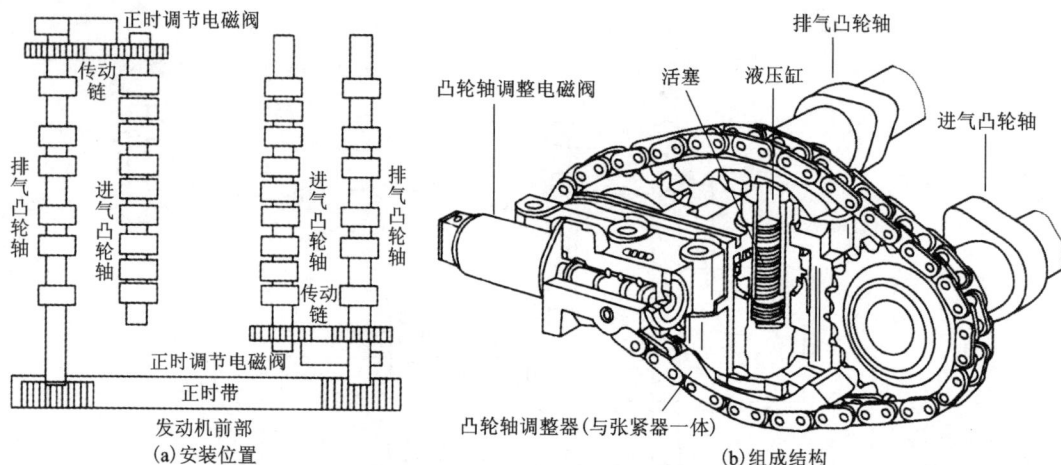

图 6-45 大众车系可变气门正时系统

活塞，链条下部短、上部长。排气凸轮轴被正时带固定不能转动，链条带动进气凸轮轴顺时针旋转一定角度，使进气门打开时间提前，发动机提前进气，提高进气效率。当发动机在中、低速运转时，凸轮轴调整器向下推动活塞，链条上部变短，下部变长。进气凸轮轴被逆时针旋转一定角度，进气门打开和关闭时间推迟，获得较大输出扭矩。

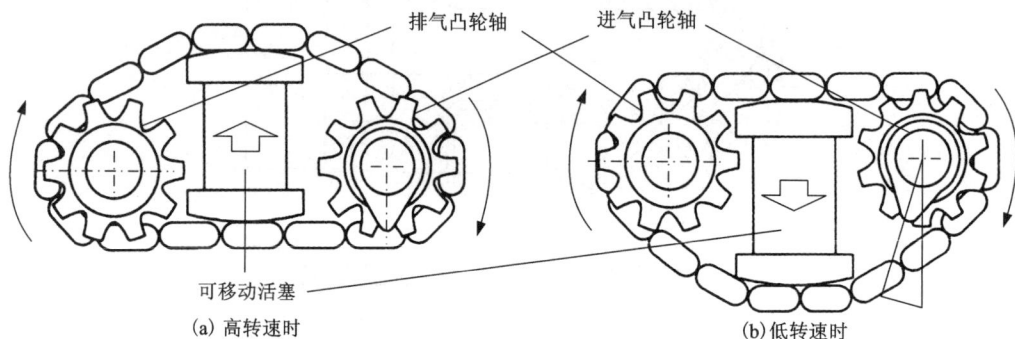

图 6-46 大众车系可变气门正时系统工作情况

(4)电子节气门控制系统

节气门可直接控制进气发动机的空气流量，决定发动机的运行工况。电子节气门控制系统通过节气门体上的电动机驱动节气门，实现节气门开度的快速精确控制，使发动机处于最佳运行状态。

电子节气门控制系统主要由节气门体、加速踏板、加速踏板位置传感器、节气门位置传感器、节气门驱动装置和电子控制单元等组成，结构如图 6-47 所示。ECU 根据加速踏板位置传感器的信号检测加速踏板位置和变化速率，根据节气门位置传感器判断节气门开度大小和变化速率。

驾驶人操纵加速踏板，加速踏板位置传感器产生相应的电压信号输入 ECU，ECU 根据当前的工作模式、踏板移动量和变化率解析驾驶人意图，计算出对发动机转矩的基本需求，得

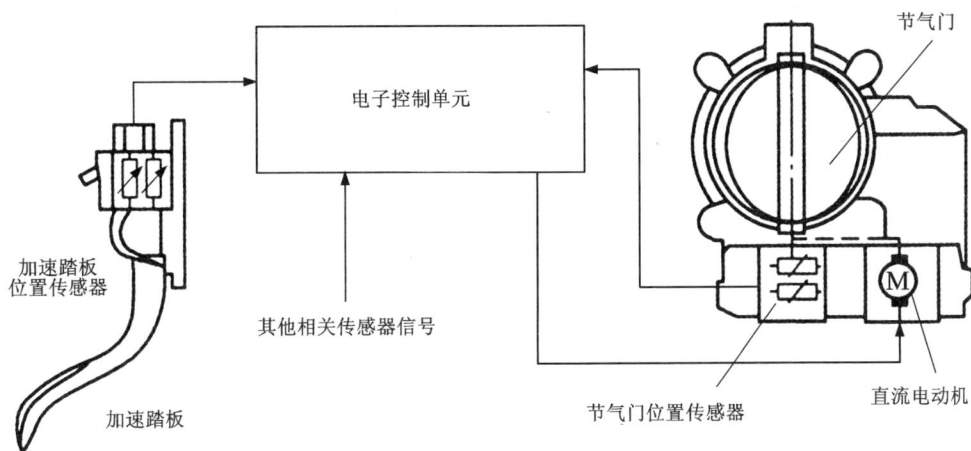

图 6-47　电子节气门控制系统

到相应的节气门转角的基本期望值。ECU 根据转速、挡位等传感器的信号对期望值进行修正。同时，节气门位置传感器会把节气门开度信号反馈给 ECU，形成闭环控制。电子节气门控制系统的工作原理如图 6-48 所示。

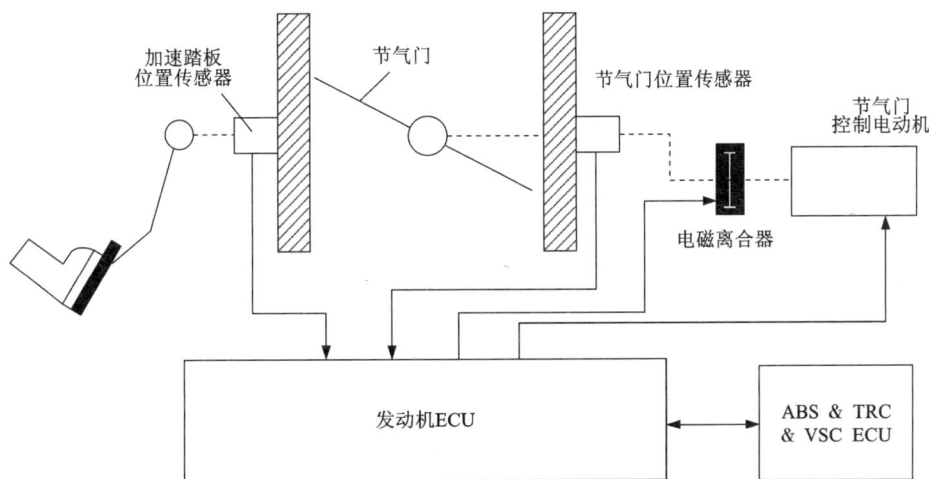

图 6-48　电子节气门控制系统工作原理

4.缸内直接喷射系统

缸内直喷式汽油机与直喷式柴油机相似，安装在燃烧室内的喷油器将汽油直接喷入燃烧室内，空气则通过进气门进入燃烧室与汽油混合形成混合气。这样有利于组织合理的气流运动和控制精确的喷油时间，根据不同工况组织混合气，从而实现更好的燃油经济性和更低的排放。

图 6-49 为博世公司的缸内直喷系统图，主要由空气质量流量传感器、电子节气门、进气歧管压力传感器、燃油压力控制阀、高压油泵、共轨式燃油储压器、点火线圈、电磁高压涡流

喷油器、燃油压力传感器、ECU 等组成。活塞顶部设计成特殊的凹坑形状，使吸入气缸的空气形成涡流，喷油器直接将汽油喷入，在火花塞周围形成较浓的混合气，以利于混合气的点燃。

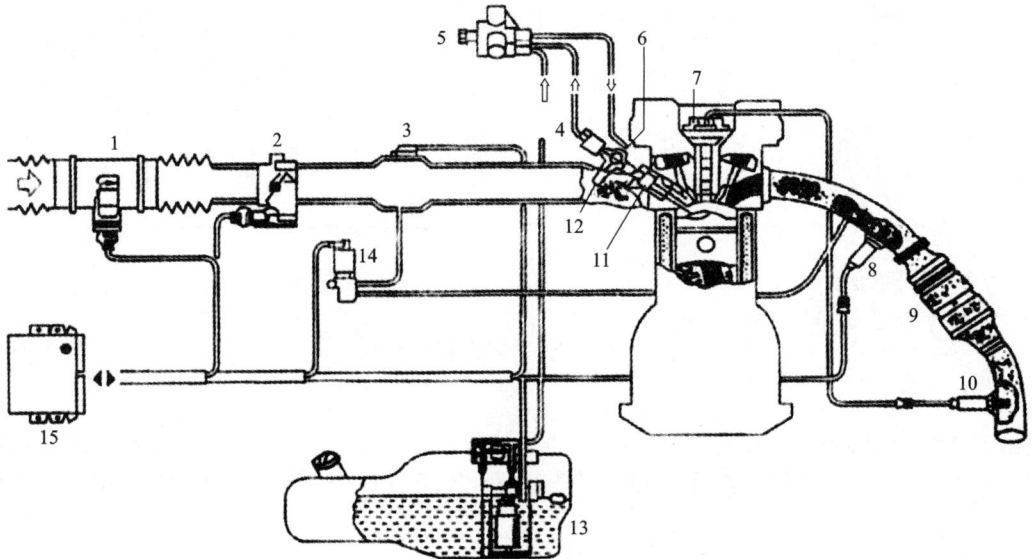

图 6-49　博世缸内直喷系统

1—空气质量流量传感器；2—电子节气门；3—进气歧管压力传感器；4—燃油压力控制阀；5—高压油泵；
6—共轨式燃油蓄压器；7—点火线圈；8—上游宽带氧传感器；9—NO_x 催化转化器；10—下游宽带氧传感器；
11—电磁高压涡流喷油器；16—燃油压力传感器；13—低压油泵；14—EGR 阀；15—ECU

　　缸内直喷发动机的关键技术是稀薄燃烧技术。从理论上来说，空燃比大于理论空燃比 14.7 时的燃烧即成为稀薄燃烧。在稀薄燃烧的情况下，热效率随空燃比的增加而增加。与一般当量空燃比的发动机相比，热效率能提高 8% 以上。由于稀薄燃烧时的燃烧温度较低、完全燃烧程度高、爆燃不易发生，通过采用较高的压缩比，加上汽油能够在过量的空气中充分燃烧，可以提高能量利用，有效降低排放中 CO 和 HC；同时由于燃烧温度的降低，可以有效抑制 NO_x 产生所需的高温条件。

　　缸内直喷的汽油机燃烧模型可以分为分层稀燃和均质稀燃两种。分层燃烧可以提高空燃比，是缸内直喷发动机实现稀燃的主要方式，也是最有特色、燃油经济性得到提高的主要工作状态之一。

　　5. 排放控制系统

　　随着汽车保有量的增加，汽车排出的尾气是主要的大气污染源之一。汽车尾气造成的环境问题日益引起人们的重视。汽车排放的主要有害气体有 CO、HC、NO_x 和微粒等。汽车产生的废气主要通过排气管、曲轴箱以及汽油蒸发等排入大气。其中 65%～85% 的有害气体来自排气管排出的废气。

　　为了满足日益严格的排放要求，现代汽车普遍同时采用多种排气净化措施，如废气再循环、三元催化转换、活性炭罐蒸发控制、二次空气控制等。这些装置或系统的工作均由 ECU

控制。

（1）废气再循环控制

废气再循环（exhaust gas recirculation，EGR）控制就是将发动机排出的部分废气引入进气管与新鲜混合气混合后进入气缸，利用废气中所含有大量的二氧化碳不参与燃烧却能吸收热量的特点，降低燃烧温度，达到减少 NO_x 排放，实现再循环，对送入进气系统的排气进行最佳控制的目的。

废气再循环系统减少 NO_x 排放的基本原理：NO_x 是混合气在高温下燃烧时，燃烧温度越高，排出的高浓度 NO_x 越多。将废气引入进气系统，混合气的热容量增加。在进行相同发热量的燃烧时，与不混合时相比，可使燃烧温度下降，抑制 NO_x 生产。氮氧化物（NO_x）与燃烧温度的关系如图6-50所示。可以看出氮氧化物的排量随着燃烧温度下降急剧减少。因此许多生产厂家都把废气再循环作为降低 NO_x 排放量的一种有效手段使用。

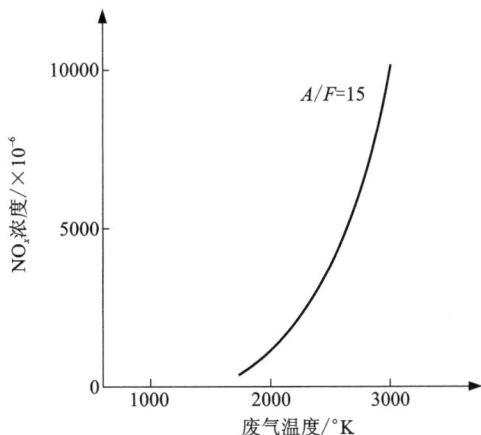

图6-50　燃烧温度与NOx排放量的关系

①电子式废气再循环控制。

电子式废气再循环控制系统主要由废气再循环电磁阀、节气门位置传感器、废气再循环控制阀、曲轴位置传感器、ECU、冷却液温度传感器、启动信号开关等组成，如图6-51所示。

在发动机工作时，ECU根据各种传感器信号，确定发动机处于何种工况之下，控制电磁阀的打开和关闭，使废气再循环进行或停止。当ECU对EGR控制电磁阀通电时，电磁阀开启，进气管的真空度经真空通道传送到EGR阀使EGR阀开启，部分废气经废气再循环通道进入进气歧管。当ECU对EGR控制电磁阀断电时，电磁阀关闭，隔断了通向EGR阀的真空通道，EGR阀关闭，不进行废气再循环。

②可变EGR率废气再循环系统。

在发动机出厂时，根据发动机台架试验确定的EGR率与发动机转速、进气量的对应关系，将有关数据存入发动机ECU的ROM中。发动机运行时，ECU根据各种传感器送来的信号，确定发动机在哪一种工况下工作，并经过查表和计算修正，输出适当的指令，控制电磁阀的开度，以调节废气再循环的EGR率。

可变EGR率的废气再循环控制系统主要由EGR控制阀、VCM真空控制阀、ECU及各种

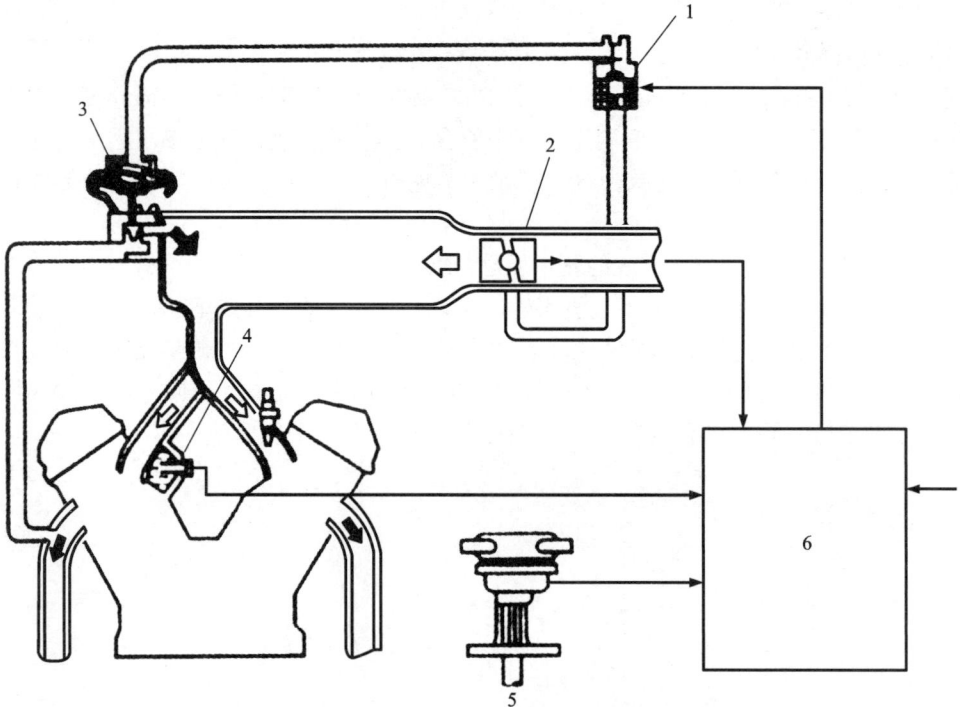

图 6-51　电子式废气再循环控制系统

1—废气再循环电磁阀；2—节气门开关；3—废气再循环控制阀；4—冷却液温度传感器；
5—曲轴位置传感器；6—微机集中控制装置

传感器等组成，如图 6-52 所示。

VCM 阀是一个真空调节阀，内有两个电磁阀，一个是废气再循环控制电磁阀，另一个是怠速调节电磁阀。发动机工作时，ECU 根据各种传感器信号判断发动机的工况，提供给废气再循环控制电磁阀不同占空比的脉冲电压，使其具有不同打开、关闭频率，以调节进入 VCM 阀负压室的空气量，得到控制 EGR 阀不同开度所需的各种真空度，调节不同发动机工况下的 EGR 率。脉冲电压信号的占空比越大，电磁阀打开时间越长，进入 VCM 阀负压室的空气量越多，真空度越小，废气再循环控制阀开度越小，EGR 率越小；当小至某一值时，废气再循环阀关闭，废气再循环系统停止工作。相反，脉冲电压信号的占空比越小，EGR 率越大。

③闭环控制废气再循环。

在上面所述的两种废气再循环系统中，EGR 率只能预先设定，不能检测发动机各种工况下实际的 EGR 率。闭环控制废气再循环系统以 EGR 率作为反馈信号实现闭环控制，如图 6-53 所示。EGR 率传感器安装于稳压箱上，可利用测量混合气中的氧气浓度来检测混合气的 EGR 率，并将其检测信号反馈给 ECU。ECU 根据此信号发出控制指令，不断调整 EGR 控制阀的开启高度，以此控制混合气中的 EGR 率，使其始终保持在最佳状态。

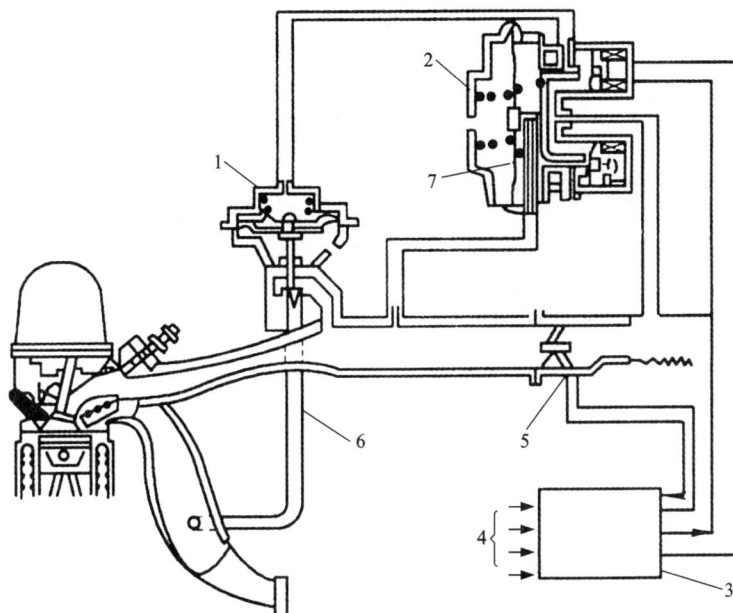

图 6-52　可变 EGR 率的废气再循环控制系统

1—EGR 控制阀；2—VCM 真空控制阀；3—ECU；4—传感器输入信号；
5—节气门位置传感器；6—EGR 管路；7—定压室

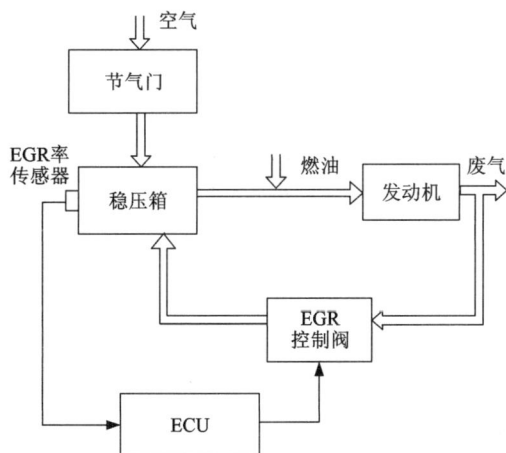

图 6-53　用 EGR 率作为反馈信号的闭环控制系统

(2) 三元催化转化

三元催化转化器安装在排气管中部消声器内，通常由金属外壳、隔热减振衬垫、催化剂载体和催化剂组成，如图 6-54 所示。载体一般为陶瓷材料，分为颗粒形和蜂巢形两种类型。催化剂一般为铂或钯与铑的混合物，涂附在很薄孔壁上。废气通过时，三元催化转化器利用催化剂使 CO、HC 氧化，同时利用铑作催化剂使尾气中的 NO_x 还原，生成 CO_2、H_2O、N_2 等无害气体。

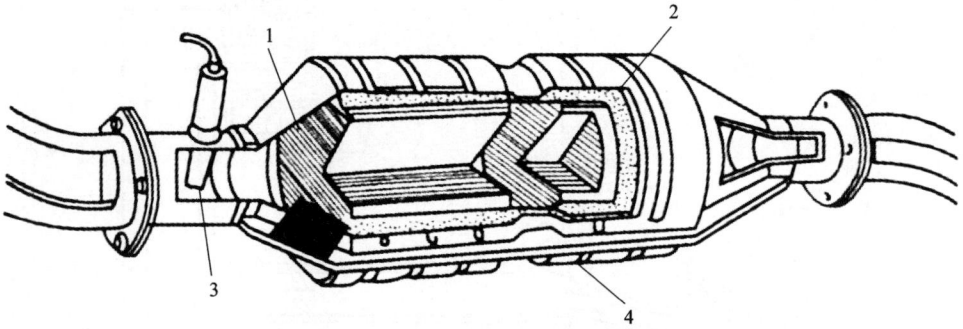

图 6-54　三元催化转化器的结构
1—载体(催化剂)；2—衬垫；3—氧传感器；4—外壳

　　由图 6-55 可以看出，只有当发动机混合气的浓度在理论空燃比 14.7 附近时，三元催化转化器的转化效率最佳。因此，需要对空燃比进行精确控制，使空燃比保持在理论空燃比附近。为了更精确地控制空燃比，在发动机控制系统中普遍采用由氧传感器采集的信号为反馈信号的闭环控制方式。

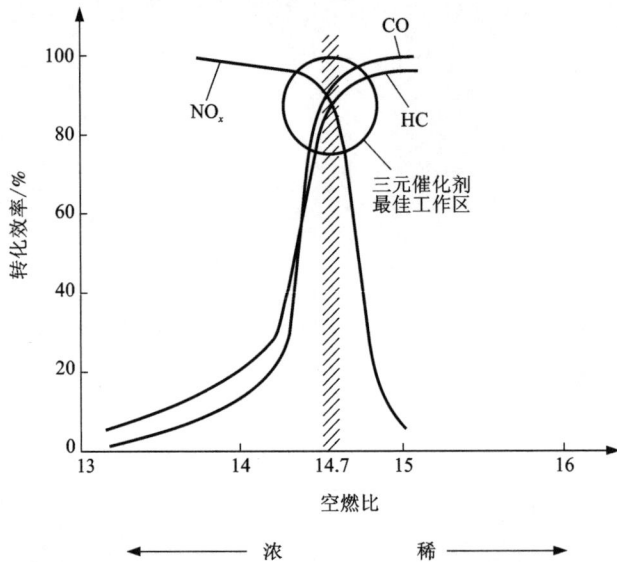

图 6-55　三元催化转化器转化效率与空燃比的关系

　　(3)活性炭罐蒸发控制

　　为防止燃油箱向大气排放燃油蒸气而产生的污染，在发动机控制系统中普遍采用了由ECU 控制的活性炭罐蒸发污染控制装置，主要包括油箱、燃料单向阀、蒸气通气管路、EGR和碳罐控制电磁阀、排放控制阀、活性炭罐等，如图 6-56 所示。

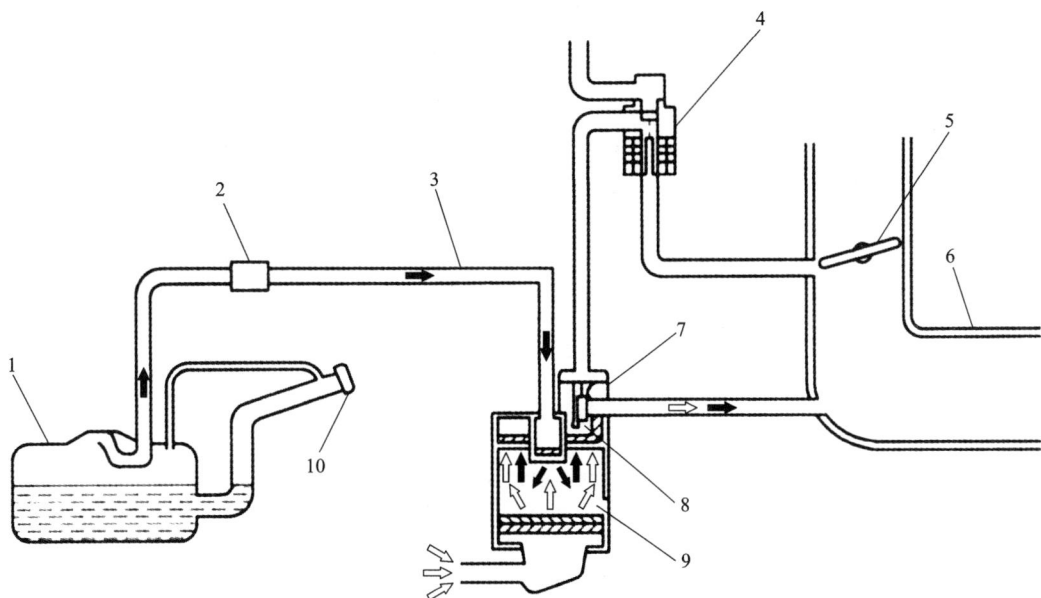

图 6-56　活性炭罐蒸发污染控制装置

1—油箱；2—燃料单向阀；3—蒸气通气管路；4—EGR 和碳罐控制电磁阀；5—节气门；
6—进气支管；7—排放控制阀；8—定量排放小孔；9—活性炭罐；10—油箱盖附真空泄放阀

　　油箱的燃油蒸气通过单向阀进入活性炭罐上部，空气从活性炭罐下部进入清洗活性炭。在碳罐右上方有排放小孔以及受真空控制的排放控制阀，排放控制阀上部的真空度由 ECU 控制的碳罐控制电磁阀控制。

　　发动机工作时，ECU 根据发动机转速、温度、空气流量等信号，控制碳罐电磁阀的开闭，以来控制排放控制阀上部的真空度及排放控制阀的开度。当排放控制阀打开时，燃油蒸气通过排放控制阀被吸入进气支管，进入燃烧室参与燃烧。

　　（4）二次空气控制

　　二次空气喷射方法是使用空气泵将一定量的新鲜空气经空气喷管喷入排气管或催化转化器中，使废气中的 CO 和 HC 进一步氧化或者燃烧成为 CO_2 和 H_2O，减少 CO 和 HC 的排放。

　　二次空气喷射系统主要由空气泵、旁通阀、真空管、空气分配管、单向阀等组成，如图 6-58 所示。空气泵通常由发动机驱动，空气泵产生的低压空气称为二次空气。在分流阀与排气道之间以及分流阀与催化转化器之间装有单向止回阀，以防废气进入二次空气喷射系统。分流线圈及旁通线圈由 ECU 控制，当接通发动机点火开关之后，电源电压便施加到两个线圈的绕组上，ECU 通过对每个绕组提供接地使线圈通电。

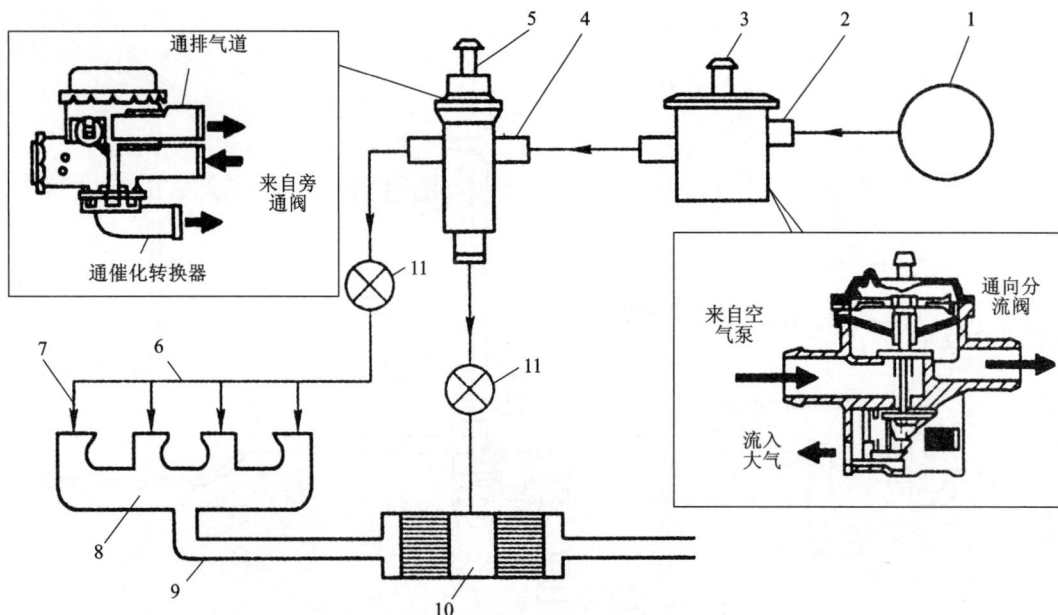

图 6-57　二次空气喷射系统

1—空气泵；2—旁通阀；3、5—真空管；4—分流阀；6—空气分配管；
7—空气喷管；8—排气歧管；9—排气管；10—催化转化器；11—单向阀

6.2.2　任务实施

在任务实施的过程中，将学习的内容运用其中，做到学以致用。

6.2.2.1　工具准备

在实施工作前，每小组按表 6-6 准备好检查完成本学习任务所需的资料、工具。

表 6-6　所需资料、工具

资料、工具的名称	数量
电控发动机台架	1 台
怠速控制系统组件	1 套
万用表	2 个
示波器	1 台
维修导线	1 扎
常用工具	1 套

6.2.2.2　汽油机电控喷油系统执行器的试验与检测

1. 步进电动机式怠速控制阀的检修

查阅维修手册，画出步进电动机式怠速控制系统的电路图。

①拆下控制阀线束连接器，点火开关置"ON"，不启动发动机，分别检测 B1 和 B2 与搭铁

间的电压，即为蓄电池电压。

②启动发动机后再熄火。2~3 s 内在怠速控制阀附近应能听到内部发出的"嗡嗡"响声。

③拆下控制阀线束连接器，测量 B1 与 S1 和 S3、B2 与 S2 和 S4 之间的电阻，结果应为 10~30 Ω。

④拆下怠速电磁阀，将蓄电池正极接至 B1 和 B2 端子，负极按顺序依次接通 S1—S2—S3—S4 端子时，随步进电动机的旋转，控制阀应向外伸出，如图 6-58 所示。若负极按反方向接通 S4—S3—S2—S1 端子，则控制阀应向内缩回。

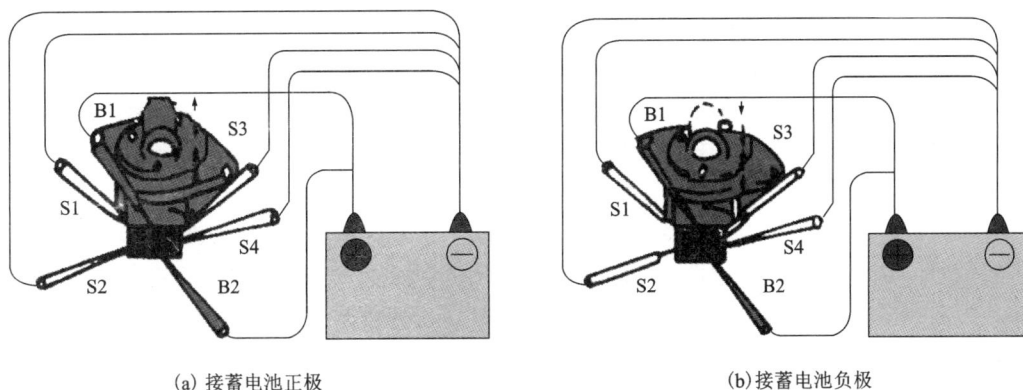

(a) 接蓄电池正极　　　　　　　　　　(b)接蓄电池负极

图 6-58　步进电动机型怠速控制阀的检修

2. 旋转电磁阀式怠速控制阀的检修

查阅维修手册，画出旋转电磁阀式怠速控制系统的电路图。

①拆下控制阀线束连接器，点火开关置"ON"，不启动发动机，分别检测电源端子与搭铁间的电压，即为蓄电池电压。

②发动机达到正常工作温度、变速器处于空挡位置时，使发动机维持怠速运转；用专用短接线接故障诊断座上的 TE1 与 E1 端子，发动机转速应保持在 1000~1200 r/min，5 s 后转速下降约为 200 r/min。

③拆下怠速控制阀上的三端子线束连接器，在控制阀侧分别测量中间端子(+B)与两侧端子(ISC1 和 ISC2)的电阻，结果应为 18.8 ~22.8 Ω。

将测量结果填入表 6-7 中。

3. 占空比电磁阀式怠速控制阀的检修

查阅维修手册，画出占空比电磁阀式怠速控制系统的电路图。

①拆下控制阀线束连接器，点火开关置"ON"，不启动发动机，分别检测电源端子与搭铁间的电压，即为蓄电池电压。

②拆下怠速控制板上的两端子线束连接器，在控制阀侧分别测量两端子之间电阻，结果应为 10~15Ω。

将测量结果填入表 6-7 中。

表 6-7　检测结果

检测端子	标准值	测量值	是否正常

4. 节气门直动式怠速控制系统怠速电机的更换

查阅维修手册,画桑塔纳 2000 式怠速控制系统的电路图。

发动机控制单元对节气门体进行控制,怠速开关、怠速节气门电位计以及节气门电位计向控制单元(J220)提供节气门的位置信息,在怠速范围内控制单元控制怠速电机通过齿轮传动来控制节气门开度。

①节气门电位计(G69)。直接连接在节气门轴上,为控制单元提供全部调节范围内节气门位置信号。在搭载自动变速器的车上,控制单元也利用这个信号控制自动变速器。如果控制单元没有得到节气门电位计信号,则控制单元用发动机转速和空气流量计信号计算出一个替代值。

②怠速节气门电位计(G88)。与怠速电机连在一起,通知控制单元节气门当时的位置以及怠速范围内怠速电机的位置。当电位计到达调节范围极限时,节气门继续开启,电位计不再动作。如果信号中断,节气门体利用应急弹簧进入机械应急状态,怠速转速提高。

③怠速开关(F60)。在整个怠速范围内闭合,系统识别出怠速工况。如果信号中断,控制单元比较节气门电位计和怠速节气门电位计的值,以识别出节气门的怠速位置。

④怠速电机(V60)。在怠速调节范围内通过齿轮传动来操纵节气门。如果控制单元对 V60 的控制消失或者电机损坏,则应急弹簧将节气门拉到一个特定的应急位置。

操作步骤如下:

①拧下节气门体后盖螺栓,拆下后盖,表面上看似乎不破坏怠速节气门电位计与怠速电机之间的传动齿轮就无法将电机拿出来。

②拆下固定节气门体上多脚插座的 2 个螺栓,将插座上的连接线拉出少许,此时仔细观察可发现插座固定位置旁有 1 个小孔,这个孔就是怠速电机与怠速节气门电位计之间的传动齿轮轴定位轴孔。

③找一支硬度较高的适合铁杆,或者将螺丝刀打磨成相应的粗细,利用定位轴孔把齿轮轴冲出来,即可取下传动齿轮。传动齿轮为塑料材质,冲齿轮轴时不要损坏齿轮。

④将覆盖在怠速电机上的电路板取出,但是有很小一部分被怠速节气门电位计齿轮挡住,无法整体取出。只能在较弱的位置用小烙铁将电路板部分塑料截断,再用小螺丝刀沿着怠速电机上面的边缘空隙轻轻地撬起电路板,将电路板拿开放在一边。

⑤拆开怠速电机上面的定位板螺钉,取下定位板,怠速电机就可以拿出来了。做一下清洁工作,将新电机装上并装复其他部件。不要装反,插片一侧有小点。

⑥将节气门体装在发动机上,使用诊断仪进行基本设定,试车。至此维修工作结束。

项目七

自动变速器结构与检修

学习目标

◇ 熟悉自动变速器的组成与结构原理
◇ 熟悉自动变速器的工作原理
◇ 掌握自动变速器检测方法。

任务描述

学习自动变速器的结构、工作原理及其控制系统；完成自动变速器的检修、匹配、检测与试验工作。

7.1　项目实施学习引导

7.1.1　电控自动变速的结构、原理

汽车上所采用的液力传动装置通常为液力耦合器和液力变矩器两种，二者均属于液力传动。即通过液体的循环流动，利用液体动能的变化来传递动力。

1.液力耦合器的结构与工作原理

(1)液力耦合器的结构组成

液力耦合器是一种液力传动装置，又称液力联轴器。在不考虑机械损失的情况下，输出力矩与输入力矩相等。它的主要功能有两个方面，一是防止发动机过载，二是调节工作机构的转速。其结构主要由壳体、泵轮、涡轮三个部分组成，如图7-1所示。

液力耦合器的壳体安装在发动机飞轮上，泵轮与壳体焊接在一起，随发动机曲轴的转动而转动，是液力耦合器的主动部分；涡轮和输出轴连接在一起，是液力耦合器的从动部分。泵轮和涡轮相对安装，统称为工作轮。在泵轮和涡轮上有径向排列的平直叶片，泵轮和涡轮互不接触。两者之间有一定的间隙(约为3~4 mm)；泵轮与涡轮装合成一个整体后，其轴线断面一般为圆形，在其内腔中充满液压油。

（2）液力耦合器的工作原理

当发动机运转时，曲轴带动液力耦合器的壳体和泵轮一同转动，泵轮叶片内的液压油在泵轮的带动下随之一同旋转；在离心力的作用下，液压油被甩向泵轮叶片外缘处，并在外缘处冲向涡轮叶片，使涡轮在液压冲击力的作用下旋转；冲向涡轮叶片的液压油沿涡轮叶片向内缘流动，返回到泵轮内缘的液压油，又被泵轮再次甩向外缘。液压油从泵轮流向涡轮，又从涡轮返回到泵轮的过程形成循环的液流。

由于在液力耦合器内只有泵轮和涡轮两个工作轮，液压油在循环流动的过程中，除了受泵轮和涡轮之间的作用力之外，没有受到其他任何附加的外力。根据作用力与反作用力相等的原理，液压油作用在涡轮上的扭矩应等于泵轮作用在液压油上的扭矩，即发动机传给泵轮的扭矩与涡轮上输出的扭矩相等，这就是液力耦合器的传动特点。

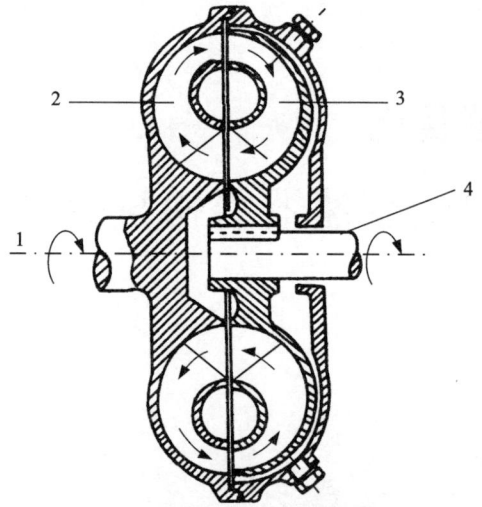

图7-1　液力耦合器的基本构造

1—输入轴；2—泵轮叶轮；
3—涡轮叶轮；4—输出轴

2. 液力变矩器的结构与工作原理

液力变矩器是液力传动中的另一种形式，是构成液力自动变速器不可缺少的重要组成部分之一。它装置在发动机的飞轮上，其作用是将发动机的动力传递给自动变速器中的齿轮机构，并具有一定的自动变速功能。自动变速器的传动效率主要取决于变矩器的结构和性能。

常用液力变矩器的型式有一般型式液力变矩器、综合式液力变矩器和锁止式液力变矩器，其中综合式液力变矩器的应用较为广泛。

（1）一般型式液力变矩器的结构与工作原理

液力变矩器的结构与液力耦合器相似，它有3个工作轮，即泵轮、涡轮和导轮。泵轮和涡轮的构造与液力耦合器基本相同；导轮则位于泵轮和涡轮之间，并与泵轮和涡轮保持一定的轴向间隙，通过导轮固定套固定于变速器壳体上（见图7-2）。

发动机运转时带动液力变矩器的壳体和泵轮与之一同旋转，泵轮内的液压油在离心力的作用下，由泵轮叶片外缘冲向涡轮，并沿涡轮叶片流向导轮，再经导轮叶片内缘，形成循环的液流。导轮的作用是改变涡轮上的输出扭矩。由于从涡轮叶片下缘流向导轮的液压油仍有相当大的冲击力，只要将泵轮、涡轮和导轮的叶片设计成一定的形状和角度，就可以利用上述冲击力来提高涡轮的输出扭矩。

（2）综合式液力变矩器的结构与工作原理

目前在装用自动变速器的汽车上使用的变矩器大多是综合式液力变矩器（见图7-3），它和一般型式液力变矩器的不同之处在于它的导轮不是完全固定不动的，而是通过单向超越离合器支承在固定于变速器壳体的导轮固定套上。单向超越离合器使导轮可以朝顺时针方向旋转（从发动机前面看），但不能朝逆时针方向旋转。

当涡轮转速较低时，从涡轮流出的液压油从正面冲击导轮叶片，对导轮施加一个朝逆时针方向旋转的力矩；由于单向超越离合器在逆时针方向具有锁止作用，将导轮锁止在导轮固

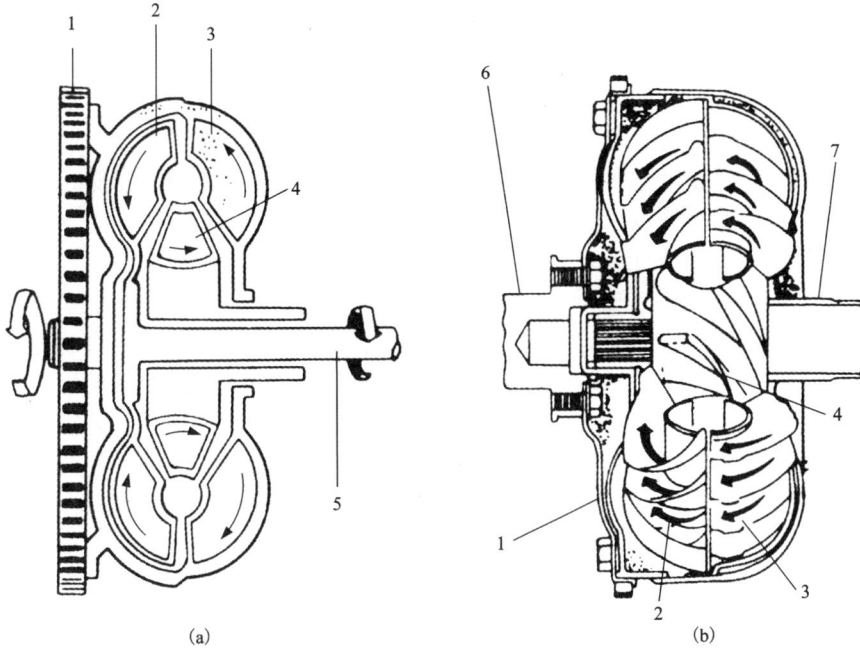

图 7-2　液力变矩器

1—飞轮；2—涡轮；3—泵轮；4—导轮；5—变矩器输出轴；6—曲轴；7—导轮固定套

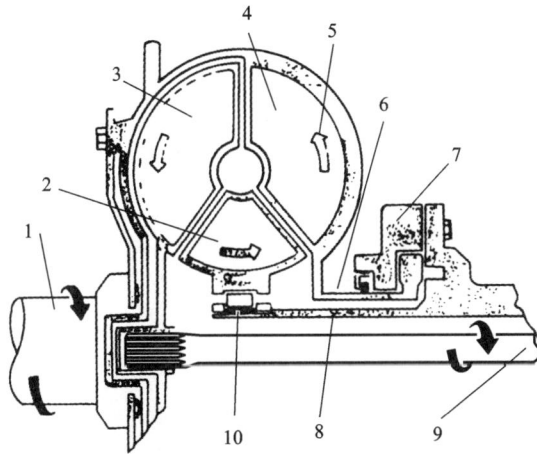

图 7-3　综合式液力变矩器

1—曲轴；2—导轮；3—涡轮；4—泵轮；5—液流；6—变矩器轴套；7—油泵；8—导轮固定套；
9—变矩器输出轴；10—单向超越离合器

定套上固定不动，此时该变矩器的工作特性和液力变矩器相同，涡轮上的输出扭矩大于泵轮上的输入扭矩即具有一定的增扭作用。当涡轮转速增大到某一数值时，液压油对导轮的冲击方向与导轮叶片之间的夹角为 0，此时涡轮上的输出扭矩等于泵轮上的输入扭矩。若涡轮转速继续增大，液压油将从反面冲击导轮，对导轮产生一个顺时针方向的扭矩。由于单向超越离合器在顺时针方向没有锁止作用，可以像轴承一样滑转，所以导轮在液压油的冲击作用下开始朝顺时针方向旋转。由于自由转动的导轮对液压油没有反作用力矩，液压油只受到泵轮和涡轮的反作用力矩的作用。此时该变矩器不能起增扭作用，其工作特性和液力耦合器相同。同时涡轮转速较高，变矩器亦处于高效率的工作范围。

导轮开始空转的工作点称为偶合点。由上述分析可知，综合式液力变矩器在涡轮转速由0至偶合点的工作范围内按液力变矩器的特性工作，在涡轮转速超过偶合点转速之后按液力耦合器的特性工作。因此，这种变矩器既利用了液力变矩器在涡轮转速较低时所具有的增扭特性，又利用了液力耦合器涡轮转速较高时所具有的高传动效率的特性。

（3）锁止式液力变矩器的结构与工作原理

变矩器是用液力来传递汽车动力的，而液压油的内部摩擦会造成一定的能量损失，因此传动效率较低。为提高汽车的传动效率，减少燃油消耗，现代很多轿车的自动变速器采用一种带锁止离合器的综合式液力变矩器。这种变矩器内有一个由液压油操纵的锁止离合器。锁止离合器的主动盘即为变矩器壳体，从动盘是一个可轴向移动的压盘，它通过花键套与涡轮连接（见图7-4）。压盘背面[图7-4（a）]的液压油与变矩器泵轮、涡轮中的液压油相通，保持一定的油压（该压力称为变矩器压力）；压盘左侧（压盘与变矩器壳体之间）的液压油通过变矩器输出轴中间的控制油道与阀板总成上的锁止控制阀相通。锁止控制阀由自动变速器电脑通过锁止电磁阀来控制。

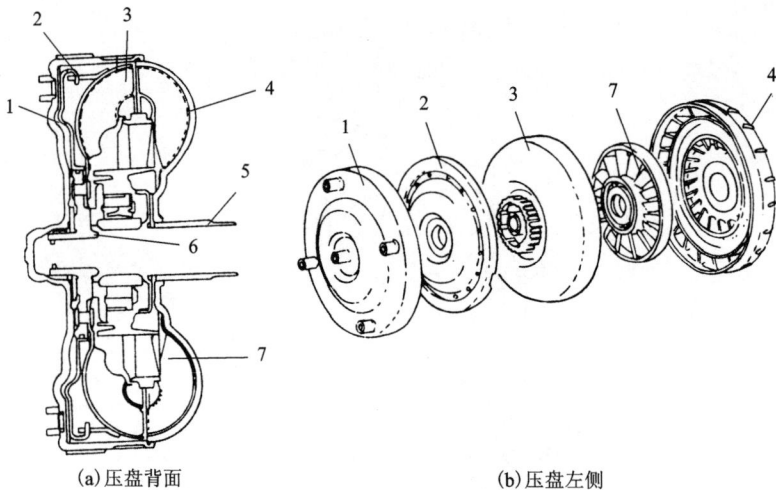

(a)压盘背面　　　　　　　　　(b)压盘左侧

图7-4　带锁止离合器的综合式液力变矩器
1—变矩器壳；2—锁止离合器压盘；3—涡轮；4—泵轮；5—变矩器轴套；6—输出轴花键套；7—导轮

自动变速器电脑根据车速、节气门开度、发动机转速、变速器液压油温度、操纵手柄位置、控制模式等因素，按照设定的锁止控制程序向锁止电磁阀发出控制信号，操纵锁止控制阀，以改变锁止离合器压盘两侧的油压，控制锁止离合器的工作。当车速较低时，锁止控制阀让液压油从油道B进入变矩器，使锁止离合器压盘两侧保持相同的油压，锁止离合器处于分离状态，这时输入变矩器的动力完全通过液压油传至涡轮，图7-5（a）所示。当汽车在良好道路上高速行驶，且车速、节气门开度、变速器液压油温度等因素符合一定要求时，电脑即操纵锁止控制阀，让液压油从油道C进入变矩器，油道B与泄油口相通，使锁止离合器压盘左侧的油压下降。由于压盘背面[图7-5（a）]的液压油压力仍为变矩器压力，从而使压盘在前后两面压力差的作用下压紧在主动盘（变矩器壳体）上，如图7-5（b）所示。这时输入变矩器的动力通过锁止离合器的机械连接，由压盘直接传至涡轮输出，传动效率为100%。另外，锁止离合器在结合时还能减少变矩器中的液压油因液体摩擦而产生的热量，有利用降低液压油的温度。有些车型的液力变矩器的锁止离合器盘上还装有减振弹簧，以减小锁止离合器在结合时瞬间产生的冲击力(见图7-6)。

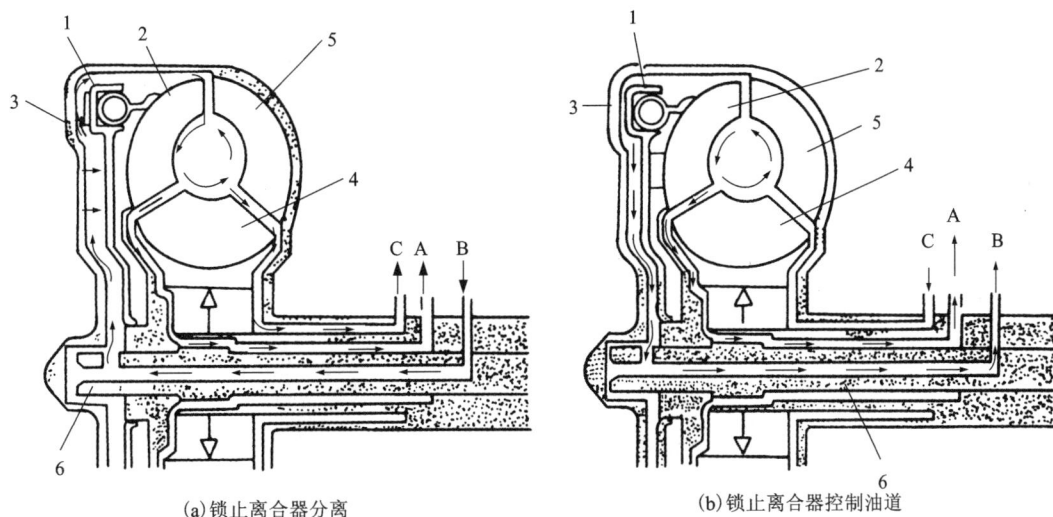

(a)锁止离合器分离　　　　　　　　　　　　　　　(b)锁止离合器控制油道

图7-5　锁止离合器工作原理

1—锁止离合器压盘；2—涡轮；3—变矩器壳；4—导轮；5—泵轮；6—变矩器输出轴与出油道

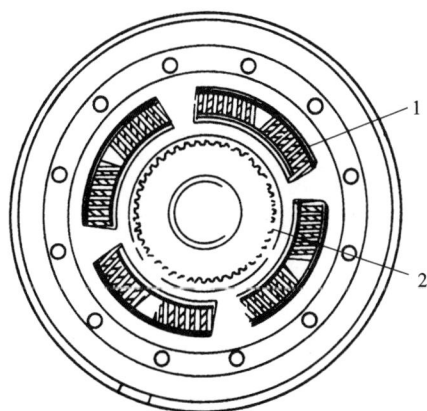

图7-6　带减振弹簧的压盘

1—减振弹簧；2—花键套

7.1.2　变速齿轮机构的结构与工作原理

自动变速器中的变速齿轮机构和传统的手动齿轮变速机构一样，具有空挡、倒挡及2~6个不同传动比的前进挡。不同的是自动变速器中的挡位变换不是由驾驶员直接控制的，而是由自动变速器的液压控制系统或电子控制系统控制换挡执行机构的动作来改变变速齿轮机构的传动比，从而实现自动换挡的。

变速齿轮机构主要包括行星齿轮机构和换挡执行机构两部分。

1. 行星齿轮机构结构与工作原理

行星齿轮机构有很多类型，其中最简单的行星齿轮机构是由1个太阳轮、1个齿圈、1个行星架和支承在行星架上的几个行星齿轮组成的，称为1个行星排(见图7-7)。

行星齿轮机构中的太阳轮、齿圈及行星架有一个共同的固定轴线，行星齿轮支承在固定于行星架的行星齿轮轴上，并同时与太阳轮和齿圈啮合。当行星齿轮机构运转时，空套在行星架上的行星齿轮轴上的几个行星齿轮一方面可以绕着自己的轴线旋转，另一方面又可以随着行星架一起绕着太阳轮回转，就像天上行星的运动那样，兼有自转和公转两种运动状态(星齿轮的名称因此而来)。在行星排中，具有固定轴线的太阳轮、齿圈和行星架称为行星排的3个基本元件。

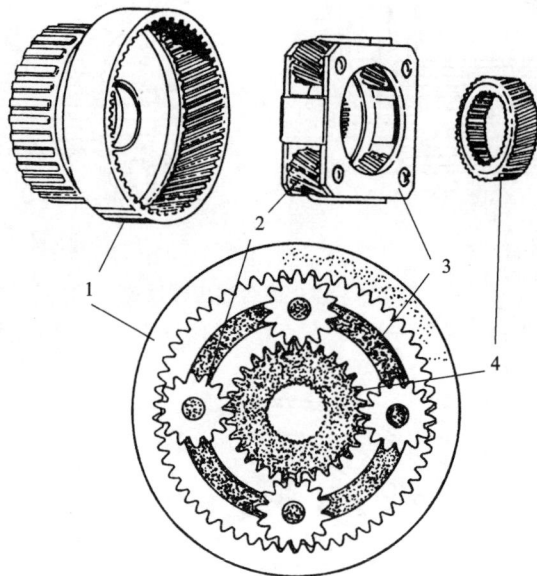

图7-7 行星齿轮机构
1—齿圈；2—行星齿轮；3—行星架；4—太阳轮

由于单排行星齿轮机构有两个自由度，因此它没有固定的传动比，不能直接用于变速传动。为了组成具有一定传动比的传动机构，必须将太阳轮、齿圈和行星架这三个基本元件中的一个加以固定(即使其转速为0，也称为制动)；或使其运动受到一定的约束(即让该构件以某一固定的转速旋转)，或将某两个基本元件互相连接在一起(即两者转速相同)，使行星排变为只有一个自由度的机构，获得确定的传动化。

图7-8所示为行星齿轮机构的传动简图。设太阳轮的齿数为Z_1，齿圈齿数为Z_2，太阳轮、齿圈和行星架的转速分别为n_1、n_2、n_3，并设齿圈与太阳轮的齿数比为α，即

$$\alpha = Z_2 / Z_1 \tag{7-1}$$

则行星齿轮机构的一般运动规律可表达为：

$$n_1 + \alpha n_2 - (1 + \alpha) n_3 = 0 \tag{7-2}$$

由式(7-2)可以看出，在太阳轮、齿圈和行星架三个基本元件中，可任选两个分别作为

主动件和从动件，使另一个元件固定不动(使该元件转速为零)或使其运动受一定约束(使该元件的转速为某一定值)，则整个轮系以一定的传动比传递动力。不同的连接和固定方案可得到不同的传动比，三个基本元件的不同组合可有 6 种不同的组合方案，加上直接挡传动和空挡，共有 8 种组合，相应能获得 5 种不同的传动比。

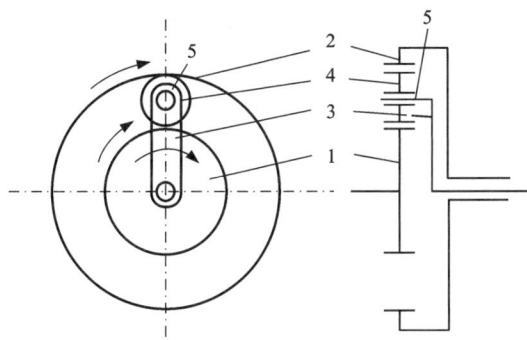

图 7-8　行星齿轮机构传动

1—太阳轮；2—齿圈；3—行星架；4—行星齿轮；5—行星齿轮轴

2.换挡执行机构的结构与工作原理

行星齿轮变速器的换挡执行机构由离合器、制动器和单向超越离合器三种不同的执行元件组成。它有三个基本作用，即连接、固定和锁止。

(1)离合器的结构与原理

行星齿轮变速器换挡执行机构中的离合器按工作原理的不同，有片式离合器和爪型离合器之分。其中片式离合器较为常用，而且较多地使用多片湿式离合器。爪型离合器使用较少。

①离合器的结构。

多片湿式离合器是自动变速器中最重要的换挡执行元件之一。它通常由离合器鼓、离合器活塞、回位弹簧、弹簧座、1 组钢片、1 组摩擦片、调整垫片、离合器毂及几个密封圈等组成如图 7-9 所示。

离合器毂是一个液压缸，毂内有内花键齿圈，内圆轴颈上有进油孔与控制油路相通。离合器活塞为环状，内、外圆上有密封圈，安装在离合器毂内。从动钢片和主动摩擦片交错排列，两者统称为离合器片，均用钢料制成，但摩擦片的两面烧结有硼基粉末冶金摩擦材料。

为保证离合器接合柔和及散热，离合器片浸在 ATF 油中工作，因而称为湿式离合器。钢片带有外花键齿，与离合器毂的内花键齿圈连接，并可轴向移动；摩擦片以内花键齿与花键毂的外花键槽配合，也可做轴向移动。

花键缓和离合器毂分别以一定的方式与变速器输入轴或行星齿轮机构的元件相连接。碟形弹簧的作用是使离合器接合柔和，防止换挡冲击。可以通过调整卡环或压盘的厚度调整离合器的间隙。

②离合器工作原理。

离合器工作原理如图 7-10 所示。

当一定压力的 ATF 油经控制油道进入活塞左面的液压缸时，液压作用力便克服弹簧力使活塞右移，将所有离合器片压紧，即离合器接合，同时与离合器主、从动部分相连的元件也

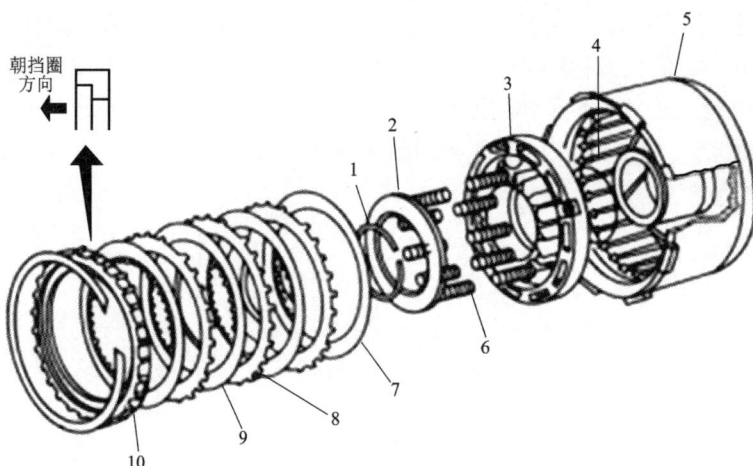

图7-9　离合器的结构分解

1—卡环；2—弹簧座；3—活塞；4—O形密封圈；5—离合器毂；6—回位弹簧；7—蝶形弹簧
8—从动钢片；9—主动摩擦片；10—压盘

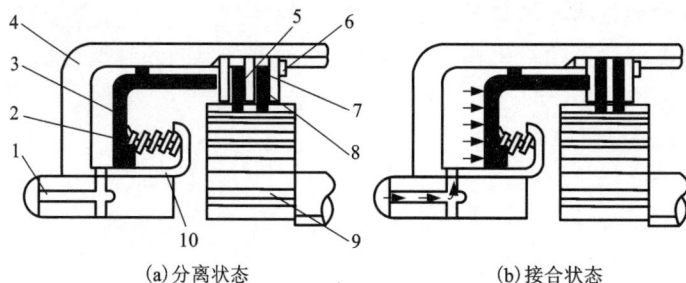

(a)分离状态　　　　　　　　　　(b)接合状态

图7-10　离合器的工作原理

1—控制油道；2—回位弹簧；3—活塞；4—离合器毂；5—主动片；6—卡环；7—压盘；8—从动片；9—花键毂；10—弹簧座

被连接在一起，以相同的速度旋转。

当控制阀将作用在离合器液压缸的油压撤除后，离合器活塞在回位弹簧的作用下回到原位，并将缸内的 ATF 油从进油孔排出，使离合器分离。离合器主、从动部分可以不同的转速旋转。

(2)制动器的结构与原理

制动器是一种起制动约束作用的机构，它将行星齿轮机构中的太阳轮、齿圈和行星架这三个基本元件之一与变速器壳体相连，使该元件被约束固定而不能旋转。制动器的结构形式较多，目前最常见的是带式制动器和片式制动器两种。片式制动器与多片湿式离合器的结构和原理相同，不同之处是离合器起连接作用而传递动力，片式制动器是通过连接起制动作用。带式制动器又称制动带，下面介绍其结构和原理。

①制动器的结构。

带式动器由制动带和控制油缸组成，如图 7-11 所示。制动带是内表面带有镀层的开口式环形钢带。制动带的一端支承在与变速器壳体固连的支座上，另一端与控制油缸的活塞杆相连。

②制动器工作原理。

制动器的工作原理如图7-12所示，制动带开口处的一端通过支柱支承于固定在变速器壳体的调整螺钉上，另一端支承于油缸活塞杆端部；活塞在回位弹簧和左腔油压作用下位于右极限位置，此时，制动带和制动鼓之间存在一定间隙。制动时，压力油进入活塞右腔，克服左腔油压和回位弹簧的作用力推动活塞左移，制动带以固定支座为支点收紧。在制动力矩的作用下，制动鼓停止旋转，行星齿轮机构某元件被锁止。随着油压撤除，活塞逐渐回位，制动解除。

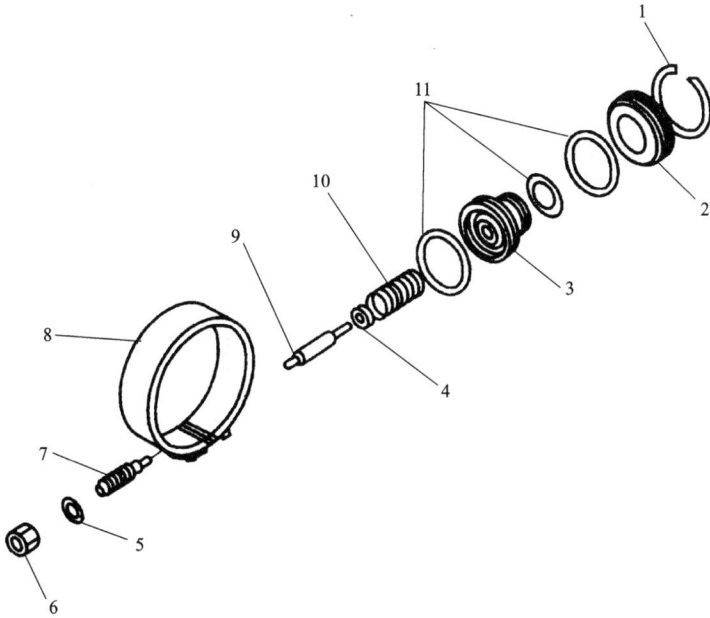

图 7-11　带式制动器的结构

1—卡环；2—活塞定位架；3—活塞；4—止推垫圈；5—垫圈；6—锁紧螺母；7—调整螺钉；
8—制动带；9—活塞杆；10—回位弹簧；11—O 形圈

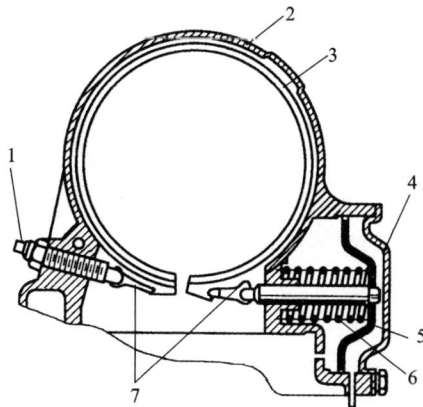

图 7-12　带式制动器的结构

1—调整螺钉；2—壳体；3—制动带；4—油缸；5—活塞；6—回位弹簧；7—推杆

（3）单向超越离合器的结构与工作原理

单向离合器又称自由轮离合器，在液力变矩器和行星排中均有应用。

在行星排中，它用来锁止某个元件的某种转向。它同时还具有固定作用，当与之相连元件的受力方向与锁止方向相同时，该元件立即被固定；当受力方向与锁止方向相反时，该元件即被释放。

单向离合器的锁止和释放完全由与之相连元件的受力方向来控制。常见的单向离合器有滚柱式（见图7-13）和楔块式（见图7-14）两种。

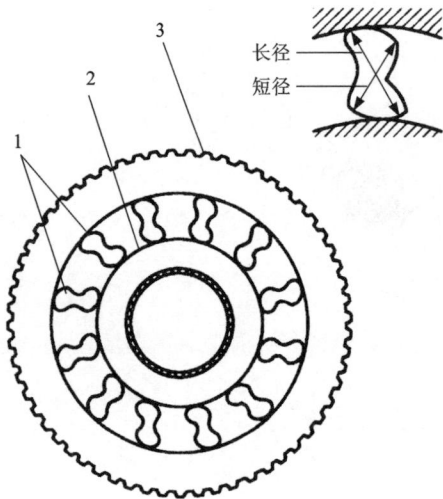

图7-13　滚柱式单向离合器

1—叠片弹簧；2—外座圈；3—滚柱

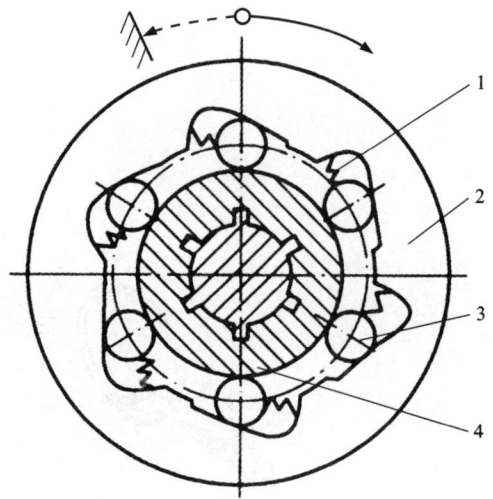

图7-14　楔块式单向离合器

1—叠片弹簧；2—外座圈；3—滚柱；4—内座圈

7.1.3　电控自动变速的供油系统、电控系统原理

近代所使用的自动变速器都离不开液压系统，而液压系统的液压油是由供油系统所提供的，因此，供油系统是汽车自动变速器中不可缺少的重要组成部分之一。

1. 供油系统的基本组成及作用

供油系统的结构组成，因其用途不同而有所不同，但主要组成部分基本相同，一般由各分支供油系统、油泵及辅助装置、压力调节装置等部分组成。

供油系统的作用是向变速器各部分提供足够流量、合适温度的液压油。具体作用是：

①给变速器（或耦合器）供油，并维持足够的补偿压力和流量，以保证液力元件完成传递动力的功能；防止变矩器产生的气蚀，并及时将变矩器的热量带走，以保持正常的工作温度。

②在一部分工程车辆和重型运输车辆中，向液力减速器提供足够流量及温度适宜的油液，以便能适时地吸收车辆的动能，得到满意的制动效果。

③向控制系统供油，并维持主油路的工作油压，保证各控制机构顺利工作。

④保证换挡离合器等的供油，以满足换挡等的操纵需要。

⑤为整个变速器各运动零件如齿轮、轴承、止推垫片、离合器摩擦片等提供润滑用油，

并保证正常的润滑油温度。

⑥通过油料的循环散热冷却，使整个自动变速器的发热量得以散逸，使变速器保持在合理的温度范围内工作。

2. 供油油泵的结构与工作原理

油泵是自动变速器中最重要的总成之一，它通常安装在变矩器的后方，由变矩器壳后端的轴套驱动。在变速器的供油系统中，常用的油泵有内啮合齿轮泵、转子泵和叶片泵。由于自动变速器的液压系统属于低压系统，其工作油压通常不超过 2 MPa，所以应用最广泛的仍然是齿轮泵。

内啮合齿轮泵主要由外齿齿轮、内齿齿轮、月牙形隔板、泵壳、泵盖等组成，图 7-15 所示为典型的内啮合齿轮泵及其主要零件的外形。液压泵的齿轮紧密地装在泵体的内腔里，外齿齿轮为主动齿轮，内齿齿轮为从动齿轮，两者均为渐开线齿轮；月牙形隔板的作用是将外齿齿轮和内齿齿轮隔开。内齿和外齿齿轮紧靠着月牙形隔板，但不接触，有微小的间隙。泵体是经过精加工铸造而成的，泵体内有很多油道，有进油口和出油口，有的还有阀门或电磁阀。泵盖也是一个经精加工的铸件，也有很多油道。泵盖和泵体用螺栓连接在一起。

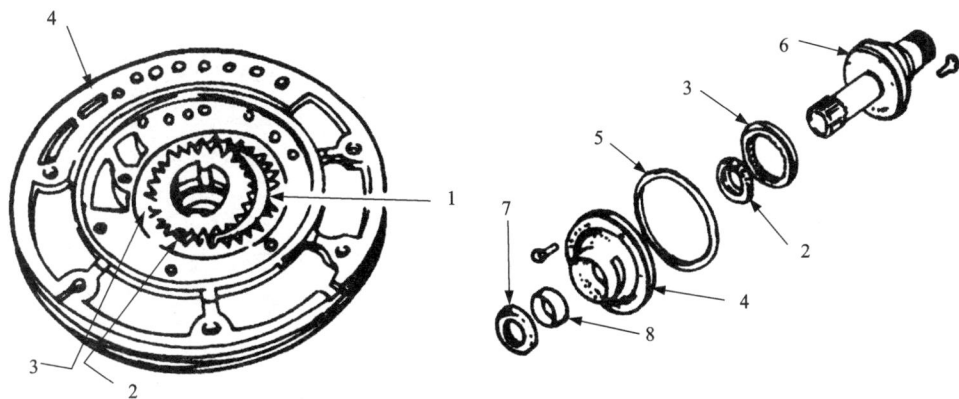

图 7-15　典型的内啮合齿轮泵

1—月牙形隔板；2—驱动齿轮(外齿轮)；3—被动齿轮(内齿轮)；4—泵体；5—密封；6—固定支承；7—油封；8—轴承

内啮合齿轮泵的工作原理如图 7-16 所示。月牙形隔板将内齿轮与外齿轮之间空出的容积分隔成两个部分。在齿轮旋转时，齿轮由啮合到分离的那一部分，其容积由小变大，称为吸油腔；齿轮由分离进入啮合的那一部分，其容积由大变小，称为压油腔。由于内、外齿轮的齿顶和月牙形隔板的配合是很紧密的，所以吸油腔和压油腔是互相密封的。当发动机运转时，变矩器壳体后端的轴套带动小齿轮和内齿轮一起顺时针方向运转。此时在吸油腔内，由于外齿轮和内齿轮不断退出啮合，容积不断增加，以致形成局部真空，将油盘中的液压油从进油口吸入，且随着齿轮旋转，齿间的液压油被带到压油腔；在压油腔，由于小齿轮和内齿轮不断进入啮合，容积不断减少，将液压油从出油口排出，油液源源不断地输往液压系统。

3. 调压装置

自动变速器的供油系统中，必须设置油压调节装置。一方面是因为油泵泵油量是变化的：自动变速器的油泵是由发动机直接驱动的，油泵的理论泵油量和发动机的转速成正比，为了保证自动变速器的正常工作，当发动机处于最低转速工况(怠速)时，供油系统中的油压应能满足自动变速器各部分的需要，防止油压过低使离合器、制动器打滑，影响变速器的动力传递；但如果只考虑怠速工况，由于发动机在怠速工况下的转速(750 r/min 左右)和最高转速(6000 r/min 左右)之间相差太大，当发动机高速运转时，油泵的泵油量将大大超过自动变速器各部分所需要的油量和油压，导致油压过高，增加发动机的负荷，并造成换挡冲击。另一方面是因为自动变速器中各部分对油压的要求也不相同。因此，供油系统提供给各部分的油压和流量应是可以调节的。

自动变速器供油系统的油压调节装置由主油路调压阀(又称一次调节阀)、副调压阀(又称二次调节阀)、单向阀和安全阀等组成。图 7-17 所示为一种油压调节阀装置的结构图。

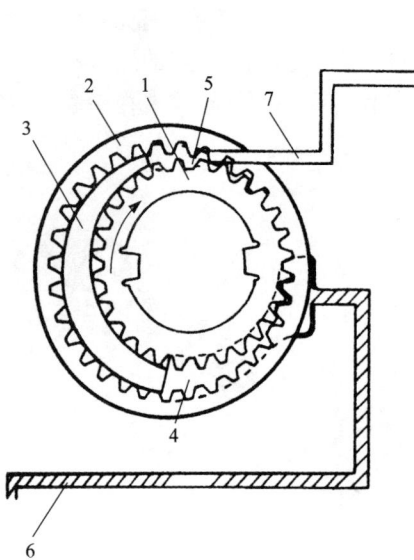

图 7-16　内啮合齿轮泵

1—小齿轮；2—内齿轮；3—月牙形隔板；4—吸油腔；
5—压油腔；6—进油道；7—出油道

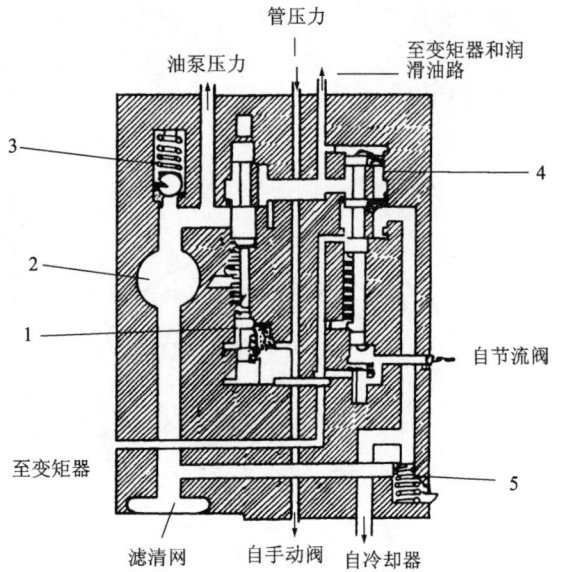

图 7-17　油压调节装置

1—一次调节阀；2—油泵；3—安全阀；
4—二次调节阀；5—单向阀

(1)主油路调压阀

主油路调压阀又称一次调节阀，它的作用是根据汽车行驶速度和化油器节气门开度的变化，自动调节流向各液压系统的油压，保证各系统液压的稳定，使各信号阀工作平稳。主油路调压阀一般由阀芯、阀体和弹簧等主要元件组成，图 7-18 所示为油压调节阀的结构简图。

来自油泵的压力油液从进油口 a 进入，并作用到阀芯的右端，来自节气门调节阀和手动阀倒挡油路的两个反馈油压则经进油口 f 作用在阀芯的左端。

当发动机负荷较小，输出功率较小时，节气门调节压力也较低，作用在阀芯右端的油液压力较高；油压所产生的作用力大于阀芯左端弹簧预紧力和节气门调节压力对阀芯的作用力时，弹簧将被压缩，阀芯向左移动，阀芯中部的密封台肩将使泄油口露出一部分(来自油泵的油液压力越高则泄油口露出越多)，来自油泵的油液一部分经出油口 b 输往选挡阀，一部分

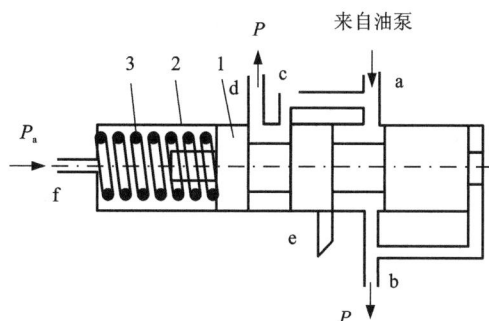

图 7-18　油压调节阀的结构简图

1—阀芯；2—阀体；3—弹簧；a—来自油泵的压力油进口；b—输往选挡阀的出油口；c—与 a 连通的进油口；
d—输往变矩器的出油口；e—泄油道；f—节气门调节压力的进口

经出油口 d 输出往变矩器，还有一部分泄油口流回油盘，使油压下降，直至油液压力所产生的推力与调压弹簧的预紧力和节气门调节压力的合力保持平衡为止，调压阀以低于油泵输入压力的油压输出；当节气门开度增大，输出功率增大时，此时增大了的节气门调节油压将使阀芯向右移动，阀芯中部的密封台肩将堵住泄油口，泄油口开度降低，泄油道减小或处于封闭状态，使油压上升，调节阀以高于油泵输入压力的油压输出。节气门开度越大，调压阀输出的压力越高，输往选挡阀和变矩器的油液压力将随所要传递的功率的增大而增大，使油液压力保持在相对稳定的范围(通常为 0.5~1 MPa)。

在阀芯的右端还作用着另一个反馈油压，它来自压力校正阀。这一反馈油压对阀芯产生一个向左的推力，使主油路调压阀所调节的主油路油压减小。

当自动变速器处于前进挡的 1 挡或 2 挡时，倒挡油路油压为 0，压力校正阀关闭，调压阀右端的反馈油压也为 0。当变速器处于 3 挡或超速挡时，若车速增大到某一数值，压力校正阀开启，来自节气门阀的压力油经压力校正阀进入调压阀右端，增加了阀芯向左的推力，使主油路油压减小，减小了油泵的运转阻力。当自动变速器处于倒挡时，来自手动阀的倒挡油路压力油进入阀芯的左端，阀芯左端的油压增大，主油路调压阀所调节的主油路压力也因此升高，满足了倒挡时对主油路油压的需要。此时的主油路油压称为倒挡油压。

(2)副调压阀和安全阀

副调压阀又称二次调节阀，它的作用是根据汽车行驶速度和化油器节气门开度的变化，自动调节变矩器的油压、各部件的润滑油压和冷却装置的冷却油压。

二次调节阀也是由阀体、阀芯和弹簧等组成。当发动机转速低或化油器油门关闭时，二次调压阀在弹簧的作用下，把通向液压油冷却装置的油道切断。当发动机转速升高和液力变矩器油压升高时，油路开放。发动机停止转动时，二次调压阀用一个单向控制阀把液力变矩器的油路关闭，使液压油不能外流，以免影响转矩输出。

安全阀实际上也是一个调压阀，由弹簧和钢球组成，并联在油泵的进、出油口上，以限制油泵压力。当油泵压力高时，压开钢球，液压油经钢球和油道流回油盘。

旁通阀(单向阀)是液压油冷却装置的保护器，与冷却装置并联。当流到冷却装置的液压油温度过高、压力过大时，阀体打开，起旁通作用，以免高温、高压的液压油损坏冷却装置。

4. 辅助装置

自动变速器供油系统中除了油泵及各种流量控制阀外，还包括许多辅助装置。这里仅就油箱和滤清器做一些简单介绍。

(1)油箱

自动变速器的油箱，常见的型式有总体式和分离式两类。前者与自动变速器连成一体，直接把变速器的油底壳作为油箱使用。后者分开独立布置，由管道与变速器连通。分离式油箱在布置上比较自由，允许有足够的容量而不增加变速器的高度。通常油箱都有可靠的密封，以防油液泄漏和杂质进入；有时还可采用充压密封式油箱，以改善油泵的吸油效果。对于某些工程车辆和重型车辆的综合传动箱，还可根据箱体结构分隔成两个或多个互通的油池，以保证可行的油液循环。

此外，一般油箱还应有个通气孔，以保证油箱内正常的大气压。

(2)滤清器

自动变速器由于液压系统零件的高精密度及工作性能的灵敏度，使其对油液的清洁程度要求极高。经过长期使用后，油液变质、零件磨损颗粒、摩擦衬面剥落、密封件磨损脱落、空气中的尘埃颗粒，以及其他污物都可能使油液污染，导致各种故障的发生，如滑阀受卡、节流孔堵塞、随动滑阀失灵。因此，应采用多种措施对油液进行严格过滤。

在自动变速器供油系统中，通常设有三种形式的滤油装置。

①粗滤器。

粗滤器通常装在油泵的吸油管端，用以防止大颗粒或纤维杂物进入供油系统。为了避免出现吸油气穴现象，一般采用$80 \sim 110 \ \mu m$的金属丝网或毛织物作为滤清材料，以保证不产生过大的降压。

②精滤器。

精滤器通常设置在回油管道或油泵的输出管道上，它的作用是滤去油液中的各种微小颗粒，提高油液的清洁度，避免颗粒杂物进入控制系统。因此，精滤器须有较高的过滤精度。例如有的重型自动变速器的精滤器的过滤精度为$40 \ \mu m$，可保证大于$0.04 \ mm$的颗粒杂物不得进入控制系统。这样，油液必须在压力状态下通过精滤器，并产生一定的压降。在某些复杂的重型车辆和工程车辆中，常设计有专用的旁路式精滤器，用一个专用的油泵来驱使油液通过精滤器。

③阀前专用滤清器。

在一些自动变速器的控制系统中，常在一些关键而精密的控制阀前，例如，双边节流的参数调压阀前的油路中，串接设置有专用的阀前滤清器，以防止杂质进入节流孔隙处造成调压阀失灵，影响整个控制系统的工作。这种阀前滤清器应尽量设置在接近于被保护的控制阀处，并且只为该阀所专用。通常，由于它要求通过的流量不大，这种滤清器的尺寸都做得很小，过滤材料则用多层的金属丝或微孔滤纸。

7.1.4 电子控制装置的结构与工作原理

电子控制系统由电子控制装置和阀板两大部分组成。它与传统的液压控制系统相比，不论是控制原理还是控制过程都有很大的不同。目前越来越多的轿车自动变速器采用这种控制系统。

电子控制装置是控制系统的核心。它利用电子自动控制的原理，通过传感器将汽车行驶速度和发动机负荷等参数转变为电信号；电脑根据这些电信号做出是否需要换挡的判断，并按照设定的控制程序发出换挡指令，操纵各种电磁阀(换挡电磁阀、油压电磁阀等)去控制阀板总成中各个控制阀的工作(接通或切断换挡控制油路)，如驱动离合器、制动器、锁止离合器等液力执行元件，从而实现对自动变速器的全面控制。

电子控制装置由各种传感器、控制开关、执行器和电脑等组成，如图7-19所示。

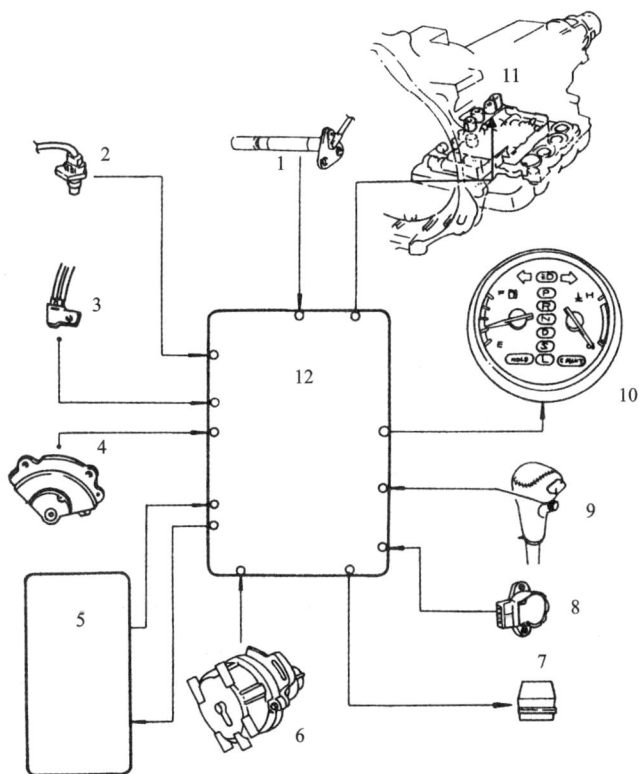

图7-19 电子控制装置的组成
1—输入轴转速传感器；2—车速传感器；3—液压油温度传感器；4—挡位开关；5—发动机电脑；
6—发动机转速传感器；7—故障检测插座；8—节气门位置传感器；9—模式开关；10—挡位指示灯；
11—电磁阀；12—自动变速器电脑

1.传感器

电子控制装置中常用的传感器有节气门位置传感器、车速传感器、输入轴转速传感器、液压油温度传感器等。

（1）节气门位置传感器

汽车发动机的节气门是由驾驶员通过油门踏板来操纵的，以便根据不同的行驶条件控制发动机运转。电子控制自动变速器是利用安装在发动机节气门体上的节气门位置传感器来测得节气门的开度，并作为电脑控制自动变速器挡位变换的依据，使自动变速器的换挡规律在任何行驶条件下都能满足汽车的实际使用要求。

（2）车速传感器

车速传感器安装在自动变速器输出轴附近，如图7-20所示。它是一种电磁感应式转速传感器，用于检测自动变速器输出轴的转速。电脑根据车速传感器的信号计算出车速，作为其换挡控制的依据。

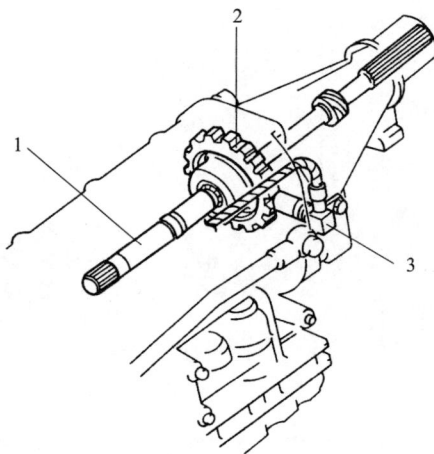

图7-20 车速传感器
1—输出轴；2—停车锁止齿轮；3—车速传感器

车速传感器由永久磁铁和电磁感应线圈组成，如图7-21(a)所示。它固定在自动变速器输出轴附近的壳体上，靠近安装在输出轴上的停车锁止齿轮或感应转子。当输出轴转动时，停车锁止齿轮或感应转子的凸齿不断靠近或离开车速传感器，使感应线圈的磁通量发生变化，产生交流感应电压，见图7-21(b)。车速越高，输出轴的转速也越高，感应电压的脉冲频率也越大。电脑根据感应电压脉冲频率的大小计算出车速。

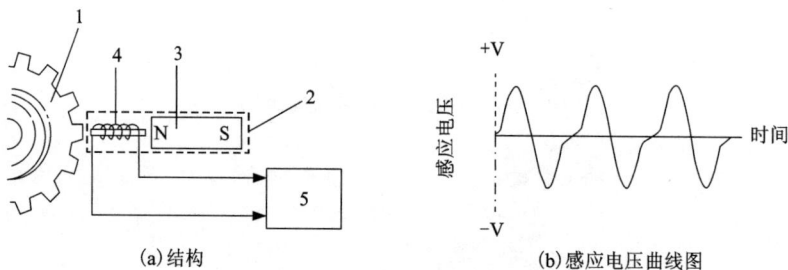

(a)结构   (b)感应电压曲线图

图7-21 车速传感器工作原理
1—停车锁止齿轮；2—车速传感器；3—永久磁铁；4—感应线圈；5—电脑

（3）输入轴转速传感器

输入轴转速传感器的结构、工作原理与车速传感器相同。它安装在行星齿轮变速器的输入轴或与输入轴连接的离合器毂附近的壳体上（见图7-22），用于检测输入轴转速，并将信号送入电脑，使电脑更精确地控制换挡过程。此外，电脑还将该信号和来自发动机控制系统的发动机转速信号进行比较，计算出变矩器的传动比，使油路压力控制过程和锁止离合器控制过程得到进一步的优化，以改善换挡感觉，提高汽车的行驶性能。

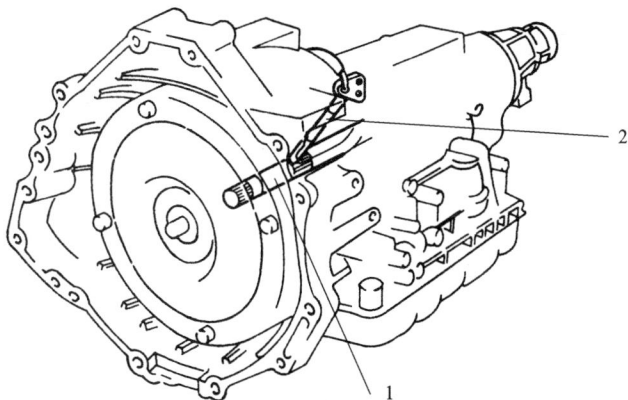

图7-22　输入轴转速传感器

1—行星齿轮变速器输入轴；2—输入轴转速传感器

（4）液压油温度传感器

液压油温度传感器安装在自动变速器油底壳内的阀板上，用于检测自动变速器的液压油的温度，以作为电脑进行换挡控制、油压控制和锁止离合器控制的依据。液压油温度传感器内部是一个负系数热敏电阻。其温度越高，电阻越低，电脑根据电阻的变化测出自动变速器的液压油的温度。

除了上述各种传感器之外，自动变速器的控制系统还将发动机控制系统中的一些信号，如发动机转速信号、发动机水温信号、大气压力信号、进气温度信号等，作为控制自动变速器的参考信号。

2. 控制开关

电子控制装置中的控制开关有：空挡启动开关、自动跳合开关（降挡开关）、制动灯开关、超速挡开关、模式开关、挡位开关等。

（1）空挡启动开关

空挡启动开关用以判断选挡手柄的位置，防止发动机在驱动挡位时启动。当选挡手柄位于空挡或驻车位置时，启动开关接通，使发动机得以启动。如果选挡手柄位于任一驱动位置，则启动开关断开，发动机不能启动，从而保证使用安全。当选挡手柄置于不同位置时，空挡启动开关接通相关电路，电控单元根据接通电路的信号，控制变速器进行自动换挡。

（2）自动跳合开关

自动跳合开关又称降挡开关，它是用来检测加速踏板是否超过节气门全开的位置。当加速踏板超过节气门全开位置时，自动跳合开关接通，向电控单元输送信号，电控单元即按其内存设置的程序控制换挡,使变速器自动下降一个挡位,以提高汽车的加速性能。如果跳合开关短路,则电控单元不计其信号,按选挡手柄的位置控制换挡。

(3)制动灯开关

制动灯开关用以判断制动踏板是否踩下。如果踩下,则该开关将信号输给电控单元,以解除锁止离合器的结合,防止突然制动时发动机熄火。

(4)超速挡开关

这一开关用来控制自动变速器的超速挡。当这个开关打开后,超速挡控制电路接通,此时若操纵手柄位于 D 位,自动变速器随着车速的升高而升挡时,最高可升入 4 挡(即超速挡)。该开关关闭后,调速挡控制电路被断开,仪表盘上的"O/DOFF"指示灯随之亮起(表示限制超速挡的使用)。自动变速器随着车速的提高而升挡时,最高只能升入 3 挡,不能升入超速挡。

(5)模式开关

大部分电子控制自动变速器都有一个模式开关,用来选择自动变速器的控制模块,以满足不同的使用要求。控制模式主要是指自动变速器的换挡规律,常见的自动变速器的控制模式有以下几种。

①经济模式。

这种控制模式是以汽车获得最佳的燃油经济性为目标来设计换挡规律的。当自动变速器在经济模式状态下工作时,其换挡规律应能使发动机在汽车行驶过程中经常处在经济转速范围内运转,从而提高了燃油经济性。

②动力模式。

这种控制模式是以汽车获得最大的动力性为目标来设计换挡规律的。在这种控制模式下,自动变速器的换挡规律能使发动机在汽车行驶过程中经常处在大功率范围内运转,提高了汽车的动力性能和爬坡能力。

③标准模式。

标准模式是指换挡规律介于经济模式和动力模式之间的一种换挡模式。它兼顾了动力性和经济性,使汽车既保证一定的动力性,又有较佳的燃油经济性。

(6)挡位开关

挡位开关位于自动变速器手动阀摇臂轴上或操纵手柄下方,用于检测操纵手柄的位置。它由几个触点组成。当操纵手柄位于不同位置时,相应的触点被接通。电脑根据被接触的触点,测得操纵手柄的位置,以按照不同的程序控制自动变速器的工作。

3. 执行器

电子控制装置中的执行器是各种电磁阀。常见的有开关式电磁阀和脉冲线性式电磁阀两种。

(1)开关式电磁阀

开关式电磁阀的作用是开启或关闭液压油路,通常用于控制换挡阀及变矩器锁止控制阀的工作。开关式电磁阀由电磁线圈、衔铁、回位弹簧、阀芯和阀球所组成(见图 7-23)。它有三种工作方式:一种是让某一条油路保持油压或泄空,如图 7-23(a)所示。即当电磁线圈不通电时,阀芯被油压推开,打开泄油孔,该油路的液压油经电磁阀泄空,油路压力为零;当电磁阀线圈通电时,电磁阀使阀芯下移,关闭泄油孔,使油路油压上升。另一种是开启或关闭某一条油路。即当电磁线圈不通电时,油压将阀芯推开,阀球在油压作用下关闭泄油孔,打开进油孔,使主油路压力油进入控制油道,如图 7-23(b)所示;当电磁线圈通电时,电磁力使阀芯下移,推动阀球关闭进油孔,打开泄油孔,控制油道内的压力油由泄油孔泄空,如图7-23(c)所示。

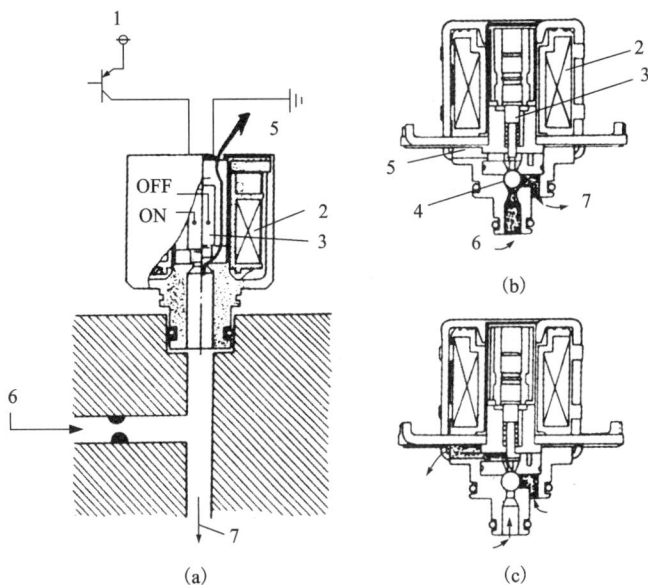

图 7-23 开关式电磁阀

1—电脑;2—电磁线圈;3—衔铁和阀芯;4—阀球;5—泄油孔;6—主油道;7—控制油道

(2)脉冲线性式电磁阀

脉冲线性式电磁阀的结构与电磁式相似,也是由电磁线圈、衔铁、阀芯或滑阀等组成(见图 7-24)。它通常用来控制油路中的油压。当电磁线圈通电时,电磁力使阀芯或滑阀开启,液压油经泄油孔排出,油路压力随之下降。当电磁线圈断电时,阀芯或滑阀在弹簧弹力的作用下将泄油孔关闭,使油路压力上升。脉冲线性式电磁阀和开关式电磁阀的不同之处在于控制它的电信号不是恒定不变的电压信号,而是一个固定频率的脉冲电信号。电磁阀在脉冲电信号的作用下不断反复地开启和关闭泄油孔,电脑通过改变每个脉冲周期内电流接通和断开的时间比率(称为占空比,变化范围为 0~100%),以及电磁阀开启和关闭时间的比率,来控制油路的压力。占空比越大,经电磁阀泄出的液压油越多,油路压力就越低;反之,占空比越小,油路压力就越大。

脉冲线性式电磁阀一般安装在主油路或减振器背压油路上,电脑通过这种电磁阀在自动变速器升挡或降挡的瞬间使油压下降,进一步减少换挡冲击,使挡位的变换更加柔和。

4.电脑及控制电路

各种车型自动变速器的电子控制装置的结构,特别是电脑内部结构及控制程序的内容,传感器、执行器及控制开关的配置和类型,控制电路的布置方式等往往有很大的不同。

有些车型的自动变速器自身有电脑,且专门用于控制自动变速器的工作。这种电脑除了和自动变速器工作有关的传感器、控制开关、执行器连接之外,往往还通过电路和汽车其他

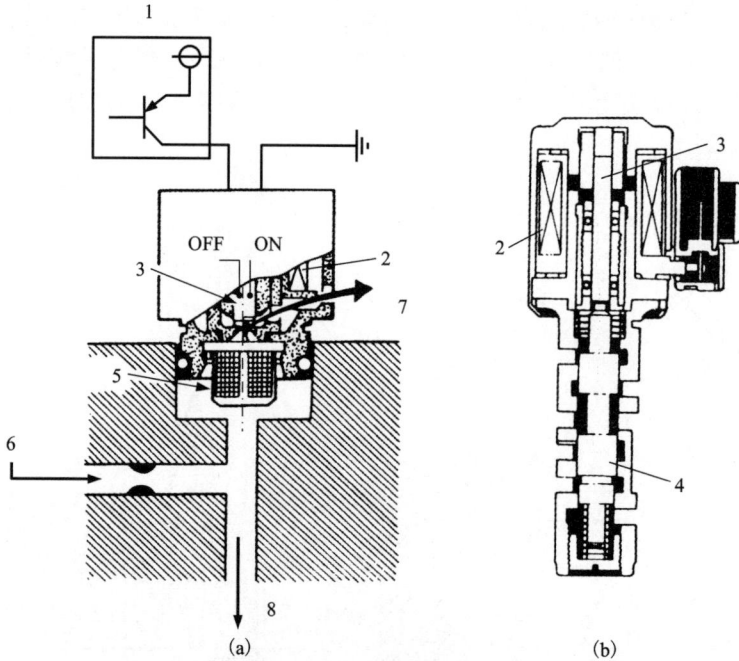

图 7-24　脉冲线性式电磁阀

1—电脑；2—电磁线圈；3—衔铁和阀芯；4—滑阀；5—滤网；6—主油道；7—泄油孔；8—控制油道

系统的电脑连接，如发动机控制系统的电脑、巡航控制系统的电脑等，并从这些电脑中获取与控制自动变速器有关的信号；或将自动变速器的工作情况通过电信号给其他系统的电脑，让发动机或汽车其他系统的工作能与自动变速器相配合。

也有许多车型的自动变速器和发动机由同一个电脑来控制，使自动变速器的工作能更好地与发动机的工作相匹配。例如大部分丰田汽车的电子控制自动变速器都是采用这种控制方式。

各种自动变速器电脑的控制内容和控制方式有很多相似之处，通常有以下控制内容。

（1）换挡控制

换挡控制即控制自动变速器的换挡时刻，也就是在汽车达到某一车速时，让自动变速器升挡或降挡。它是自动变速器电脑最基本的控制内容。自动变速器的换挡时刻（即换挡车速，包括升挡车速和降挡车速）对汽车的动力性和燃料经济性有很大影响。对于汽车的某一特定行驶工况来说，有一个与之相对应的最佳换挡时机或换挡车速。电脑应使自动变速器在汽车任何行驶条件下都按最佳换挡时刻进行换挡，使汽车的动力性和燃料经济性等各项指标达到最优。

汽车的最佳换挡车速主要取决于汽车行驶时的节气门开度。不同节气门开度下的最佳换挡车速可以用自动换挡图来表示（见图 7-25）。由图可知，节气门开度越小，汽车的升挡车速和降挡车速越低；反之，节气门开度越大，汽车的升挡车速和降挡车速越高。这种换挡规律十分符合汽车的实际使用要求。例如，当汽车在良好的路面上缓慢加速时，行驶阻力较小，油门开度也小，升挡车速可相应降低，即可以较早地升入高挡，让发动机在较低的转速范围内工作，减少汽车油耗；反之，当汽车急加速或上坡时，行驶阻力较大，为保证汽车有足够的动力,油门开度应较大,换挡时刻相应延迟,即升挡车速相应提高,使发动机工作在较高的转速范围内,以发出较大的功率,提高汽车的加速和爬坡能力。

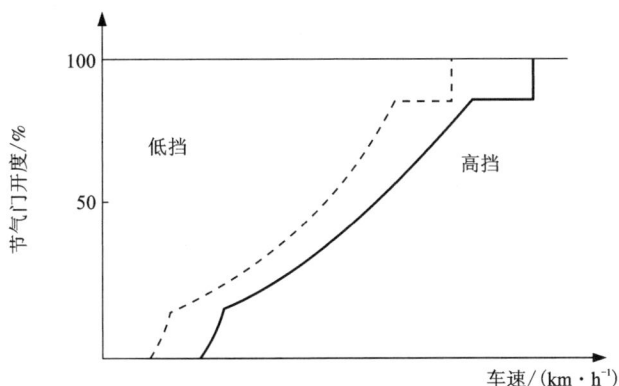

图 7-25　自动换挡

图 7-25 中,实线表示汽车加速时的升挡规律;虚线表示汽车减速时的降挡规律

汽车自动变速器的操纵手柄或模式开关处于不同位置时,对汽车的使用要求也有所不同,因此其换挡规律也应做相应调整。电脑将汽车在不同使用要求下的最佳换挡规律以自动换挡图的形式储存在存储器中。在汽车行驶中,电脑根据挡位开关和模式开关的信号从存储器内选择出相应的自动换挡图,再将车速传感器和节气门位置传感器测得的车速、节气门开度与自动换挡图进行比较;根据比较结果,在达到设定的换挡车速时,电脑便向换挡电磁阀发出电信号,以实现挡位的自动变换,如图 7-26 所示。

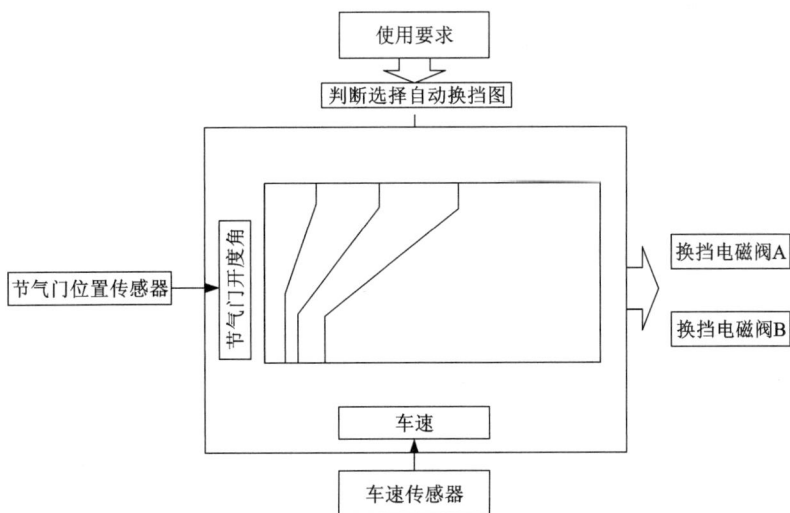

图 7-26　自动换挡控制

4 挡自动变速器控制系统中的换挡电磁阀通常有 2 个或 3 个。大部分日本轿车自动变速

器(如丰田、马自达轿车)采用2个换挡电磁阀,一部分欧美轿车自动变速器(如奥迪、福特轿车)采用3个电磁阀。控制系统通过换挡电磁阀开启和关闭(通电或断电)的不同组合来组成不同的挡位。不同厂家生产的自动变速器换挡电磁阀的工作组合与挡位的关系都不完全相同。

(2)油路压力控制

电液式控制系统中的主油路油压是由主油路调压阀来调节的。早期的电液式控制系统是由节气门拉索控制节气门阀,并通过节气门阀控制主油路调压阀,使主油路油压随着发动机负荷的增大而增加,以满足传递大扭矩对离合器、制动器等换挡执行元件液压缸工作压力的需要。目前一些新型电子控制自动变速器取消了由节气门拉索控制的节气门阀,节气门油压由油压电磁阀来产生。油压电磁阀是一种脉冲线性式电磁阀。电脑根据节气门位置传感器测得的节气门开度,计算并控制送往油压电磁阀的脉冲信号的占空比,以改变油压电磁阀排油孔的开度,产生随节气门开度变化的油压(即节气门油压)。此外电脑还能根据挡位开关的信号,在操纵手柄处于倒挡位置时提高节气门油压,使倒挡时的主油路油压升高,以满足倒挡时对主油路油压的需要。

除正常的主油路油压控制外,电脑还可以根据各个传感器测得的自动变速器的工作条件,在一些特殊情况下,对主油路油压做适当的修正,使油路压力控制获得最佳效果。例如,在操纵手柄位于前进低挡(S、L或2、1)位置时,由于汽车的驱动力相应较大,电脑自动使主油路油压高于前进挡时的油压,以满足传递的需要。为减小换挡冲击,电脑还在自动变速器换挡过程中按照换挡时节气门开度的大小,通过油压电磁阀适当减小主油路油压,以改善换挡感觉。电脑还可以根据液压油温度传感器的信号,在液压油温度未达到正常工作温度时(低于60℃),将主油路油压调整为低于正常值,以防止因液压油在低温下黏度较大而产生换挡冲击;当液压油温度过低时(低于-30℃),电脑使主油路油压升到最大值,以加速离合器、制动器的接合,防止温度过低时因液压油黏度过大而导致换挡过程过于缓慢。在海拔较高时,发动机输出功率降低,电脑将主油路油压控制为低于正常值,以防止换挡时产生冲击。

(3)自动模式选择控制

液力控制自动变速器和早期的电子控制自动变速器都设有模式开关,驾驶员可以通过这一开关来改变自动变速器的控制模式,如选择经济模式、普通模式或动力模式。目前一些新型的电子控制自动变速器采用了由大规模集成电路组成的电脑,具有很强的运算和控制功能,并具有一定的智能控制能力。因此这种自动变速器可以取消模式开关,由电脑进行自动模式选择控制。电脑通过各个传感器测得汽车行驶情况和驾驶员的操作方式,经过运算分析,自动选择采用经济模式、普通模式或动力模式进行换挡控制,以满足不同的驾驶员操作要求。

电脑在进行自动模式选择控制时,主要参考换挡手柄的位置及加速踏板被踩下的速率,以判断驾驶员的操作目的,自动选择控制模式。

当操纵手柄位于前进低挡(S、L或2、1)时,电脑只选择动力模式。

当操纵手柄位于前进挡(D)且加速踏板被踩下的速率较低时,电脑选择经济模式;当加速踏板被踩下的速率超过控制程序中所设定的速率时,电脑由经济模式转变为动力模式。

在前进挡(D)中,电脑选择动力模式之后,一旦节气门开度低于1/8时,电脑即由动力模式转换为经济模式。

（4）锁止离合器控制

电子控制自动变速器的变矩器中的锁止离合器的工作是由电脑控制的。电脑按照设定的控制程序，通过一个电磁阀（称为锁止电磁阀）来控制锁止离合器的结合或分离。正确的锁止离合器控制程序应当是既能满足自动变速器的工作要求，保证汽车的行驶能力，又能最大限度地降低燃油消耗。自动变速器在各种工作条件下的最佳锁止离合器控制程序被事先储存在电脑的存储器内。电脑根据变速器的挡位、控制模式等工作条件从存储器内选择出相应的锁止控制程序，再将车速、节气门开度与锁止控制程序进行比较。当车速足够高且其他各种因素均满足锁止条件时，电脑向锁止电磁阀输出电信号，使锁止离合器结合，实现变矩器的锁止。

（5）发动机制动控制

目前一些新型电子控制自动变速器的强制离合器或强制制动器的工作也是由电脑通过电磁阀控制的。电脑按照设定的发动机制动控制程序，在操纵手柄位置、车速、节气门开度等因素满足一定条件（如：操纵手柄位于前进低挡位置，车速大于 10 km/h，节气门开度小于 1/8）时，向强制离合器电磁阀或强制制动器电磁阀发出电信号，打开强制离合器或强制制动器的控制油路，使之结合或制动，让自动变速器具有反向传递动力的能力，在汽车滑行时以实现发动机制动。

（6）改善换挡感觉的控制

随着电脑性能的不断提高，电子控制自动变速器控制系统的控制范围越来越广泛，控制功能越来越多。人们可以采用多种方法来控制自动变速器的换挡过程，以改善换挡感觉，提高汽车的乘坐舒适性。目前常见的改善换挡感觉的控制功能有以下几种：

①换挡油压控制。

在升挡或降挡的瞬间，电脑通过油路压力电磁阀适当降低主油路油压，以减小换挡冲击，改善换挡感觉。一些控制系统是通过电磁阀在换挡时减小减振器活塞的背压，以减缓离合器或制动器液压缸内油压的增长速度，达到减小换挡冲击的目的。

②减扭矩控制。

在换挡的瞬间，通过延迟发动机的点火时间以减少喷油量，暂时减小发动机的输出扭矩，以减小换挡冲击和输出轴的扭矩波动。这种控制的执行过程是：自动变速器的电脑在自动升挡或降挡的瞬间，通过电路向发动机电脑发出减小扭矩控制信号，发动机电脑接收到这一信号后，立即延迟发动机点火时间或减少喷油量，执行减扭矩控制，并在执行完这一控制后，向自动变速器电脑发回已减扭矩信号。

③N-D 换挡控制。

这种控制是在操纵手柄由停车挡或空挡（P 或 N）位置换至前进挡或倒挡（D 或 N）位置，或相反地由 D 位或 R 位换至 P 位或 N 位时，通过调整发动机喷油量，将发动机的转速变化减至最低程度，以改善换挡感觉。

没有这种控制时，当自动变速器的操纵手柄由 P 位或 N 位换至 D 位或 R 位时，由于发动机负荷增加，转速随之下降；反之，由 D 位或 R 位换至 P 位或 N 位时，由于发动机负荷减小，转速将上升。具有 N-D 换挡控制功能的自动变速器的电脑在操纵手柄由 P 位或 N 位换至 D 位或 R 位时，若输入轴传感器所测得的输入轴转速变化超过规定值，即向发动机电脑发出 N-D 换挡控制信号；发动机电脑根据这一信号增加或减小喷油量，以防止发动机转速变化过大。

（7）使用输入轴转速传感器的控制

目前一些新型电子控制自动变速器设有输入轴转速传感器，电脑通过这一传感器可以检测出自动变速器输入轴的转速，并由此计算出变矩器的传动比（即泵轮和涡轮的转速之比）以及发动机曲轴和自动变速器输入轴的转速差，从而使电脑更精确地控制自动变速器的工作。特别是电脑在进行换挡油路压力控制、减扭矩控制、锁止离合器控制时，利用这一参数进行计算，可使这些控制的持续时间更加精确，从而获得最佳的换挡感觉和乘坐舒适性。

（8）故障自诊断和失效保护功能

电子控制自动变速器是在电子控制装置电脑的控制下工作的。电脑根据各个传感器测得的有关信号，按预先设定的控制程序，通过向各个执行器发出相应的控制信号来控制自动变速器的工作。如果电子控制装置中的某个传感器出现的故障，不能向电脑输送信号，或某个执行元件损坏，不能完成电脑的控制指令，就会影响电脑对自动变速器的控制，使自动变速器不能正常工作。

为了及时地发现电子控制装置中的故障，并在出现故障时尽可能使自动变速器保持最基本的工作能力，以维持汽车行驶，便于汽车进厂维修。目前许多电子控制自动变速器的电子控制装置具有故障自诊断和失效保持功能。这种电子控制装置在电脑内设有专门的故障自诊断电路，它在汽车行驶过程中不停地监测自动变速器电子控制装置中所有传感器和部分执行器的工作。

7.2　项目实施

7.2.1　电控自动变速器成检修

自动变速器的很多常见故障是由于发动机怠速不正常、ATF 液面高度不正确、油质不良、换挡杆位置不准确等原因造成的针对这些方面的检查即自动变速器的基本检查。

1. ATF 液面高度的检查

ATF 液面高度过高会导致主油压过高，出现换挡冲击振动、换挡提前等故障，还会导致空气进入 ATF 油。如果 ATF 油液面高度过低则会导致主油压过低，出现换挡滞后、离合器、制动器打滑等故障。

ATF 油液面高度检查的具体方法步骤如下。

①使发动机冷却液温度和自动变速器 ATF 油温度达到正常工作温度。

②将车辆停在水平地面，并可靠驻车。

③发动机怠速运转，将换挡杆由 P 切换至各挡位，再退回 P 位。

④拉出变速器油尺，并将其擦拭干净。

⑤将油尺全部插回套管。

⑥再将油尺拉出，检查油面是否在 HOT 范围，如图 7-27 所示，如果不在，应加油。

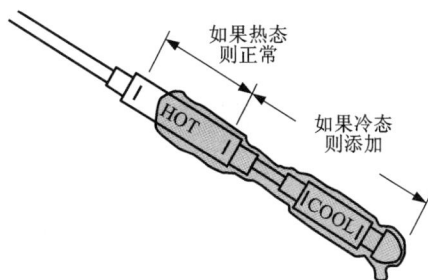

图 7-27 ATF 液面高度的检查

2. ATF 油质的检查

从油质中可以了解自动变速器具体的损坏情况。油质的好坏主要从以下几个方面进行识别。

①颜色。正常颜色为鲜亮、透明的红色，如果发黑则说明已经变质或有杂质；如果呈粉红色或白色则说明油冷却器进水。

②气味。正常的 ATF 没有气味，如果有焦煳味，说明 ATF 过热，有摩擦材料烧蚀。

③杂质。如果 ATF 中有金属屑，说明有元件严重磨损或损伤；如果 ATF 中有胶质状油，说明 ATF 因油温过高或使用时间过长而变质。

检查 ATF 油质时，从油尺上闻一闻油液的气味，在手指上点少许油液，用手指互相摩擦看是否打颗粒；或将油尺上的油液滴在干净的白纸上，检查油液的颜色及气味。

3. ATF 的更换

ATF 要按维修要求进行定期更换，更换的周期因车型而异，一般为 $6×10^4 \sim 8×10^4$ km 或 $6\sim8$ 年进行更换。具体方法步骤如下。

①拆下放油塞，将 ATF 排放到容器中。

②紧固放油塞。

③发动机熄火，通过加油管加入新油。

④启动发动机，将换挡杆由 P 位换至 L 位，再退回 P 位。

⑤检查油位，应在 COOL 范围内。

⑥在正常温度(70~80℃)时检查油位，必要时加油。

4. 变速器漏油检查

一般情况下，ATF 不会消耗，如果 ATF 液面高度变低，则检查自动变速器是否有漏油的地方。

漏油会导致油压下降、液面高度下降，使换挡打滑和延迟。目视检查油封、管接头等部位。常见自动变速器漏油的检查部位如图 7-28 所示。

5. 节气门拉线检查和调整

节气门拉线调整不当会导致自动变速器工作不正常。如果节气门拉线过松，节气门油压会过低，主油压偏低，使换挡滞后、换挡打滑；如果节气门拉线过紧，节气门油压会过高，主油压偏高，使换挡提前、换挡冲击。

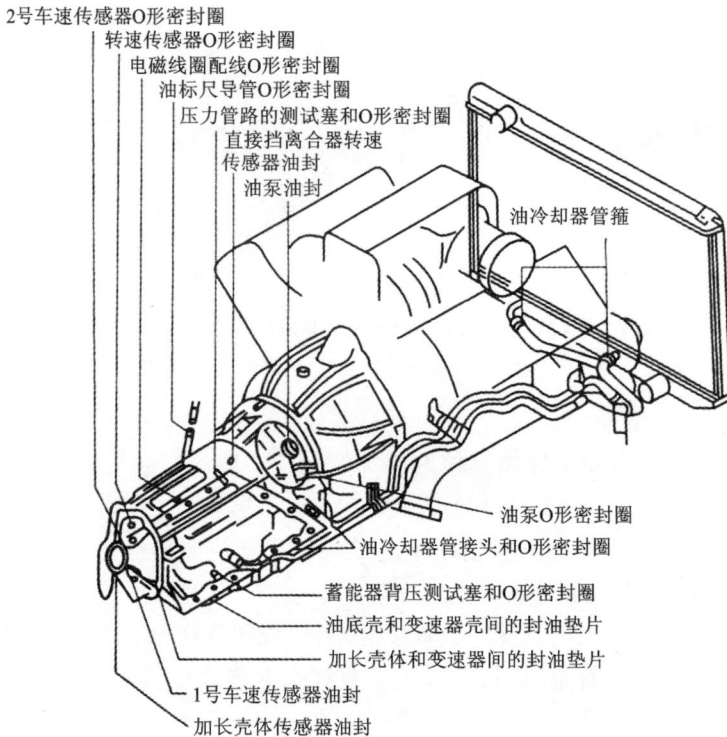

图 7-28 自动变速器漏油检查

常见的节气门拉线检查和调整如图 7-29 所示。即检查插头和索套之间的距离，标准距离为 0~1 mm。如果距离不合适可以通过旋转调整螺母进行调整。调整步骤如下。

①推动油门踏板连杆，检查油门是否全开，如油门不全开，则应调整油门踏板连杆。

②把油门踏板踩到底，放松调整螺母，调整油门拉线。

③旋动调整螺母，使橡胶套与拉线止动器间的距离为 0~1 mm。

④旋紧调整螺母；重新检查调整情况。

6. 换挡杆位置检查和调整

将换挡杆自 N 挡位换到其他挡位，检查换挡杆能否平稳而又精确地换到其他挡位。同时检查挡位指示器是否正确地指示挡位。

如果挡位指示器与正确挡位不一致，则进行下述调整。

①松开换挡杆上的螺母。

②将控制轴杆向后推足，然后将控制轴杆退回两个槽口到 N 位，如图 7-30 所示。

④稍稍朝 R 位定位换挡杆，拧紧选挡杆螺母。

⑤启动发动机，确认换挡杆自 N 换到 D 位时，车辆向前移动，而换到 R 位时，车辆后退。

7. 空挡启动开关检查和调整

检查发动机是否仅能在换挡杆位于 N 或 P 挡位时启动，在其他挡位不能启动。如果不符合要求，则应进行如下的调整，如图 7-31 所示。

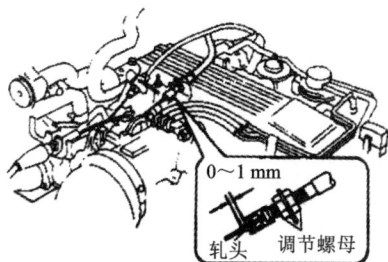

图 7-29 节气门拉线检查和调整

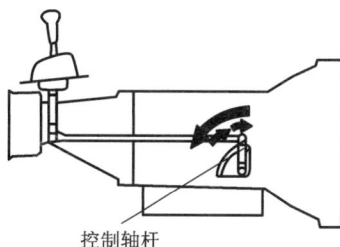

图 7-30 将控制轴杆移到 N 位

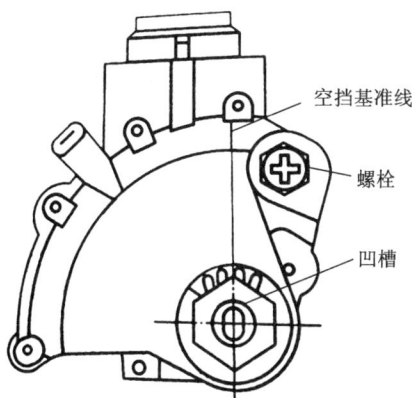

图 7-31 空挡启动开关的调整

①松开空挡启动开关螺栓，将换挡杆置于 N 挡位。

②将槽口对准空挡基准线。

③定位位置并按规定力矩拧紧螺栓。

7.2.2 自动变速器性能试验

自动变速器的性能实验是检测自动变速器性能好坏的有效方法，也是判断自动变速器故障诊断的有效途径。无论是在维修前还是在维修后都应进行相应的性能试验，以判断自动变速器的性能。自动变速器的性能试验包括道路试验、失速试验、油压试验、换挡迟滞、手动换挡试验等。

1. 道路试验

道路试验是诊断、分析自动变速器故障最有效的手段之一。此外，自动变速器在修复之后，也应进行道路试验，以检查其工作性能，检验修理质量。自动变速器的道路试验内容主要有检查换挡车速、换挡质量以及检查换挡执行元件有无打滑等。在道路试验之前，应先让汽车以中低速行驶 5~10 min，让发动机和自动变速器都达到正常工作温度。在试验中，通常应将 OD 开关置于 ON 的位置(即 OD 开关 OFF 熄灭)，并将模式选择开关置于常规模式或经济模式。道路试验的项目和方法如下。

(1)升挡检查

将换挡杆置于 D 位，踩下加速踏板，使节气门保持在 50% 开度左右，让汽车起步加速，检查自动变速器的升挡情况。自动变速器在升挡时发动机会有瞬时的转速下降,同时车身有轻微的振动感。正常情况下,汽车起步后随着车速的升高,试车者应能感觉到自动变速器顺利地由1挡升入2挡,随后再由2挡升入3挡,最后升入超速挡。若自动变速器不能升入高挡(3挡或超速挡),说明控制系统或换挡执行元件有故障。

(2)升挡车速的检查

在上述升挡检查的过程中,当察觉到自动变速器升挡时,记下升挡车速。一般4挡自动变速器在节气门开度50%时由1挡升至2挡的车速为25~35 km/h,由2挡升至3挡的车速为55~70 km/h,由3挡升至4挡(超速挡)的车速为90~120 km/h。由于升挡车速和节气门开度有很大的关系,即节气门开度不同时,升挡车速也不同。而且不同车型的自动变速器各挡位传动比的大小都不相同,其升挡车速也不完全一样。因此,只要升挡车速基本保持在上述范围内,汽车行驶中加速良好,无明显的换挡冲击,都可认为其升挡车速基本正常。若汽车行驶中加速无力,升挡车速明显低于上述范围,说明升挡车速过低(即升挡提前);若汽车行驶中有明显的换挡冲击,升挡车速明显高于上述范围,说明升挡车速过高(即升挡滞后)。

升挡车速太低一般是控制系统的故障所致;升挡车速太高则可能是控制系统的故障所致,也可能是换挡执行元件的故障所致。

(3)换挡质量的检查

换挡质量的检查内容主要是检查有无换挡冲击。正常的自动变速器只能有不太明显的换挡冲击,特别是电控自动变速器的换挡冲击应十分微弱。若换挡冲击太大,说明自动变速器的控制系统或换挡执行元件有故障,其原因可能是主油压高或换挡执行元件打滑,应做进一步的检查。

(4)锁止离合器工作状况的检查

检查自动变速器液力变矩器中锁止离合器的工作是否正常,可以采用道路试验的方法。试验中,让汽车加速至超速挡,以高于80 km/h的车速行驶,节气门开度保持在低于50%的位置,使变矩器进入锁止状态。此时,快速踩下加速踏板,使节气门开度超过85%,同时检查发动机转速的变化情况。若发动机转速没有太大的变化,说明锁止离合器处于接合状态;若发动机转速升高很多,则表明锁止离合器没有接合,其原因通常是锁止控制系统有故障。

(5)发动机制动作用的检查

检查自动变速器有无发动机制动作用时,应将换挡杆置于2或L位。在汽车以2挡或L挡行驶时,突然松开加速踏板,检查是否有发动机制动作用。若松开加速踏板后车速立即随之下降,说明有发动机制动作用;否则说明控制系统或换挡执行元件有故障。

(6)强制降挡功能的检查

检查自动变速器强制降挡功能时,应将换挡杆置于D位,保持节气门开度为30%左右,在以2挡、3挡或超速挡行驶时突然将加速踏板完全踩到底,检查自动变速器是否被强制降低一个挡位。在强制降挡时,发动机转速会突然升至400 r/min左右,并随着加速升挡,转速逐渐下降。若踩下加速踏板后没有出现强制降挡,说明强制降挡功能失效。若在强制降挡时发动机转速升高反常,达5000 r/min,并在升挡时出现换挡冲击,则说明换挡执行元件打滑,应拆修自动变速器。

2. 手动换挡试验

手动换挡试验用于判断自动变速器故障来自电控系统还是机械系统。手动换挡试验是将电控自动变速器所有换挡电磁阀的线束插接器全部脱开,此时 ECU 不能控制换挡,自动变速器的挡位取决于操纵手柄位置。不同车型电控自动变速器在脱开换挡电磁阀插接器后的挡位和操纵手柄的关系不同。丰田轿车的各种电子控制自动变速器在脱开换挡电磁阀线束插接器后的挡位和操纵手柄关系如表7-1所示。

表7-1 手动换挡试验

换挡杆位	D	2	L	R	P
挡位	4挡	3挡	1挡	倒挡	锁定棘轮

试验步骤如下。

①脱开电控自动变速器所有换挡电磁阀的线束连接器。

②启动发动机,将操纵手柄拨至不同位置,然后做道路试验。

③观察发动机转速和车速的对应关系,以判断自动变速器所处的挡位。不同挡位时发动机转速与车速的关系如表7-2所示。

表7-2 不同转速时发动机转速与车速的关系

挡位	发动机转速/(r·min^{-1})	车速/(km·h^{-1})
1挡	2000	18~22
2挡	2000	34~38
3挡	2000	50~55
OD挡	2000	70~75

④不同挡位的发动机转速和车速与标准值相比较,如果出现异常,说明故障在机械系统。

⑤试验结束后插上换挡电磁阀连接器,清除故障码。

3.失速试验

在前进挡或倒挡中,踩住制动踏板并完全踩下油门踏板时,发动机处于最大扭矩工况。此时自动变速器的输出轴及输入轴均静止不动,变矩器的涡轮不动,只有变矩器壳及泵轮随发动机一同转动,此工况称为失速工况,此时发动机的转速称为失速转速。失速试验用于检查发动机输出功率、变矩器及自动变速器中制动器和离合器等换挡执行元件的工作是否正常。

(1)准备工作

① 让汽车行驶至发动机和自动变速器均达到正常工作温度。

② 检查汽车的脚制动和驻车制动,确认其性能良好。

③ 检查自动变速器液压油高度,应正常。

(2)试验步骤(见图7-32)

①将汽车停放在宽阔的水平路面上,前后车轮用三角木塞住。

②拉紧驻车制动，左脚用力踩住制动踏板。

③启动发动机，将操纵手柄拨入 D 位。

④ 在左脚踩紧制动踏板的同时，用右脚将油门踏板踩到底，在发动机转速不再升高时，迅速读取此时发动机的转速。

⑤ 读取发动机转速后，立即松开油门踏板。

⑥将操纵手柄拨入 P 或 N 位置，让发动机怠速运转 1min，以防止液压油因温度过高而变质。

⑦ 将操纵手柄拨至其他挡位(R、L 或 2、1)，做同样试验。

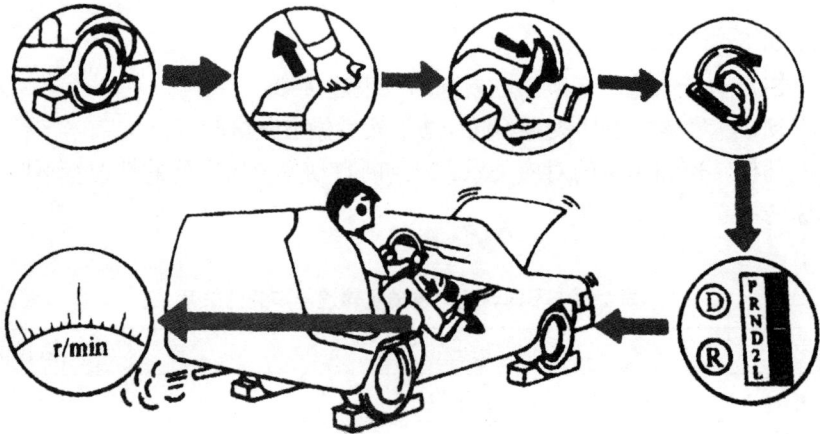

图 7-32　失速试验

(3)注意事项

① 在正常工作温度(50~80℃)下进行该试验。

② 该试验连续进行不得超过 5 s。

③ 在每一个挡位试验完成后，须等油温下降后再进行下一个挡位的试验。

④ 试验后不要立即熄火，让发动机怠速运转几分钟，以便使液压油温度降至正常。

⑤ 为保证安全，请在宽阔水平地面上进行。这种地面可提供附着力。

⑥ 失速试验应两人共同完成。一人应观察车轮情况或车轮塞木情况，同时另一人应进行试验。

⑦ 如果在发动机转速未达到规定失速转速之前，后轮开始转动，则应放松加速踏板停止试验。

(4)试验结果分析

将测得的失速转速与标准数值进行比较，若失速转速与标准值相符，说明自动变速器的油泵、主油路油压及各个换挡执行元件工作基本正常；若失速转速高于标准值，说明主油路油压过低或换挡执行元件打滑；若失速转速低于标准值，则可能是发动机动力不足或液力变矩器有故障。如当液力变矩器中的导轮单向离合器打滑时，液力变矩器在液力耦合工况下工作，其变矩比下降，使发动机的负荷增大，转速下降。不同挡位失速转速不正常的原因如表 7-3 所示。

表 7-3　失速转速不正常原因

操纵手柄位置	失速转速	故障的原因
所有位置	过高	1. 主油路油 2. 前进挡和倒挡的转换执行元件打滑 3. 低挡及倒挡制动器打滑
	过低	1. 发动机动力不足 2. 变矩器导轮的单向离合器打滑
D 位	过高	1. 前进挡油路油压过低 2. 前进离合器打滑
R 位	过高	1. 倒挡油路油压过低 2. 倒挡及高挡离合器

4. 换挡迟滞试验

在发动机怠速运转时将操纵手柄从空挡拨至前进挡或倒挡后,需要一段时间的迟滞或延时才能使自动变速器完成换挡工作,这一时间称为自动变速器换挡迟滞时间。根据迟滞时间的长短可判断主油路油压及换挡执行元件的工作是否正常。迟滞时间的大小取决于自动变速器油路油压、油路密封情况以及离合器和制动器的磨损情况。

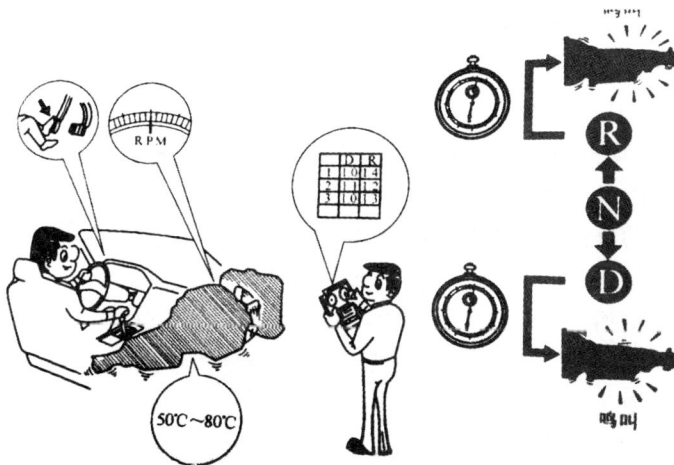

图 7-33　换挡迟滞试验

(1)试验步骤

① 驾驶汽车,使发动机和自动变速器达到正常工作温度。

② 将汽车停放在水平路面上,拉紧手制动。

③ 检查发动机怠速,如不正常,应按标准予以调整。

④ 将自动变速器操纵手柄从空挡位置拨至前进挡位置,用秒表测量从拨动操纵手柄开始到感觉汽车振动为止所需的时间,该时间称为 N-D 延时时间。

⑤ 将操纵手柄拨至 N 位置，发动机怠速运转 1 min 后，再做一次同样试验。

⑥ 上述试验进行 3 次，取其平均值。

⑦ 按上述方法，将操纵手柄由 N 位置拨至 R 位置，测量 N-R 延时时间。

（2）试验结果分析

大部自动变速器 N-D 延时时间小于 1.0~1.2 s，N-R 延时时间小于 1.2~1.5 s。若 N-D 延时时间过长，说明油路油压过低，前进离合器摩擦片磨损过多或前进挡单向离合器工作不良；若 N-R 延时时间过长，说明倒挡主油路油压过低、倒挡离合器或倒挡制动器磨损过大或工作不良。

5. 油压试验

油压试验是在自动变速器工作时，通过测量液压控制系统各油路的压力来判断各元件的功能是否正常。目的是检查液压控制系统各管路及元件是否漏油及各元件（如液力变矩器、蓄压器等）是否工作正常，判别故障是在自动变速器机械系统还是在液压系统。油压过高，会使自动变速器出现严重的换挡冲击，甚至损坏控制系统；油压过低，会造成换挡执行元件打滑，加剧其摩擦片的磨损，甚至使换挡执行元件烧毁。因此，在分解修理自动变速器之前和自动变速器修复后，都要对自动变速器进行油压试验，以确保自动变速器的维修质量。

（1）试验准备

① 行驶汽车，使发动机及自动变速器达到正常工作温度。

② 将汽车停放在水平路面上，检查发动机怠速和自动变速器液压油的油面高度。如不正常，应进行调整。

③ 准备一个量程为 2 MPa 的压力表。

④ 找出自动变速器各个油路测压孔的位置。通常在自动变速器外壳上有几个用方头螺塞堵住的用于测量不同油路压力的测压孔。如果没有资料确定各油路的测压孔时，可举升车辆，在发动机运转时分别将各个测压孔螺塞松开少许，观察各测压孔在操纵手柄位于不同挡位时是否有压力油流出，以此判断各油路测压孔的位置。

- 操纵手柄位于前进挡或倒挡时都有压力油流出，为主油路测压孔。
- 操纵手柄位于前进挡时才有压力油流出，为前进挡油路测压孔。
- 操纵手柄位于倒挡时才有压力油流出，为倒挡油路测压孔。
- 操纵手柄位于前进挡，并且在驱动轮转动后才有压力油流出，为调速器油路测压孔。

（2）试验步骤（见图 7-34）

① 前进挡主油路油压的测试。

- 拆下自动变速器壳体上的主油路测压孔或前进挡油路测压孔螺塞，接上油压表。
- 启动发动机，将操纵手柄拨至前进挡位置，读取发动机怠速运转时的油压，该油压即为加速工况下的前进挡主油路油压。
- 用左脚踩紧制动踏板，同时用右脚将节气门踏板完全踩下，在失速工况下读取油压，即为失速工况下的前进挡主油路油压。
- 将操纵手柄拨至空挡或停车挡，发动机怠速运转 1 min 以上。重复上述步骤，读取各前进挡在加速工况和失速工况下的主油路油压。

②倒挡主油路油压测试。

- 拆下自动变速器壳体上的主油路测压孔或倒挡油路测压孔螺塞，接上油压表。

图 7-34　油压试验

● 启动发动机，将操纵手柄拨至倒挡位置，读取发动机怠速运转时的油压，该油压即为怠速工况下的倒挡主油路油压。

● 用左脚踩紧制动踏板，同时用右脚将节气门踏板完全踩下，在失速工况下读取油压，即为失速工况下的倒挡主油路油压。

● 将操纵手柄拨至空挡或停车挡，让发动机怠速运转 1 min 以上，将测得的主油路油压与标准值进行比较。

丰田 A341E 自动变速器的主油压值如表 7-4 所示。

表 7-4　丰田 A341E 自动变速器的主油压值

D 位		R 位	
怠速/kPa	失速/kPa	怠速/kPa	失速/kPa
363～422	902～1147	500～598	1236～1 589

如果测得的油压未达到规定值，重新检查油门拉线的调整情况并重复做油压测试。

(3)试验结果分析

① 在任何范围油压均高于规定值。节气门拉线调整不当、节气门阀失效、调压阀失效、油泵失效、O/D 挡离合器损坏。

② 只在 D 位油压低。D 位油路泄漏、前进挡离合器故障。

③ 只在油路泄漏。直接挡离合器故障、倒挡制动器故障

项目八

汽车行驶安全控制系统的原理与检测

8.1　任务一　制动防抱死系统的原理与检测

学习目标

◇ 熟悉 ABS 的组成与结构原理
◇ 熟悉 ABS 的工作原理
◇ 掌握 ABS 传感器的工作原理与检测方法。

任务描述

学习制动防抱死系统的作用、结构及工作原理；完成制动防抱死系统的维修、检测与试验工作。

8.1.1　任务实施学习引导

8.1.1.1　制动防抱死系统的结构、原理

1.汽车防抱死制动系统的类型

（1）整体式 ABS

整体式 ABS 的制动压力调节器与制动主缸以及制动助力器组合为一个整体，如图 8-1 所示，福特公司以及通用公司的别克、凯迪拉克、奥兹莫比尔、庞蒂克，以及北京汽车的绅宝等高级轿车均有采用。

（2）分离式 ABS

分离式 ABS 的制动压力调节器为独立总成，通过制动管路与制动主缸和制动轮缸相连，桑塔纳、捷达、红旗、宝马和沃尔沃等轿车均有采用。具体型式，如图 8-2 所示。

（3）控制方式

分为机械式和电子式两类。

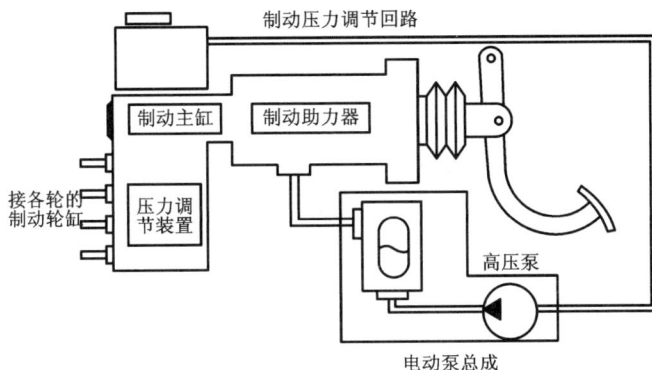

图 8-1　整体式 ABS

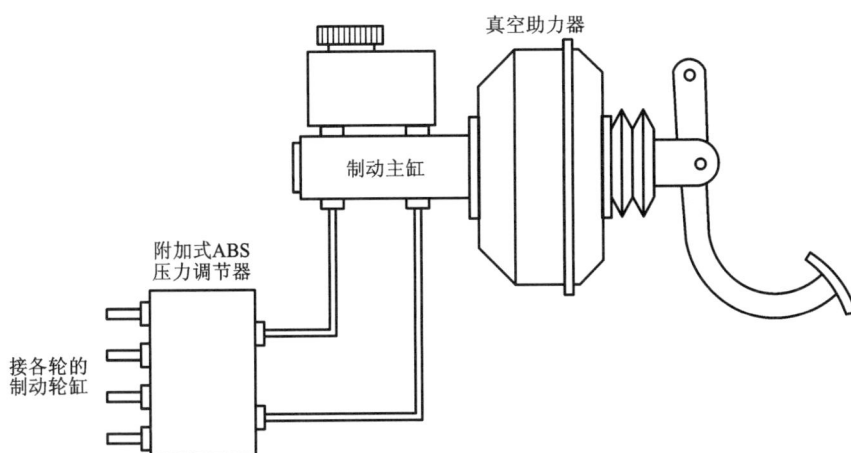

图 8-2　分离式 ABS

（4）动力源

分为气压式、液压式和气顶液式。

（5）控制车轮的方式

分为轴控式和轮控式。轴控式又分为轴控低选控制式和轴控高选控制式。

①轴控低选控制式 ABS，如图 8-3 所示，为车轮与路面的附着系数。

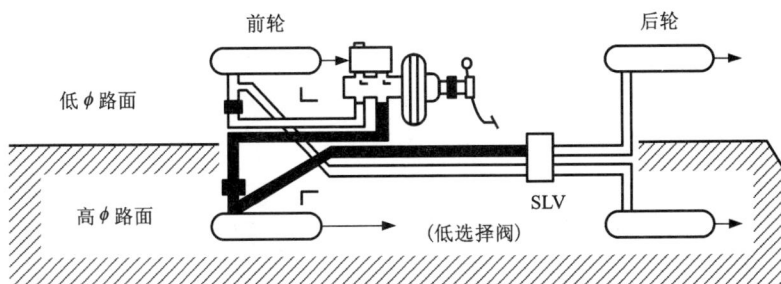

图 8-3　轴控低选控制 ABS

②轴控高选控制式 ABS, 如图 8-4 所示。

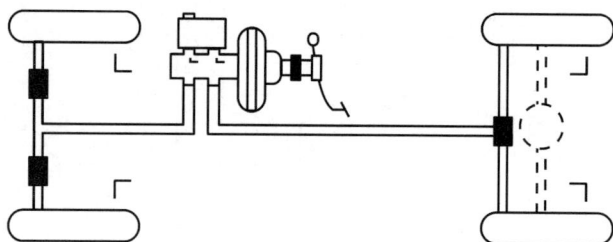

图 8-4　轴控高选控制 ABS

③轮控独立式 ABS, 如图 8-5 所示。

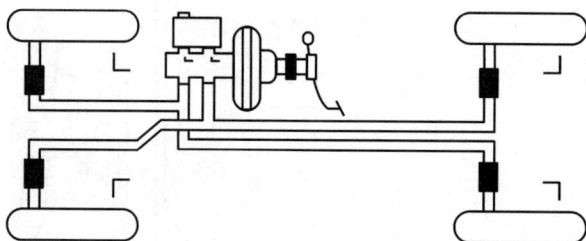

图 8-5　轮控独立式 ABS

即每个车轮各占用一个控制通道。

2. ABS 的理论基础

汽车制动系统是在汽车行驶过程中, 能够根据驾驶员的需要减速, 停车的重要装置。常规制动系统只提供了足够大的制动力, 在紧急制动时车轮很容易抱死而产生与路面之间的滑移。车轮一旦抱死, 驾驶员失去对方向的控制, 严重的会出现甩尾现象, 造成轮胎的严重磨损, 在地面上形成轮胎磨损过的拉带痕迹。良好的制动系统应具有制动距离短, 制动时汽车行驶方向能够控制, 轮胎损耗小等特点。随着汽车工业的发展, 计算机技术在汽车上得到广泛的应用, 用计算机控制制动力, 使汽车在制动时, 控制车轮不至于抱死, 同时缩短了制动距离, 解决了常规制动系统的不足。这套系统被称为防抱死制动系统系统(antilock braking system, ABS)。

(1)汽车制动时车轮受力分析

汽车在行驶过程中能够实施制动过程的根本原因是由于与轮胎接触的路面给相应车轮提供了路面制动力。一个是制动器内制动蹄摩擦片与制动鼓间的摩擦力, 另一个是轮胎与路面间的附着力。图 8-6 为车轮在制动时的受力情况示意图。

①制动器制动力。

制动蹄与制动鼓(盘)压紧时形成的摩擦力矩(制动阻力矩)M_μ 通过车轮作用于地面的切向力——F_z。

②地面制动力制动时地面对车轮的切向反作用力——F_x。

③地面制动力 F_μ、制动器制动力 F_x 及附着力 F_ϕ 之间的关系如图 8-7 所示。附着

力——地面对轮胎切向反作用力的极限值 F_ϕ。附着力取决于轮胎与路面之间的摩擦作用及路面的抗剪强度。轮胎的磨损会影响其附着能力。路面的宏观结构应有一定的不平度而有自排水能力；路面的微观结构应是粗糙且有一定的棱角，以穿透水膜，使路面与胎面直接接触。增大轮胎与地面的接触面积可提高附着能力，如选用低气压、宽断面和子午线轮胎，这样附着系数可增大。滑水现象减小了轮胎与地面的附着能力，影响制动、转向能力。总之，地面制动力首先取决于制动器制动力，但同时受到地面附着条件的限制。

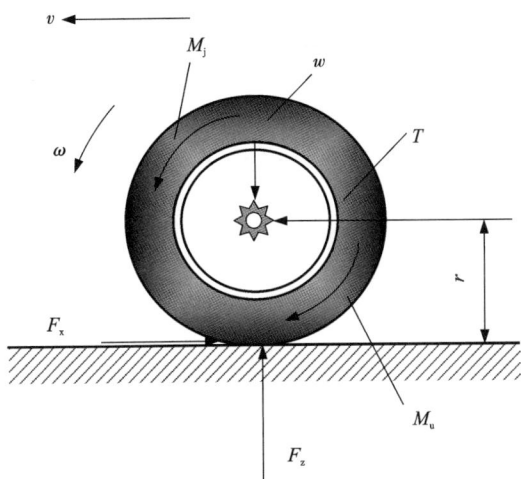

图8-6 车轮在制动时的受力情况

v—车速；ω—车轮旋转角速度；M_j—惯性力矩；

M_u—制动阻力矩；W—车轮法向载荷；F_z—地面法向反力；

T—车轴对车轮的推力；F_x—地面制动力；

r—车轮半径；r_ω—车轮切向速度，简称轮速

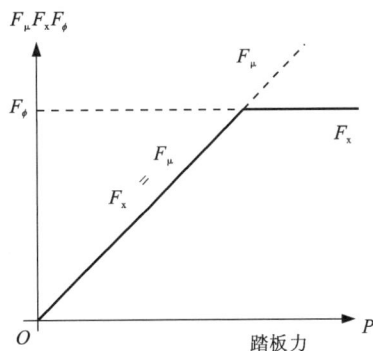

图8-7 地面制动力 F_μ、制动器制动力 F_x 及附着力 F_ϕ 之间的关系

(2)硬路面上附着系数 ϕ 与滑移率 S 的关系

①制动过程中车轮的三种运动状态。

仔细观察汽车的制动过程可发现，轮胎留在地面上的印痕从车轮滚动到滑动是一个渐变的过程。

第一阶段：纯滚动，路面印痕与胎面花纹基本一致，此时车速 $v=$ 轮速 $r\omega$，如图8-8所示。

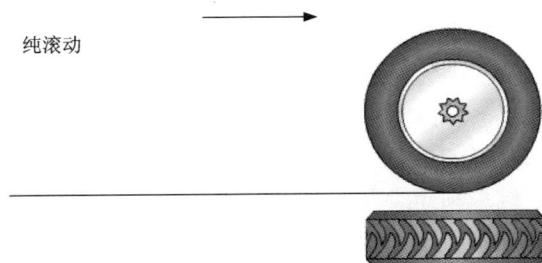

纯滚动

图8-8 纯滚动

第二阶段：边滚边滑，可辨别轮胎花纹的印痕，但花纹逐渐模糊，轮胎胎面相对地面发生一定的相对滑动；随着滑动成分的增加，花纹越来越模糊。此时车速 $v >$ 轮速 $r\omega$，如图 8-9 所示。

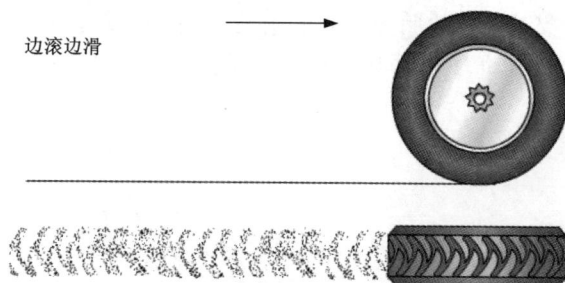

边滚边滑

图 8-9 边滚边滑

第三阶段：抱死拖滑，路面印痕粗黑，看不出轮胎花纹。此时车速 $v > 0$；轮速 $\omega = 0$，如图 8-10 所示。

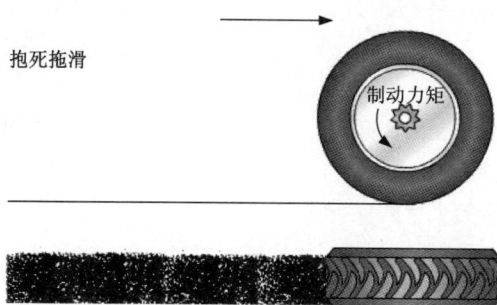

抱死拖滑

制动力矩

图 8-10 抱死拖滑

若需增大地面制动力，必须增大附着力，而附着力取决于附着系数 ϕ，ϕ 受滑移率 S 的影响。

影响车轮滑移率因素有：车辆载客人数或载货量情况；前后轴的载荷分布情况；路面种类和道路附着系数情况。

②车轮滑移率与纵向附着系数的关系，如图 8-11 所示。

随着车轮制动力增大，滑移率增大，纵向附着系统迅速增大，达到峰值后，逐渐减小。当滑移率 $S = 20\%$ 时，纵向附着系数最大纵向附着力也达到最大，因此地面制动力可达到最大。

③车轮滑移率与横向附着系数的关系。

横向附着系数越大，汽车制动时方向稳定性越好，如图 8-12 所示。当滑移率 $S = 0$ 时，横向附着系数达到最大即横向附着力最大；当滑移率 $S = 100\%$ 时，横向附着系数几乎为 0，即横向附着力几乎完全丧失，汽车失去了方向控制能力。由此可知，汽车的转向能力在 $S = 0$ 时最好，但这时未施加制动。考虑到 $S = 20\%$ 时，纵向附着力最大，地面制动力可达到最大，制动效能最佳；此时横向附着力虽有所下降，但比车轮完全抱死时要高得多，能够保证汽车有足够的转向能力。因此横向附着情况也应控制滑移率 S 在 20% 左右。

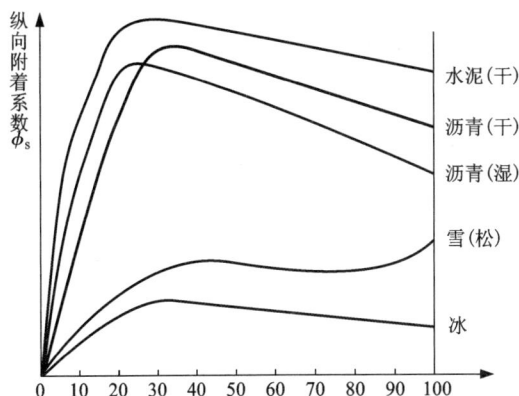

图 8-11　车轮滑移率与纵向附着系数的关系

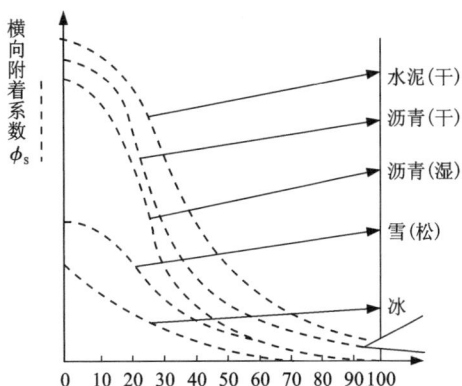

图 8-12　车轮滑移率与横向附着系数的关系

④横向附着系数过小的危害。

a. 方向稳定性变差。

因为横向附着力较小，汽车失去抵抗横向外力的能力，后轮易产生横向滑移、甩尾等使汽车方向稳定性变差，如图 8-13 所示。

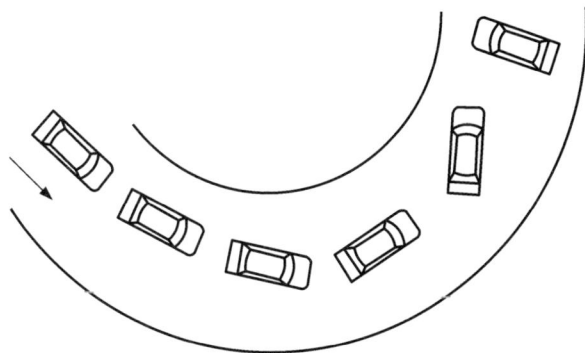

图 8-13　方向稳定性变差

b. 转向控制能力丧失。

在汽车转向行驶时，尽管驾驶员在操纵方向盘，由于前轮横向附着力丧失，汽车会仍按原来惯性方向行驶，而不按驾驶员的意愿行驶，使转向控制能力丧失，如图 8-14 所示。

⑤最佳滑移率 S。

硬路面上附着系数 ϕ 与滑移率 S 的关系，如图 8-15 所示。

汽车制动时车轮既滚动又滑动，衡量车轮滑移的程度，即为滑移率，其定义为：

$$S = \left[\,(v-r\omega)\,/\,v\,\right] \times 100\% \tag{8-1}$$

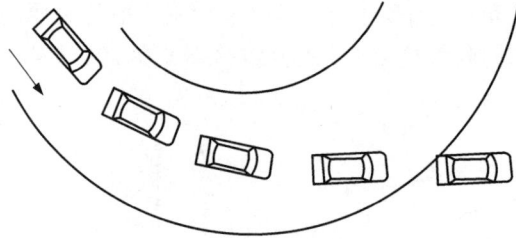

图 8-14 转向控制能力失去

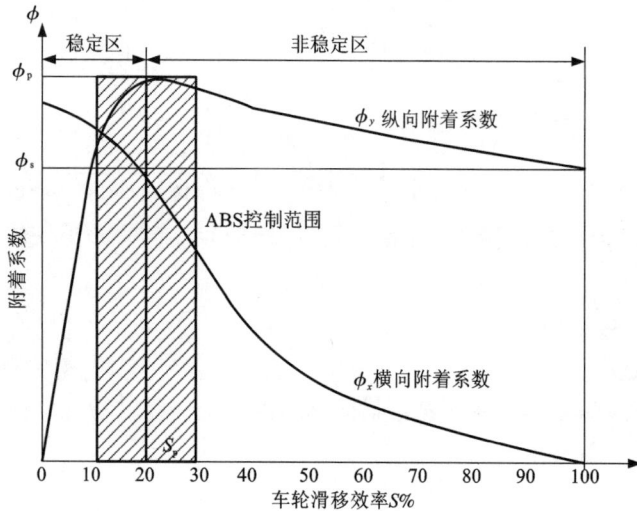

图 8-15 硬路面上附着系数 ϕ 与滑移率 S 的关系

（3）理想的制动控制过程

$S<20\%$ 为制动稳定区域；$S>20\%$ 为制动非稳定区域；车轮在制动过程中，以 $8\sim10$ 次/s 的频率进行增压、保压、减压的不断切换，将滑移率 S 控制在 20% 左右，便可获取最大的纵向附着系数和较大的横向附着系数，是最理想的控制效果。

3. ABS 的功用

（1）在制动时能缩短制动距离

在同样紧急制动的情况下，ABS 系统可以将滑移率控制在 20% 左右，即可获得最大的纵向制动力的结构。例如：在冰雪等光滑路面上，如果没有 ABS，无论怎么小心，制动力总是会显得太大，使轮胎抱死，从而使汽车制动距离过长。同样，在这种路面上，如果汽车装有 ABS，可以自动地使车轮与路面间产生最大的附着力，制动距离变短。

（2）制动时保持方向稳定性

制动时的方向稳定性是指汽车制动时按预定方向行驶的能力，即不发生跑偏、侧滑的能力。ABS 的最大优点是：当汽车紧急制动时，ABS 系统能最大限度地利用轮胎与路面之间的附着力来获得最大制动力，并且仍然可以控制汽车的方向，以保持整车的方向稳定性。

（3）制动时保持转向控制能力

当车轮抱死之后，方向盘已经不起作用了，汽车陷入了不能控制方向的困境：如果汽车前轮抱死，驾驶员就无法控制汽车的行驶方向，这是非常危险的；倘若汽车的后轮先抱死，则会出现侧滑、甩尾，甚至使汽车整个掉头等严重事故。ABS系统可以防止4个车轮制动时被完全抱死，使汽车在转弯过程中制动也不会影响汽车的转向性，提高了汽车行驶的稳定性。资料表明，装有ABS系统的车辆，可使因车轮侧滑引起的事故比例下降8%左右。

（4）制动时能使轮胎磨损下降

事实上，车轮抱死会造成轮胎杯型磨损，轮胎面磨耗不均匀，使轮胎磨损消耗费用增加。经测定，汽车在紧急制动时，车轮抱死所造成的轮胎累加磨损费用，已超过一套防抱死制动系统的造价。因此，装用ABS系统具有一定的经济效益。

4.ABS的控制方式

ABS系统中能够独立进行制动压力调节的制动管路称为控制通道。ABS系统按控制通道数可分为单通道系统、双通道系统、三通道系统和四通道系统。

（1）四传感器四通道/四轮独立控制

四传感器四通道/四轮独立控制如图8-16所示。

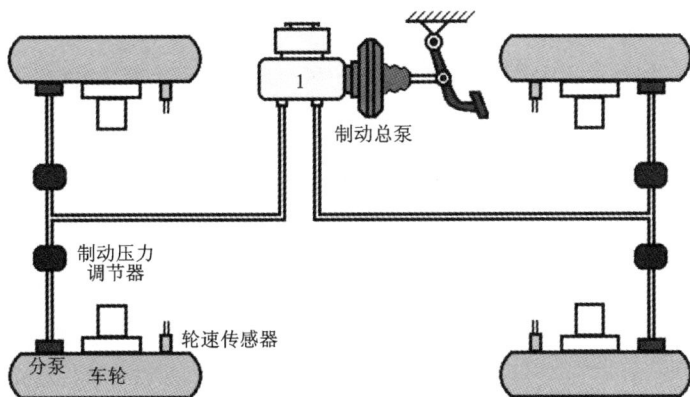

图8-16 四传感器四通道/四轮独立控制

（2）四传感器四通道/前轮独立-后轮选择控制方式

对应于双制动管路的X形（对角）布置形式，如图8-17所示。

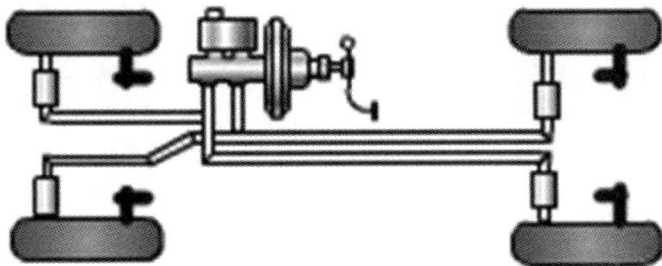

图8-17 对应于双制动管路的X形（对角）布置形式

对应于双制动管路的H形（前后）或X形（对角）两种布置形式，四通道ABS也有两种布置形式。为了对四个车轮的制动压力进行独立控制，在每个车轮上各安装一个轮速传感器，并在通往各制动轮缸的制动管路中各设置一个制动压力调节分装置（通道）。由于四通道

ABS可以最大限度地利用每个车轮的附着力进行制动,因此汽车的制动效能最好。但在附着系数分离(两侧车轮的附着系数不相等的路面上制动)时,由于同一轴上的制动力不相等,使得汽车产生较大的偏转力矩,导致制动跑偏。因此,ABS通常不对四个车轮进行独立的制动压力调节。

(3)四传感器三通道/前轮独立-后轮低选控制方式

四传感器三通道/前轮独立-后轮低选控制方式如图8-18所示。

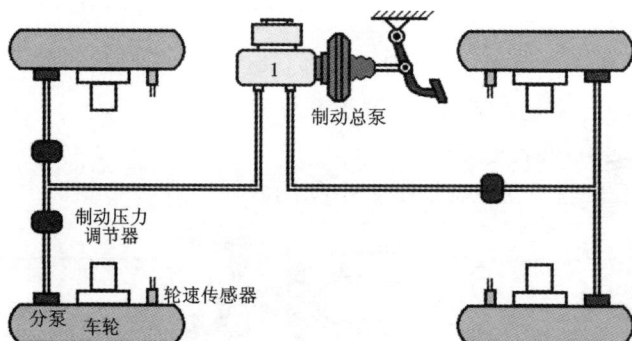

图8-18　四传感器三通道/前轮独立-后轮低选控制方式

(4)三传感器三通道/前轮独立-后轮低选控制方式

如图8-19所示,四轮ABS大多为三通道系统,而三通道系统都是对两前轮的制动压力进行单独控制,对两后轮的制动压力按低选原则一同控制。由于三通道ABS对两后轮进行一同控制,对于后轮驱动的汽车可以在变速器或主减速器中只设置一个转速传感器来检测两后轮的平均转速。

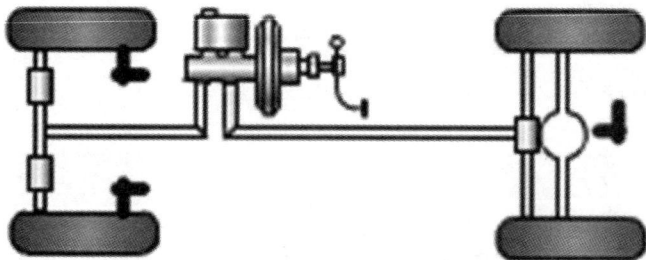

图8-19　三传感器三通道/前轮独立-后轮低选控制方式

(5)四传感器二通道/前轮独立控制方式

四传感器二通道/前轮独立控制方式如图8-20所示。

(6)四传感器二通道/前轮独立-后轮低选控制方式

如图8-21所示由于双通道ABS难以在方向稳定性、转向操纵能力和制动距离等方面得到兼顾,因此目前很少被采用。

图 8-20 四传感器二通道/前轮独立控制方式

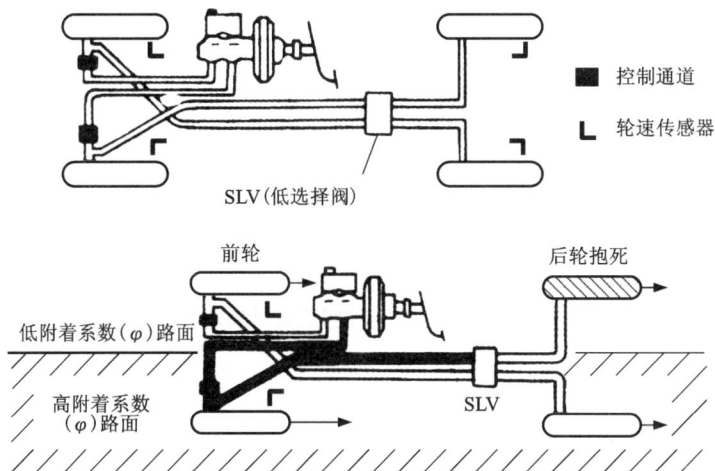

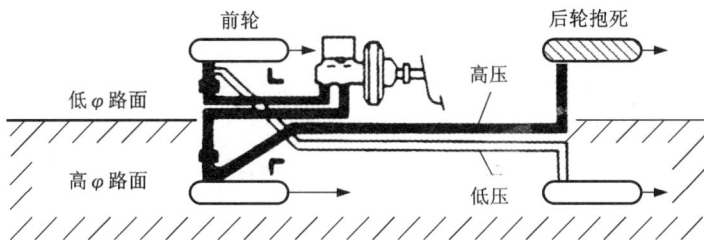

图 8-21 四传感器二通道/前轮独立–后轮低选控制方式

5. 防抱死制动系统的组成

通常情况下，ABS 是在普通制动系统的基础上由车轮转速传感器、ABS ECU、制动压力调节器及制动控制电路等组成的，如图 8-22 所示。

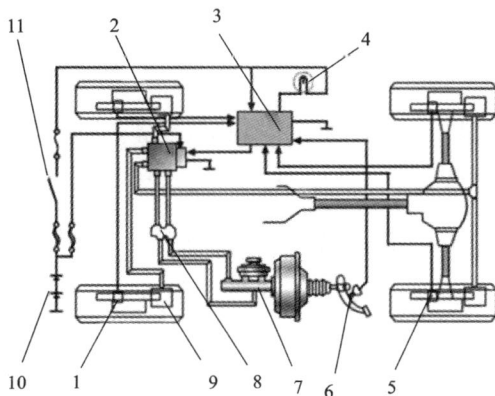

图 8-22 典型的汽车 ABS 系统组成

1—前轮转速传感器；2—制动压力调节器；3—ABS 电控单元；4—ABS 警告灯；5—后轮转速传感器；
6—制动灯开关；7—制动主缸；8—比例分配阀；9—制动轮缸；10—蓄电池；11—点火开关

（1）车轮转速传感器

车轮转速传感器又称轮速传感器、车轮速度传感器，其作用是检测汽车车轮的转速。目前用于汽车 ABS 系统的主要有电磁式和霍尔式两种类型。

①电磁式车轮转速传感器。

目前大多数车轮转速传感器都采用电磁式转速传感器。车轮转速传感器由电磁感应传感头和信号转子两部分组成，其外形如图 8-23 所示。

图 8-23　电磁式车轮转速传感器外形

电磁感应传感器的传感头由感应线圈和极轴等构成，根据极轴的结构不同，又可分为凿式极轴传感头、柱式极轴传感头两种。如图 8-24 所示。

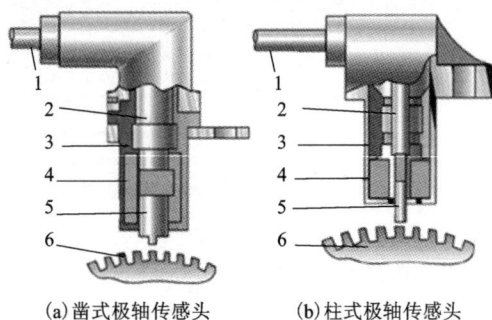

(a)凿式极轴传感头　(b)柱式极轴传感头

图 8-24　电磁式车轮转速传感器结构

1—电缆；2—永久磁铁；3—外壳；4—感应线圈；5—极轴；6—信号转子(齿圈)

车轮转速传感器的传感头一般安装在车轮附近上，如制动底板、转向节、半轴套管等处，如图 8-25 所示。信号转子是一个齿圈，一般安装在随车轮转动的部件上，如轮毂、半轴、制动盘等处。

车轮转速传感器产生的电压信号如图 8-26 所示。当车轮转速较高时，感应电压的频率和波幅均较大；反之，感应电压的频率和波幅均较小。

电磁式车轮转速传感器结构简单，成本低，但存在以下缺点：当车速很低时，传感器输出的电压信号较弱，传感器频率响应较低；当车速过高时，传感器的频率响应跟不上，容易产生错误信号；传感器的抗电磁干扰能力较差。

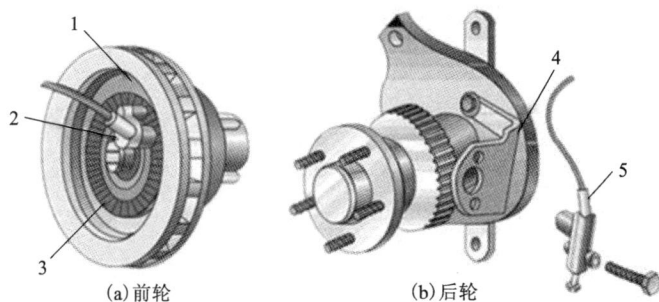

图 8-25 车轮转速传感器的安装位置

1—制动盘；2、5—传感器；3—齿圈；4—传感器安装支架

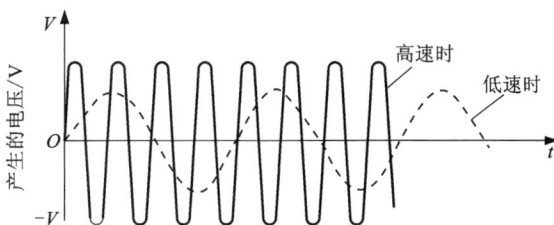

图 8-26 电磁式车轮转速传感器输出的电压信号

②霍尔式车轮转速传感器。

霍尔式车轮转速传感器根据霍尔效应原理产生于车轮转速相对应的电压脉冲信号。霍尔车轮转速传感器是由传感头和齿圈组成。传感头由永久磁铁、霍尔元件和电子电路等组成，如图 8-27 所示。

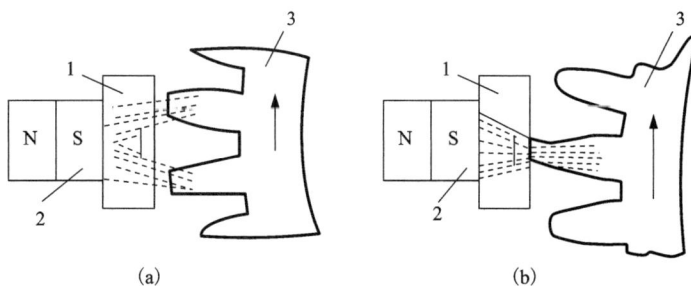

图 8-27 霍尔式车轮转速传感器

1—霍尔元件；2—永久磁铁；3—齿圈

当齿圈位于如图 8-27(a)所示位置时，穿过霍尔元件的磁力线分散，磁场相对较弱；当齿圈位于如图 8-27(b)所示位置时，穿过霍尔元件的磁力线集中，磁场相对较强。齿圈转动时，穿过霍尔元件的磁力线密度发生变化，进而引起霍尔电压的变化。霍尔元件将输出一个毫伏级的准正弦波电压，通过电子电路转换成标准的脉冲电压输出信号，电压幅值为 7~14 V，如图 8-28 所示。

霍尔车轮转速传感器具有以下优点：输出信号电压幅值不受转速的影响；频率响应高，其响应频率高达 20 kHz，相当于车速为 1000 km/h 时所检测的信号频率；抗电磁干扰能力强。

（2）制动压力调节器

制动压力调节器又称 ABS 压力控制器，是 ABS 系统的执行机构。其功用是接受 ECU 的指令，通过电磁阀的动作控制车轮制动轮缸的制动压力。它主要由电动液压泵、液压控制单元（包括储能器和电磁阀）等构成，如图 8-29 所示。

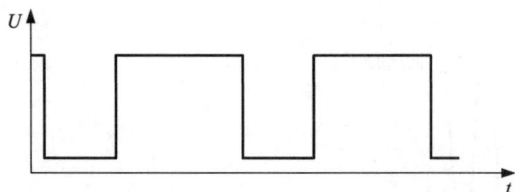

图 8-28　霍尔式车轮转速传感器电压波形

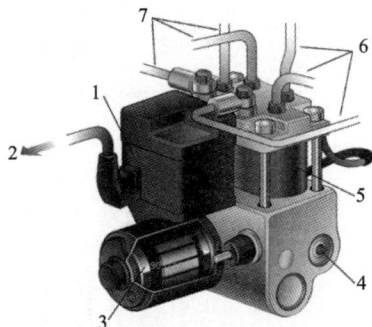

图 8-29　制动压力调节器

1—继电器盒；2—接 ABS 电控单元；3—液压泵电动机；
4—液压泵总成；5—液压控制单元（包括储能器和电磁阀）；
6、7—制动液油管

制动压力调节器串接在制动主缸与轮缸之间，通过电磁阀直接或间接地控制轮缸的制动压力。通常把电磁阀直接控制轮缸制动压力的制动压力调节器称作循环式调节器，把间接控制制动压力的制动压力调节器称作可变容积式调节器。

①电动液压泵。

在 ABS 运行时，电动液压泵根据 ECU 的信号确定是否工作，从而起到循环控制制动液油压或迅速建立制动液油压的作用。它可在汽车起动 1 min 内将制动液压力提高到 14～22 MPa。

AES 系统所用的电动液压泵多为柱塞式液压泵，由直流电动机、柱塞式油泵、进出油阀等组成，其结构如 8-30 所示。

电动机由压力控制开关控制，当柱塞出油口的压力低于设定的控制压力时，压力控制开关闭合，接通电动机电路，电动机驱动柱塞泵工作将制动液泵入储能器中。

②电磁阀。

ABS 系统中通常有 4～8 个电磁阀，分别对应控制前后轮的制动。常用的电磁阀有三位三通电磁阀和两位二通电磁阀等多种形式。

电磁阀由阀体、固定铁心和可动铁心组成。通过改变电磁阀的电流改变磁场力，可以改变柱塞的位置，从而控制液体通道的开闭。

图 8-31 所示为博世（BOSCH）公司 ABS 三位三通电磁阀，根据电流的大小，可将柱塞控制在 3 个位置，改变 3 个阀口之间的液体（制动液）通路。

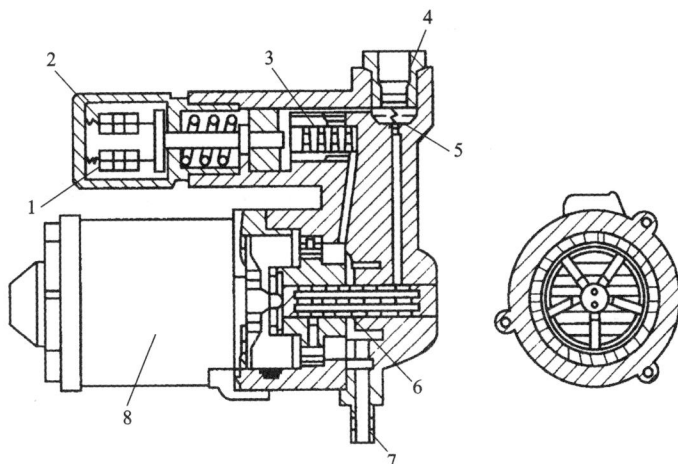

图 8-30 柱塞式电动液压泵

1—控制开关；2—警告开关；3—限压阀；4—出油口；5—单向阀；6—滤芯；7—进油口；8—电动机

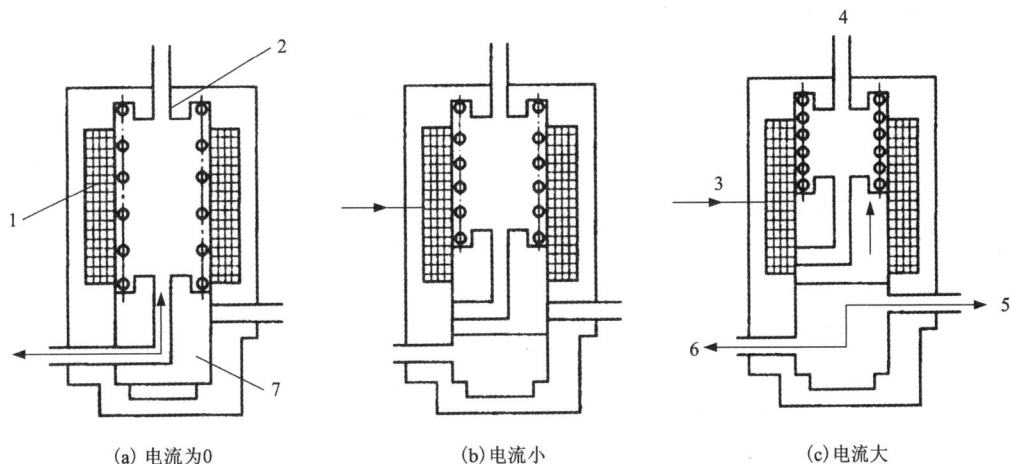

(a) 电流为0　　　　　　　　(b) 电流小　　　　　　　　(c) 电流大

图 8-31　三位三通电磁阀的动作

1　线圈；2　固定铁芯；3　电流；4—通主缸；5—通储液器；6—通轮缸；7—衔铁

8.1.2　任务实施

8.1.2.1　制动防抱死系统的检测

1. ABS 故障诊断的基本方法

特定的诊断与检查可及时发现 ABS 中的故障，是维修中非常重要的部分。

对于不同的车型甚至同一系列不同年代生产的车型，诊断与检查的方法和程序都会有所不同，这一点只要比较相应的维修手册便可知道。ABS 的基本诊断与检查方法的内容是不变的，它们一般包括如下几项。

①常规制动系统故障和故障的判定：拔下 ABS 安全继电器（或电磁阀继电器），使汽车在普通制动模式下工作。若故障现象消失，则说明是 ABS 故障，否则就是常规制动系统故障。

②当 ABS 出现故障时，诊断与排除的一般步骤是：听取用户反馈、目测检查、检查警报

灯、路试、对间歇性故障进行诊断、故障码提取诊断。

2. 目测检查

目测检查一般应从以下几个方面进行检查。

①检查储液室是否液面过低、液压装置是否外部泄漏及制动主缸工作是否正常。

②检查驻车制动器是否完全放松以及驻车开关功能是否正常，视具体情况进行维修或调整。

③检查 ABS 系统熔丝是否熔断，找出熔丝烧坏的原因，并更换熔丝。

④检查导线及连接器是否有破损或连接器松动现象，若有，则更换导线和接好各连接器。

3. 警报灯检查

仪表板上"BRAKE"警报灯一直亮，表示普通制动系统故障；"ABS"或"Anti-Lock"警报灯一直亮则表示防抱死制动系统故障。正常情况下，ABS 警报灯应在点火开关接通 3~4 s 后熄灭。

4. 路试

路试时，首先检查制动踏板行程和阻力是否适宜，测试 ABS 工作是否正常。应至少在 40 km/h 的初始速度下紧急制动，若感觉到制动踏板有轻微的颤动，轮胎与地面基本上无拖痕，说明 ABS 工作正常。否则，说明 ABS 存在故障，ABS 不起作用。

5. 间歇性故障诊断

大多数间歇性故障都是由连接器和导线不良引起的，一般从以下几个方面进行检查。

①各连接器接触是否有不良或松动现象；接线端子的安装是否有不当之处；接线端子是否损坏。

②导线是否有局部破损。

③制动液面传感器是否有线路故障或制动液储藏室是否液面过低。

④轮速传感器是否线路输出信号过低或间歇性地输出。

⑤电源继电器、线路、线圈或触点是否不良。

⑥充电系统的电压过低也有可能导致 ABS 警报灯间歇性亮。

6. 根据故障码进行故障诊断

读取故障码通常有以下三种方法(具体步骤可参阅具体车型 ABS 维修手册)。

①利用特定指示灯读取故障码。一般通过 ABS 电脑诊断启动端搭铁的方法来实现。有的通过"Ant-Lock"警报灯闪烁故障码，有的通过 LED 灯闪烁故障码，有的则直接利用"BRAKE"灯闪烁故障码。以通用车系装用的 BOSCH（博世）35 端子电脑控制的 ABS 为例，首先关闭点火开关，将数据传输接口(DLC)上的 H 端子接地或与 A 端子短接；然后打开点火开关，即可通过"Anti-Lock"警报灯闪烁故障码。

②利用检测仪读取故障码。大多数类型的 ABS 中均装有数据传输接口(DLC)，只要将检测仪与数据传输接口连接，即可方便地读取储存在电脑存储器中的数据和故障码。

③利用控制面板或信息显示中心显示故障码。在有些车上，可利用各种控制面板来获取故障码，如通用车系装用的 BOSCH ss 端子电脑控制的 ABS 系统就是利用空调控制面板来显示故障码的。

7. 清除故障码

清除故障码的方法因读取故障码方法的不同而不同，一般有手动清除、专用仪器清除和控制面板清除 3 种方法。具体步骤可参阅各具体车型 ABS 维修的相关内容。

8.1.2.2 制动防抱死系统的维修

1. ABS 控制器(制动压力调节器和 ABS 电脑组件)的维修

(1)拆卸控制器

①关闭点火开关,拆下蓄电池。

②从 ABS 电子控制单元上拆下 25 端子线束连接器,如图 8-32 所示。

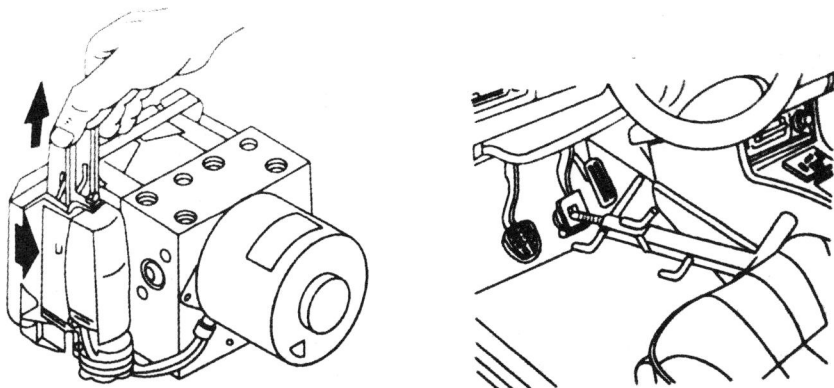

图 8-32 ABS 电子控制单元线束连接器的拆卸

③踩下制动踏板,并用踏板架定位,如图 8-33 所示。

④拆卸控制器时,在制动液管下垫一块布,用以吸收拆卸时流出的制动液。

⑤从制动压力调节器阀体上拆下制动液管 A 和 B(如图 8-34 所示),做上记号,并用密封塞将调节器阀体上的管口塞住。用软丝将制动液管 A 和 B 捆在一起,挂到使其管口高于储液器的液面处。

⑥从制动压力调节器上拆下制动液管 1、2、3、4,做上记号,并用密封塞将调节器阀体上的管口塞住。

在操作过程中,不能使制动液渗入 ABS 电子控制单元中,否则会因腐蚀元件而使系统损坏。

⑦从支架上拆下控制器,并放在特定的操作台上。

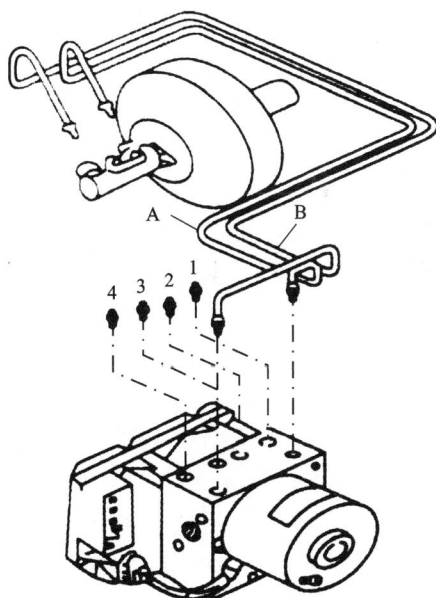

图 8-34 管口密封塞

(2)分解控制器

压下连接器侧的锁扣,拆下制动压力调节器上液压泵的线束连接器。

用专用套筒扳手拆下 ABS 电子控制单元与制动压力调节器连接的 4 个螺栓,如图 8-35 所示。

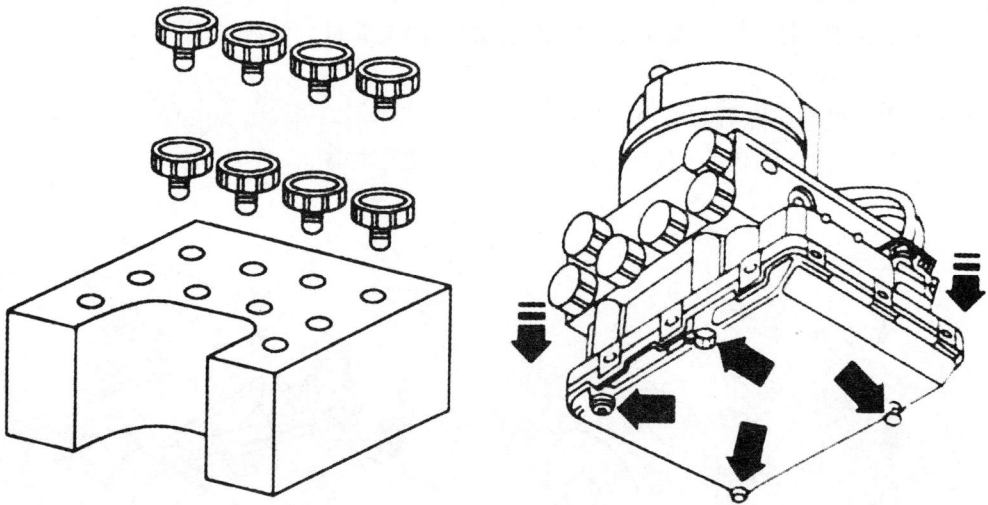

图 8-35　拆卸控制单元与调节器的连接螺栓

①将制动压力调节器与 ABS 电子控制单元分离，注意不要碰坏阀体。

②在 ABS 电子控制单元上盖一块防尘布，以防灰尘及脏物进入；将制动压力调节器安放在专用支架上，防止碰坏阀体。

（3）装配控制器

①把 ABS 电子控制单元与制动压力调节器装成一体，用专用套筒扳手按对角拧紧连接螺栓，拧紧力矩为 4 N·m。

②插上 ABS 电子控制单元与制动压力调节器的线束连接器，锁扣要锁好。

（4）安装控制器

①拆下相应的密封塞，检查制动液管的位置记号，依次装上连接各制动轮缸的 4 根制动液管，并以 20 N·m 的力矩拧紧管接头。

②拆下相应的密封塞，检查制动液管的位置记号，依次连接制动主缸前、后腔的 2 根制动液管，并以 20 N·m 的力矩拧紧管接头。

③插上 ABS 电子控制单元线束连接器。

④对 ABS 充液和放气。

⑤若更换了 ABS 电子控制单元或制动压力调节器，应对电子控制单元进行重新编码。

⑥打开点火开关，ABS 警告灯应亮 2 s 后熄灭。

⑦使用 V. A. G1552 故障诊断仪，先清除故障码，再检查有无新的故障码出现。

⑧试车检测 ABS 的功能。在至少 40 km/h 的初始速度下紧急制动，若感觉制动踏板有轻微颤动，路面上基本没有轮胎拖痕和制动跑偏，说明 ABS 工作正常。

2.前、后轮速传感器的维修

（1）车前轮速传感器的维修

①拆卸前轮速传感器。

·举升汽车，拆下前轮及前轮制动器。

●前轮速传感器的安装位置如图8-36所示。拆卸带齿圈的前轮毂时，先用200 mm拉器1的两个活动臂钩住前轮轴承壳的两边。在前轮毂要压出一侧的中心放一专用压块(如图8-37所示)，转动拉器上的螺栓使其顶住压块，直到将带齿圈的前轮毂顶出。

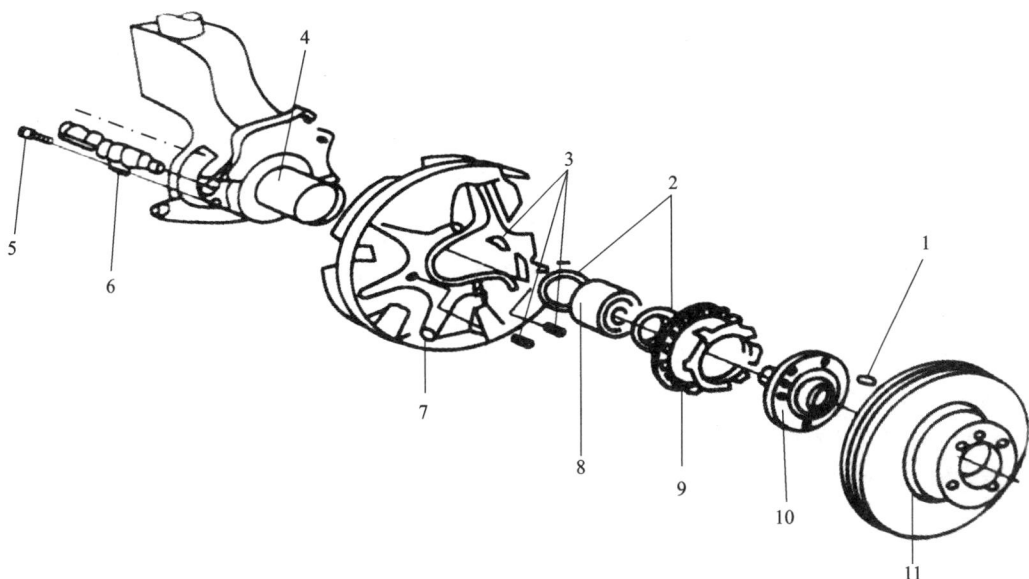

图8-36　前轮速传感器的安装位置

1—齿圈固定螺栓；2—前轮轴承弹性挡圈；3—防尘板紧固螺栓；4—前轮轴承壳；5—传感头固定螺栓；
6—传感头；7—防尘板；8—前轮轴承；9—齿圈；10—轮毂；11—制动盘；12—十字槽

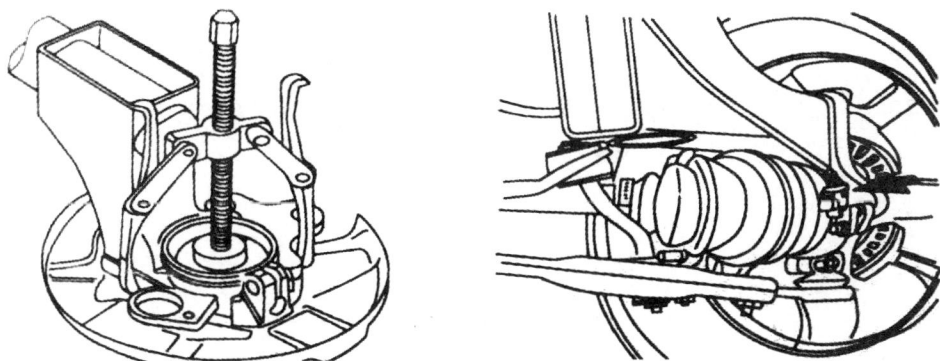

图8-37　拆卸带齿圈的轮毂

拆下齿圈，固定螺栓，分开齿圈和轮毂。

●拔下传感器线束连接器，拆下传感头固定螺栓。

●拆下传感头。

②安装前轮速传感器。

注意左、右前轮速传感器的传感头零件不同，不能互换。

●安装传感头时，先清洁传感头及安装孔，并涂以固体润滑膏G000650。

• 传感头和防尘板固定螺栓的拧紧力矩为 10 N·m。

③检查齿圈。

• 用手扳动前轮感觉有无明显的轴向摆动，若有明显摆动，检查齿圈的轴向跳动量，轴向跳量应≤0.3 mm。

• 若轴承损坏或轴向间隙过大，则应更换前轮轴承。

• 检查齿圈有无变形或断齿现象。齿圈变形或齿数残缺不全时，应更换齿圈。

• 检查清除齿圈齿隙中的脏物。

④检查前轮速传感器的输出电压。

• 检查前轮速传感器的传感头与齿圈间隙是否符合标准(1.10~1.97 mm)。

• 拔下 ABS 电脑线束连接器，使前轮以 30 r/min 的转速转动，用万用表或示波器测量。左前轮测量端子为 4 和 11；右前轮测量端子为 3 和 18。用万用表测量时，传感器的输出电压应为 70~310 mV；用示波器测量时，传感器的输出电压应为 3.4~14.8 mV/Hz。

• 若输出电压不符合标准，应检查：前轮速传感器的电阻是否符合标准；齿圈间隙是否符合标准(至少在 4 个位置检查传感头与齿圈间隙)；线束和传感头的安装是否正确。

(2)后轮速传感器的维修

桑塔纳 2000GSi 型轿车后轮速传感器的安装位置如图 8-38 所示。

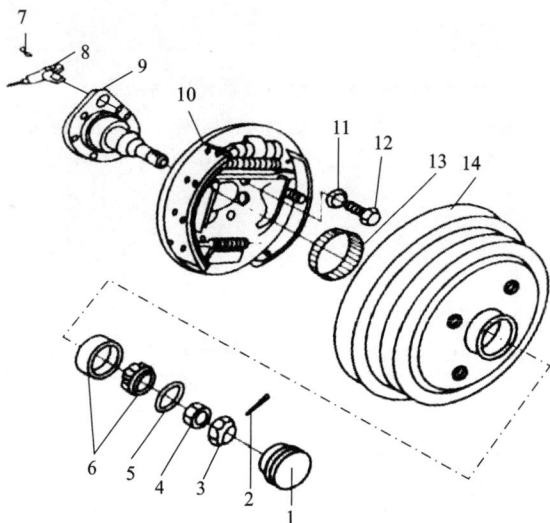

图 8-38　桑塔纳后轮速传感器的安装位置

1—轮毂盖；2—开口销；3—螺母防松罩；4—六角螺母；5—止推垫圈；6—车轮轴承；7—传感头固定螺栓；
8—后轮速传感器传感头；9—后轮短轴；10—后轮制动器总成；11—弹簧垫圈；12—六角螺栓；13—齿圈；14—制动鼓

①拆装后轮速传感器。

• 掀起汽车后坐垫，拔下后轮速传感器的线束连接器(如图 8-39 中黑色箭头所示)。

• 拧下固定传感头的内六角螺栓(如图 8-40 中黑色箭头所示)，拆下传感头。

• 取下后梁上的传感器线束保护罩，拉出线束和线束连接器。

• 安装时，先清洁其安装孔内表面，并涂上固体润滑膏 G000650；用 10 N·m 的拧紧力矩固定后轮速传感器传感头的螺栓，其他按与拆卸顺序相反的顺序进行。注意左、右后轮速传感器不能互换。

　　②检查齿圈。

　　•升起后轮使之离地,用手搬动后轮感觉有无明显的轴向摆动,若有明显摆动,应检查后轮齿圈的径向圆跳动量。后轮齿圈的径向圆跳动量应为 0.05 mtn。

　　•若后轮齿圈的径向圆跳动量过大,应调整后轮轴承间隙;若轴承损坏,则应更换轴承。

　　•检查齿圈有无变形或齿形不全现象。齿圈变形或齿形残缺时,应更换齿圈。

　　•拔下 ABS 电脑线束连接器,使后轮以 30 r/min 的转速转动,用万用表或示波器测量。左后轮测量端子为 2 和 10;右后轮测量端子为 1 和 17。用万用表测量时传感器的输出电压应为 260 mV;用示波器测量时,传感器的输出电压应为 12.2 mV/Hz。

　　•若输出电压不符合标准,应检查:后轮速传感器的电阻是否符合标准;齿圈间隙是否符合标准(至少在 4 个位置检查传感头与齿圈间隙);线束和传感头的安装是否正确。

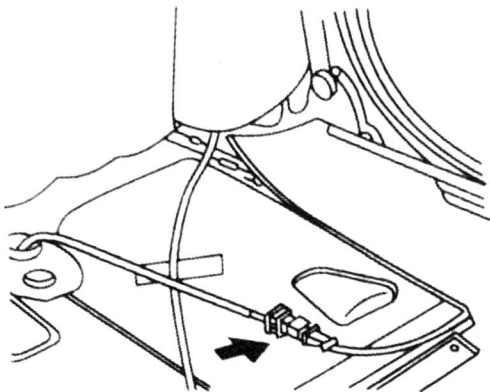

图 8-39　拔下后轮速传感器的线束连接器

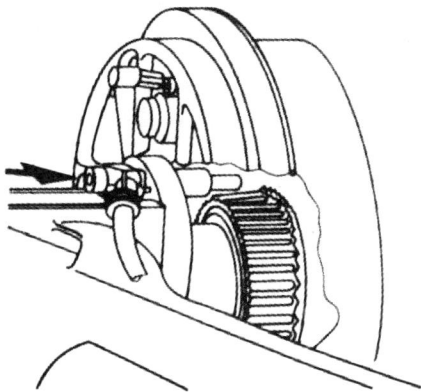

图 8-40　拆下后轮速传感头的固定螺栓

8.2　任务二　电控驱动防滑控制系统的原理与检测

学习目标

◇ 掌握电控驱动防滑控制系统的结构和工作原理
◇ 掌握电控驱动防滑控制系统的维修

任务描述

　　学习电控驱动防滑系统的作用、结构及工作原理后,完成驱动防滑系统的维修、检测与试验工作。

8.2.1　任务实施学习引导

1. ASR 系统与 ABS 系统的比较

ABS 和 ASR 都是用来控制车轮相对地面的滑动,以提高车轮与地面之间的附着力。但 ABS 控制的是汽车制动时车轮的滑移,主要是用来提高汽车的制动效能和制动时的方向稳定性;ASR 是控制汽车行驶对的驱动车轮滑转,用于提高汽车起步、加速及在光滑路面行驶时的牵引力和确保行驶稳定性。

虽然 ASR 也可以和 ABS 一样,通过控制车轮的制动力来控制驱动车轮相对地面的滑动,但 ASR 只对驱动车轮实施制动控制。

ABS 是在汽车制动过程中工作,在车轮出现滑移时起作用;ASR 则是在汽车行驶过程中工作,在驱动车轮出现滑转时起作用。一般在车速很低(小于 8 km/h)时 ABS 不起作用,ASR 一般在车速很高(80~120 kW·h)时不起作用。

2. ASR 的理论基础

在驾驶员、汽车和环境三者所组成的闭环系统中,汽车与环境之间的最基本联系是轮胎与路面之间的作用力。由于汽车的行驶状态主要是由轮胎与路面之间的纵向作用力和横向作用力决定的,因此,驾驶员对汽车的控制实质上是在控制车轮与路面之间的作用力。但是车轮与路面之间的作用力必然要受到轮胎与路面之间附着力的限制,汽车的加速和减速运动主要受车轮纵向附着力的限制,汽车的转向运动和抵抗外界横向力作用的能力则主要受车轮横向附着力的限制。

在硬实的路面上,轮胎与路面之间的附着力就是轮胎与路面之间的摩擦力。所以,轮胎与路面之间的附着力也必然会遵循摩擦定律,即轮胎与路面之间的附着力取决于其间的垂直载荷和附着系数,其关系如式(8-2)所示。

$$F_\mu = G_\mu \qquad (8-2)$$

式中:F_μ——轮胎与路面间的附着力,N;

$\quad\quad G_\mu$——轮胎与路面间的垂直载荷,N;

$\quad\quad \mu$——轮胎与路面间的附着系数。

在汽车的实际行驶过程中,轮胎与路面间的垂直载荷和附着系数会随许多因素变化,因此,轮胎与路面间的附着力实际上是经常变化的。在影响附着力的诸多因素中,车轮相对于路面的运动状态对附着力有着重要的影响,特别是在湿滑路面上的影响更为明显。

车轮滑动率对附着系数的影响。

在汽车的实际行驶过程中,车轮在路面上的纵向运动可以分为滚动和滑动两种形式;车轮相对于路面的滑动又可分为滑移和滑转两种形式,引入车轮滑动率的概念可以表征在车轮纵向运动中滑动成分所占的比例。

汽车在制动过程中,车轮可能相对于路面发生滑移,滑移成分在车轮纵向运动中所占的比例可以由负滑动率来表征,车轮的负滑动率可以通过式(8-3)来确定。

$$s_B = \frac{\omega r - v}{v} \times 100\% \qquad (8-3)$$

式中:s_B——车轮的负滑动率,%;

$\quad\quad r$——车轮的自由滚动半径,m;

$\quad\quad \omega$——车轮的转动角速度,rad/s;

v——车轮中心的纵向速度，m/s。

当车轮在路面上自由滚动时，车轮中心的纵向速度完全是由车轮滚动产生的，此时，$v=\omega r$，滑动率$s_B=0$；当车轮被制动到完全抱死在路面上进行纯粹地滑移时，车轮中心的纵向速度则完全是由于车轮滑移产生的，此时$\omega=0$，滑动率$s_B=100\%$；当车轮在路面上一边滚动一边滑移时，车轮中心纵向速度的一部分是由车轮滚动产生的，另一部分则是由车轮滑移产生的，此时$v>\omega r$，$100\%<s_B<0$。车轮中心纵向速度中，车轮滑移所占的成分越多，滑动率s_B的数值就越大。

汽车在驱动过程中，驱动车轮可能相对于路面发生滑转，滑转成分在车轮纵向运动中所占的比例可由正滑动率来表征，车轮的正滑动率可由式(8-4)来确定。

$$s_A=\frac{\omega r-v}{\omega r}\times100\% \qquad (8-4)$$

式中：s_A——车轮的正滑动率，%；

　　　r——车轮的自由滚动半径，m；

　　　ω——车轮的转动角速度，rad/s；

　　　v——车轮中心的纵向速度，m/s。

当车轮在路面上自由滚动时，车轮中心的纵向速度完全是由车轮滚动产生的，此时，$v=\omega r$，滑动率$s_A=0$；当车轮在路面上完全滑转时，车轮中心的纵向速度$v=0$，滑动率$s_A=100\%$；当车轮在路面上一边滚动一边滑动时$v<\omega r$，$0<s_A<100\%$。在车轮转动中，滑转所占的比例越大，车轮滑动率s_A的数值也就越大。

车轮滑动率可以综合为式(8-5)所示的一般性关系。

$$\begin{cases} \dfrac{\omega r-v}{v}\times100\% & （车轮滑转时）\\[2mm] S=0 & （车轮自由滚动时）\\[2mm] \dfrac{\omega r-v}{\omega r}\times100\% & （车轮滑移时）\end{cases} \qquad (8-5)$$

通过试验发现，在硬实的路面上，弹性轮胎与路面间的附着系数μ和滑动率S存在着如图8-41所示的一般性关系。

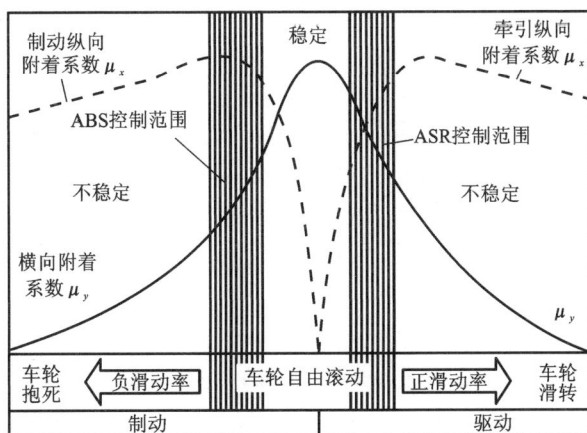

图8-41　附着系数与滑动率的一般性关系

通常当车轮滑动率处于15%～30%时，轮胎与路面间的纵向附着系数 μ_x 有其最大值，称为峰值附着系数 μ_p，与其相对应的车轮滑动率称为峰值附着系数滑动率 s_p。当车轮在路面上自由滚动时，由于轮胎与路面之间没有产生相对运动趋势，其间的纵向附着系数（即摩擦系数）就是零。当车轮滑动率从零增大到峰值附着系数滑动率 s_p 时，尽管车轮滑动率不等于零，但轮胎与路面之间并没有发生真正的滑动，滑动率不等于零完全是由于弹性轮胎变形产生的。因此，当车轮滑动率处于这一范围时，轮胎与路面间的纵向附着系数实质上就是其间静摩擦系数的表现。随着轮胎与路面间纵向相对滑动趋势的增大，其间的纵向附着系数就会迅速增大。当车轮滑功率达到峰值附着系数滑动率 s_p 时，弹性轮胎与路面之间即将发生相对滑动，此时其间的纵向附着系数就是最大静摩擦系数的表现。直到车轮将完全滑动（s_p = 100%）的范围内，轮胎与路面之间的纵向附着系数就是从最大静摩擦系数到滑功摩擦系数的过渡，轮胎与路面间的纵向附着系数将是不稳定的。当车轮在路面上完全滑动时，轮胎与路面间的纵向附着系数称为滑动附着系数 μ_s 由于物体间的滑动摩擦系数总是小于最大静摩擦系数，所以，轮胎与路面间的滑动附着系数 μ_s 总是小于峰值附着系数。通常，在干燥硬实的路面上，μ_s 比 μ_p 要小10%～20%；在湿滑硬实的路面上，μ_s 比 μ_p 要小20%～30%。在各种路面条件下轮胎与路面间峰值附着系数 μ_p 和滑动附着系数 μ_s 的平均值如表8-1所示。

表8-1 在各种路面条件下轮胎与路面间峰值附着系数和滑动附着系数的平均值

路面种类及状况	峰值附着系数 μ_p	滑动附着系数 μ_s
沥青路面和水泥路面(平)	0.8～0.9	75
沥青路面(湿)	0.5～0.7	0.45～0.6
水泥路面(湿)	0.8	0.7
石子路	0.6	0.55
土路(干)	0.68	0.65
土路(湿)	0.55	0.45～0.5
雪(压实)	0.2	0.15

从图8-41可以看出，车轮在路面上自由滚动时，其间的横向附着系数 μ_y 最大；随着车轮滑动率S数值的增大，横向附着系数 μ_y 会迅速减小。当轮胎在路面上完全滑动时（|S| = 100%），轮胎的横向附着系数几乎减小到零，轮胎与路面之间的横向附着力也就接近于零，车轮将完全丧失抵抗外界横向力作用的能力。此时如果车轮上存在外界横向力的作用（如汽车重力的横向分力、路面不平整产生的横向力、横向风力等），车轮将会在路面上发生横向滑移。

当车轮的滑动率处于峰值附着系数滑动率 s_p 的附近范围时，横向附着系数约为最大横向附着系数的50%～75%。如果将车轮的滑动率控制在这一范围内时，车轮的纵向附着系数最大，车轮的横向附着系数也较大，最大的纵向附着系数可使汽车获得制动和驱动所需的纵向附着力最大，而较大的横向附着系数可使汽车获得转向或防止横向滑移所需的横向附着力较大。

3. ASR 系统的功用

汽车防滑转控制系统(anti slip regulation，ASR，)是继防抱死制动系统(ABS)之后应用于车轮防滑的电子控制系统，其功用是防止汽车起步、加速和在光滑路面行驶时的驱动轮滑转。

4. ASR 系统的类型

防滑转电子控制系统的控制参数是滑转率，滑转率的计算公式如下：

$$s_z = \frac{v_q - v}{v_q} \times 100\% \tag{8-6}$$

式中：s_z——驱动轮滑转率，%；

v_q——驱动轮轮缘速度，km/h；

v——汽车车身速度，km/h，实际应用时常以非驱动轮轮缘速度代替。

当车身不动($v=0$)而驱动车轮转动($v_q>0$)时，$s_z=100\%$，车轮处于完全滑转状态；当驱动车轮处于纯滚动状态($v=v_q$)时，$s_z=0$。控制电脑根据各车轮转速传感器信号计算 s_z，当 s_z 值超过某一限定值时，控制电脑向执行机构发出指令，控制车轮的滑转。

ASR 系统按控制方式可分为：差速制动控制、发动机输出功率控制、差速制动控制和发动机输出功率综合控制三种类型

(1)差速制动控制

当驱动车轮单边滑转时，控制电脑输出控制信号，差速制动阀和制动压力调节器开始动作，对滑转车轮施加制动力，使车轮的滑转率控制在目标范围之内。这时，非滑转车轮仍有正常的驱动力，提高了汽车在滑溜路面的起步和加速能力及行驶方向的稳定性。

这种控制方式的作用类似于差速锁，在一边驱动车轮陷于泥坑部分或完全失去驱动能力时，对其制动后，另一边的驱动车轮仍能发挥其驱动力，使汽车能驶离泥坑。当两边的驱动车轮都滑转，但滑转率不同的情况下，对两边驱动车轮施以不同的制动力。

(2)发动机输出功率控制

在汽车起步、加速时若加速踏板踩得过猛，会因为驱动力过大而出现两边的驱动车轮都滑转的情况。这时，ASR 控制电脑输出控制信号，控制发动机的功率输出，以抑制驱动车轮的滑转。发动机功率控制可以通过改变节气门的开度，以及调节喷油器的喷油量和改变点火时时间等方法来实现。

(3)差速制动和发动机输出功率综合控制

此类型的 ASR 系统采用差速制动控制和发动机输出功率控制相结合的综合控制系统，控制效果更为理想。汽车在行驶过程中，路面滑溜的情况千差万别，驱动力的状态也是不断变化，综合控制系统可根据发动机的状况和车轮滑转的实际情况采取相应的控制措施。例如：在发动机驱动力较小的状态下出现车轮滑转，其主要原因可能是由于路面滑溜，这时采用对滑转车轮施加制动的方法就比较有效；在发动机输出功率大(节气门开度大、转速高)时出现车轮滑转，其主要原因可能是驱动力过大，这时通过减小发动机输出功率的方法来控制车轮的滑转比较有效；一般情况下，车轮滑转的情况非常复杂，需要通过对车轮制动和减小发动机功率的共同作用来控制车轮的滑转。

8.2.2 ASR系统的基本组成及工作原理

1. ASR系统的基本组成

ASR系统的基本组成如图8-42所示。

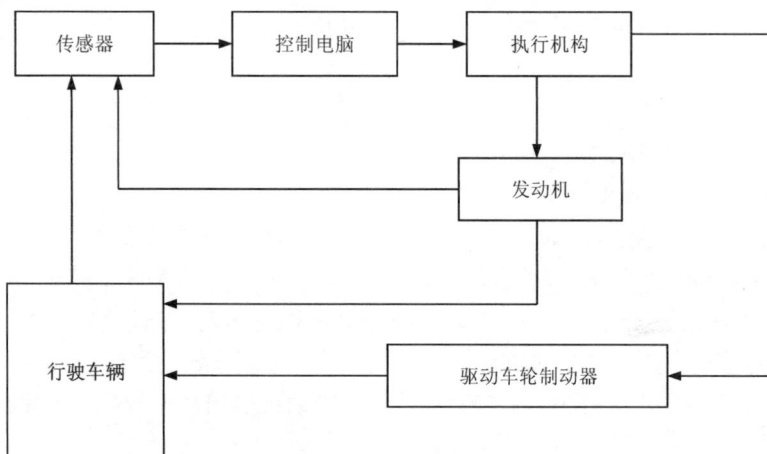

图8-42 ASR系统的基本组成

2. ASR系统的工作原理

ASR也被称为TCS(驱动力控制系统),可以通过调节作用于驱动车轮的驱动力矩和制动力矩,在驱动过程中防止驱动车轮发生滑转。

调节作用于驱动车轮的驱动力矩可以通过调节发动机的输出转矩、变速器传动比、差速器锁紧系数等方面实现。目前,调节变速器传动比和差速器锁紧系数的方式在ASR中较少采用。调节发动机的输出转矩可通过调节节气门开度、点火提前角、燃油喷射量以及中断燃油喷射和点火来实现。由于发动机已经实现了电子控制,因此,可以通过发动机电子控制系统对发动机的点火和供油进行控制,对发动机的输出转矩进行调节。虽然中止部分气缸的点火可以使发动机的输出转矩迅速减小,但如果不能及时完全地中断相应气缸的燃油供给,将会对催化转换器造成严重损害。因此,中止部分气缸点火的方式在ASR中也很少采用。所以,目前在ASR中通常采用控制节气门开度和点火提前角的方式调节发动机的输出转矩,从而对作用于驱动车轮的驱动力矩进行调节。

为了使驱动车轮的转速迅速降低,或者使两侧驱动车轮获得不同的牵引力,通常ASR都可以通过对驱动车轮施加一定的制动力矩得以实现。首先说明ASR与ABS的关系。在ASR中为了确定驱动车轮是否滑转,可以利用ABS中的车轮转速传感器获得车轮的转速信号。ASR电子控制装置既可是独立的,也可与ABS共用。ASR的制动压力调节装置通常与ABS的制动压力调节装置共用,为了控制节气门开度,通常设有电动控制的副节气门及节气门开度传感器,点火提前角的控制则通过发动机电子控制系统进行。因此,ASR通常都与ABS和发动机电子控制系统交织在一起,此外ASR中都具有ASR关闭指示灯和ASR工作指示灯。

图8-43是一种较为典型的具有制动防抱死和驱动防滑转功能的ABS/ASR防滑控制系

统。其中的 ASR 与 ABS 共用车轮转速传感器和电子控制装置，只在通往驱动车轮制动轮缸的制动管路中增设一个 ASR 制动压力调节装置，在加速踏板控制的主节气门上方增设一个由步进电动机控制的副节气门，并在主、副节气门处各设置一个节气门开度传感器，即可实现驱动防滑转控制。

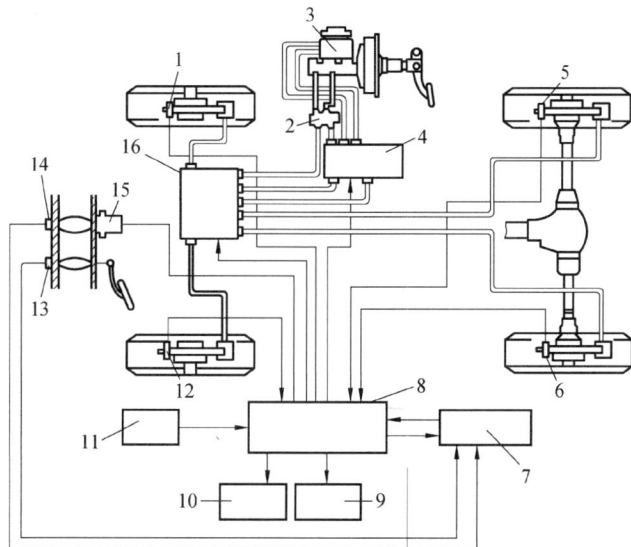

图 8-43　ABS/ASR 的典型组成

1—右前车轮转速传感器；2—比例阀和差压阀；3—制动主缸；4—ASR 制功压力调节装置；5—右后车轮转速传感器；
6—左后车轮转速传感器；7—发动机/变速器电子控制装置；8—ABS/ASR 电子控制装置；9—ASR 关闭指示灯；
10—ASR 工作指示灯；11—ASR 选择开关；12—左前车轮转速传感器；13—主节气门开度传感器；
14—副节气门开度传感器；15—副节气门柱状步进电动机；16—ABS 制动压力调节装置

ASR 在汽车驱动过程中，ABS/ASR 电子控制装置根据各车轮转速传感器产生的车轮转速信号，确定驱动车轮的滑动率和汽车的参考速度。当 ABS/ASR 电子控制装置判定驱动车轮的滑动率超过设定的限值时，驱动副节气门的步进电动机转动，减小副节气门的开度。此时，即使主节气门的开度不变，发动机的进气量也会因副节气门开度的减小而减少，使发动机的输出转矩减小，驱动车轮上的驱动力矩就会随之减小。如果驱动车轮的滑动率仍未降低到设定的控制范围内，ABS/ASR 电子控制装置又会控制 ASR 制动压力调节装置和 ABS 制动压力装置，对驱动车轮施加一定的制动压力，使制动力矩作用于驱动车轮。

图 8-44 所示为 ABS/ASR 中的 ASR 制动液压主要包括制动供能装置和电磁控制阀总成两部分。制动供能装置主要由电动泵和蓄能器组成，电磁控制阀总成主要由三个两位二通电磁阀组成。它们与 ABS 制动压力调节装置共同组成制动液压系统。

当 ABS/ASR 电子控制装置判定需要对驱动车轮施加制动力矩时，ABS/ASR 电子控制装置就使 ASR 制动压力调节装置中的三个二位二通电磁阀都通电。电磁阀Ⅲ将制动主缸至后制动轮缸的制动管路封闭，电磁阀Ⅱ将蓄能器至 ABS 制动压力调节装置的制动管路沟通，电磁阀Ⅰ将 ABS 制动压力调节装置至储液室的制动管路沟通。蓄能器中具有一定压力的制动液就会经过处于开启状态的电磁阀Ⅱ和电磁阀Ⅳ和Ⅴ进入两后制动轮缸，驱动车轮的制动力矩随着制动轮缸制动压力的增大而增大。当 ABS/ASR 电子控制装置判定需要保持两驱动车

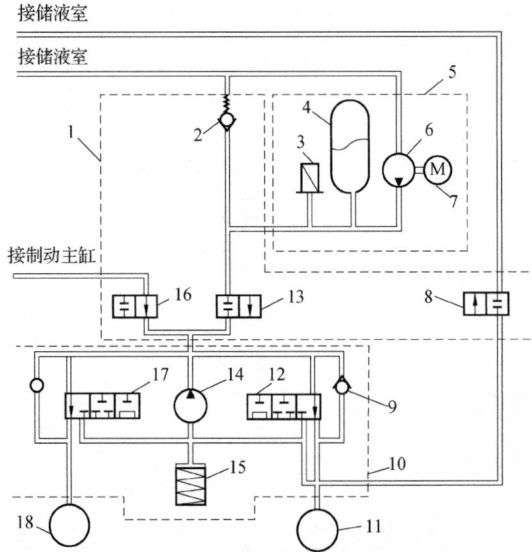

图 8-44 ASR 制动液压系统

1—ASR 电磁阀总成；2—单向阀；3—压力开关；4—蓄能器；5—制动供能装置；6—泵；7—电动机；8—电磁阀 I；
9—单向阀；10—ABS 制动压力调节装置；11—左后驱动车轮；12—电磁阀Ⅳ；13—电磁阀Ⅱ；14—回液泵；
15—储液器；16—电磁阀Ⅲ；17—电磁阀Ⅴ；18—右后驱动车轮

轮的制动力矩时，ABS/ASR 电子控制装置就使 ABS 制动压力调节装置中的两个三位二通电磁阀Ⅳ和Ⅴ的电磁线圈中通过较小的电流，使电磁阀Ⅳ和Ⅴ都处于中间位置，将两后制动轮缸的进、出液管路都封闭，两后制动轮缸的制动压力就保持一定。当 ABS/ASR 电子控制装置判定需要减小两驱动车轮的制动力矩时，使电磁阀Ⅳ和Ⅴ的电磁线圈中都通过较大的电流；电磁阀Ⅳ和Ⅴ分别将两后制动轮缸的进液管路封闭，而将两后制动轮缸的出液管路沟通；两后制动轮缸中的制动液就会经电磁阀Ⅳ和Ⅴ，以及电磁阀 I 流回制动主缸储液室，两后制动轮缸的制动压力就会减小。在 ASR 制动压力调节过程中，ABS/ASR 电子控制装置根据车轮转速传感器输入的车轮转速信号，对驱动车轮的运动状态进行连续监测。通过控制电磁阀Ⅳ和Ⅴ的通电情况，使后制动轮缸的制动压力循环往复地进行增大—保持—减小过程，从而将驱动车轮的滑动率控制在设定的理想范围之内。如果 ABS/ASR 电子控制装置判定需要对两驱动车轮的制动力矩进行不同控制时，ABS/ASR 电子控制装置就对电磁阀Ⅳ和Ⅴ进行分别控制，使两后制动轮缸的制动压力进行各自独立地调节。

当 ABS/ASR 电子控制装置判定无须对驱动车轮实施防滑转控制时，ABS/ASR 电子控制装置使各个电磁阀均不再通电，各电磁阀恢复到图 8-44 中所示的状态。后制动轮缸中的制动液可经电磁阀Ⅳ和Ⅳ，以及电磁阀Ⅲ流回制动主缸，驱动车轮的制动力矩将完全消除；在解除驱动车轮制动的同时，ABS/ASR 电子控制装置还控制步进电动机转动，将副节气门完全开启。

目前，在各种车型上装备的 ASR 系统的具体结构和工作过程不尽相同，但在如下几个方面却是相同的。

①ASR 可以由驾驶员通过 ASR 选择开关对其是否进入工作状态进行选择，在 ASR 进行防滑转调节时，ASR 工作指示灯会自动点亮，如果通过 ASR 选择开关将 ASR 关闭，ASR 关闭

指示灯会自动点亮。

②ASR 处于关闭状态时，副节气门将自动处于全开位置；ASR 制动压力调节装置也不会影响制动系统的正常工作。

③如果在 ASR 处于防滑转调节过程中，驾驶员踩下制动踩板进行制动，ASR 将会自动退出防滑转调节过程，而不影响制动过程的进行。

④ASR 通常只在一定的车速范围内才进行防滑转调节，当车速达到一定以后（如 120 km/h 或 80 km/h），ASR 将会自动退出防滑转调节过程。

⑤ASR 在其工作车速范围内通常具有不同的优先选择性，在车速较低时以提高牵引力作为优先选择。此时，对两驱动车轮施加的制动力矩可以不同，即对两后制动轮缸的制动压力进行独立调节。在车速较高时则以提高行驶方向稳定性为优先选择，此时，对两驱动车轮施加的制动力矩将是相同的，即对两后制动轮缸的制动压力进行一同调节。

⑥ASR 都具有自诊断功能，一旦发现存在影响系统正常工作的故障时，ASR 将会自动关闭，并向驾驶员发出警示信号。

8.2.3　项目实施

在任务实施的过程中，将学习的内容运用其中，做到学以致用。

8.2.3.1　项目实施环境

所需的仪器设备：凌志 LS400 汽车。

8.2.3.2　凌志 LS400 ASR 系统简介

凌志 LS400 汽车的 ASR 系统又称 TRC（牵引力控制）系统。其组成和元件位置如图 8-45 所示。控制原理如图 8-46 所示。电子控制单元连接器的端口如图 8-47、表 8-2 所示。

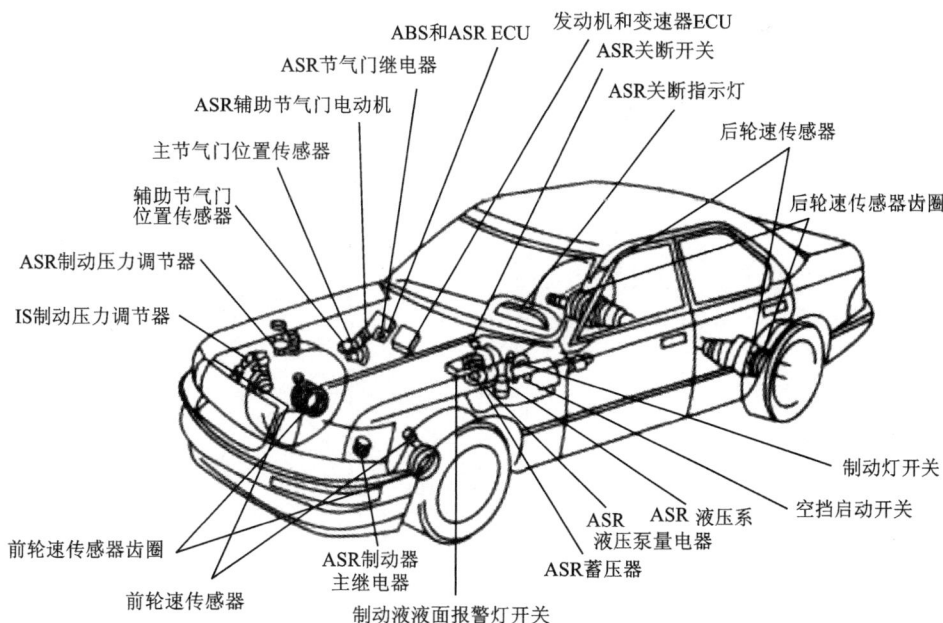

图 8-45　凌志 LS400 汽车防滑控制系统的组成和元件位置

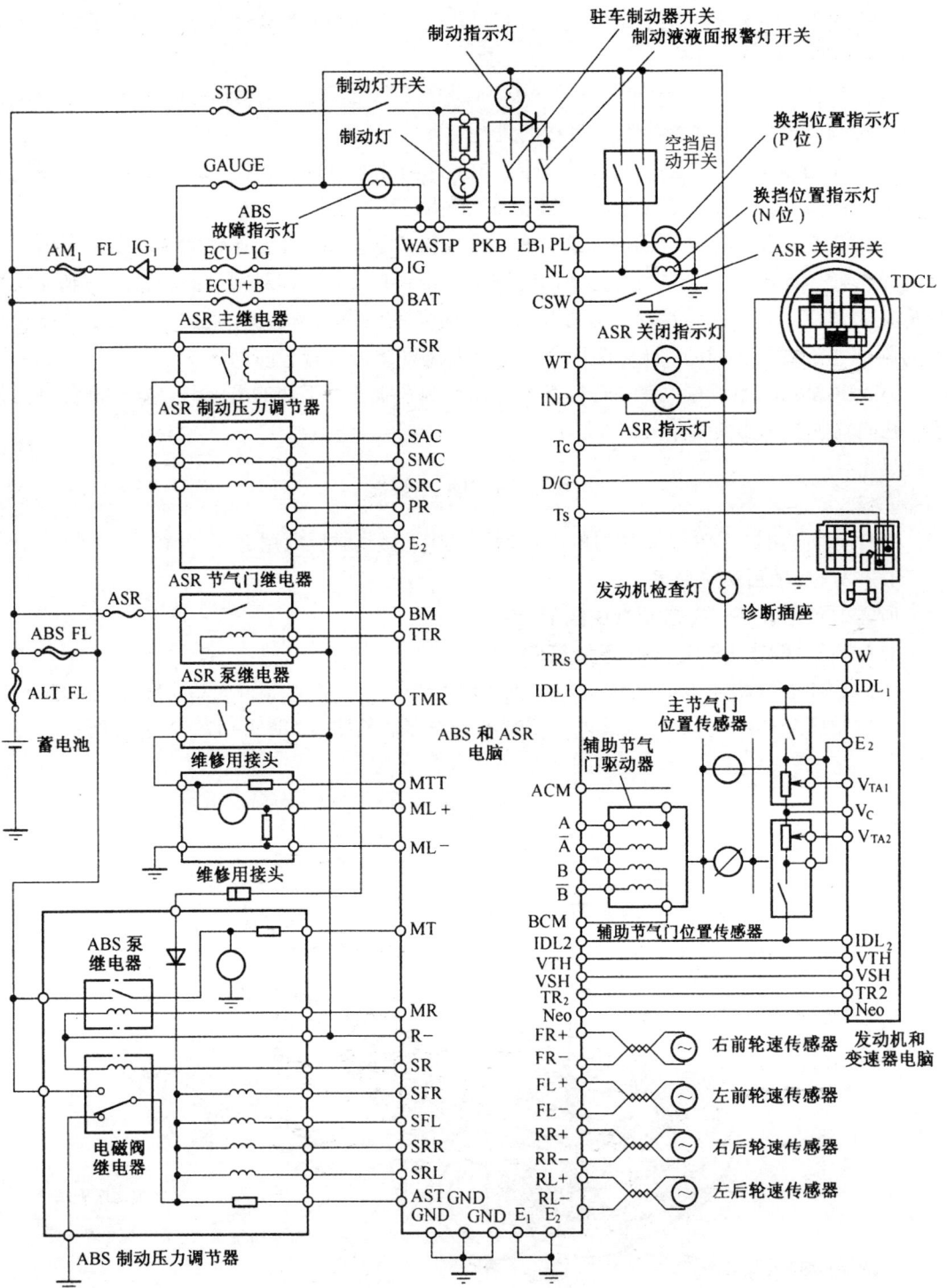

图 8-46　控制原理

(A-18)　　　　　　　　　(A-19)　　　　　　　　　(A-20)

| SFL | ACM | BM | Ā | A | TTR | TMR | SR | MR | TSR | R- | SRC | SMC |
| SRR | GND | BCM | B | B | MTT | LKL2 | PL | IDL1 | NL | AST | VC | SAC |

| WT | TR2 | WA | VTH | NEO | TC | PKB | BAT |
| IND | | D/G | VSH | CSW | LBL1 | | TRS |

| IG | PR | ML- | MT | EL | FL- | RR+ | FR- | RL+ | GND | SFR |
| STP | ML+ | TS | E1 | E2 | FL+ | RR- | FR- | RL- | GND | SRL |

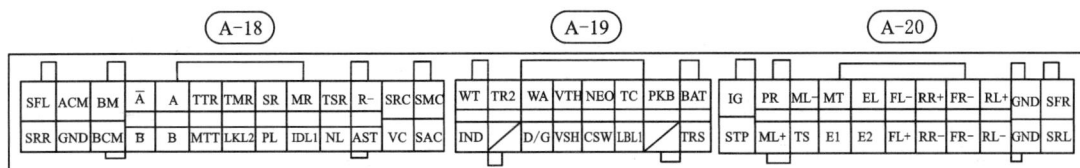

图 8-47　电子控制单元连接器的端口

表 8-2　电子控制单元连接器的端口

端子号 A-18	符号	端子名称	端子号 A-19	符号	端子名称	端子号 A-20	符号	端子名称
1	SMC	主缸隔离电磁阀	1	BAT	备用电脑	1	SFR	右前电磁阀
2	SRC	储液器隔离电磁阀	2	PKB	驻车制动开关	2	GND	搭铁
3	R-	继电器搭铁线	3	TC	诊断	3	RL+	左后轮速传感器
4	TSR	TRC 电磁阀继电器	4	NEO	Ne 信号	4	FR-	右前轮速传感器
5	MR	ABS 液压泵继电器	5	VTH	主节气门位置传感器	5	RR+	右后轮速传感器
6	SR	ABS 电磁阀继电器	6	WA	ABS 故障指示灯	6	FL-	左前轮速传感器
7	TMR	TRC 液压泵继电器	7	TR2	发动机通信	7	E1	搭铁
8	TTR	TRC 节气门继电器	8	WT	ASR 关闭指示灯	8	MT	ABS 液压泵继电器
9	A	步进电动机	9	TRS	发动机检查灯	9	ML-	ASR 液压泵闭锁继电器
10	Ā	步进电动机	10			10	PR	蓄压器压力开关
11	BM	步进电动机	11	LBL$_1$	制动液液面警报灯开关	11	IG	电源
12	ACM	步进电动机	12	CSW	TRC 关闭开关	12	SRL	左后电磁阀
13	SFL	左前电磁阀	13	VSH	辅助节气门位置传感器	13	GND	搭铁
14	SAC	蓄压器隔离电磁阀	14	D/G	诊断	14	RL-	左后轮速传感器
15	VC	蓄压器压力开关	15			15	FR+	右前轮速传感器
16	AST	ABS 电磁阀继电器监控器	16	IND	ASR 指示灯	16	RR-	右后轮速传感器
17	NL	空挡开关				17	FL+	左前轮速传感器
18	IDL$_1$	主节气门怠速开关				18	E2	搭铁
19	PL	空挡开关				19	E1	搭铁
20	IDL$_2$	辅助节气门怠速开关				20	TS	轮速传感器检查用

续表8-2

端子号 A-18	符号	端子名称	端子号 A-19	符号	端子名称	端子号 A-20	符号	端子名称
21	MTT	ASR液压泵继电器监控器				21	ML+	ASR液压泵闭锁传感器
22	B	步进电动机				22	STP	制动灯开关
23	$\overline{B}$	步进电动机						
24	BCM	步进电动机						
25	GND	搭铁						
26	SRR	右后电磁阀						

8.2.3.3 项目实施步骤

1.故障码的读取与清除

不同车型ASR系统故障码的读取与清除方法不同，ASR系统故障码的读取与清除方法与ABS基本相同。

凌志LS400装有ASR系统。点火开关转至"ON"位置后，仪表板上ASR指示灯应点亮3 s后熄灭；如果点火开关转至"ON"位置后，仪表板上的ASR指示灯不亮或点亮3 s后不熄灭，均为不正常，需要进行故障检查。

（1）读取故障码

①点火开关转至"ON"位置。

②用跨接线将诊断插座的TC和E1端子短接。

③根据仪表板上ASR指示灯的闪烁频率读取故障码。故障码的读取方法与ABS相同。故障码如表8-3所示。

表8-3　故障码

故障码	故障内容	故障码	故障内容
11	ASR（TRC）主继电器电路断路	26	电脑控制辅助节气门全开，但辅助节气门不动作
12	ASR（TRC）主继电器电路短路	27	停止向步进电动机供电时，辅助节气门未能到达全开的位置
13	ASR（TRC）节气门继电器电路断路	44	ASR（TRC）工作时，Ne信号未送入电脑
14	ASR（TRC）节气门继电器电路短路	45	主节气门位置传感器IDL_1信号故障
15	ASR（TRC）液压泵电动机通电时间过长	46	主节气门位置传感器VTA_1信号故障
16	压力开关电路断路	47	辅助节气门位置传感器IDL_2信号故障
17	压力开关一直关闭	48	辅助节气门位置传感器VTA_2信号故障

续表8-3

故障码	故障内容	故障码	故障内容
19	ASR 液压泵电动机开和关的次数比正常多	49	ASR 输入发动机或变速器信号电路断路或短路
21	制动主缸隔离电磁阀电路断路或短路	51	发动机控制系统发生故障
22	蓄压器隔离电磁阀电路断路或短路	52	制动液液面警报灯开关接通，液位报警灯点亮
23	储液器隔离电磁阀电路断路或短路	54	ASR 液压泵继电器电路断路
24	辅助节气门驱动器电路断路或短路	55	ASR 液压泵继电器电路短路
25	辅助节气门步进电动机供电时，辅助节气门未能到达全开的位置	56	ASR 液压泵电动机锁死或开路

（2）清除故障码

故障排除后，点火开关转至"ON"位置，在诊断插座端子 TC 和 E1 短接的状态下，在 3 s 内连续踩制动踏板 8 次以上，即可清除故障码。

2. 主继电器电路和节气门继电器电路的故障诊断

（1）主继电器电路的故障诊断

故障码 11、故障 12 说明凌志 LS400 ASR 主继电器电路出现断路或短路故障。

①故障码 11 故障分析。

②故障码 12 故障分析。

③故障诊断。

ASR 主继电器电路及检测方法如图 8-48 所示。检查方法如下。

检查 ASR 主继电器电源端子的电压。

a. 断开 ASR 主继电器连接器，点火开关接通。

b. 用直流电压表测量 ASR 主继电器连接器（线束侧）1 号端子与搭铁之间的电压。电压正常值应为蓄电池电压。

检查 ASR 主继电器。

a. 检测 ASR 主继电器连接器各端子之间的导通情况；1—2 端子不导通，3—4 端子导通（电阻≤0.5Ω）。

b. 给继电器 3 至 4 端子之间施加蓄电池电压，继电器 1—2 端子应导通。

若上述检查结果不正常，应更换导线或 ASR 主继电器。若检查结果正常，应检查 ASR 主继电器的有关线路和连接器；如果线路和连接器均良好，则应检查或更换 ASR/ABS 电脑蓄电池电压。

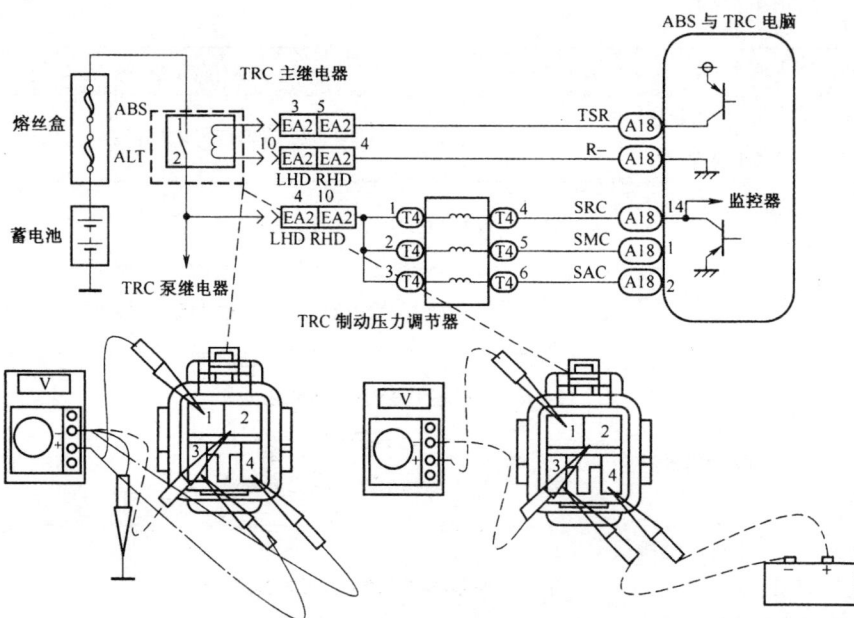

图 8-48　ASR 主继电器及电路检测方法

（2）节气门继电器电路的故障诊断

故障码 13、故障 14 说明 ASR 系统节气门继电器电路出现断路或短路故障

①故障码 13 故障分析。

②故障码 14 故障分析。

ASR 节气门继电器电路及检测方法如图 8-49 所示。

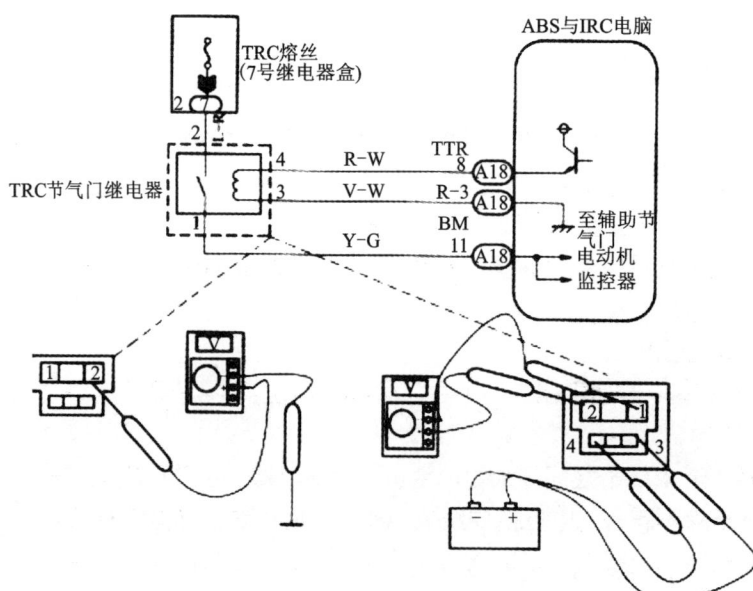

图 8-49　ASR 节气门继电器电路及检测方法

ASR 节气门继电器电源端子电压的检查方法如下。

a. 拆下 ASR 节气门继电器连接器，点火开关接通。

b. 用直流电压表测量 ASR 节气门继电器连接器(线束侧)2 号端子与搭铁间的电压，正常电压应为蓄电池电压。

c. 检查 ASR 节气门继电器。检测 ASR 节气门继电器连接器各端子间的导通情况；正常应为 1—2 端子不导通(电阻∞)，3—4 端子导通(电阻≤0.5 Ω)

d. 给节气门继电器 3—4 端子之间施加蓄电池电压，1—2 端子应导通。

若上述检查结果不正常，应更换 ASR 节气门继电器。若检查结果正常，应检查 ASR 节气门继电器的有关线路和连接器。如果线路和连接器均良好，则应检查或更换 ASR/ABS 电脑。

3. 压力开关和调节器电磁阀电路的故障诊断

(1)压力开关的故障诊断

故障码 15、故障码 16 或故障码 17 说明 ASR 压力开关传感器或其电路出现故障。

①故障码 15~17 故障分析。

②故障诊断。ASR 压力开关电路及检查如图 8-50 所示。故障检查方法如下。

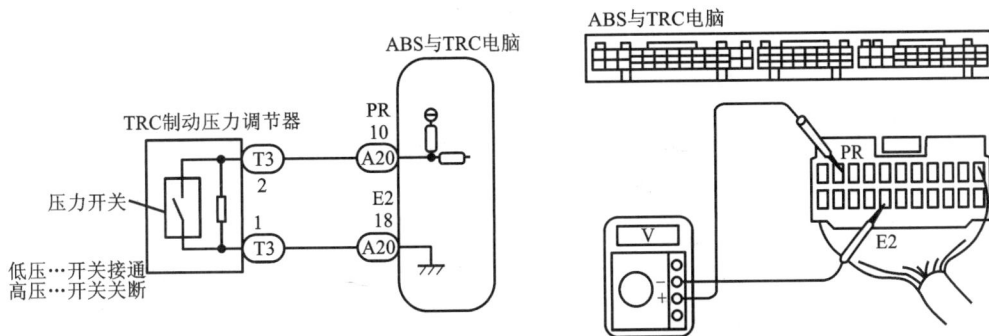

图 8-50　ASR 压力开关电路及检测

• 检查电脑端子 PR—E2 的电压。拆下 ASR 电脑(不断开连接器)；启动发动机并维持怠速运转 30 s 以上，使 ASR 制动压力调节器内的压力升高；将发动机熄火，点火开关转至"ON"位置，用直流电压表测量电脑 PR—E2 端子的电压，电压应约为 5 V。

放出 ASR 制动压力调节器内的制动液，调节器内部的压力降低，再测量 PR—E2 端子的电压，正常电压应为 0。

若上述两次测量结果有一次不正常，应对压力开关进行检查。若上述两次测量电压均正常，则应检查或更换 ASR/ABS 电脑。

• 压力开关的检查。断开压力开关连接器，测量连接器两端子之间的电阻、正常电阻值为 4；连接压力开关连接器，启动发动机怠速运转 30 s，升高 ASR 制动压力调节器内的压力，将发动机熄火后，使点火开关转至"ON"位置；测量压力开关两端子之间的电阻，正常阻值约为 1.5 Ω。

若检查结果不正确，应更换压力开关；若结果正常，应检查与其相关的连接线；如没有问题,应检查或更换 ASR/ABS 电脑。

(2)ASR 调节器电磁阀电路的故障诊断

故障码 21~23 说明 ASR 制动压力调节器的电磁阀线圈电路出现断路或短路故障。

① 故障码故障分析。

②故障诊断。ASR 制动压力调节器电磁阀电路及检查如图 8-51 所示。

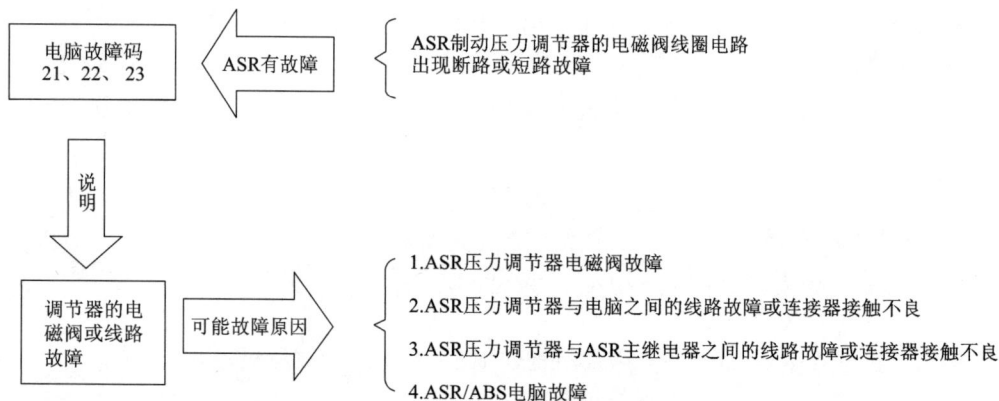

图 8-51 压力调解器电磁阀电路及检查

检查方法如下。

检查 ASR 电脑端子 SRC、SMC、SAC 与搭铁之间的电压。拆下 ASR 电脑,连接器不断开,点火开关转至"ON"位置,分别测量 ASR 电脑的 SRC、SMC、SAC 端子与搭铁之间的电压,正常电压值均应为蓄电池电压。

如果上述检查有一端子电压不正常,应对电磁阀线圈进行检查。如果各端子电压均正常,则应检查或更换 ASR 电脑。

检查 ASR 制动压力调节器电磁阀线圈。断开 ASR 制动压力调节器连接器,检查各端子之间的导通情况,1—4、2—5、3—6 端子应导通(电阻≤0.5Ω)。

若检查结果不正常,应更换制动压力调节器;正常应检查或更换 ASR 电脑。

4. 辅助节气门驱动器电路、辅助节气门及其位置传感器的故障诊断

(1)辅助节气驱动器电路的故障诊断

凌志 LS400 ASR 辅助节气门驱动器电路出现故障时,电脑会储存故障码 24。

(2)故障诊断

凌志 LS400 车型 ASR 辅助节气门驱动器电路及其检测如图 8-52 所示。

①断开 ASR 辅助节气门驱动连接器。

②检查连接器各端子之间的导通情况:1—2—3 端子应导通;4—5—6 端子应导通。

若检查结果不正常,应更换 ASR(TRC)辅助节气门驱动器;若检查结果正常,应进一步检查 ASR(TRC)辅助节气门驱动器与电脑之间的线路和连接器接触状况;如果线路和连接器均良好,则应检查或更换 ASR/ABS 电脑。

(3)辅助节气门及其位置传感器的故障诊断

故障码 25、26 或 27 说明辅助节气门及其位置传感器故障。

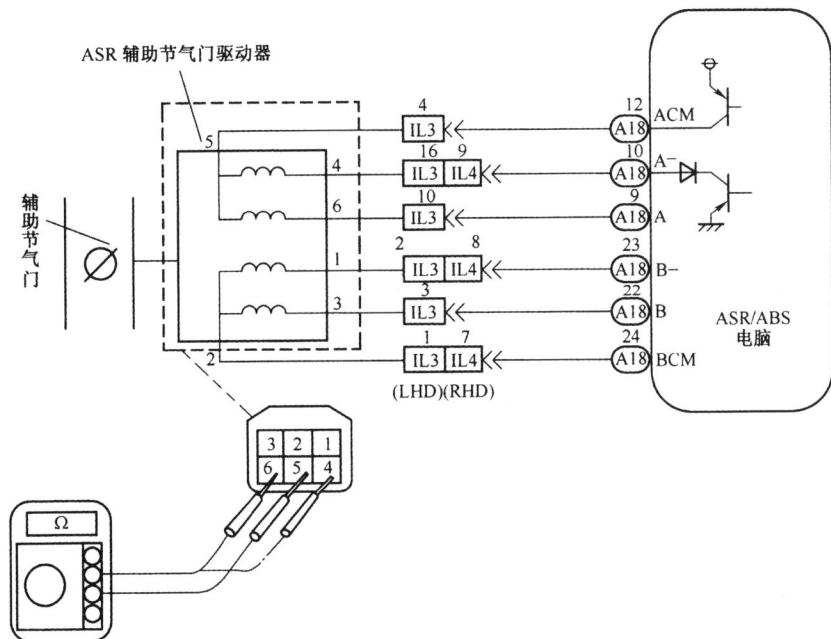

图 8-52　ASR 辅助节气门驱动器及其电路检测

①故障码 25、26 或 27 故障分析。

②故障诊断。

●检查辅助节气门。拆下进气管道，用手转动辅助节气门开关检查其是否灵活；如果卡带或已卡死，应更换节气门体；如无异常，则进一步检查辅助节气门位置传感器。

●检查辅助节气门位置传感器。辅助节气门位置传感器的检查——参考故障码 47 和 8检测。若传感器良好，检查辅助节气门驱动器；若辅助节气门驱动器也正常，则应检查或更换 ASR/ABS 电脑。

5. 发动机转速信号 Ne 电路、主节气门位置传感器及辅助节气门位置传感器电路的故障诊断

(1) 发动机转速信号 Ne 电路的故障诊断

故障码 44 说明 ASR 电脑系统收不到来自发动机电脑和变速器电脑的转速信号 Ne。

①故障码 44 分析如图 8-53 所示。

②故障诊断。

●检查 ASR 电脑 Neo 端子与搭铁之间的电压如图 8-45 所示。拆下 ASR 电脑，断开连接器，点火开关位于"ON"位置，ASR 电脑 NEO 端与搭铁之间的电压应约为 5 V；发动机怠速下测量 ASR 电脑 NEO 端与搭铁之间的电压应约为 2.5 V。

●检查发动机控制电脑 NEO 端子与搭铁之间的电压，如图 8-45 所示。断开发动机控制连器，点火开关至"ON"位置，测量电脑连接器（线束侧）NEO 端子与搭铁间的电压，正电压应为 5 V 左右。

若电压检查正常，应检查或更换发动机控制电脑；若电压检查不正常，应检查 ASR 电脑与发动机控制电脑之间的线路和连接器接触状况。如果线路和连接器均良好，则应检查或更

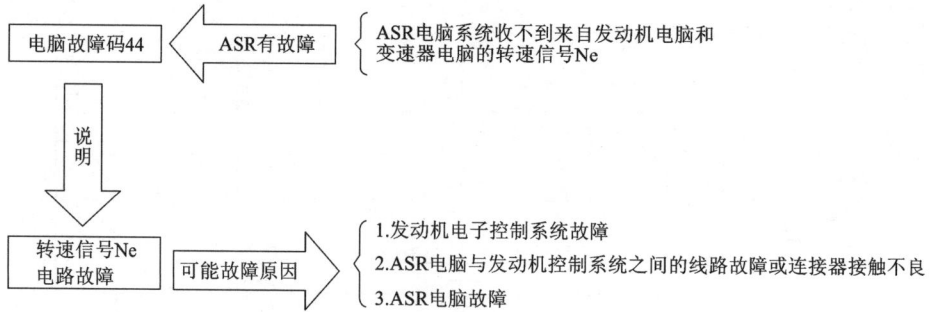

图8-53 故障码44分析

换 ASR 电脑。

（2）主节气门位置传感器电路的故障诊断

故障码 45 和 46 说明主节气门位置传感器电路故障。主节气门位置传感器信号不正常时，ASR 系统将会停止工作。

①故障码 45 和 46 故障分析

②故障诊断。主节气门位置传感器电路如图 8-54 所示。检查方法如下。

●读取发动机控制系统故障码。如有故障码，则按故障码检修发动机控制系统；若无故障码，则进行下一步检查。

●检测 ASR 电脑 VTH 端子与搭铁之间的电压。拆下 ASR 电脑，断开连接器，拆下进气管道，在节气门转动过程中测量 ASR 电脑 VTH 端与搭铁之间的电压。正常电压值应为节气门全闭时 0.6 V 左右，节气门全开时 3.8 V 左右。节气门转动时电压逐渐增加或逐渐下降，不出现跃变现象。电压值不正常时应更换节气门位置传感器。

●检测 ASR 电脑 IDL 端子与搭铁之间的电压。点火开关位于"ON"位置，在节气门全闭时电压为 0，全开时电压约为 5 V。

●若电压不正常，应检查 ASR 电脑与节气门位置传感器之间的线路和连接器状况。如果电压正常，且线路和连接器均良好，应检查或更换 ASR 电脑。

（3）辅助节气门位置传感器电路的故障诊断故障码 47 和 48 说明辅助节气门位置传感器电路故障。

①故障码 47 和 48 故障分析。

②故障诊断。辅助节气门位置传感器电路及检测如图 8-54 所示。检查方法如下：读取发动机控制系统故障码。如有故障码，按故障码检修发动机控制系统；若无故障码，则进行下一步检查。

●检测 ASR 电脑 VSH 端子与搭铁之间的电压。拆下 ASR 电脑，断开连接器，拆下进气管道，在节气门转动过程中测量 ASR 电脑 VSH 端与搭铁之间的电压。正常电压值应为节气门全闭时 0.6 V 左右，节气门全开时 3.8 V 左右。节气门转动时电压逐渐增加或逐渐下降，不出现跃变现象。电压值不正常时应更换辅助节气门位置传感器。

●检测 ASR 电脑 IDL_2 端子与搭铁之间的电压。点火开关位于"ON"位置，在节气门关闭时电压为 0，全开时电压约为 5 V。

●若电压不正常，应检查 ASR 电脑与辅助节气门位置传感器之间的线路和连接器状况。

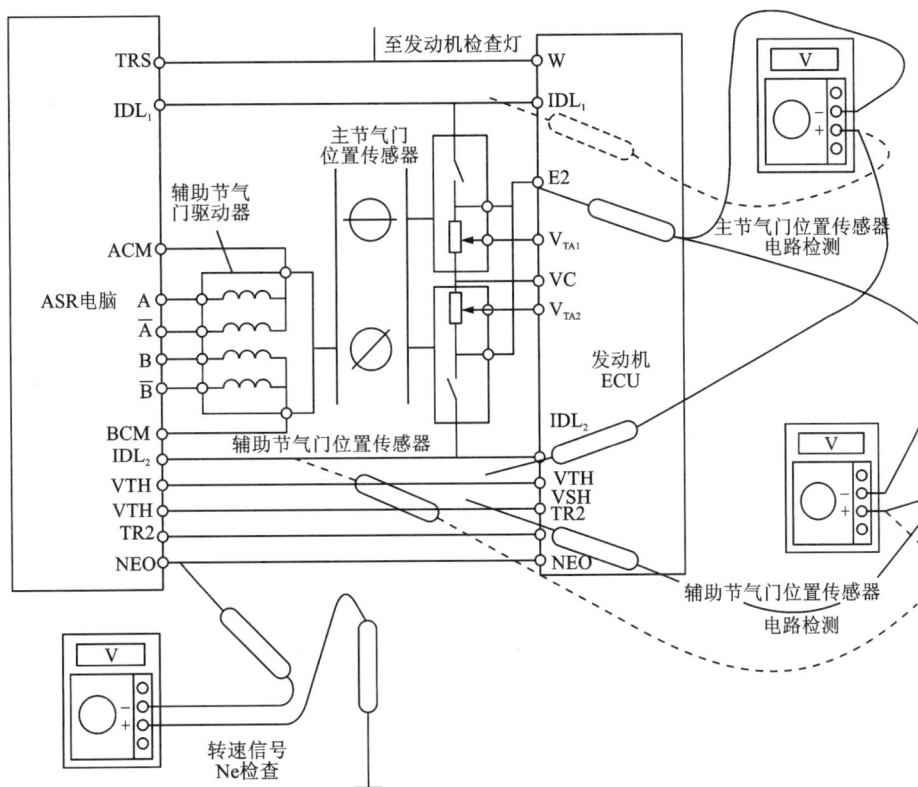

图 8-54 转速信号 Ne、主节气门位置传感器及辅助节气门位置传感器电路检测

如果电压正常，且线路和连接器均良好，应检查或更换 ASR 电脑。

6. 发动机信息交换电路、制动液液面警报灯开关、液压泵继电器电路、液压泵电动机监视电路的故障诊断

（1）发动机信息交换电路的故障诊断

故障码 49 说明推识发动机点火正时信息交换电路故障—信息交换用于推迟输送点火时信号，以推迟发动机点火正时。

①故障码 49 故障分析。

②故障诊新。凌志 LS400 发动机信息交换电路如图 8-55 所示。检查方法如下：

● 检测 ASR 电脑 TR2 端子与搭铁之间的电压。拆开 ASR 电脑连接器，点火开关转至"ON"位置；测量 ASR 电脑连接器（线束侧）TR2 端子与搭铁之间的电压，正常电压值应为 5 V。若电压正常，应检查或更换 ASR 电脑。

● 检测 ASR 电脑与发动机控制电脑之间的线路连接状况。如果线路或连接器有松脱或接触不良，应进行修理或更换。如果线路和连接器均正常，则应检查或更换发动机控制系统电脑。

（2）制动液液面警报灯开关电路的故障诊断 故障码 52 说明制动液面过低或警报灯开关电路出现故障。

①故障码 52 故障分析。

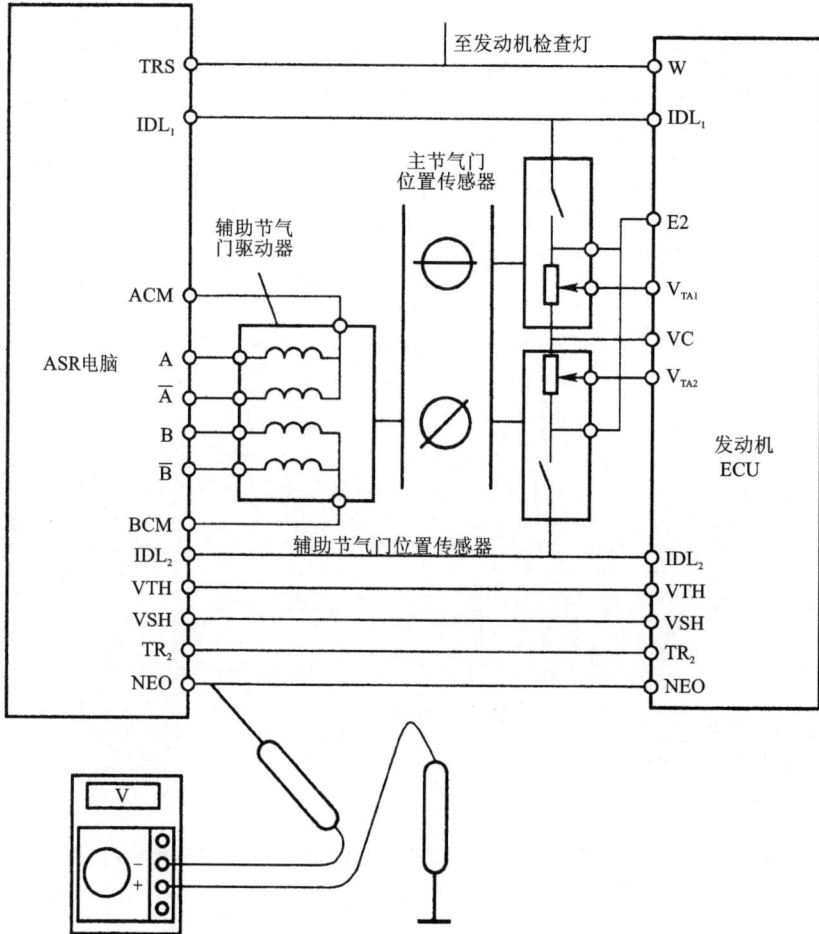

图 8-55　凌志 LS400 发动机信息交互电路检查方法

②故障诊断。

凌志 LS400 制动液液面警报灯开关电路如图 8-56 所示。

● 检查制动液液面。如果液面过低,检查有无漏油之处。若有,应进行修理或更换并加足制动液;如果液面正常,则进行下一步检查。

● 检查制动液液面警报灯开关。若开关不良,应更换开关;若如果开关正常,应检查与制动液液面警报灯开关相连接的线路和连接器;若线路和连接器均正常,应检查或更换 ASR 电脑。

（3）ASR 液压泵继电器电路的故障诊断。

故障码 54 或 55 说明凌志 LS400 ASR 液压泵电动机继电器电路出现故障。

①故障码 54 或 55 故障分析。

②故障诊断。凌志 LS400 ASR 液压泵继电器电路如图 8-57 所示。检查方法如下。

检测 ASR 液压泵电动机继电器的电源电压。拆下 ASR 液压泵继电器,将点火开关置于"ON"位置;测量继电器连接器线束侧 1 号端子与搭铁之间的电压,电压值应为蓄电池电压。若电压不正常,检查继电器与蓄电池之间的线路和连接器。

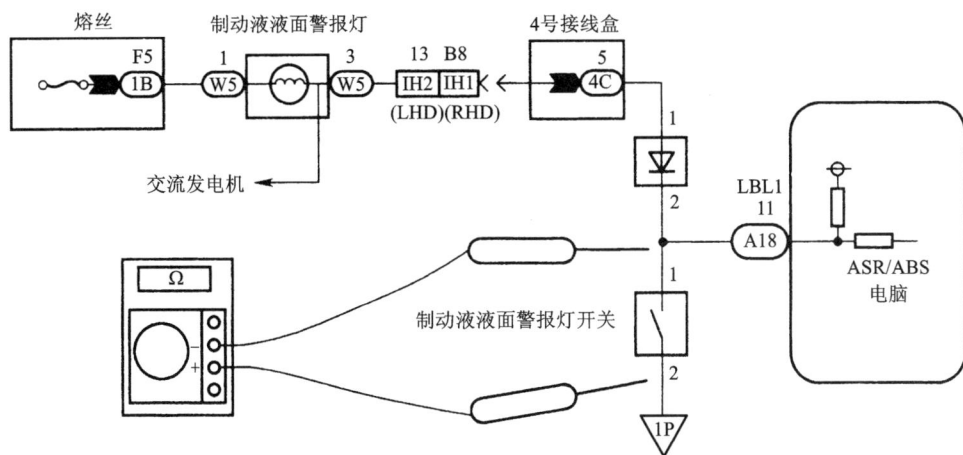

图 8-56 凌志 LS400 制动液液面警报灯开关电路检查方法

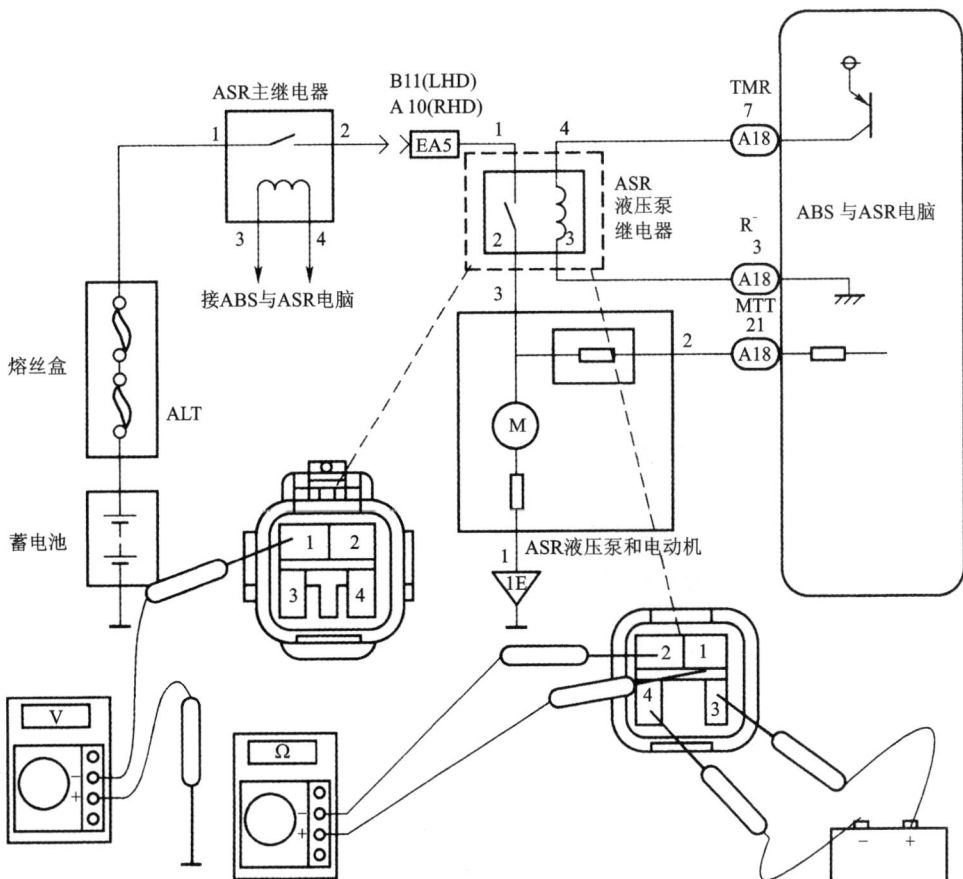

图 8-57 凌志 LS400 液压泵继电器电路检查方法

● 检测 ASR 液压泵继电器。检查 ASR 液压泵继电器各端子之间的导通情况, 3-4 端子之间应导通, 1—2 端子应不导通; 在 3—4 端子加上蓄电池电压时, 1—2 端子应导通。若上述检查有不正常, 应更换 ASR 液压泵继电器。

● 检查 ASR 液压泵电动机。断开 ASR 液压泵电动机连接器, 2—3 端子应导通。若不导通, 应更换 ASR 液压泵及电动机总成。若正常, 应检查 ASR 液压泵电动机、ASR 液压泵继电器与 ASR 电脑之间的线路和连接器; 若线路和连接器均良好, 则应检查或更换 ASR 电脑。

(4) ASR 液压泵电动机监视电路的故障诊断。

故障码 56 说明 ASR 液压泵电动机工作的信号电路故障。此电路用于向 ASR 电脑提供 ASR 液压泵电动机工作的信号, 当电路出现故障时, ASR 控制功能被取消。

① 故障码 56 故障分析。

② 故障诊断。凌志 LS400 车型 ASR 液压泵电动机工作监视电路如图 8-58 所示。检查方法如下。

● 检测 ASR 液压泵电动机的工作情况。断开 ASR 液压泵电动机连接器, 给液压泵电动机供电端接上蓄电池电压, 蓄电池正极接 3 号端子, 蓄电池负极接 1 号端子, ASR 液压泵电动机应运转, 否则应更换 ASR 液压泵电动机总成。

● 检测 ASR 液压泵电动机搭铁情况。ASR 液压泵电动机连接 1 号端子与搭铁之间应导通。若搭铁不正常, 应检查 ASR 液压泵电动机搭铁线路和连接器。

● 检测 ASR 液压泵电动机连接器 4—5 端子的导通情况。断开 ASR 液压泵电动机连接器, 检测电动机侧 4—5 端子是否导通, 正常情况下应导通。如果不导通, 应更换 ASR 液压泵及电动机总成; 如果导通, 应检查 ASR 液压泵电动机与 ASR 电脑之间的线路连接情况。如果线路和连接器均良好, 则应检查或更换 ASR 电脑。

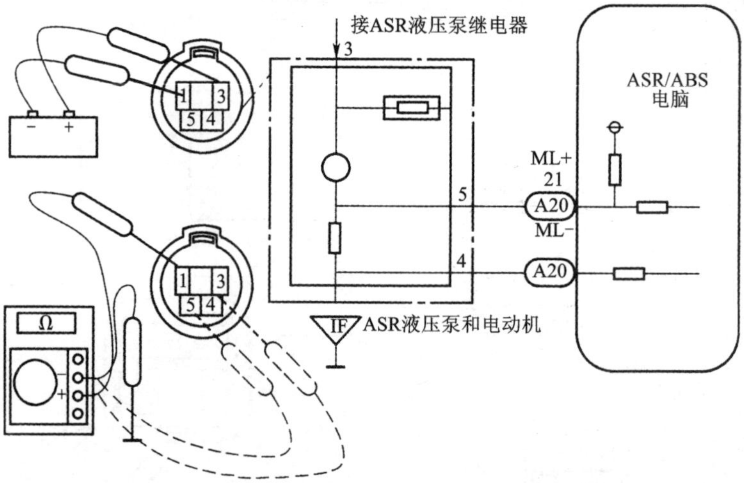

图 8-58 凌志 LS400 液压泵电机工作监视电路检测方法

8.3　任务三　车身电子稳定程序的原理与检测

8.3.1　任务实施学习引导

学习目标

◇ 掌握车身电子稳定程序的功用。
◇ 掌握车身电子稳定程序结构与原理。
◇ 掌握车身电子稳定程序各部件的检测方法。
◇ 掌握车身电子稳定程序常见故障与维修方法。

任务描述

学习车身稳定程序的作用、结构及工作原理；完成车身稳定程序的部件检修与测试、系统检测与维修工作。

8.3.1.1　ESP 系统的结构、原理

电子稳定程序(electronic stability program, ESP)集成了 ABS、TRC 等系统的功能, 在各种情况下都能提高汽车行驶的稳定性, 属于汽车主动安全系统。

ABS 系统一般是在车辆制动时发挥作用, TRC 系统只是在车辆起步和加速行驶时发挥作用, 而 ESP 系统则在整个行驶过程中始终处于工作状态, 不停地监控车辆的行驶状态和观察驾驶员的操作意图, 从而决定什么时候通过车辆控制系统主动地修正汽车的行驶方向, 把汽车从危险的边缘拉回到安全的境地, 如图 8-59 所示。

ABS-抽动和转向

ESP-消除侧滑

TCS-加速不打滑

图 8-59　ABS、TRC(TCS)、ESP 功用示意图

ESP 能视需要自动地向一个或多个车轮施加制动力, 在某些情况下可以进行频率高达 180 Hz 的制动, 以确保汽车行驶在选定的车道内。

ESP 系统为汽车提供了在紧急情况下十分有效的安全保障, 大大降低了汽车在各种道路状况下以及转弯时发生侧翻的可能性, 提高了汽车行驶稳定性。从这个意义上说, ESP 又称为行驶动力控制系统。

车型不同，ESP 技术的缩写形式也有所不同。沃尔沃称其为动态稳定牵引控制（dynamic stability tracing control，DSTC）系统，宝马称其为（dynamic stability control，DSC）系统，丰田称其为车辆稳定控制（vehicle stability control，VSC）系统，三菱称其为主动稳定控制（active stability control，ASC）系统，但其工作原理和作用基本相同。

汽车安全性方面最重要的就是避免发生事故，也就是所谓的主动安全。汽车规避事故的功能是汽车重要且基本的性能，它可帮助避免或自动避免事故发生。ESP 系统的作用主要是在汽车将要出现失控时，主动地参与避免事故发生的控制过程，有效地增加汽车稳定性。

不带 ESP 系统的汽车在高速行驶急转弯时会出现两种危险状况：一种是不足转向（有冲出弯道的倾向），如图 8-60（a）所示；另一种是过度转向（有甩尾的倾向）如图 8-61（a）所示。两者相比，过度转向是一种危险不稳定状况，它可导致汽车急速旋转甚至翻车。

带 ESP 系统的汽车，在车辆出现不足转向和过度转向的情况下，依然能够安全、高速地通过弯道，如图 8-60（b）和图 8-61（b）所示。

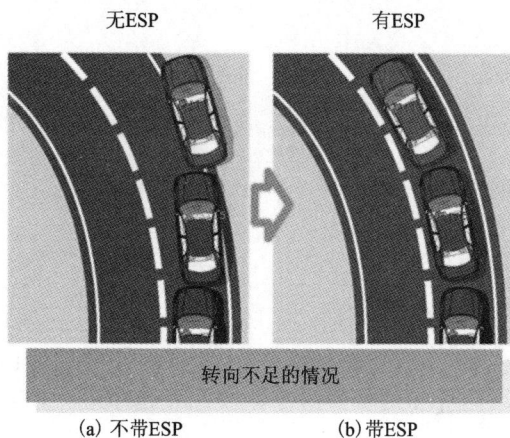

（a）不带ESP　　　　（b）带ESP

图 8-60　不足转向

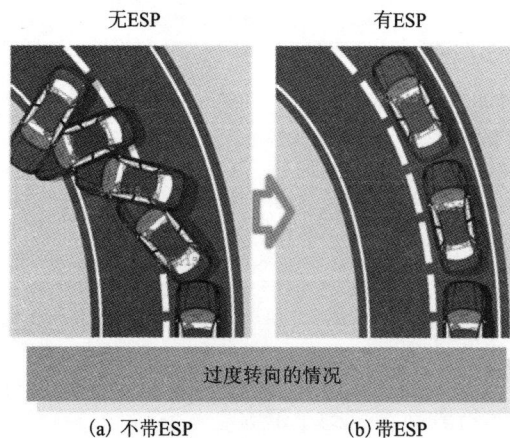

（a）不带ESP　　　　（b）带ESP

图 8-61　过度转向

　　ESP 系统的工作原理是传感器实时地检测驾驶员的行驶意图和车辆的实际行驶情况，其中转向角传感器用来收集驾驶员的转向意图；车轮转速传感器（每个车轮上都装有一个）、偏转率传感器、纵向/横向加速度传感器等用来监测车辆运动状况。ECU 根据各传感器的信号计算出车辆的实际运动轨迹，如果实际运动轨迹与理论运动轨迹（驾驶员意图）有偏差，或者检测出某个车轮打滑（丧失抓地能力），则 ECU 会首先通知副节气门控制机构（或电子节气门）减小开度（收油），然后通知制动系统对某个车轮进行制动，来修正运动轨迹。当实际运动轨迹与理论运动轨迹相一致时，ESP 自动解除控制。

　　例如，当车辆转向不足时，ESP 系统会通过发动机和变速器控制系统主动地对位于弯道内侧的后轮实施瞬间制动，防止车辆驶出弯道；当车辆转向过度时，ESP 系统会通过发动机和变速器系统主动地对位于弯道外侧的前轮实施瞬间制动，防止产生过大的离心力。

　　如图 8-62 所示，在十字路口，装备 ESP 系统的汽车（绿车 A）可以高速避让由支路出现的汽车（蓝车 B），而未装备 ESP 系统的汽车（红车 C）则可能因车辆失控而滑出车道，甚至翻车。

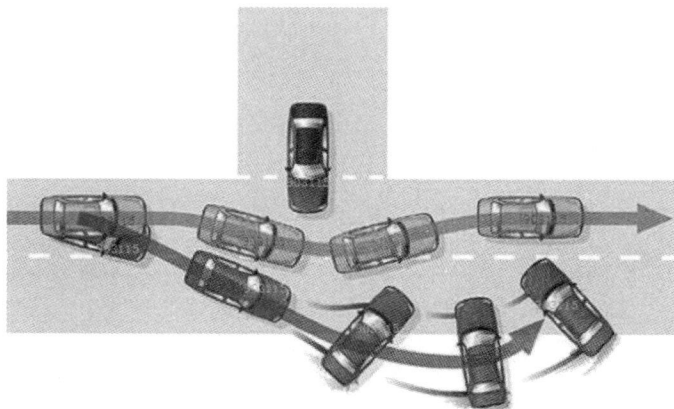

图 8-62　ESP 系统在高速紧急避让过程中的表现

　　由于 ESP 系统在高速过弯、高速避让、稳定性控制等方面的突出表现，使得该系统的装车率越来越高。

8.2.1.2　ESP 系统的组成

　　ESP 系统在 ABS/TRC 系统的基础上发展起来的，故大部分元件与 ABS/TRC 系统功用是由传感器、ECU 及执行器 3 部分组成的。

　　BOSCH ESP 系统组成如图 8-63 所示。

　　1. 传感器

　　ESP 作为保证行车安全的一个重要电控系统，其各个传感器的正常工作是进行有效控制的基础。BOSCH ESP 系统在 ABS/ASR 的基础上增加了转向角传感器、偏转率传感器、纵向及横向加速度传感器等。

　　传感器用于检测转向盘的转角信号（包括转角的大小和转动速率），这一信号反映了驾驶员的操作意图。

　　偏转率传感器（也叫作横视角速度传感器）用于检测汽车翻转的信号。这种传感器像一

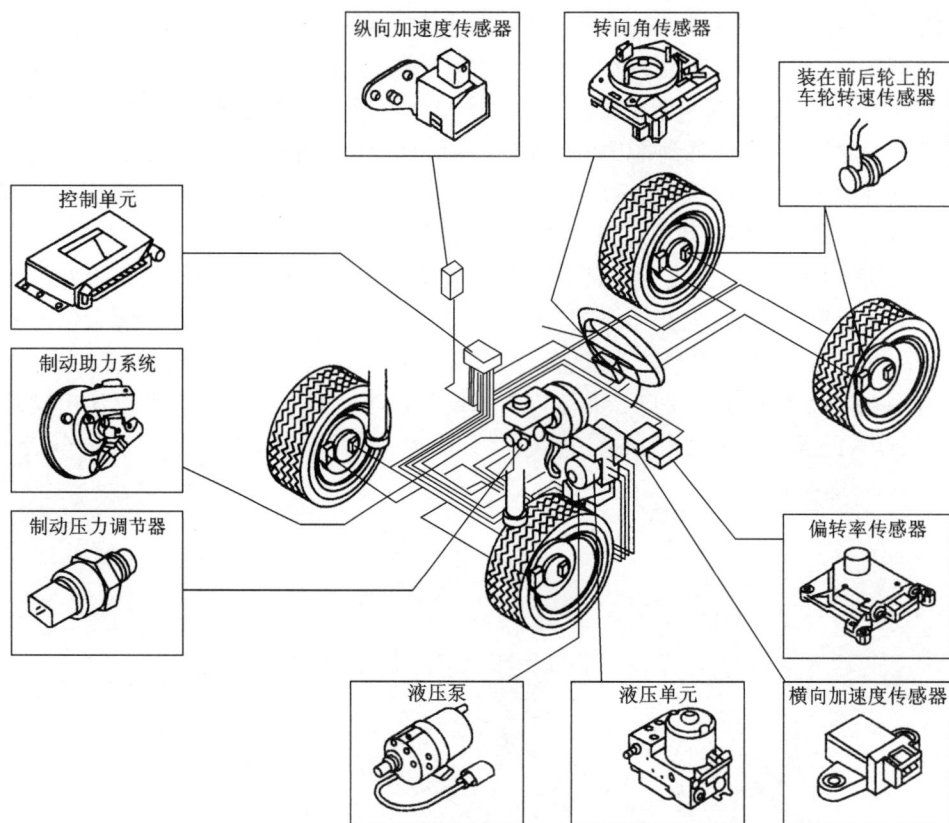

图 8-63　ESP 系统的组成

个罗盘,时刻监测汽车的运动姿态,并记录下汽车每个可能的翻转运动。ESP 中的加速度传感器有沿汽车前进方向的纵向加速度传感器(用于 4 轮驱动车辆)和垂直于前进方向的横向加速度传感器两种,其基本原理相同,只是成 90°夹角安装。

2. ECU

ESP 系统一般与 ABS 系统共用 ECU,将 ABS/ASR 系统 ECU 的功能进行扩展后再进行 ABS/ESP 控制。系统包括输入信号放大电路、运算电路、执行器控制电路、稳压电源电路、电磁屏蔽电路等。

3. 执行器

在 ABS/ASR 系统执行器的基础上,改进了通往各车轮的液压通道,增加了 ESP 警告灯和 ESP 蜂鸣器等。

8.3.2　任务实施

在任务实施的过程中,以别克车为例进行 ESP 系统检修,将学习的内容运用其中,做到学以致用。

1. ESP 系统的诊断方法

汽车 ESP 系统发生故障后,控制单元能够记忆故障码。通过故障诊断仪 Tech2 读取或是消掉故障码。因 Tech2 为菜单提示操作,这些功能按 Tech2 屏幕的提示操作即可完成。在对 ABS-TCS/ESP 进行检修之前,应先排除常规制动系统故障。

2. 制动器排气程序

在执行 ABS-TCS/ESP 制动器排气程序之前。必须完成常规的制动系统排气程序。具体步骤如下:

(1)连接 Tech2,启动发动机运行;

(2)执行"Tech2 制动器排气程序"中的指示。在执行指示期间,确保制动总泵中的制动液液位高于最低液位;

(3)关闭汽车点火开关,从数据链路连接器(DLC)上断开 Tech2;

(4)将制动液加注到制动总泵储液罐的最高液位;

(5)执行另外的制动系统制动器排气操作;

(6)关闭点火开关,踩下制动踏板 3~5 次,以耗尽制动助力器的真空储备压力;

(7)缓慢踩下制动踏板,如果感觉制动踏板绵软,重复 ABS-TCS/ESP 制动器排气操作;

(8)重复 ABS-TCS/ESP 排气操作后,如果仍然感觉制动踏板绵软,检查制动系统是否存在外部或内部泄漏;

(9)保持发动机熄火并且不使用驻车制动器,然后接通点火开关,如果驻车制动器/制动器故障指示灯保持亮起,先诊断并排除故障;

(10)路试车辆,执行 ABS-TCS/ESP 自检初始化程序,如果感觉制动踏板绵软,重复 ABS-TCS/ESP 制动器排气操作,直到制动踏板感觉坚实;

(11)检查 ABS-TCS/ESP 系统的操作。

3. 方向盘转角传感器的校准

操作步骤如下:

(1)记录别克汽车笔直行驶时的方向盘位置;

(2)将 Tech2 连接到别克汽车上,并执行"Tech2 方向盘转角传感器校准程序"中的指示;

(3)检查 ABS-TCS/ESP 系统的操作。

4. 轮速传感器的检查

别克汽车 4 个车轮速度传感器都为电磁式传感器,传感器气隙不可调。检查轮速传感器时,可通过万用表测量传感器阻值。温度在 20℃ 时,传感器的正常电阻值为 1.3~1.8 kΩ。

5. ESP 开关的检查

用万用表测量 ESP 开关端子间的电阻,以判断其好坏。

ESP 开关处于常态位置时,端子 3—4 间应导通,端子 3—5 间开路。按下 ESP 开关时,端子 3—4 开路,端子 3—5 导通。端子 2—6 之间是照明灯电阻。如果测量结果不在规格范围内,则须更换 ESP 开关。

项目九

电子控制动力转向系统原理与检测

学习目标

◇ 熟悉电子控制动力转向系统的组成与结构原理
◇ 熟悉电子控制动力转向系统的工作原理
◇ 掌握电子控制动力转向系统检测方法。

学习各类电子控制转向系统的作用、结构及工作原理；完成电子控制转向系统部件的检修与测试、系统检测与维修工作。

9.1 项目实施学习引导

9.1.1 液压式 EPS 系统的结构、原理

1. 丰田凌志轿车电子控制动力转向系统

图 9-1 所示为凌志轿车采用的流量控制式动力转向系统。由图可见，该系统主要由车速传感器、电磁阀、整体式动力转向控制阀、动力转向液压泵和电子控制单元等组成。电磁阀安装在通向转向动力缸活塞两侧油室的油道之间，当电磁阀的阀针完全开启时，两油道就被电磁阀旁通。流量控制式动力转向系统就是根据车速传感器的信号，控制电磁阀阀针的开启程度，以及转向动力缸活塞两侧油室的旁路液压油流量，来改变转向盘上的转向力。车速越高，流过电磁阀电磁线圈的平均电流值越大，电磁阀阀针的开启程度越大，旁路液压油流量越大，而液压助力作用越小，使转动转向盘的力也随之增加。这就是流量控制式动力转向系统的工作原理。

图 9-2 所示为该系统电磁阀的结构。图 9-3 所示为电磁阀的驱动信号。由图可以看出，驱动电磁阀电磁线圈的脉冲电流信号频率基本不变，但随着车速增大，脉冲电流信号的占空比将逐渐增大，使流过电磁线圈的平均电流值随车速的升高而增大。

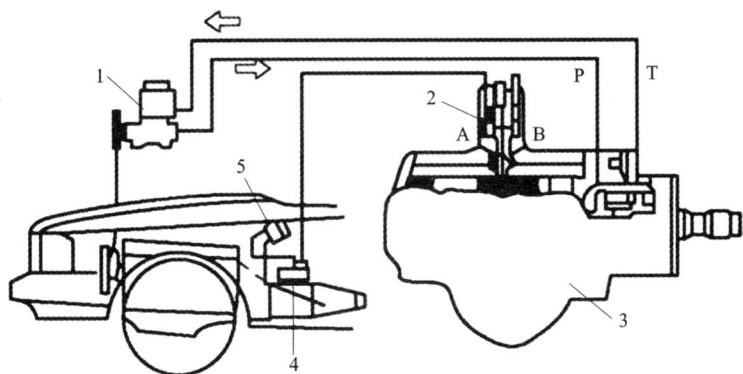

图 9-1 流量控制式动力转向系统(凌志轿车)

1—动力转向油缸；2—电磁阀；3—动力转向控制阀；4—ECU；5—车速传感器

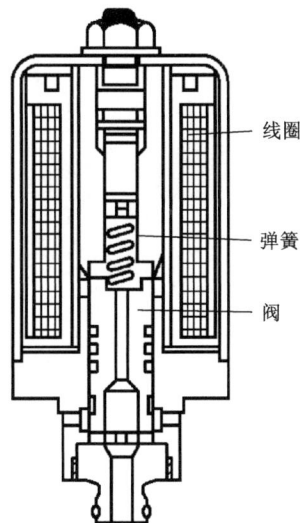

图 9-2 电磁阀的结构

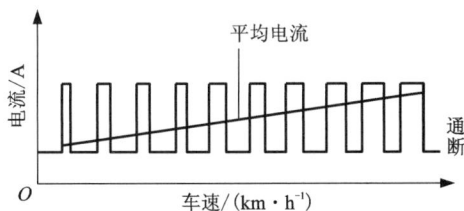

图 9-3 电磁阀的驱动信号

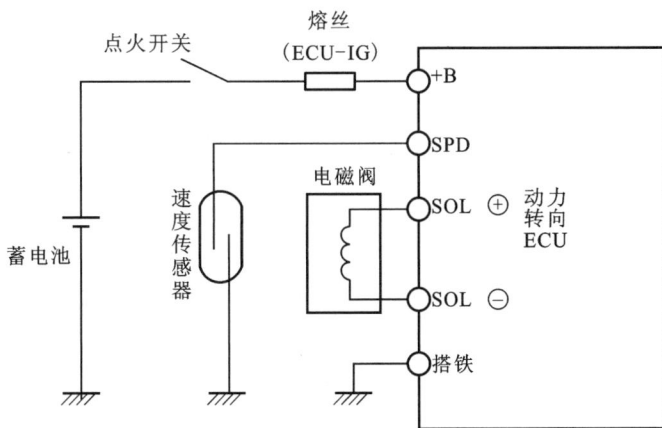

图 9-4 凌志轿车电子控制动力转向系统电路

2. 蓝鸟轿车电子控制动力转向系统

图 9-5 所示为曾在日产蓝鸟轿车上使用的流量控制式动力转向系统。它的特点是在一般液压动力转向系统上增加旁通流量控制阀、车速传感器、转向角速度传感器、ECU 和控制开关等。

该系统在转向油泵与转向机体之间设有旁通管路，在旁通管路中又设有旁通油量控制阀。根据车速传感器、转向角速度传感器和控制开关等信号，ECU 向旁通流量控制阀按照汽车的行驶状态发出控制信号，控制旁通流量，从而调整向转向器供油的流量，如图 9-6 所示。

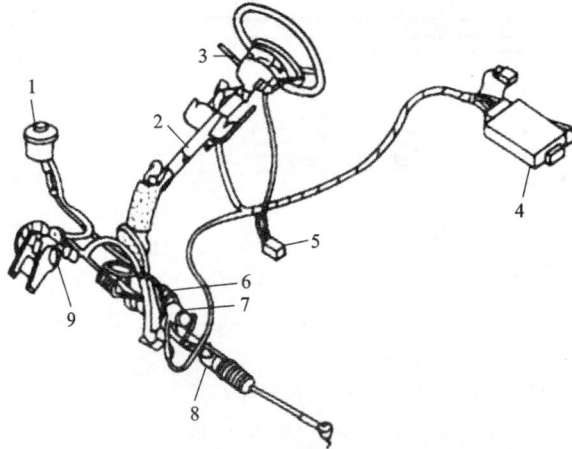

图 9-5　日产蓝鸟轿车流量控制式动力转向系统
1—动力转向油罐；2—转向管柱；3—转向角速度传感器；4—ECU；5—转向角速度传感器增幅器；
6—旁通流量控制阀；7—电磁线圈；8—转向齿轮联动机构；9—油泵

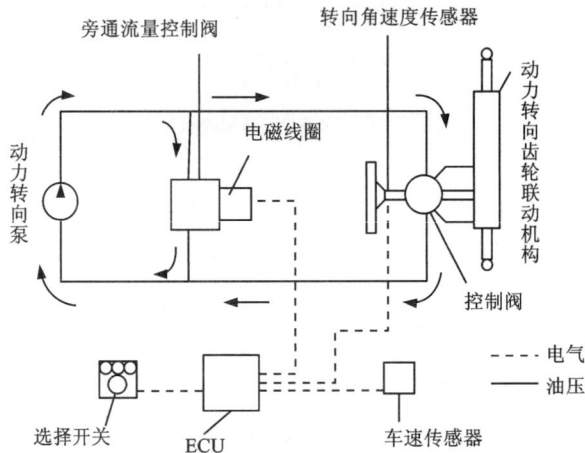

图 9-6　流量控制式动力转向系统

当向转向器供油流量减少时，动力转向控制阀灵敏度下降，转向助力作用降低，转向力增加。在这一系统中，利用仪表板上的转换开关，驾驶员可以选择三种适应不同行驶条件的转向力特性曲线，如图 9-7 所示。ECU 还可根据转向角速度传感器输出信号的大小，在汽车急转弯时，按照图 9-8 所示的转向力特性曲线实施最优控制。

图 9-9 所示为该系统旁通流量控制阀的结构示意图。在阀体内装有主滑阀 2 和稳压滑阀 7，在主滑阀的右端与电磁线圈柱塞 3 连接。主滑阀与电磁线圈的推力成正比移动，从而改变主滑阀左端流量主孔 1 的开口面积。调整调节螺钉 4 可以调节旁通流量的大小。稳压滑

阀的作用是保持流量主孔前后压差的稳定，使旁通流量与流量主孔的开口面积成正比。因转向负荷变化而使流量主孔前后压差偏离设定值时，稳压滑阀阀芯将在其左侧弹簧张力和右侧高压油压力的作用下发生滑移。如果压差大于设定值，则阀芯左移，使节流孔开口面积减小，流入到阀内的液压油量减少，前后压差减小；如果压差小于设定值，则阀芯右移，使节流孔开口面积增大，流入到阀内的液压油量增多，前后压差增大。流量主孔前后压差的稳定，保证了旁通流量的大小只与主滑阀控制的流量主孔的开口面积有关。

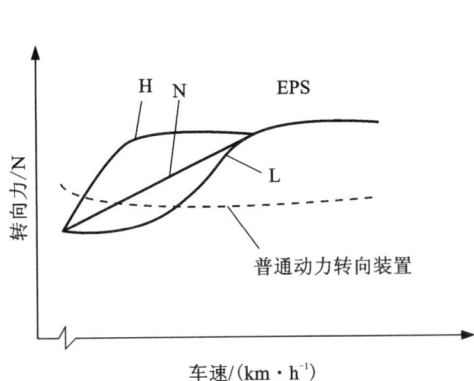

图9-7　三种适应不同行驶条件的转向力特性曲线

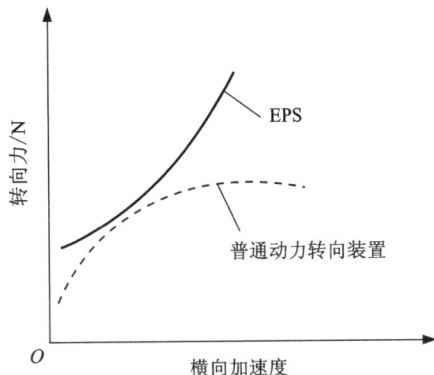

图9-8　汽车急转弯时的转向力特性曲线

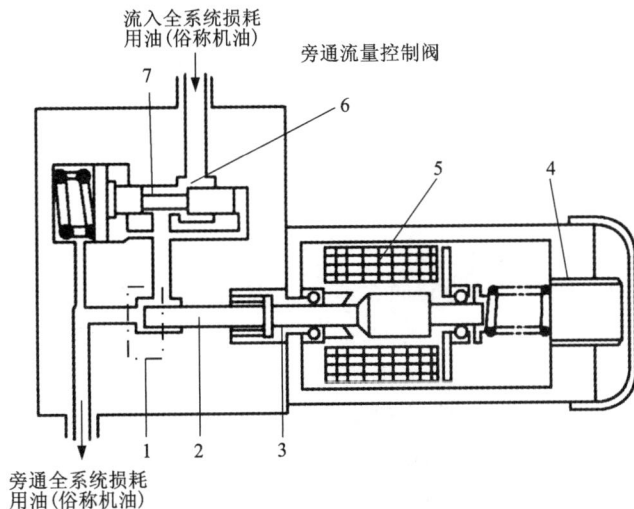

图9-9　旁通流量控制阀的结构

1—流量主孔；2—主滑阀；3—电磁线圈柱塞；4—调节螺钉；5—电磁线圈；6—节流孔；7—稳压滑阀

如图9-10所示为日产蓝鸟轿车流量控制式动力转向系统电路图。系统中ECU的基本功能是接收车速传感器、转向角速度传感器及变换开关的信号，以控制旁通流量控制阀的电流，并具有故障自诊断功能。流量控制式电子控制动力转向系统是一种通过车速传感器信号调节向动力转向装置供应的压力油，改变压力油的输入、输出流量，以控制转向力的大小。这种方法的优点是在原来液压动力转向功能上再增加压力油流量控制功能，结构简单，成本较低。但是，当流向动力转向机构的压力油降低到极限值时，对于快速转向会有压力不足、响应较慢等缺点，故它的推广应用受到限制。

当控制单元、传感器、开关等电气系统发生故障时，安全保险装置能够确保与一般动力转向装置的功能相同。

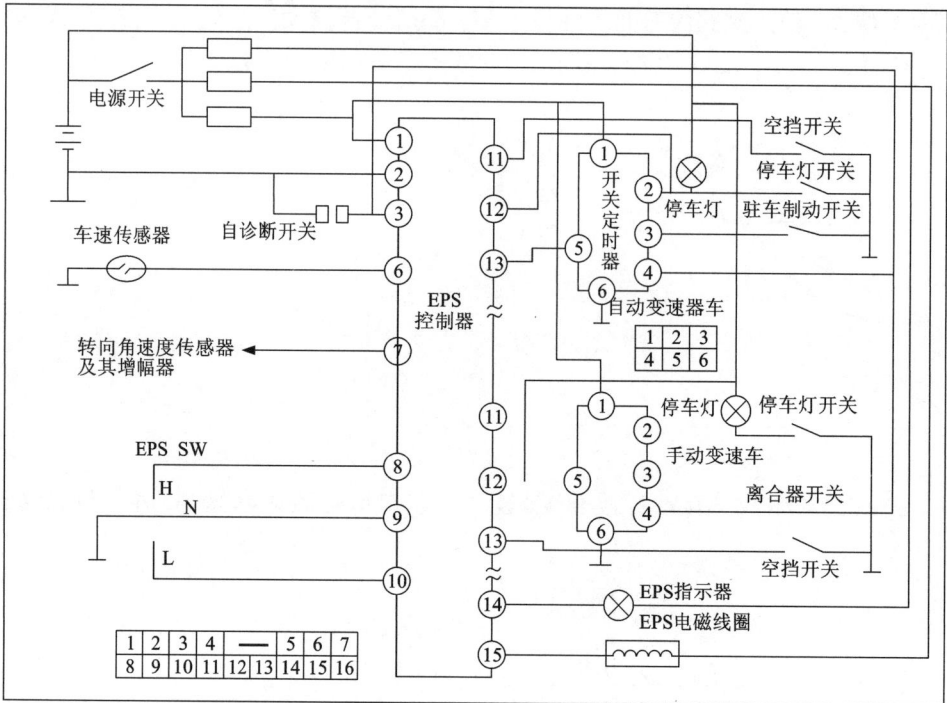

图 9-10　日产蓝鸟轿车流量控制式动力转向系统电路

3. 系统组成及工作原理

图 9-11 所示为反力控制式动力转向系统的工作原理图。由图可见，系统主要由转向控制阀、分流阀、电磁阀、转向动力缸、转向油泵、储油箱、车速传感器(图中未画出)及电子控制单元(ECU)等组成。转向控制阀是在传统的整体转阀式动力转向控制阀的基础上增设了油压反力室而构成的。扭力杆的上端通过销子与转阀阀杆相连，下端与小齿轮轴用销子连接。小齿轮轴的上端通过销子与控制阀阀体相连。转向时，转向盘上的转向力通过扭力杆传递给小齿轮轴。当转向力增大，扭力杆发生扭转变形时，控制阀体和转阀阀杆之间发生相对转动，改变了阀体和阀杆之间油道的通、断和工作油液的流动方向，从而实现转向助力作用。分流阀的作用是把来自转向油泵的液压油向控制阀一侧和电磁阀一侧进行分流。按照车速和转向要求，改变控制阀一侧与电磁阀一侧的油压，确保电磁阀一侧具有稳定的液压油流量。固定小孔的作用是把供给转向控制阀的一部分流量分配到油压反力室一侧。

电磁阀的作用是根据需要，将油压反力室一侧的液压油流回储油箱。ECU 根据车速的高低线性控制电磁阀的开口面积。当车辆停驶或速度较低时，ECU 使电磁线圈的通电电流增大，电磁阀开口面积增大；经分流阀分流的液压油，通过电磁阀重新回流到储油箱中，作用于柱塞的背压(油压反力室压力)降低。柱塞推动控制阀转阀阀杆的力(反力)较小，因此只需要较小的转向力就可使扭力杆扭转变形，使阀体与阀杆产生相对转动而实现转向助力作用。

当车辆在中、高速区域转向时，ECU 使电磁线圈的通电电流减小，电磁阀开口面积减小，油压反力室的油压升高，作用于柱塞的背压增大，柱塞推动转阀阀杆的力增大，此时需要较大的转向力才能使阀体与阀杆之间作相对转动（相当于增加了扭力杆的扭转刚度），实现转向助力作用。所以车辆处于中、高速时可使驾驶员获得良好的转向手感和转向特性。

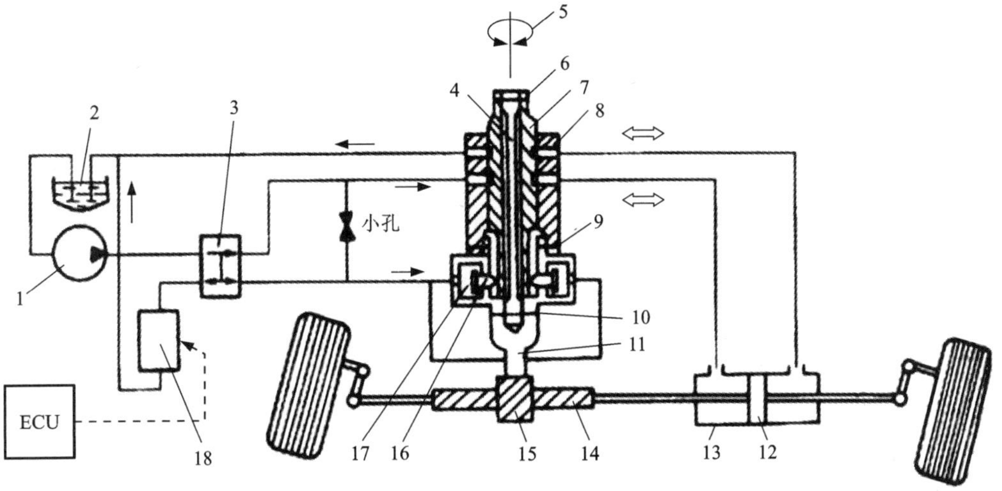

图 9-11　反力控制式动力转向系统的工作原理

1—转向泵；2—储油箱；3—分流阀；4—扭力杆；5—转向盘；6—销；7—转向控制阀；8—控制阀阀体；9、10—销；
11—小齿轮轴；12—活塞；13—转向动力缸；14—齿条；15—小齿轮；16—柱塞；17—油压反力室；18—电磁阀

4.反力控制式动力转向系统实例

如图 9-12 所示为丰田汽车公司"马克Ⅱ"型车用反力控制式动力转向系统结构图。图 9-13 所示为反力控制式转向控制阀（增设了反力油压控制阀和油压反力室）的结构。

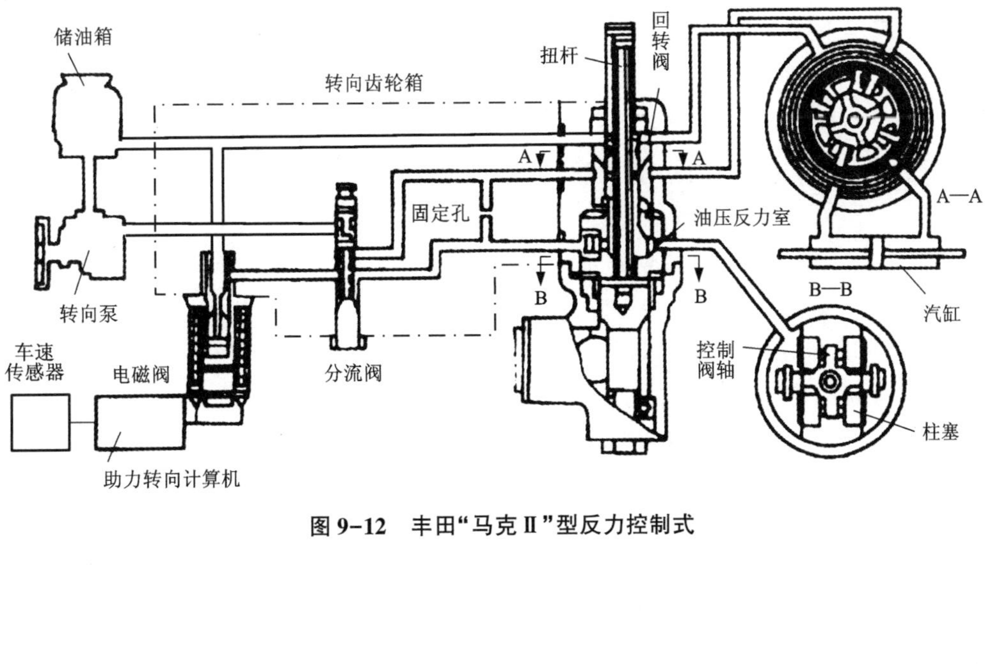

图 9-12　丰田"马克Ⅱ"型反力控制式

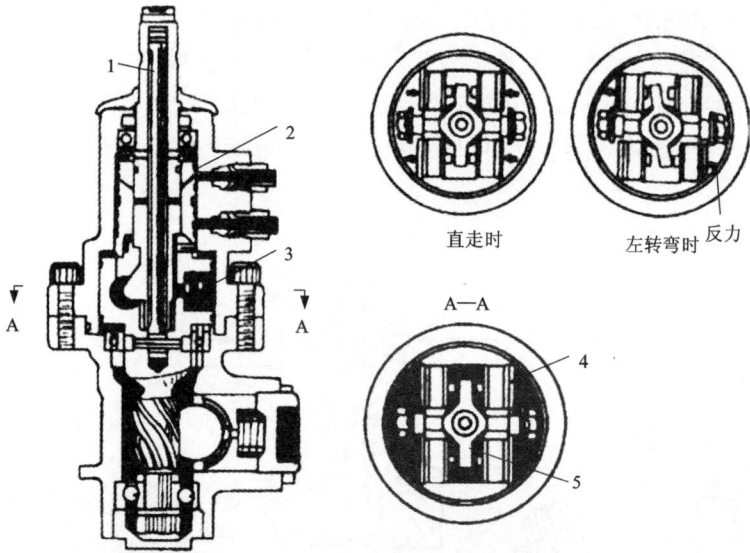

图 9-13   反力控制式转向控制阀的结构

1—扭杆；2—回转阀；3—油压反力室；4—柱塞；5—控制阀轴

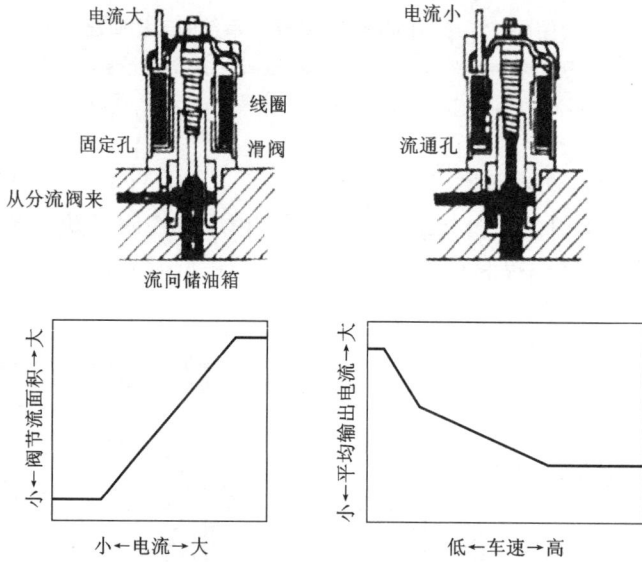

图 9-14   所示为电磁阀的结构及其特性曲线

　　输入电磁阀中的信号是通、断脉冲信号，通过改变信号占空比（信号导通时间所占的比例）就可以控制流过电磁阀线圈平均电流值的大小。当车速升高时，受输出电流特性的限制，输入到电磁阀线圈的平均电流值减小，电磁阀的开度也减小。这样，根据车速的高、低可以调整油压室反力，从而得到最佳的转向操纵力。

　　图 9-15 所示为流量控制式动力转向系统与反力控制式动力转向系统转向特性的对比。从图中可以看出，反力控制式动力转向系统的转向还是比较理想的。停车摆放及车辆低速时的转向操纵力比较小，中、高速时具有转向力手感适宜的特性。

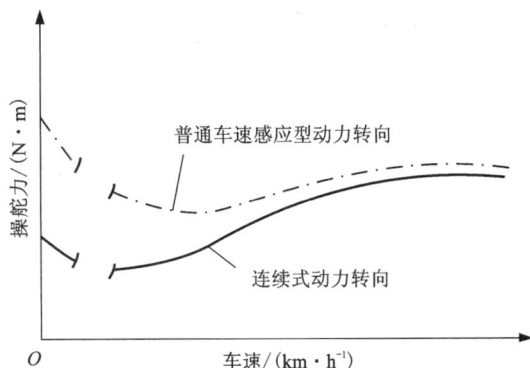

图 9-15　两种动力转向特性的比较

反力控制式动力转向系统根据车速大小，控制反力室油压，从而改变输入、输出增益幅度以控制转向力。其优点是具有较大的选择转向力的自由度，转向刚度大，驾驶员能感受到路面情况，可以获得稳定的操作手感等。其缺点是结构复杂，且价格较高。

9.1.2　阀灵敏度控制式 EPS

阀灵敏度控制式 EPS 是根据车速控制电磁阀，直接改变动力转向控制阀的油压增益(阀灵敏度)来控制油压的。这种转向系统结构简单、部件少、价格便宜，而且具有较大的选择转向力的自由度。与反力控制式转向相比，其转向刚性差，但可以最大限度提高原来的弹性刚度来加以克服，从而获得自然的转向手感和良好的转向特性。

图 9-16 所示为 89 型地平线牌轿车所采用的阀灵敏度可变控制式动力转向系统。该系统对转向控制阀的转子阀做了局部改进，并增加了电磁阀、车速传感器和电子控制单元等。

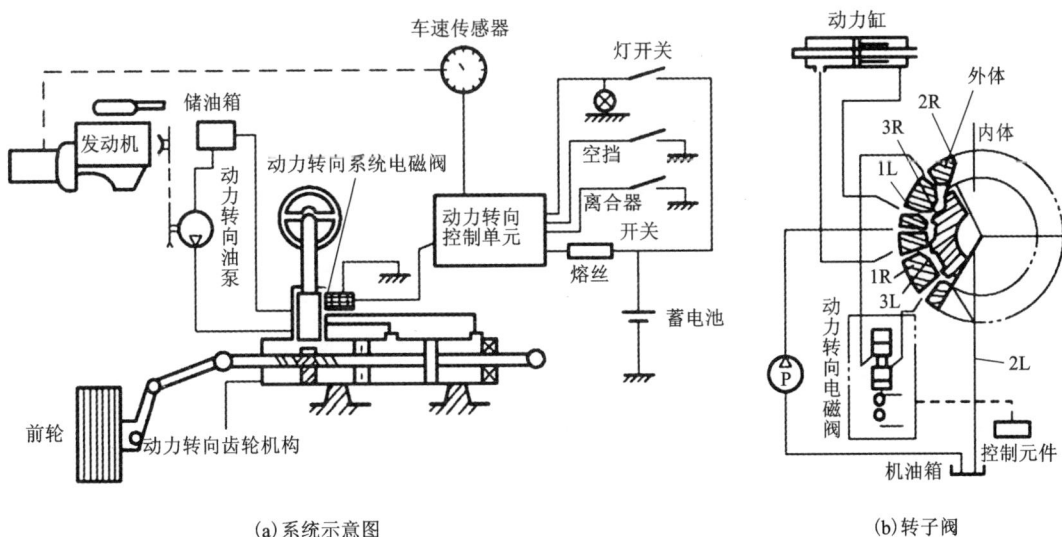

(a)系统示意图　　(b)转子阀

图 9-16　89 型地平线牌轿车采用的阀灵敏度可变控制式动力转向系统

①转子阀一般在圆周上形成 6 条或 8 条沟槽，各沟槽利用阀部外体，与泵、动力缸、电磁阀及油箱连接。图 9-17 所示为实际的转子阀及电磁阀结构断面图。图 9-18 所示为阀部的等液压回路图。转子阀的可变小孔分为低速专用小孔（1R、1L、2R、2L）和高速专用小孔（3R、3L）两种。在高速专用可变孔的下边设有旁通电磁阀回路，其工作过程如下。

当车辆停止时，电磁阀完全关闭如图 9-18（a）所示如果此时向右转动转向盘，则高灵敏度低速专用小孔 1R 及 2R 在较小的转向扭矩作用下关闭；转向液压缸的高压油液经 1L 流向转向动力缸右腔室，其左腔室的油液经 3L、2L 流回储油箱。所以此时具有轻便的转向特性。施加在转向盘上的转向力矩越大，可变小孔 1L、2L 的开口面积越大，节流作用就越小，转向助力作用越明显。

随着车辆行驶速度的提高，在电子控制单元的作用下，电磁阀的开度线性增加。如果向右转动转向盘，则转向液压泵的高压油液经 1L、3R

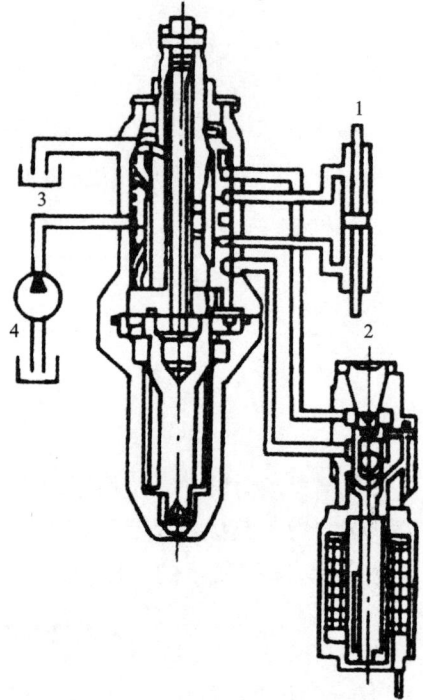

图 9-17 转子阀及电磁阀结构断面
1—动力缸；2—电磁阀；3—油箱；4—泵

旁通电磁阀流回储油箱如图 9-18（b）所示。此时，转向动力缸右腔室的转向助力油压取决于旁通电磁阀和灵敏度低的高速专用可变孔 3R 的开度。车速越高，在电子控制单元的控制下，电磁阀的开度越大，旁路流量越大，转向助力作用越小。在车速不变的情况下，施加在转向盘上的转向力越小，高速专用小孔 3R 的开度越大，转向助力作用也越小；当转向力增大时，3R 的开度逐渐减小，转向助力作用也随之增大。由此可见，阀灵敏度控制式动力转向系统可使驾驶员获得非常自然的转向手感和良好的速度转向特性。具有多工况的转向特性如图 9-18（c）所示。此外，从低速到高速的过渡区间，由于电磁阀的作用，按照车速控制可变小孔的油量，因而可以按顺序改变转向特性。

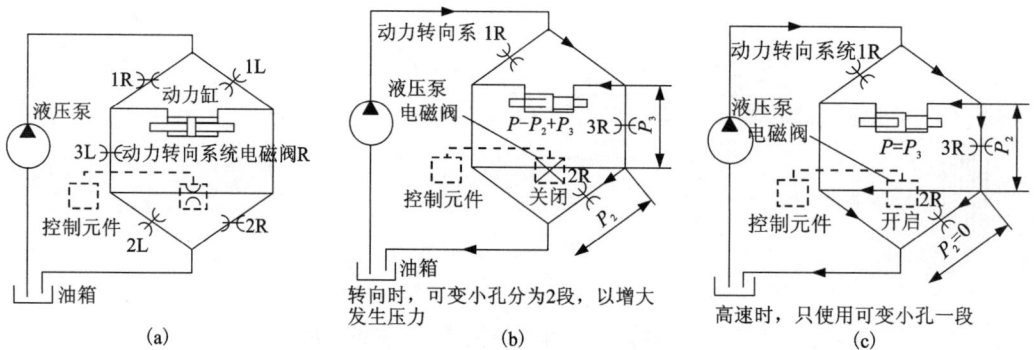

图 9-18 阀部的等效液压回路

②电磁阀结构如图 9-17 所示。该阀设有按控制上下流量的旁通油道，是可变的节流阀。在低速时向电磁线圈通以最大的电流，使可变孔关闭。随着车速升高，依次减小通电电流，可变孔开启；在高速时，开启面积达到最大值。该阀在左右转向时，油液流动的方向可以逆转，所以在上下流动方向中，可变小孔必须具有相同的特性。为了确保高压时流体有效作用于阀，必须提供稳定的油压控制。

③电子控制单元接收来自车速传感器的信号，控制向电磁阀和电磁线圈输出电流。

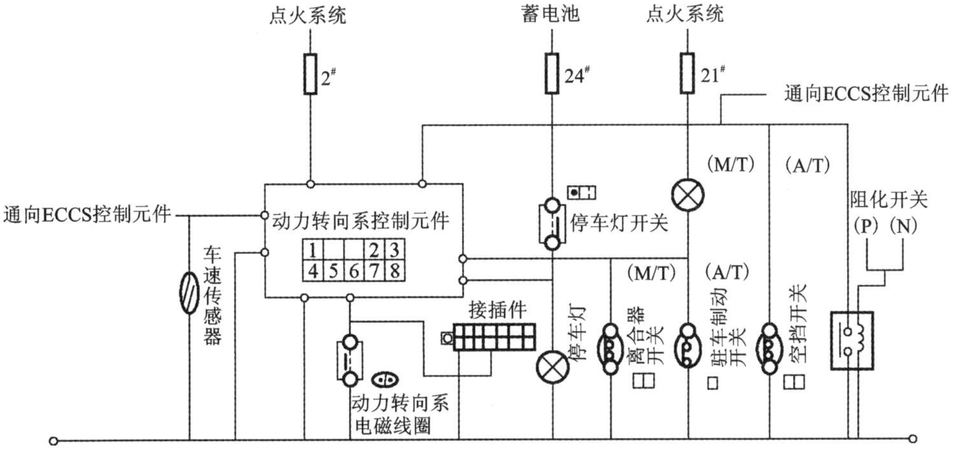

图 9-19　控制系统电路

9.1.3　电动式 EPS 的组成、原理与特点

电动式 EPS 通常由转矩传感器、车速传感器、电子控制单元(ECU)、电动机和电磁离合器等组成，如图 9-20 所示。

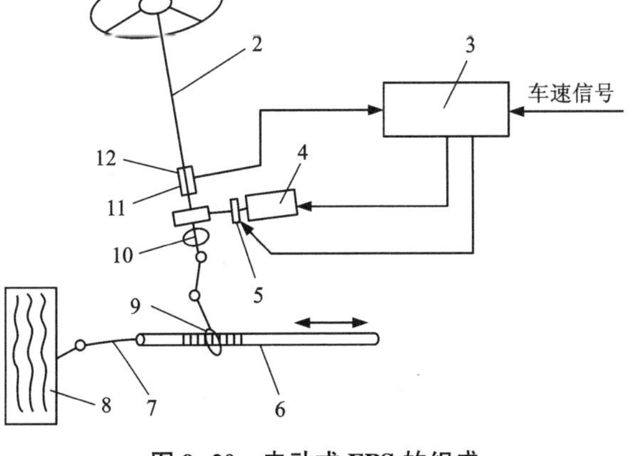

图 9-20　电动式 EPS 的组成

1—转向盘；2—输入轴；3—ECU；4—电动机；5—电磁离合器；6—转向齿条；7—横拉杆；8—转向轮；9—输出轴；10—扭力杆；11—转矩传感器；12—转向齿轮

电动式 EPS 利用电动机作为助力源，根据车速和转向参数等，由 ECU 完成助力控制。其原理可概括如下。

当操纵转向盘时，装在转向盘轴上的转矩传感器不断测出转向轴上的转矩信号，该信号与车速信号同时输入到 ECU。ECU 根据这些输入信号，确定助力转矩的大小和方向，即选定电动机的电流和转向，调整转向辅助动力的大小。电动机的转矩由电磁离合器通过减速机构减速增扭后，加在汽车的转向机构上，得到一个与汽车工况相适应的转向作用力。

电动式 EPS 有许多液压式动力转向系统所不具备的优点：

①将电动机、离合器、减速装置、转向杆等部件装配成一个整体，既无管道也无控制阀，使其结构紧凑、质量减轻。一般电动式 EPS 的质量比液压式 EPS 质量轻 25% 左右。

②没有液压式动力转向系统所必需的常运转式转向液压泵，电动机只是在需要转向时，才接通电源，动力消耗和燃油消耗均可降到最低。

③省去了油压系统，不需要给转向液压泵补充油，也不必担心漏油。

④可以比较容易地按照汽车性能的需要设置、修改转向助力特性。

9.1.4　电动式 EPS 主要部件的结构及工作原理

1. 转矩传感器

转矩传感器的作用是测量转向盘与转向器之间的相对转矩，以作为电动助力的依据之一。

图 9-21 所示为无触点式转矩传感器的结构及工作原理图。在输出轴的极靴上分别绕有 A、B、C、D 四个线圈。转向盘处于中间位置（直驶）时，扭力杆的纵向对称面正好处于图示输出轴极靴 AC、BD 的对称面上。当在 U、T 两端加上连续的输入脉冲电压信号 U_i 时，由于通过每个极靴的磁通量相等，所以在 V、W 两端检测到的输出电压信号 $U_i = 0$。转向时，由于扭力杆和输出轴极靴之间发生相对扭转变形，极靴 A、D 之间的磁阻增加，B、C 之间的磁阻减少，各个极靴的磁通量发生变化，V、W 之间出现电位差。其电位差与扭力杆的扭转角和输入电压 U_i 成正比。

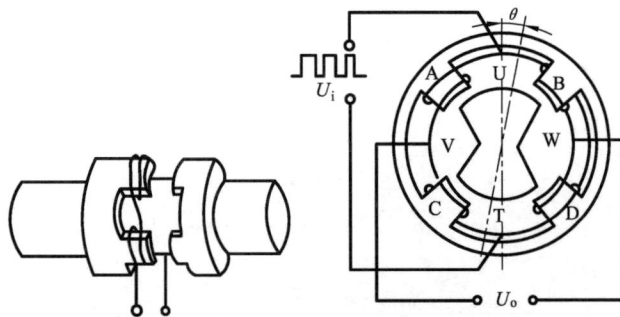

图 9-21　无触点式转矩传感器的结构及工作原理

通过测量 V、W 两端的电位差就可以测量出扭力杆的扭转角，以及转向盘施加的转矩。

图 9-22 所示为滑动可变电阻式转矩传感器的结构。它是将负载力矩引起的扭力杆角位移转换为电位器电阻的变化，并经滑环传递出来作为转矩信号。

2. 电动机

电动式 EPS 用电动机与启动用直流电动机原理上基本相同，但一般采用永久磁场。最大电流一般为 30 A，电压为 DC 12 V，额定转矩为 10 N·m 左右。

转向助力用直流电动机需要正、反转控制，图 9-23 所示为一种比较简单适用的控制电路。a_1、a_2 为触发信号端。当 a_1 端得到输入信号时，晶体管 VT_3 导通；VT_2 得到基极电流而导通，电流经 VT_2、电动机 M、VT_3、搭铁而构成回路，于是电动机正转。当 a_2 端得到输入信号时，电流经 VT_1、M、VT_4、搭铁而构成回路，电动机因电流方向相反而反转。控制触发信号端电流的大小，就可以控制通过电动机电流的大小。

3. 电磁离合器

如图 9-24 所示为单片干式电磁离合器的工作原理图。当电流通过滑环进入电磁离合器线圈时，主动轮产生电磁吸力，带花键的压板被吸引与主动轮压紧，电动机的动力经过轴、主动轮、压板、花键、从动轴传递给执行机构。

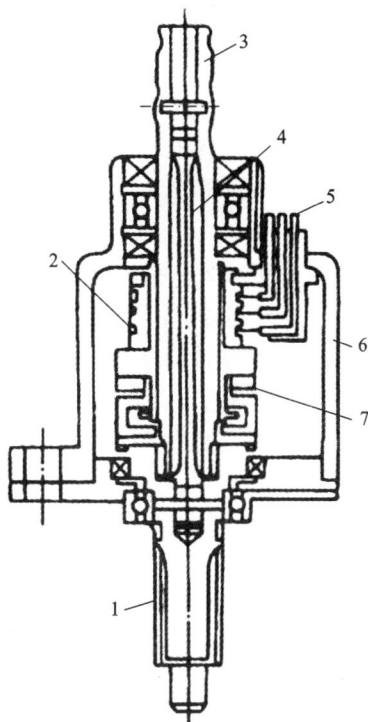

图 9-22　滑动可变电阻式转矩传感器的结构
1—小齿轮；2—滑环；3—轴；4—扭矩；5—输出端；6—外壳；7—电位计

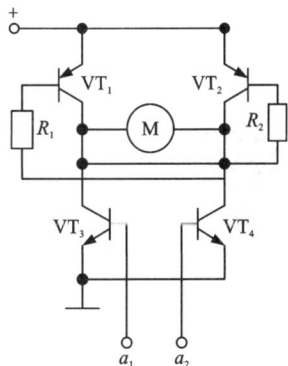

图 9-23　直流电动机正反转控制电路

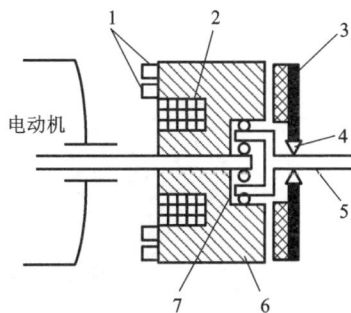

图 9-24　单片干式电磁离合器的工作原理
1—滑环；2—线圈；3—压板；4—花键；5—从动轴；6—主动轮；7—从动轴承

电动式 EPS 一般都设定一个工作范围。如当车速达到 45 km/h 时，就不需要辅助动力转向，这时电动机停止工作。为了不使电动机和电磁离合器的惯性影响转向系统的工作，离合器应及时分离，以切断辅助动力。另外，当电动机发生故障时，离合器会自动分离，这时仍可利用手动控制转向。

4.减速机构

减速机构是电动式 EPS 不可缺少的部件。目前实用的减速机构有多种组合方式，一般采用蜗轮蜗杆与转向轴驱动组合式，有的采用两级行星齿轮与传动齿轮组合式。为了抑制噪声，减速机构中的齿轮有的采用特殊齿形，有的采用树脂材料制成。

9.1.5 电动式 EPS 实例

如图 9-25 所示为奥拓牌汽车电动式 EPS 配件布置图。该系统由转矩传感器、车速传感器、ECU、电动机和减速机构等组成。转矩传感器（滑动可变电阻型）、电动机和减速机构制成一个整体，安装在转向柱上，如图 9-26 所示。电磁离合器安装在电动机的输出端旁，ECU安装在司机座位下面。

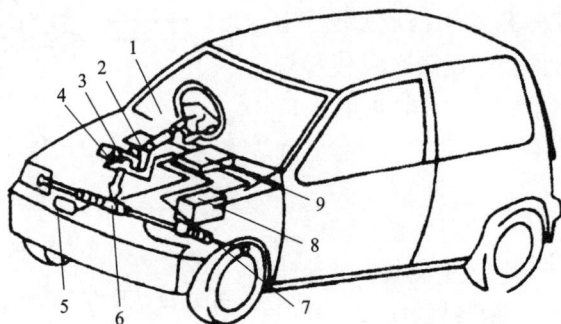

图 9-25 奥拓牌汽车电动式 EPS 布置

1—车速传感器；2—转矩传感器；3—减速机构；4—电动机和离合器；5—发电机；
6—转向齿轮；7—发动机转速传感器；8—蓄电池；9—ECU

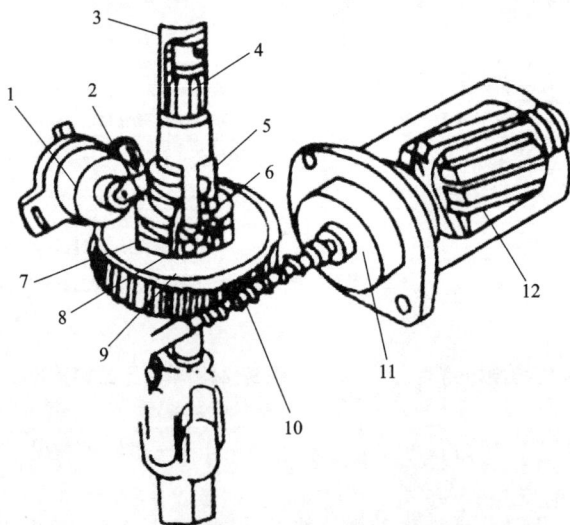

图 9-26 奥拓牌汽车电动式 EPS 内部结构

1—转矩传感器；2—控制臂；3—传感器轴；4—扭杆；5—滑块；
6—球槽；7—连接环；8—钢球；9—蜗轮；10—蜗杆；11—离合器；12 —电动机

图 9-27 所示为奥拓牌汽车用转矩传感器的结构。当转向系统工作时，施加在转向盘上的转向力经输入轴、扭杆传递给输出轴，扭杆扭曲变形使输入轴与输出轴之间发生相对扭转；同时滑块沿轴向移动，控制臂将滑块的轴向移动变换成电位器的旋转角度，即将转矩值变换成电压量，并输入到电子控制单元。

当转向盘处于中间位置时，传感器的输出电压为 2.5 V；当转向盘向右旋转时，其输出电压大于 2.5 V；当转向盘向左旋转时，其输出电压小于 2.5 V。转矩传感器的输出特性曲线如图 9-28 所示。因此，ECU 根据传感器输出电压的高低，就可以判定转向盘的转动方向和转动角度。

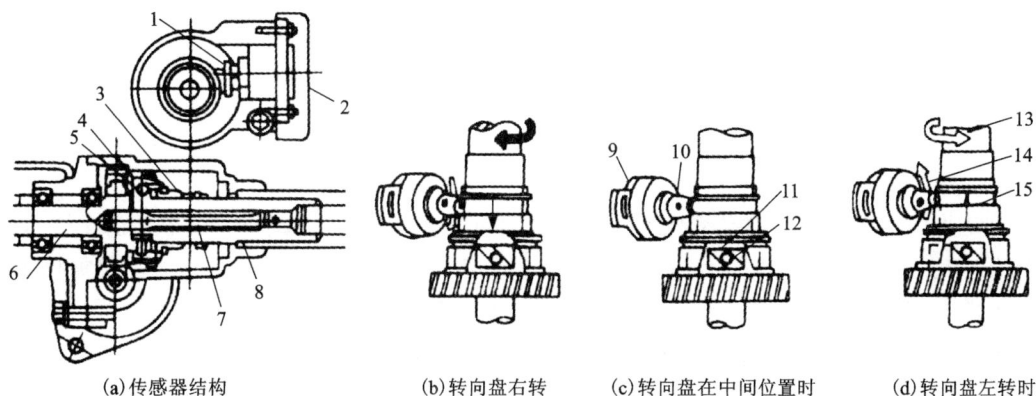

(a)传感器结构　(b)转向盘右转　(c)转向盘在中间位置时　(d)转向盘左转时

图 9-27　奥拓(Alto)牌汽车用转矩传感器的结构

1、10—控制臂；2 —电位器；3—滑块；4—环座；5、12—钢球；6—输出轴；7—扭杆；8—输入轴；9—扭矩传感器；
11—钢球槽；13—心轴旋转方向；14—控制臂旋转方向；15—滑块滑动方向

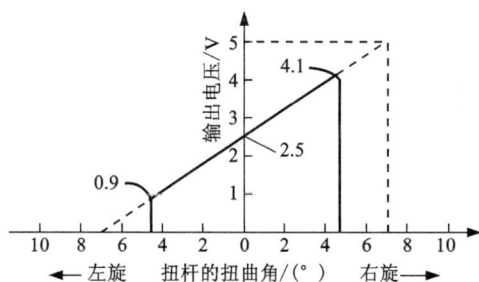

图 9-28　转矩传感器的输出特性曲线

图 9-29 所示为奥拓牌汽车电动式 EPS 控制框图。其控制内容如下所述。

1.电动机电流控制

ECU 根据转向力矩和车速信号确定并控制电动机的驱动电流的方向和大小，使其在每一种车速下都可以得到最优化的转向助力转矩。

2.速度控制

当车速高于 43~52 km/h 时，停止对电动机供电的同时，电动机内的电磁离合器分离，按普通转向控制方式工作，以确保行车安全。

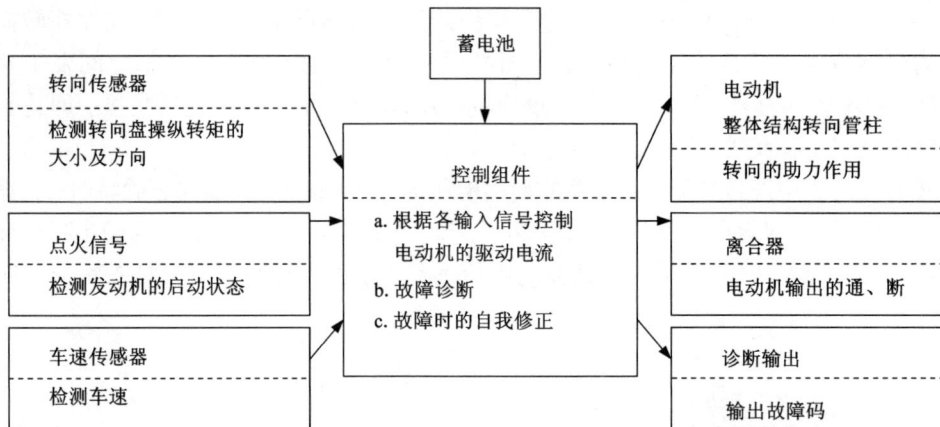

图 9-29　奥拓汽车电动式 EPS 控制

3. 临界控制

这是为了保护系统中的电动机及控制组件而设的控制项目。在转向器偏转至最大（即临界状态）时，由于此时电动机不能转动，所以流入电动机的电流达最大值。为了避免持续的大电流使电动机及控制组件发热损坏，所以每当较大电流连续通过 30s 后，系统就会控制电流使之逐渐减小。当临界控制状态解除后，控制系统就会再次逐渐增大电流，一直达到正常的工作电流值为止。

9.2　项目实施

9.2.1　项目实施环境

所需设备：日产 NISSAN TIIDA 型轿车或宝来（Bora）、2004 高尔夫（GOLF）带电子动力转向系统型轿车，CONSULT-Ⅱ诊断仪或 V. A. G1552 故障诊断仪、V. A. G 1598/21 测试盒、车用万用表、试车场地、拆卸专用工具、举升机、维修操作台等。

9.2.2　项目实施步骤

以 NISSAN 为例，说明电动转向系统的维修检测方法。NISSAN 电控转向结构原理如图 9-30 所示。故障诊断的基本步骤如下。

①进行故障诊断的最重要一点是透彻地了解 EPS 各个系统的组成和工作原理。

②检查前了解客户的反馈是非常重要的，有必要通过同客户一起驾驶车辆来检查症状。

③对于间歇性故障，根据与客户的反馈及过去的案例来再现症状是非常重要的。请勿根据一些特殊情况进行检查，大多数间歇性故障是由于接触不良引起的。在此情况下，用手晃动可疑的线束或接头是有效的方法。如果修理后不进行任何症状检查，没有人可以判断症状是否已经真正排除。

④完成诊断修理之后，一定要执行"清除故障码"。

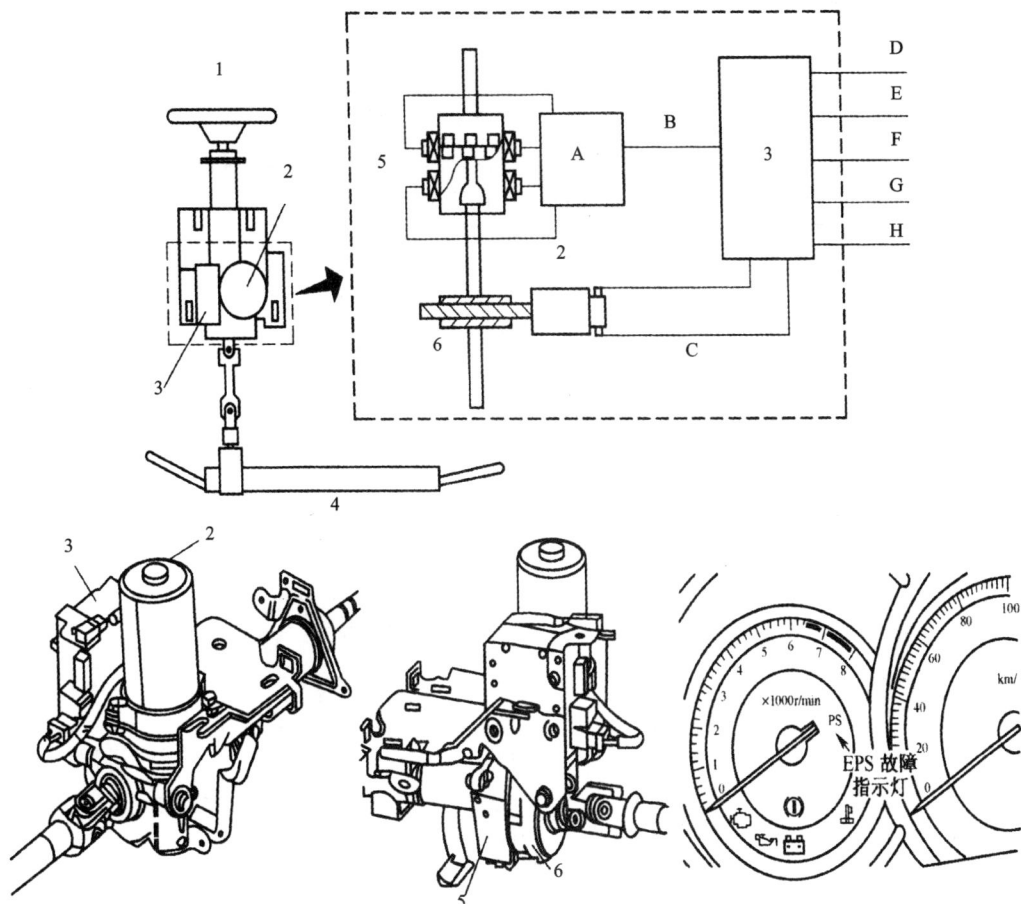

图 9-30　NISSAN 电控转向结构原理

1—方向盘；2—电动机；3—EPS 电子控制单元；4—转向机总成；5—扭矩传感器；6—减速齿轮；
A—传感器处理信号；B—传感器信号；C—辅助扭力信号（电动机驱动型）；D—点火电源

表 9-1　部件功能

等部件名称	作用
电动助力转向（EPS）电子控制单元	1. 接收扭矩传感器发出的转向力信号以及 CAN 通信网络传递的车速信号等，并对电动机发出输出辅助扭矩信号 2. 如果持续过度地使用电动转向，电子控制单元输出信号便会减少，以保护电动机与 EPS 电子控制单元 3. 电气系统在故障条件下，"安全-失效"模式功能便会启动，关闭对电动机的输出信号，转为手动转向。EPS 警告灯便会点亮，显示系统出错 4. 通过 CAN 通信系统，可以控制协调与不同单元之间的通信 5. 允许使用 CONSULT-Ⅱ 进行系统诊断
电动机	通过 EPS 电子控制单元发出的控制信号产生辅助扭矩，是转向助力的动力源
扭矩传感器	监测方向盘转向力的大小和发送给 EPS 电子控制单元的传感器转向扭矩信号

续表9-1

等部件名称	作用
减速齿轮	通过涡轮减速增扭,增加电动机产生的辅助扭矩,并传递到转向柱上
EPS 警告灯	1. 在"安全-失效"模式功能工作时打开,同时显示手动转向状态 2. 当钥匙开关打开检查值时点亮,在发动机启动后关闭

NISSAN 电控转向系统线路如图 9-31 所示,系统电路连接如图 9-32 所示,系统仪表电路连接如图 9-33 所示。

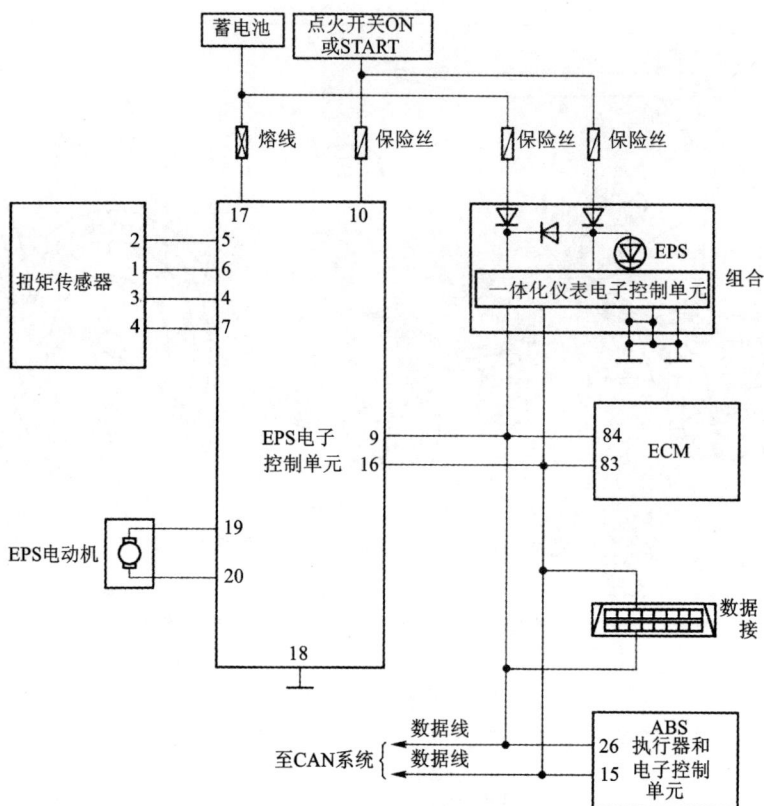

图 9-31　EPS 系统电路

1. 电子控制单元输入与输出检测

①使用车用万用表进行电压测量,测量时切勿用力拉伸接头端子。

②将测量结果和标准值进行对照,标准值见表 9-2。

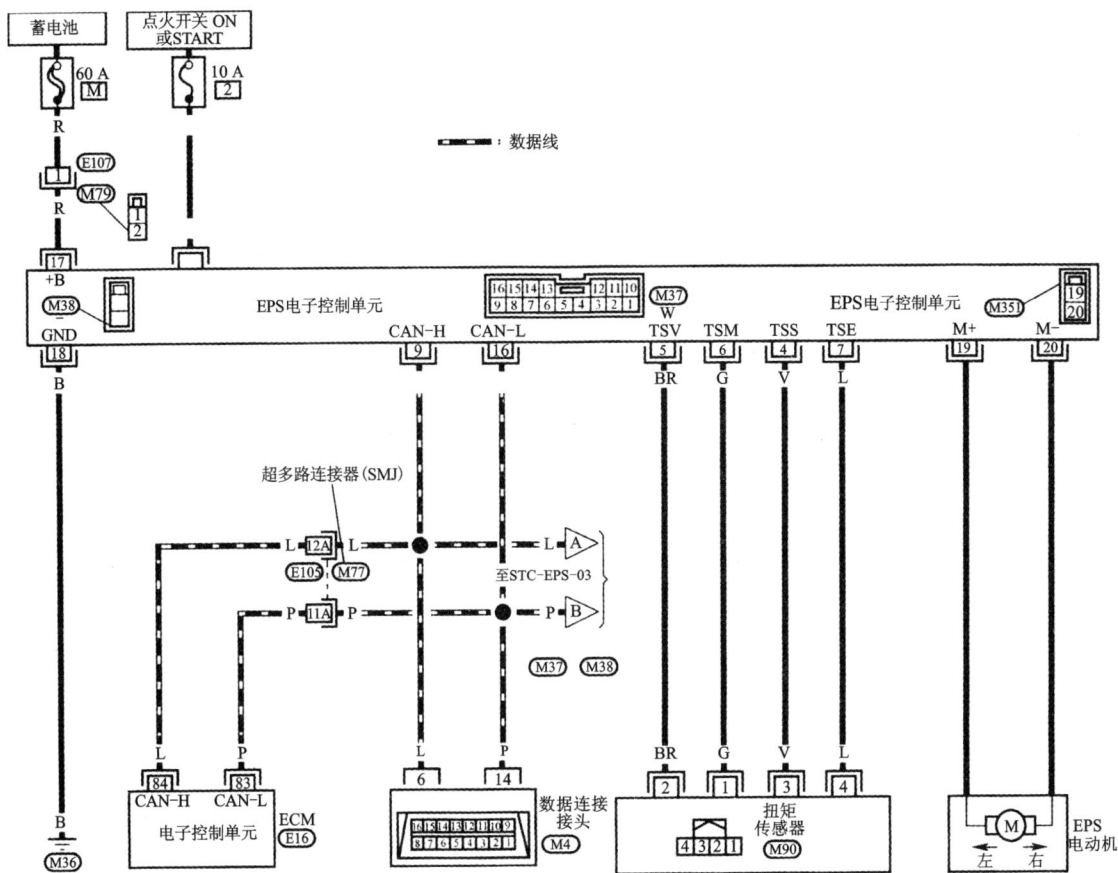

图9-32　系统电路连接

表9-2　标准值

测量端口		测量部位	测量状态	标准
4(V)		扭矩传感器(辅助)	点火开关在 ON 位置,方向盘位于中置位置	约2.5 V
5(BR)	接地	扭矩传感器	电源点火开关处于 ON 位置	约8 V
6(G)		扭矩传感器(主)	点火开关在 ON 位置,方向盘位于中置位置	约2.5 V
7(L)		扭矩传感器接地	—	导通
9(L)	—	CANH	—	—
10 (0)	接地	点火电源	点火开关处于 ON 位置	蓄电池电压约12 V
			点火开关关闭	约0 V
17(R)	接地	蓄电池电源	点火开关处于 ON 或 OFF 位置	蓄电池电压约12 V
18(B)	接地	接地	—	导通
19(—)	—	电动机(+)	—	—
20(—)	—	电动机(-)	—	—

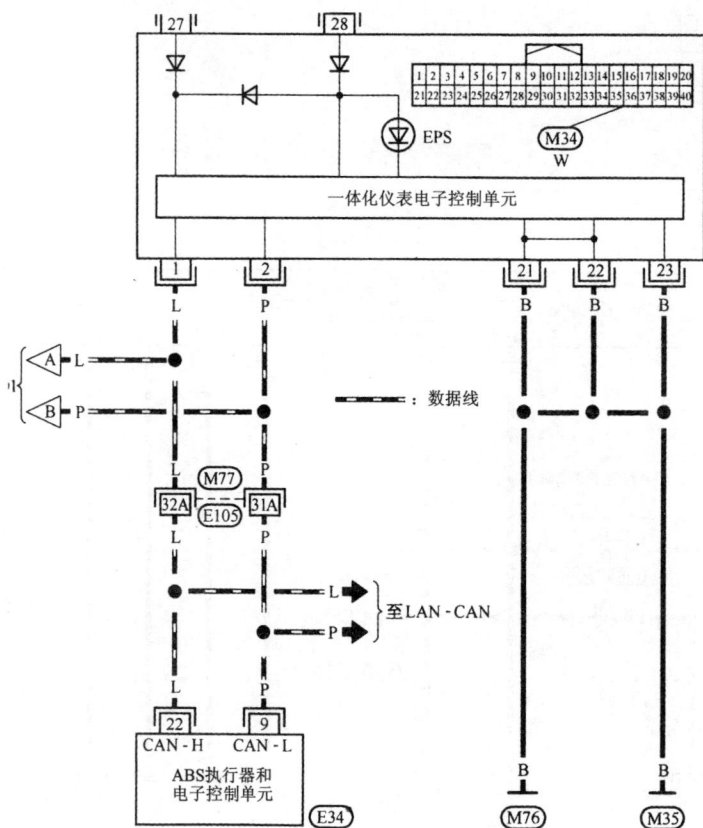

图 9-33 系统仪表电路连接

2. 故障码的读取和清除

以使用 CONSULT-Ⅱ诊断仪为例来演示故障码的读取和清除,具体操作步骤如下。

①点火开关转至"OFF"位置。

②将 CONSULT-Ⅱ诊断仪和 CONSULT-Ⅱ转换器连接到数据接口上。

③将点火开关转至"ON"位置。

④触摸"START (NISSAN BASED VHCL)"→"EPS"→"SELF-DIAG RESULTS"。

注意:如果 EPS 不显示,打印"SELECT SYSTEM"屏幕。参阅使用 CONSULT-U 诊断仪时的注意事项:在刚启动发动机或将点火开关转到"ON"位置后,即使触摸"START (NISSAN BASED VHCL)"也可能不显示。在这种情况下,重新连接 CONSULT-Ⅱ诊断仪和 CONSULT-Ⅱ转换器。

⑤显示自诊断结果,以及故障代码(触摸"PRINT"可打印自诊断结果)。如果显示"NO FAILURE",检查 EPS 警告灯。

⑥从显示项目列表中执行适当的检测,修复或更换故障部件。可参阅 STC-11"显示项目列表"。各模式及相应的功能见表 9-3。

表 9-3　各模式及其功能

模式	功能
SELF-DIAG RESULTS	从 EPS 电子控制单元接收自诊断结果，并显示故障诊断代码
DATA MONITOR	从 EPS 电子控制单元接收输入/输出信号，同时显示并储存这些信号，以方便确定故障原因
ECU PART NUMBER	显示 EPS 电子控制单元零部件编号
CAN DIAG SUPPORT MNTR	监控 CAN 通信的发送/接收状态

"CAN 通信"存储器故障代码清除步骤如下。

①关闭点火开关。

②启动发动机并在 CONSULTS 诊断仪显示屏，触摸"START"（NISSAN BASED VHCL）→"EPS"→"SELF-DIAG RESULTS"→"ERASE"，以清除 DTC 诊断记忆。

③如果记忆无法清除，重复步骤①②。

确保 DTC 记忆被清除。DTC 代码及相应的检查项目如表 9-4 所示。

表 9-4　DTC 代码及相应的检查项目

DTC 代码	检查项目	检查项目
C160I	BATTERY_VOLT	EPS 电源故障
CI604	TOROUE SENSOR	转向柱总成中的扭矩传感器故障
CI6Q6	EPS. MOTOR	电动机驱动器故障或 EPS 电子控制单元故障
CI607	EEPROM	EPS 电子控制单元的 EEPROM 故障
CI608	CONTROL UN IT	EPS 电子控制单元内部故障
CI609	CAN_VHCL_SPEED	通过 CAN 通信接收的车速信号
CI6I0	CAN_ENG_PRM	通过 CAN 通信接收的发动机信号故障
U1000	CAN COMM CIRCUIT	在 CAN 通信电路中检测到故障

3. 数据监控和 ECU 零部件编号

数据监控的操作步骤如下

①触摸"START"（NISSAN BASED VHCL V）→"EPS"→ 4，DATA MONITOR

②返回监视项目选择屏幕，触摸" ALL SIGNALS " " SELECTION FROM MENU "中任意一个。

③触摸"START"。

④"DATA MONITOR"屏幕显示。

数据监控故障及对应的故障检查部位如表 9-5 所示。

表 9-5　数据监控故障检查一览表

监控项目	数据监控		故障检查部位
	监控条件	显示内容和正常参考值	
MOTOR VOL/V	点火开关在"ON"位置或者发动机运行	蓄电池电压,约 12 V	蓄电池电压故障
TORQUE SENSOR/Nm	在点火开关在"ON"位置或者发动机运转的情况下,顺时针或逆时针转动方向盘	中置位置时转向力约为 0,测量值会根据左右转向变化	扭矩传感器故障
MOTOR SIG/A MOTOR CURRENT/A		中置(转向力为零,车轮正前)时约 0A,测量值会根据左右转向变化	1. 扭矩传感器故障 2. 电动机故障 3. 电子控制单元故障
VEHICLE SPEED/ (km·h⁻¹)	点火开关在"ON"位置或者发动机运转	与车速表显示的值基本一致	车辆速度信号故障
WARNING LAMP (ON/OFF)		EPS 警告灯开启:ON EPS 警告灯关闭:OFF	警告灯电路检查
DERATING STAT (ON/OFF)		通关,如果有转向操作就会打开,如果暂时不操作,恢复到关闭状态	此种情况正常
ENGINE STATUS (stop. stall. run, crank)		显示发动机状态	发动机信号故障

ECU 零件编号操作步骤如下。

①触摸"START（NISSAN BASED VHCL）"→"EPS"→"ECU PART NUMBER"；

②在 EPS 电子控制单元标签上的部件编号就会显示。

4. 快速检查

车辆停止的情况下,应检查以下内容。

①轮胎压力与尺寸是否符合要求。

②转向柱总成及转向齿轮总成的连接安装是否牢固。

③车轮定位是否符合要求。

④车桥和悬架的连接安装是否符合要求。

⑤蓄电池电压是否正常。

⑥发动机和其他系统工作是否正常。

基本检查一：电源电路端口松动和蓄电池检查。

检查蓄电池正极/负极端及接地端是否松动,同时确认蓄电池电压是否正常。

基本检查二：EPS 警告灯检查。

①点火开关打开的情况下，确保 EPS 警告灯点亮。

• 如果不点亮，检查 CAN 通信电路。

• 如果 CAN 通信正常，检查组合仪表。

②点火开关转动到"ON"位置并启动发动机，确保 EPS 警告灯关闭。如果没有熄灭，执行自诊断。

③完成故障诊断之后，一定要清除 DTC 记忆，清除故障码。

基本检查三：EPS 电子控制单元供电与接地电路的检查。

①检查 EPS 电子控制单元接头。

点火开关转到"OFF"位置，断开 EPS 电子控制单元线束接头，检查连接端Ⅱ有无变形、断开、松弛等异常现象。

异常→接头端口出现松动、损坏、开路或短路，修理、更换端口或连接器。

正常→下一步检测。

②检查 EPS 电子控制单元接地电路，如图 9-34 所示。

断开 EPS 电子控制单元线束接头 M38，检查 EPS 电子控制单元线束接头 M38 与接地之间的导通性：端口 18+接地→应导通。

异常→接地电路开路或短路，修理或更换故障零部件。

正常→下一步检测。

③检查 EPS 电子控制单元电源电路，如图 9-35 所示。

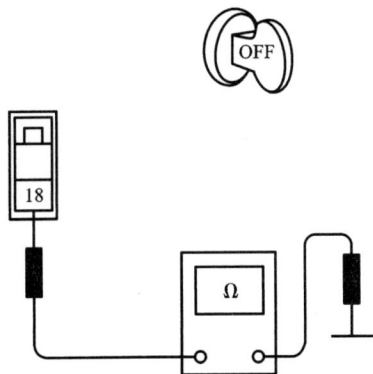

图 9-34 检查 EPS 电子控制单元接地电路

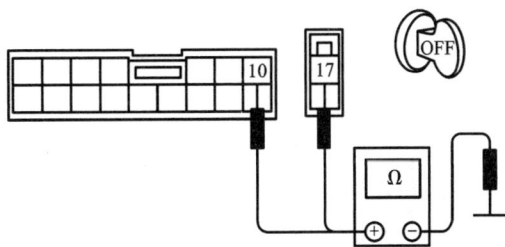

图 9-35 检查 EPS 电子控制单元电源电路

• 将点火开关转至"ON"位置

• 检查 EPS 电子控制单元线束接头 M37、M38 端口和接地之间的电压。端口 10、17-接地→应为蓄电池电压(约 12 V)。

异常→电源电路开路或短路，修理或更换故障零部件。正常→电源和接地电路正常。

正常→电源和接地电路正常

5.精确检查

(1)蓄电池电压故障

① 检查 EPS 电子控制单元接头。

● 点火开关转到"OFF"位置，断开 EPS 电子控制单元线束接头，然后检查端子有无变形、断开、松弛等异常。

● 牢固地重新安装接头并执行自诊断，观察在自诊断中是否显示"BATTERY_VOLT"正常→下一步检测。

异常→接头端口出现松动、损坏、开路或短路，修理、更换端口或连接器。

② 检查 EPS 电子控制单元接地电路。

● 关闭点火开关。

● 断开 EPS 电子控制单元线束接头 M38，检查 EPS 电子控制单元线束接头 M38 与接地之间的导通性。端口 18+接地→应导通。

异常→接地电路开路或短路，修理或更换故障零部件。

正常→下一步检测。

③检查 EPS 电子控制单元电源电路。

● 将点火开关转至"ON"位置。

● 检查 EPS 电子控制单元线束接头 M37、M38 端口和接地之间的电压。端口 10、17+接地→应蓄电池电压(约 12 V)。

否→接头端口出现松动、损坏、开路或短路，修理或更换故障零部件。

是→下一步检测。

④检查 EPS 电子控制单元。

● 点火开关转到"OFF"位置，断开 EPS 电子控制单元线束接头，启动发动机。在 CONSULT-Ⅱ测试仪数据监控中检查"MOTOR VOL"，电压应为 10~16 V。异常→EPS 电子控制单元故障，更换 EPS 电子控制单元。正常→下一步检测。

⑤检查电源电路。

关闭前大灯、A/C、鼓风机以及后窗除雾器。转动方向盘，直到转不动。同时，在 CONSULT-Ⅱ测试仪数据监控中检查"MOTOR VOL"，电压应为 10~16 V。

异常→电源电路开路或短路，修理或更换故障零部件。

正常→检测结束。

(2)扭矩传感器故障

① 检查 EPS 电子控制单元接头。

● 点火开关转到"OFF"位置，断开 EPS 电子控制单元线束接头，检查连接端口有无变形、断开、松弛等异常现象。

● 牢固地重新安装接头并执行自诊断，观察在自诊断中是否显示"TOROUE SENSOR"
否→接头端口出现松动、损坏、开路或短路，修理、更换端口或连接器。

是→下一步检测。

②检查扭矩传感器接头。

● 点火开关转到"OFF"位置，断开扭矩传感器线束接头，检查端口有无变形、松弛等异常。

● 牢固地重新安装接头并执行自诊断，观察在自诊断中是否显示"TORQUE SENSOR"。
否→接头端口出现松动、损坏、开路或短路，修理、更换端口或连接器。

是→下一步检测。

③ 检查扭矩传感器线束，如图 9-36 所示。

• 点火开关转到"OFF"位置，断开 EPS 电子控制单元线束接头和扭矩传感器线束接头。

• 检查 EPS 电子控制单元线束端口 M37 与扭矩传感器线束接头 M90 之间的导通性。

端口 4+端口 3→应导通。

端口 5+端口 2→应导通。

端口 6+端口 1→应导通。

端口 7+端口 4→应导通。

异常→EPS 电子控制单元与扭矩传感器之间线束出现开路或短路，更换线路连接线。

正常→下一步检测。

图 9-36　检查扭矩传感器电源

④检查扭矩传感器电源，如图 9-37 所示。

• 连接 EPS 电子控制单元与扭矩传感器线束接头，将点火开关转至"ON"位置。将方向盘转到中置位置(转向力=0)，检查 EPS 电子控制单元线束接头 M37 的电压，端口 5 至端口 7 之间的电压约 8 V。

异常→EPS 电子控制单元故障，更换 EPS 电子控制单元。

正常→下一步检测。

⑤检查扭矩传感器信号，如图 9-38 所示。

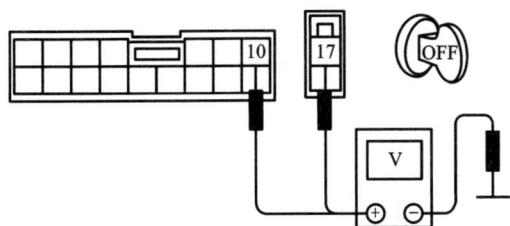

图 9-37　检查扭矩传感器线束

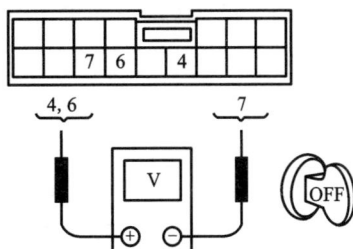

图 9-38　检查扭矩传感器信号

将方向盘转到中置位置(转向力=0)，检查 EPS 电子控制单元线束接头 M37 的电压。扭矩传感器(辅助)端口 4 至端口 7 之间的电压约 2.5 V。扭矩传感器(主)端口 6 至端口 7 之间的电压约 2.5 V。

正常→EPS 电子控制单元故障,更换 EPS 电子控制单元。

异常→扭矩传感器故障,更换转向柱总成。

(3)电动机故障

① 检查 EPS 电子控制单元接头。

● 点火开关转到"OFF"位置,断开 EPS 电子控制单元,检查扭矩传感器信号线束接头,检查端口有无变形、断开、松弛等异常。

● 重新安装接头并执行自诊断,观察在自诊断中是否显示"EPS MOTOR"。

否→接头端口出现松动、损坏、开路或短路,修理或更换端口。

是→下一步检测。

②检查电动机电阻,如图 9-39 所示。

● 点火开关转到"OFF"位置,从 EPS 电子控制单元上断开电动机线束接头 M351。

● 检查电动机线束接头 M351 之间的电阻,端口 19 与端口 20 之间的电阻约 0.1Ω 或更少。

正常→EPS 电子控制单元故障,更换 EPS 电子控制单元。

异常→电动机故障,更换转向柱总成。

(4)EEPROM 故障检查 EPS 电子控制单元接头

● 点火开关转到"OFF"位置,断开 EPS 电子控制单元线束接头,检查端口有无变形、断开、松弛等异常。

● 牢固地重新安装接头并执行自诊断,观察在自诊断中是否显示"EEPROM"。

是→EPS 电子控制单元故障,更换 EPS 电子控制单元。

否→接头端口出现松动、损坏、开路或短路,修理或更换端口。

(5)电子控制单元故障

① 检查 EPS 电子控制单元接头。

点火开关转到"OFF"位置,断开 EPS 电子控制单元线束接头,检查连接端口有无变形、断开、松弛等异常现象。

正常→下一步检测。

异常→接头端口出现松动、损坏、开路或短路,修理、更换端口或连接器。

②检查 EPS 电子控制单元接地电路,如图 9-40 所示。

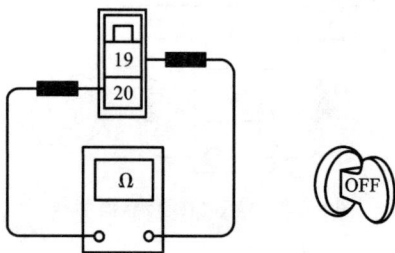

图 9-39　检查电动机电阻

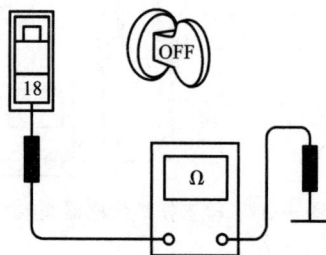

图 9-40　检查 EPS 电子控制单元接地电路

断开 EPS 电子控制单元线束接头 M38，检查 EPS 电子控制单元线束接头 M38 与接地之间的导通性。端口 18+接地→应导通。

异常→接地电路开路或短路，修理或更换部件。

正常→下一步检测。

③检查 EPS 电子控制单元电源电路，如图 9-41 所示。

● 将点火开关转至"ON"位置。

● 检查 EPS 电子控制单元线束接头 M37、M38 端口和接地之间的电压。端口 10、17+接地→蓄电池电压应为约 12 V。

异常→电源电路开路或短路，修理或更换故障零部件。

正常→下一步检测。

图 9-41 为检查 EPS 电子控制单元电源电路。

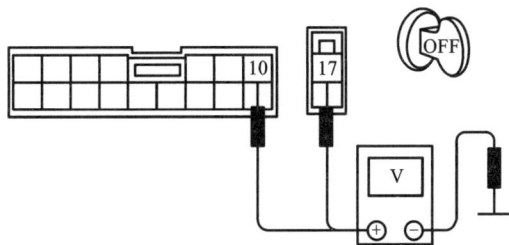

图 9-41　检查 EPS 电子电控单元

④检查 EPS 电子控制单元。

牢固地连接 EPS 电子控制单元线束接头并执行自诊断，观察在自诊断中是否显示"CONTROL UNIT"。

是→EPS 电子控制单元故障，更换 EPS 电子控制单元。

否→检测结束。

(6)车辆速度信号故障

① 检查 ABS 执行器和电子控制单元地线电路，执行 ABS 执行器和电子控制单元自诊断。

异常→修理或更换故障零部件。

正常→下一步检测。

② 检查车速表。

执行组合仪表(车速表)自诊断。

异常→修理或更换故障零部件。

正常→下一步检测。

③检查 EPS 电子控制单元接头。

● 点火开关转到"OFF"位置，断开 EPS 电子控制单元线束接头，检查连接端口有无变形、断开、松弛等异常现象。

● 重新安装接头并执行自诊断，观察"CAN VHCL SPEED""CAN COMM CIRCUIT"是否显示在自诊断显示中。

是→EPS 电子控制单元故障，更换 EPS 电子控制单元。如果显示"CAN COMM

CIRCUIT"，检查 CAN 通信电路。

否→接头端口出现松动、损坏、开路或短路，修理或更换端子。

（7）发动机信号故障 EGS001F9

①检查发动机速度信号。

②CONSULT-Ⅱ 诊断仪数据监控上显示的速度信号值应与车速表上的一致。

异常→检查车速表与电路。

正常→下一步检测。

③检查 EPS 电子控制单元接头。

●点火开关转到"OFF"位置，断开 EPS 电子控制单元线束接头，检查连接端口有无变形、断开、松弛等异常现象。

●牢固地重新安装接头并执行自诊断，观察"CANENG_RPM""CAN_COMM CIRCUIT"是否显示在自诊断显示中。

是→EPS 电子控制单元故障，更换 EPS 电子控制单元。如果显示"CAN_COMM_CIRCUIT"，检查 CAN 通信电路。

否→接头端口出现松动、损坏、开路或短路，修理或更换端子。

（8）CAN 通信电路检查 EPS 电子控制单元接头

点火开关转到"OFF"位置，断开 EPS 电子控制单元线束接头，检查连接端口有无变形、断开、松弛等异常现象。

重新安装接头并执行自诊断，观察是否显示"CAN COMM CIRCUIT"。

是→打印自诊断结果，检查 CAN 通信电路。

否→接头端口出现松动、损坏、开路或短路，修理、更换端口或连接器。

项目十

中央门锁与防盗系统的原理与检测

学习目标

◇ 掌握中央门锁的结构与工作原理。
◇ 掌握汽车防盗系统的结构与原理。
◇ 掌握中央门锁的检修方法。
◇ 掌握汽车防盗系统的检修方法。

任务描述

学习汽车中央门锁、防盗系统的作用、结构及工作原理；完成中央门锁及防盗系统的部件检修与测试、系统检测与维修工作。

10.1　项目实施学习引导

10.1.1　中央门锁系统的结构、原理

中央门锁系统方便了驾驶员在操作左前门锁时，能同时对其他专门的门锁控制或锁闭（包括行李箱门锁等）。各车门机械或弹簧锁可独立进行各门的操作，只是不能同时对其他门锁（含行李箱门锁）进行控制。中央门锁系统还可配合防盗系统，完善汽车的防盗功能。

1. 基本组成

中央门锁系统主要由门锁主开关、门锁传动机构、门锁继电器及门锁电动机等组成。

(1)门锁主开关

门锁主开关安装在左前门和右前门的扶手上方便操作的地方，一般采用杠杆型或旋转型开关，如图 10-1 所示。门锁主开关的开锁与锁止操作在同一个开关上，一个方向为开门操作，另一个方向为锁止操作。

(2)门锁传动机构

门锁传动机构由蜗杆、蜗轮、锁杆、位置开关等部件组成，如图 10-2 所示。当操作门锁

时，门锁电动机转动，驱动蜗杆带动蜗轮减速转动，蜗轮上的齿轮推动锁杆，打开或锁止门锁。车锁打开或锁止后，蜗轮在回位弹簧作用下自动回位。位置开关在锁杆推向锁门位置时断开，推向开门位置时接通。

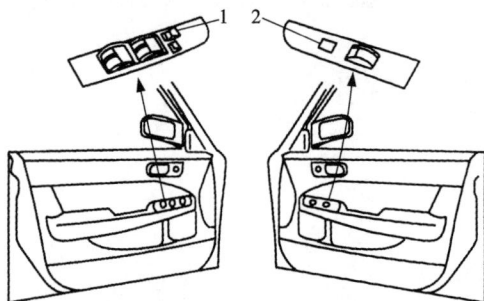

图 10-1　门锁开关

1—左前门门锁主开关；2—右前门门锁主开关

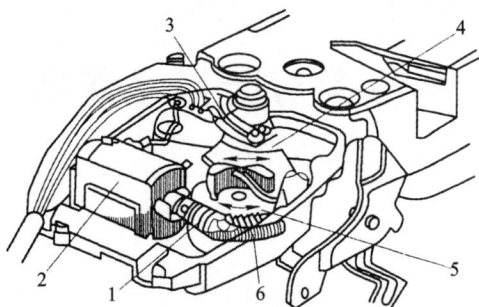

图 10-2　门锁传动机构

1—蜗杆；2—右前门锁主开关；3—位置开关；

4—锁杆；5—蜗轮；6—回位弹簧

（3）钥匙开锁报警开关

钥匙开锁报警开关用来探测点火钥匙是否插在钥匙孔内。当钥匙在钥匙孔内时，钥匙开锁报警开关电路取消报警；否则，开锁报警开关电路接通报警，如图 10-3 所示。

（4）行李箱门开启器开关

行李箱门开启器开关位于仪表板下方，拉动此开关就能打开行李箱门，如图 10-4 所示。行李箱钥匙门靠近行李箱门开启器，用钥匙开启行李箱时，推压钥匙门，断开行李箱内主开关。此时再次拉动行李箱门开启器开关则不起作用。将钥匙插进钥匙门内顺时针旋转打开钥匙门。

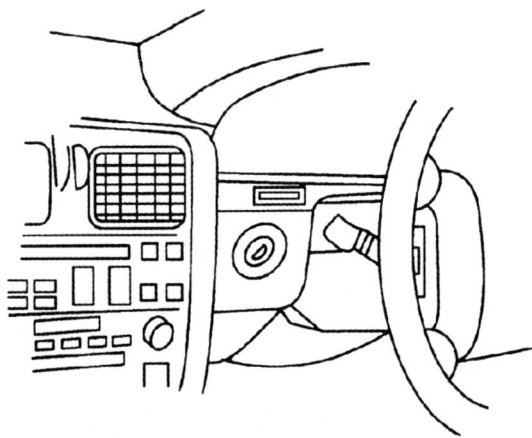

图 10-3　门锁传动机构

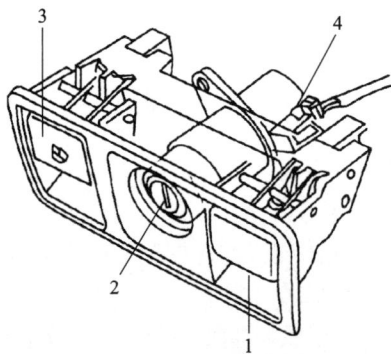

图 10-4　行李箱门开启器开关

1—行李箱门开启器开关；2—钥匙门；

3—燃油箱盖开启器开关；4—行李箱门开启器主开关

（5）门锁继电器

在每个车门上都有开锁继电器和锁止继电器，两个继电器可合成一体，但包含两套触点。

各个继电器的触点有两个，一个是常开触点，另一个是常闭触点。常开触点与蓄电池正极相连，常闭触点接地。在门锁控制电路中，两个继电器配合使用，完成对门锁电动机的正反转控制。当其中一个继电器线圈中有电流流过时，常开触点闭合，蓄电池电压经过继电器施加到门锁电动机上；另一个继电器的线圈中无电流流过，常闭触点结合，电动机中有电流流过。

(6)门锁电动机

门锁电动机一般是永磁直流电动机。在控制电路中一般采用继电器或功率晶体管控制其转向，如图10-5所示。

(a)

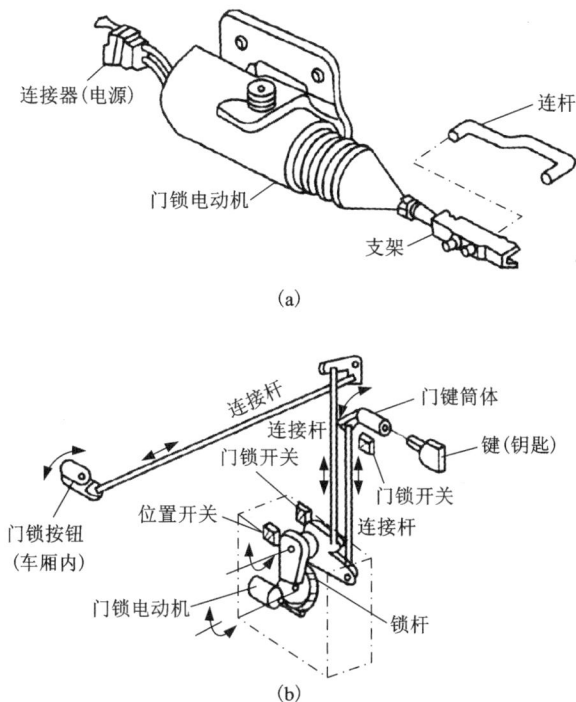

(b)

图10-5 门锁电动机

(a)电动机总成；(b)传动机构

2. 工作原理

中央门锁系统的基本电路如图10-6所示。按下开锁按钮时，门锁主开关的门锁电动机的"开锁"触点闭合，门锁继电器右边的继电器线圈通电工作，将"开锁"触电吸合，而左边继电器没有工作，触点被直接引到接地。蓄电池的电流经熔断器流经右边继电器开锁触点，再经过各门的门锁电动机后经左边继电器的触点接地，电动机正向转动将门锁打开。

按下锁止按钮时，门锁主开关的"锁止"触点闭合，门锁继电器左边的继电器线圈通电工作，将"锁止"触点吸合；而右边继电器没有工作，触点被直接引到接地，蓄电池的电流经熔断器流经左边继电器锁止触点，再经过各门的门锁电动机后经右边继电器的触点接地，电动机反向转动将门锁锁止。

图10-7为带有防盗控制的门锁控制原理图，其控制方法如下。

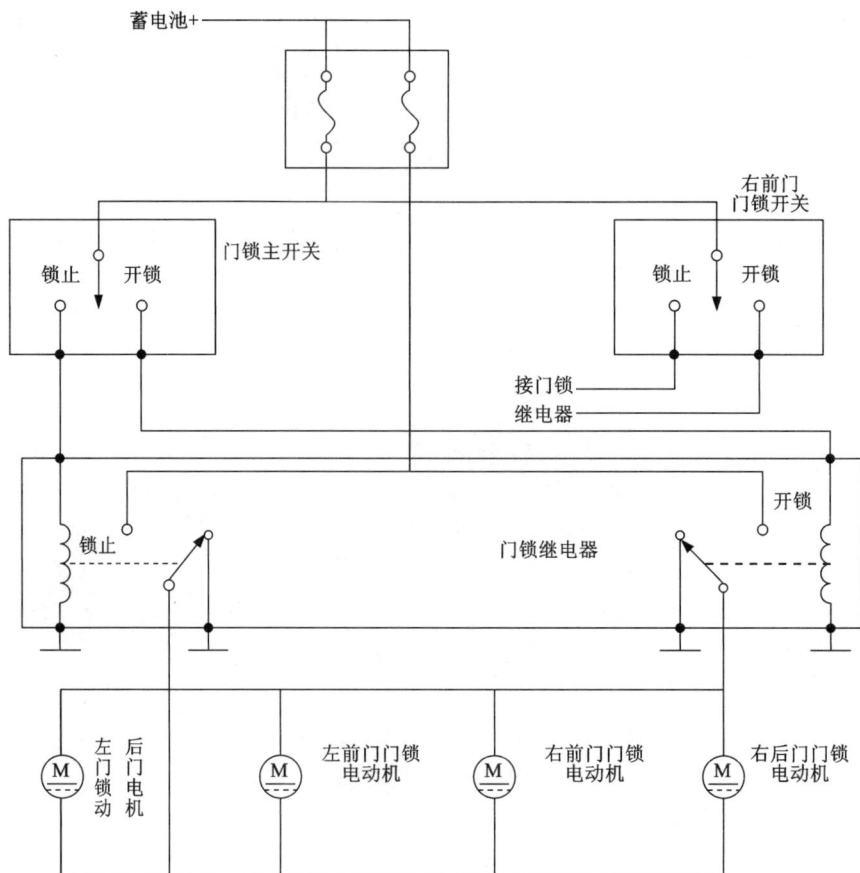

图 10-6　中央门锁系统基本电路

（1）用门锁主开关锁门和开门

①锁门控制。图 10-7 中防盗和门锁控制 ECU 内部为逻辑电路。当门锁主开关门侧 15 推向锁门侧"L"时，由于接地，信号"0"由端子 16 和反相器 C 送至或门 A；或门 A 的输出从"0"变为"1"触发锁门定时器，供给晶体管 VT_1 基极电流约 0.2 s，使其导通 No.1 继电器线圈接通，触点闭合，电流从蓄电池→端子 8→No.1 继电器→端子 4→门锁电动机→端子 3→接地，各门电动机锁上全部车门。

②开门控制。当门锁主开关推向开门侧"UL"时，"0"信号经端子 17 和反相器 A 送到或门 B，或门 B 输出高电平信号"1"触发开锁定时器，供给晶体管 VT_2 基极电流约 0.2 s 使其导通；No.2 继电器线圈接通，触点闭合，电流从蓄电池→端子 8→No.2 继电器→端子 3→门锁电动机→端子 4→接地，各门电动机打开全部车门。

（2）用钥匙锁门和开门

①锁门控制。当钥匙插进驾驶人侧或前排乘客侧钥匙门内并向锁门方向转动时，钥匙控制开关 10 向锁门侧"L"接通。此时"0"信号经端子 13 和反相器 C 送至或门 A，或门 A 输出从"0"变为"1"，触发锁门定时器，对晶体管 VT_1 基极施加电流 0.2 s 使其导通。No.1 继电器接通，触点闭合，电流从蓄电池→端子 8→No.1 继电器→端子 4→门锁电动机→端子 4→接地，各门电动机锁上全部车门。

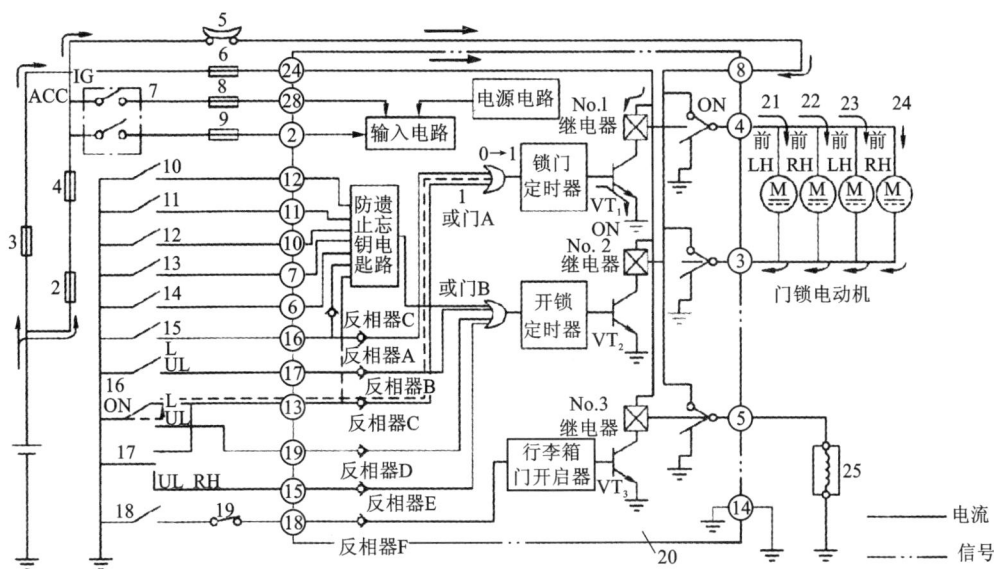

图 10-7 门锁控制原理

1—蓄电池；2—易熔线（ALT）；3—易熔线（MAIN）；4—易熔线（AMI）；5—断路器；6—DOME 熔丝；7—点火开关；8—点烟器（CIG）；9—ECU 熔丝；10—左前门锁主开关；11—右前门锁主开关；12—左前位置开关；13—右前位置开关；14—钥匙开锁报警开关；15—门锁主开关 16—左前钥匙控制开关；17—右前钥匙控制开关；18—行李箱门开启器开关；19—主开关；20—防盗和门锁 ECU；21—左前门锁电动机；22—右前门锁电动机；23—左后门锁电动机；24—右后门锁电动机；25—行李箱门开启器电磁阀

②开门控制。当用钥匙开门时，钥匙开关向开门侧"UL"接通，"0"信号经端子 19 和反相器 D 送到或门 B。或门 B 输出从"0"变为"1"触发开锁定时器，并对晶体管 VT₂ 基极施加电流 0.2 s 使其导通。电流从蓄电池→端子 8→No.2 继电器→端子 3→门锁电动机→端子 4→接地。各门电动机打开全部车门。

（3）防止钥匙遗忘功能

该功能是防止锁门时点火钥匙遗忘在钥匙门内。

①推动锁钮锁门。当点火钥匙插在钥匙门内，驾驶人侧或前排乘客侧车门打开时，门锁开关 10 和钥匙开锁报警开关 14 都接通。这些开关经端子 12 和端子 6 将"0"信号送至防止钥匙遗忘电路。此时，将锁钮推向锁门侧，则由锁门控制电路将门立刻锁上。由于位置开关 12 断开，高电平信号"1"经端子 10 送至防止钥匙遗忘电路，并使其输出信号"1"送至或门 B，使或门 B 的输出从"0"变到"1"。开锁定时器接通晶体管 VT₂ 约 0.2 s。电流在系统中的流动路径与门锁主开关开门一样。电动机由 No.2 继电器供电而工作，打开全部车门。

②用门锁主开关锁门。当点火钥匙插在钥匙门内，驾驶侧或副驾驶侧车门打开时，门锁开关 10 和钥匙开锁报警开关 14 都接通。这些开关经端子 12 和端子 6 将低电平信号"0"送至防止钥匙遗忘电路。当用门锁主开关锁门，门立刻被锁上时，信号"1"经端子 10 送至防止钥匙遗忘电路和反相器 G，将高电平信号"1"送至或门 B，并使其输出从"0"变为"1"。同时开锁定时器接通晶体管 VT₂ 约 0.2 s。此时电动机接通，全部车门打开。

③车门全关闭时，防止钥匙遗忘功能。当防止钥匙遗忘功能起作用和门锁钮保持向下阻

止开门时，门被立刻锁上。此时门锁开关 10 和钥匙开锁报警开关 14 接通，并经端子 12 和端子 6 将低电平信号"0"送至防止钥匙遗忘电路。若此时门处于关闭状态，则门锁开关断开且输入到防止钥匙遗忘电路的信号由"0"变为"1"。约 0.8 s 后，防止钥匙遗忘电路输出高电平信号"1"给或门 B，或门 B 输出信号从"0"变为"1"。开锁定时器接通晶体管 VT_2 约 0.2 s，电动机接通，全部车门打开。若此时车门不能全部打开，则开锁定时器再次接通 0.8 s，使全部车门打开。

（4）行李箱门开启器控制

当行李箱门开启器开关 18 接通时，低电平信号"0"经端子 18 和反相器 F 送至行李箱门开启器。开启定时器送至晶体管 VT_3 基极电流约 0.2 s，使其导通电流从蓄电池→端子 8→No.3 继电器→端子 5→行李箱门开启器电磁阀→接地，打开行李箱门。

10.1.2 防盗系统的结构、原理

为了防止车辆被盗，许多汽车公司开始将汽车防盗装置作为汽车的标准配置，防止有人非法进入车内，并可通过音响报警装置报警，由此来提高汽车的市场竞争力。防盗报警系统通常与汽车中控门锁系统配合工作。

图 10-8 所示为汽车电子防盗系统的组成。图 10-9 为防盗装置在汽车上的布置。当用钥匙锁好所有车门时，防盗系统处于约 30 s 的检测时间报警状态。30 s 检测时间之后，系统中的指示器(通常为发光二极管)开始断续闪光，表明系统处于报警状态。

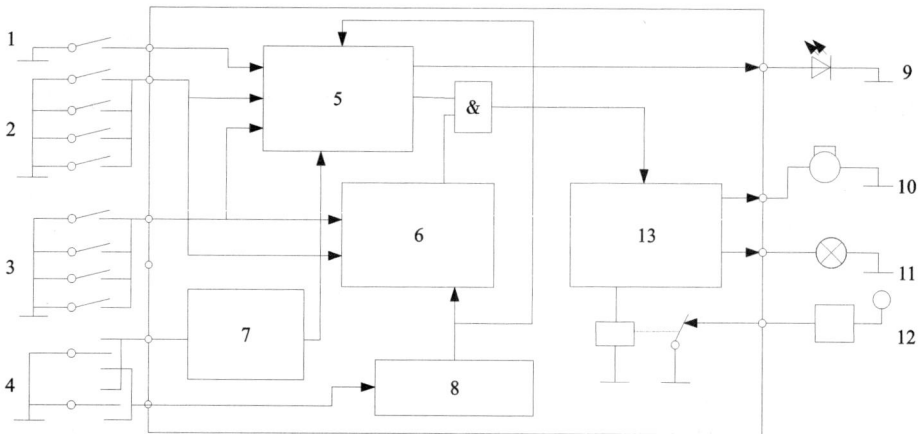

图 10-8 汽车电子防盗系统组成

1—钥匙存在开关；2—开门开关；3—锁门开关；4—钥匙操作开关；5—警报状态开关电路；6—盗贼检测电路；
7—30 s 定时器；8—解除警报状态电路；9—LED 指示灯；10—报警器；11—警报灯；12—起动断电器；13—报警电路

当有人试图非法解除门锁或打开车门时(当所有输入开关均设定为关机状态时)，系统发出警报。当车主用钥匙开启门锁时，报警状态或报警运转解除。警报一般以闪烁灯或发声报警形式发出，警报发生后持续时间为 1 min。在车主用钥匙正常打开汽车门锁之前，发动机起动电路始终处于短路状态。

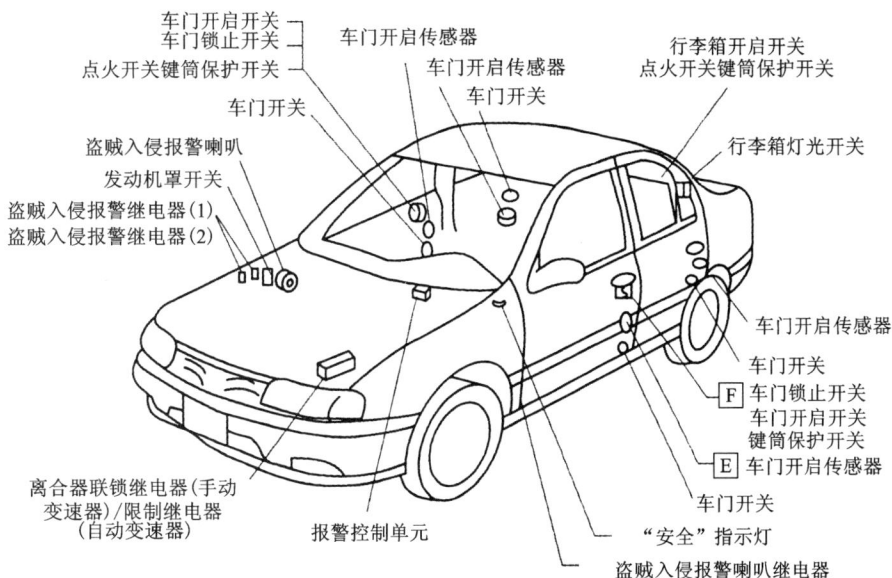

车门开启开关
车门锁止开关
点火开关键筒保护开关
车门开关
车门开启传感器
车门开启传感器
车门开关
行李箱开启开关
点火开关键筒保护开关
行李箱灯光开关
盗贼入侵报警喇叭
发动机罩开关
盗贼入侵报警继电器(1)
盗贼入侵报警继电器(2)
车门开启传感器
车门开关
F 车门锁止开关
车门开启开关
键筒保护开关
E 车门开启传感器
车门开关
离合器联锁继电器(手动
变速器)/限制继电器
(自动变速器)
报警控制单元
"安全"指示灯
盗贼入侵报警喇叭继电器

图 10-9　防盗装置在汽车上的布置

10.2　项目实施

10.2.1　中央门锁控制系统故障检查的注意事项

① 无论中央门锁控制系统出现什么故障,应先通过检查,使故障可能存在的部位缩小到一定范围以内,然后再拆下车门内饰,露出门锁机构。

②先将拨动门锁开关后的情况列图表,然后与维修手册中的故障诊断图表相对照,以便分析故障原因和部位。

③ 在测试电路前,应结合故障诊断图表,先弄清线路图,然后再试加蓄电池电压或用欧姆表测量。如果盲目地测试,会损坏昂贵的电子元件。

10.2.2　中央门锁控制系统组成部件的检修

2.中央门锁控制系统组成部件的检修

(1)门锁控制开关的检修

用万用表测量开关在不同位置时的工作状态。首先应根据维修资料找到开关的接线端子。一般开关处于 LOCK 位置时,对应的接线端子间的电阻值应为 0;处于 OFF 或 UNLOCK 位置时,对应的接线端子间的电阻值应为 ∞。检测结果符合上述要求,则表明开关是好的;若只有一个符合作要求,则表示开关损坏,一般直接更换即可。

(2)门锁控制继电器的检修

门锁控制继电器是由电子电路控制的继电器,它包括控制电路和继电器两个部分。它为门锁执行器提供脉冲工作电流,也叫门锁定时器。检测时测量其输出状态,以判断它是否有故障,然后作相应的处理。

(3)门锁执行器的检修

门锁执行器有电磁铁机构、直流电动机等,可以用直接通电的方法检查其是否有开锁和闭锁两种工作状态,判断其是否损坏。

3. 中央门锁控制系统故障的检查

中央门锁控制系统的常见故障:操作门锁控制开关时,所有门锁均不动作;不能开门(或锁门);个别车门锁不能动作;速度控制失灵(如果有速度控制);等等。

(1)操作门锁控制开关时,所有门锁均不动作

这种故障一般发生在电源电路中。其检查诊断流程如图 10-10 所示。

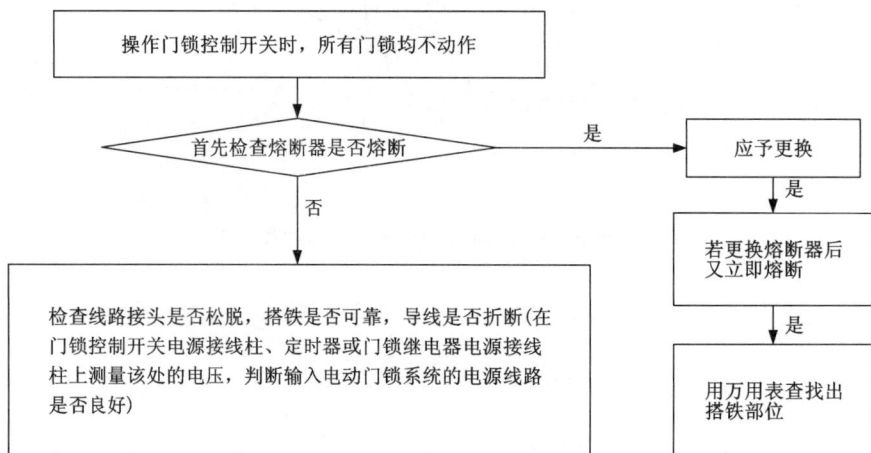

图 10-10　有门锁均不动作故障诊断流程

(2)操作门锁控制开关时,不能开门(或锁门)

这种故障是由于开门(或锁门)继电器、门锁控制开关损坏所致,可能是继电器线圈烧断、触点接触不良、开关触点烧坏或导线接头松脱。

(3)操作门锁控制开关时,个别车门锁不能动作

这种故障仅出在相应车门上,可能是连接线路断路或松脱、门锁电动机(或电磁铁式执行器)损坏、门锁连杆操纵机构损坏等。

(4)速度控制失灵

当车速高于规定值时,门锁能自动锁定。

此故障原因是车速传感器损坏或车速控制电路出现故障。其检查诊断流程如图 10-11 所示。

(5)遥控器没有反应

如果按键时遥控器指示灯不亮或者很暗,那么可能是遥控器电池电量不足。如果更换电池后,遥控器指示灯仍然不亮,则应检查电池正负极性是否装反,以及电池与安装座是否接触良好。如果上面的检查没有问题,但是遥控器指示灯仍然不亮,则应检查按键是否损坏。如果按某些按键,指示灯有反应,有的按键则没有反应,则很可能是按键损坏,或者是遥控当予明换器损坏。

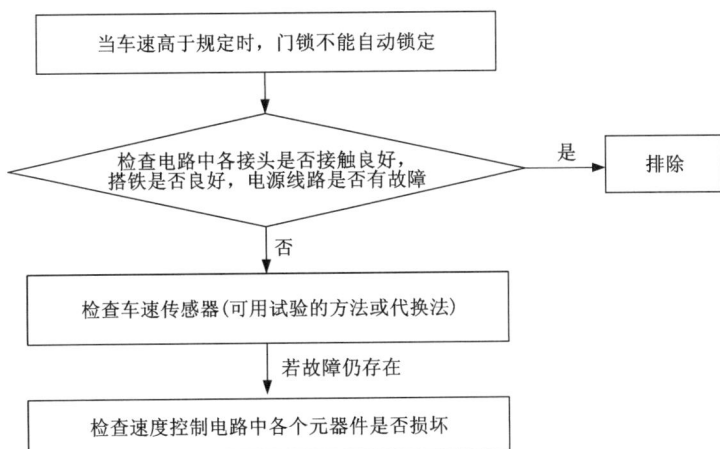

图 10-11　速度控制失灵故障诊断流程

（6）遥控器不能控制车门

首先应按照（5）确认遥控器是否有问题，如果遥控器没有问题，且这种情况是在更换完电池或防盗系统部件之后出现的，那么应该按照固定程序进行遥控器的匹配。并不是所有的车型都需要进行匹配，不同的车型有不同的规定。如果有两个遥控器，则可以试验另一个通控器是否有反应。如果另外一个遥控器有反应，则可能是这个遥控器的密码丢失。需要重新匹配。如果匹配完成，遥控器仍然不能使用，则可能接收主机有问题或这个遥控器的发射天线有用问题。如果遥控器主机被屏蔽或附近有很强的干扰源，则主机不能正确地接收到遥控器发出的智生电磁波，无法控制中央门锁动作。

（7）遥控器有效距离很近

如果这个问题是在遥控器使用了一段时间后出现的，则可能是电池电量不足。如果时远时近，则可能是周围环境的影响。如果遥控器主机被屏蔽或被干扰，也会出现这种问题。如车辆粘贴的防爆膜对遥控器主机具有屏蔽作用，车内某些用电设备会产生一定干扰。

项目十一

安全气囊的原理与检测

学习目标

◇ 掌握安全气囊的结构。
◇ 掌握安全气囊的维修。

项目描述

学习汽车安全气囊的作用、结构及工作原理；完成 SRS 系统的部件检修与测试、系统检测与维修工作。

11.1 项目实施学习引导

11.1.1 安全气囊的作用与种类

1. 安全气囊的作用

为了在车辆发生碰撞事故时最大限度地保护驾乘人员，尽量减小撞车对驾乘人员的伤害程度，现代汽车广泛装备了辅助约束系统(supplementral restraint system，SRS)，也称辅助成员保护系统。

作为汽车重要的被动安全措施，SRS 系统的安全气囊(airbag safety)与座椅安全带(seat belt)配合使用，可以为乘员提供十分有效的防撞保护。由于安全气囊是 SRS 系统的核心保护部件，故国内也习惯将辅助乘员保护系统称为安全气囊系统。

安全气囊是一种当汽车遭到冲撞而急剧减速时能很快膨胀的缓冲垫。当汽车发生碰撞时，能迅速在乘员和汽车内部结构间弹出一个充满气体的气囊，使乘员撞在气囊上，避免或减缓碰撞，从而达到保护乘员的目的，如图 11-1 所示。

由于乘员和气囊相碰时容易因振荡造成乘员伤害，所以会在气囊的背面开一个或者两个固定大小的圆孔。这样当乘员和气囊相碰时，借助圆孔的放气可减轻气囊内部压力，也可以减轻气囊在人与方向盘之间的来回振荡。放气的过程同时也是释放能量的过程，驾乘人员在

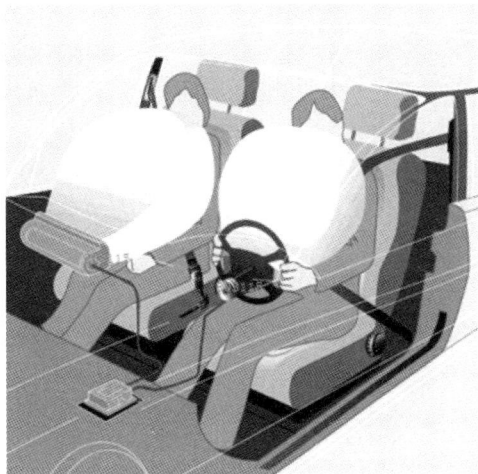

图 11-1　安全气囊对乘员的保护作用

碰撞事故发生时通过与气囊的接触瞬时吸收乘员的动能，避免驾乘人员与车身内部坚硬的内饰件发生二次碰撞，从而有助于保护乘员。

2. 安全气囊的种类

（1）按照气囊的数量划分

按照气囊的数量分为单气囊系统（只装在驾驶员侧），双安全气囊（驾驶员和副驾驶员侧各有一个安全气囊）和多气囊系统（前排安全气囊、后排安全气囊、侧面安全气囊）。

（2）按照气囊的大小划分

按气囊的大小可以分为保护全身的安全气囊、保护整个上身的大型气囊和主要保护面部的小型护面气囊。

（3）按充气装置划分

按充气装置可分为点火式和充气式，目前点火式安全气囊占据市场主流，点火系统又分为电子式和机械式两种。

（4）按照保护对象的不同划分

①驾驶员防撞安全气囊。

驾驶员防撞安全气囊组件（driver airbag，DAB）安装在方向盘中间的位置上。气囊袋的形状基本上以圆形为主，现代的设计也纳入立体设计的概念以提升气囊袋的展开性能。通常气囊的设计分为美式和欧式两种。

美式气囊是考虑到驾驶员没有佩戴座椅安全带而设计的，其体积较大，约 60 L。

欧式气囊是假设驾驶员佩戴座椅安全带而设计的，其体积较小，约 40 L。日本的安全气囊也属于此类。近年来，由于安全气囊的生产成本下降，日本防撞安全气囊规格有所增加，如本田轿车的驾驶员防撞安全气囊体积约为 60 L。

②前排乘员防撞安全气囊。

由于副驾驶位置乘员在车内位置不固定且前方空间较大，因此保护其撞车时免受伤害而设计的前排乘员防撞安全气囊（passenger airbag，PAB）也较大。美式的约 160 L，欧式约 75 L

（后者考虑了乘员受座椅安全带的约束）。

　　③后排乘员防撞安全气囊。

　　后排乘员防撞安全气囊(rear side airbag, RSAB)安装在前排座椅上，防止后排乘员在撞车时受到伤害。

　　④侧面安全气囊。

　　侧面安全气囊安装在车门上或者在座椅的侧面，防止驾驶员及乘员的肩、臂、腰、胯、头部受侧面撞击。

　　⑤安全气帘。

　　安全气帘安装在汽车车顶与车门交接处，用于汽车再遭受横向撞击或翻车时保护乘员的头部、肩部不受伤害。

　　⑥智能型安全气囊。

　　为了克服普通安全气囊的不足，一些高端汽车装备了新一代智能型安全气囊。智能型安全气囊比一般安全气囊增加了以下几种功能：检测乘员是否系上安全带、检测乘员乘坐的位置、检测儿童座椅、调控安全气囊充气膨胀力、检测座椅上是否有乘员、检测气温。

　　此外，还有对乘员的膝盖进行保护的膝部安全气囊(如图 11-2 所示)，以及对车外行人进行保护的行人安全气囊(如图 11-3 所示)。

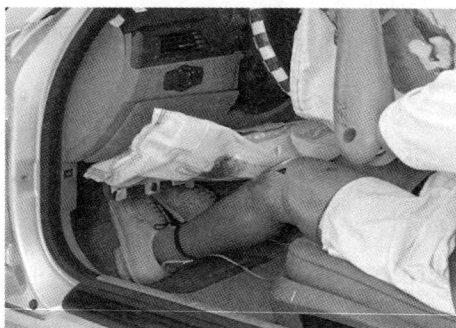

图 11-2　膝部安全气囊

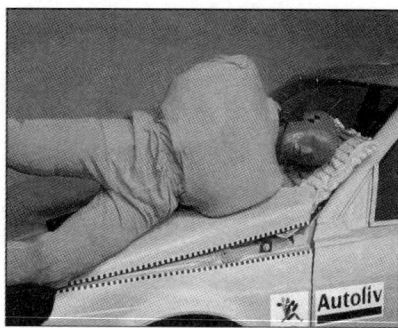

图 11-3　行人安全气囊

11.1.2　安全气囊系统的组成与工作过程

1. 安全气囊的系统的组成

　　机械式 SRS 主要由传感器、气囊组件、气体发生器等组成。安全气囊由传感器直接引爆点火，如图 11-4 所示。该 SRS 的优点是结构简单，成本低；缺点是可靠性差，容易误动作。

　　电子式 SRS 主要由传感器、气囊组件、气体发生器、ECU 等组成，如图 11-5 所示。

　　汽车上装有车前与车内两种碰撞传感器。位于车前两侧的车前传感器，可保证在正面30°范围内有效地工作。当汽车发生碰撞时，由传感器碰撞程度进行识别。对于中等程度以上的碰撞，传感器发生信号给 ECU，经 ECU 判别后发出点火信号使点火器工作；气体繁盛装置在极短时间内产生大量气体通过滤清器充入卷收在一起的气囊，使其膨胀。

　　SRS 所用的碰撞传感器一般根据所承担的任务不同分为车前传感器、中央传感器与安全传感器三种。车前传感器用来检测汽车正面低速所受到的冲击信号；中央传感器用来检测汽

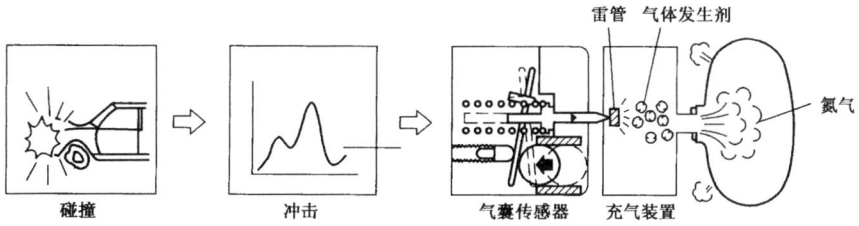

图 11-4　机械式 SRS 工作原理

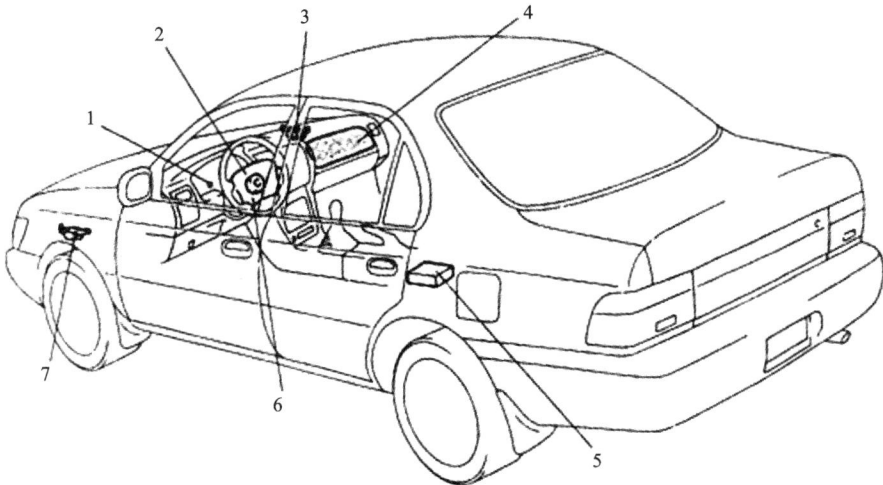

图 11-5　电子式 SRS 的组成

1—气囊报警灯；2—螺旋电缆(装于方向盘内)；3—前部碰撞传感器(右)；4—前排乘员安全气囊总成；
5—中央气囊传感器总成及电控单元；6—方向盘(内装驾驶员安全气囊)；7—前部碰撞传感器(左)

车发生高速碰撞的信号；安全传感器用来防止系统碰撞状况下引起安全气囊误动作。

安全气囊的前部碰撞有效范围及点火、起爆、膨出的判断条件如图 11-6 所示。

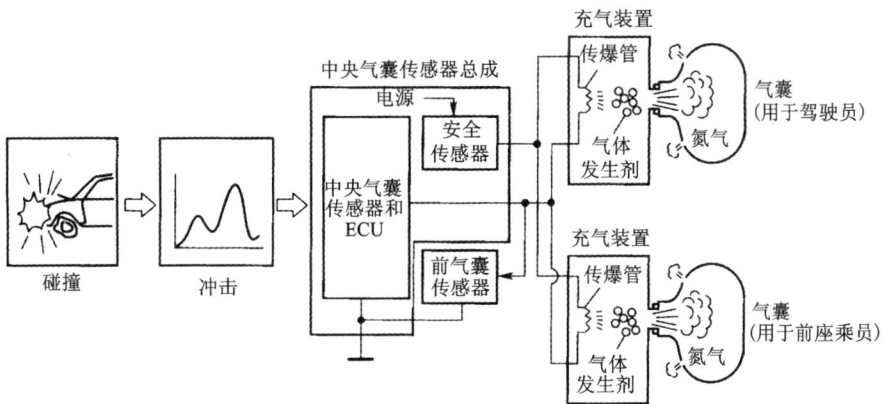

图 11-6　SRS 工作原理

2. 安全气囊系统的工作过程

安全气囊由点火起爆到完全膨开需要一定的时间,并经历一个过程(见图 11-7)的。其充气速度和膨胀的强度是可以控制的,且须与汽车的碰撞强度相适应,否则将很难起到良好的乘员保护作用。

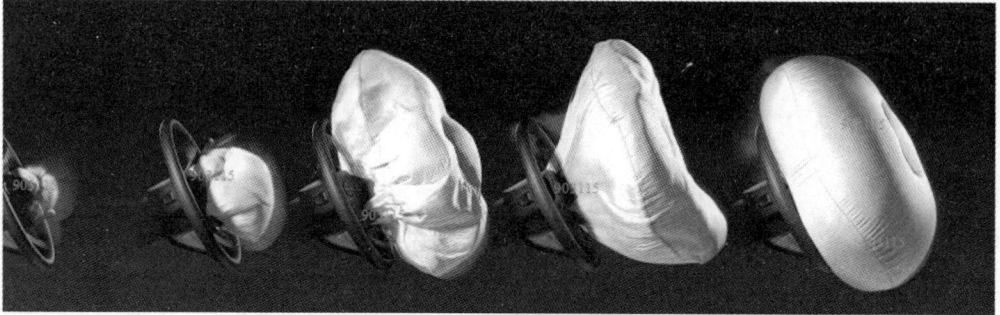

图 11-7　安全气囊的膨胀过程

SRS 的整个工作过程大约需要 100 ms 到 160 ms,可分为 4 个阶段,如图 11-8 所示。

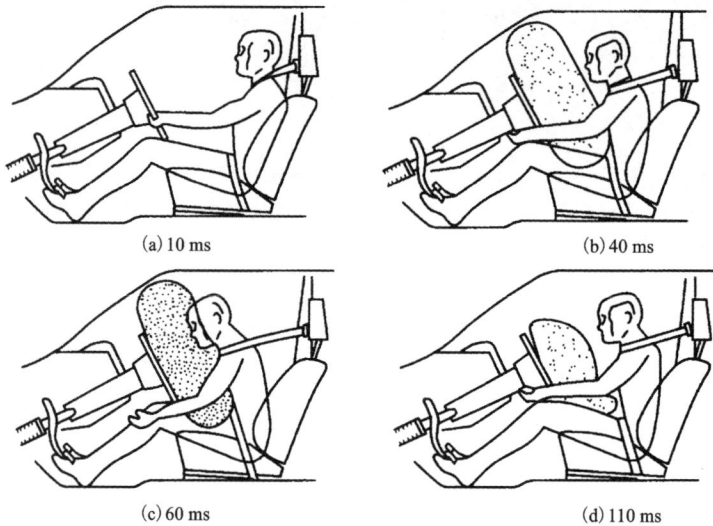

(a) 10 ms　　　　　　　　　　　　　(b) 40 ms

(c) 60 ms　　　　　　　　　　　　　(d) 110 ms

图 11-8　SRS 动作时序

11.1.3　安全气囊系统主要部件

1. 传感器

传感器用于检测、判断汽车发生事故后的撞击信号,以便及时启动安全气囊,并提供足够的电能或机械能点燃气体发生器。

传感器按其功能可分为碰撞传感器和安全传感器两种。安全传感器也称触发传感器,其闭合的减速度与碰撞传感器相比要稍微小一些,起保险作用,防止因碰撞传感器短路而造成的误爆炸。

传感器按其结构可分为机械式、机电式和电子式 3 种。

（1）机械式传感器

机械式传感器的机构如图 11-9 所示。当传感器中的传感重块的减速度达到某一特定值时，传感重块便将机械能直接传给引发器使气囊膨开。该传感器用于机械式安全气囊系统。

（2）机电式传感器

机电式传感器主要有滚球式、偏心式、水银开关式等。

①滚球式传感器。平时小钢球被磁场力所约束，当碰撞发生，在圆柱形钢套内小钢球向前运动，一旦接触到前面的触点，则将触发电路接通，如图 11-10 所示。

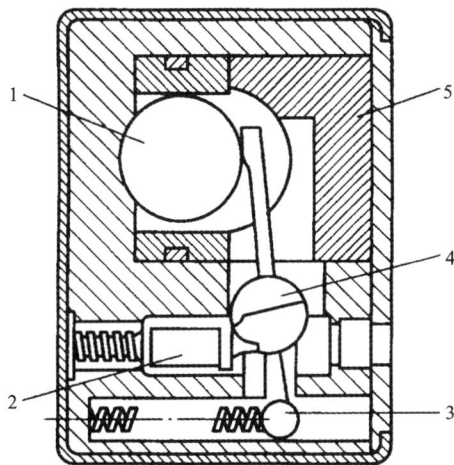

图 11-9　机械式传感器

1—感应块；2—撞针；3—偏置弹簧；4—D 轴；5—顶盖

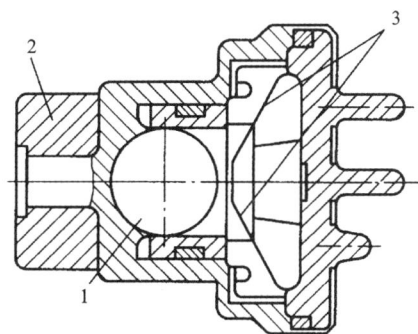

图 11-10　滚球式传感器

1—小钢球；2—磁铁；3—触点

②偏心式传感器。偏心式传感器为具有偏心转动质量的机电式加速度传感器，由外壳、偏心转子、偏心重块、旋转触点与固定触点、螺旋弹簧等构成，如图 11-11 所示。

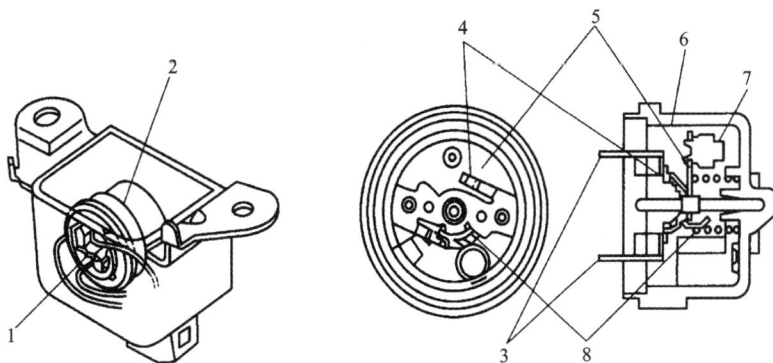

图 11-11　偏心式传感器的结构

1—自检电阻；2—传感器；3—固定触点；4—旋转触点；
5—偏心转子；6—外壳；7—偏心重块；8—螺旋弹簧

偏心式传感器的外侧装有一个电阻，做自检之用，即检测传感器总成与其之间的线路是否开路或短路。

当汽车正常行驶时，偏心转子和偏心重块被螺旋弹簧拉回，处于平衡状态，此时转子上安装的旋转触点与固定触点不接触。当车辆受到正面碰撞且碰撞强度达到设定值时，由于偏心重块受惯性的作用，使偏心重块连同偏心转子和旋转触点一起转动，旋转触点与固定触点发生接触，从而向 ECU 发出闭合电路信号，如图 11-12 所示。

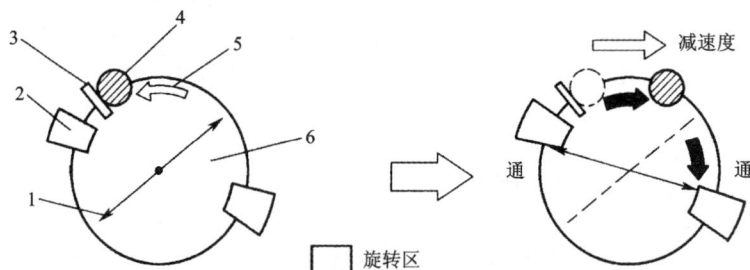

图 11-12　偏心式传感器的工作过程

1—旋转触点；2—固定触点；3—止动器；4—偏心重块；5—螺旋弹簧力；6—偏心转子

③水银开关式传感器。水银开关式传感器是安全传感器中常见的一种，如图 11-13 所示。当汽车碰撞时，水银产生惯性力抛向电极 2 和电极 3，使两极以及点火器接通。安全传感器一般比碰撞传感器所需的惯性力和减速度要小，以保证碰撞传感器的可靠工作。

（3）电子式传感器（中央安全气囊传感器）

电子式加速度计对汽车正向减速度进行连续测量，并将测量结果输送给 ECU。ECU 内有一套复杂的碰撞信号处理程序，能够确定气囊是否需要膨开。若需要气囊膨开，ECU 便会接通点火电路，安全传感器同时也闭合，使引发器接通，气囊膨开。

电子式传感器通常是一个半导体压力传感器，其结构如图 11-14 所示。汽车的速度越大，碰撞后产生减速度的力就越大，输出的电压也越大。由于半导体压力传感器输出特性受温度影响较大，故应用晶体管的基极—发射极间的电压温度变化来消除传感器输出特性的变化，所以半导体压力传感器要求稳定的电源。

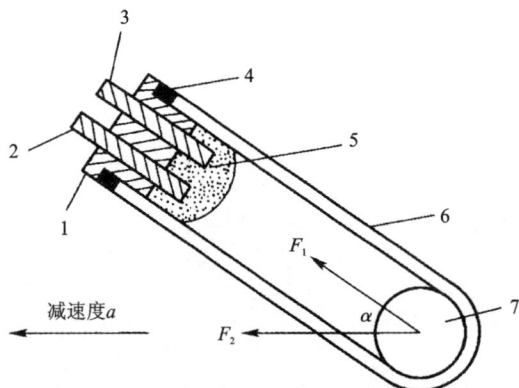

图 11-13　水银开关式传感器

1—盖；2、3—电极；4—O 形圈；5—水银撞上后位置；
6—壳体；7—水银；F_1—水银运动分力；F_2—撞击力

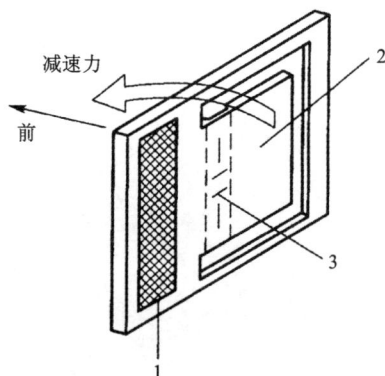

图 11-14　电子式传感器

1—集成电路；2—惯性质量；3—变形针

使用水银开关式以外的安全传感器时，在气囊已作用充气之后，中央气囊传感器总成绝不可重复使用。因为在气囊动作时，会有大电流流过传感器触点，使触点表面产生烧蚀而令电阻过大，造成气囊可靠性降低。

2. 气囊组件

气囊组件主要由气体发生器、点火器、气囊、衬垫、饰盖和底板组成。驾驶员侧气囊组件位于方向盘中心处，乘客侧气囊组件位于仪表板右侧手套箱的上方。

（1）气体发生器

气体发生器又称充气器，用于在点火器引爆时产生气体向气囊充气，使气囊膨开。气体发生器用专用螺栓和专用螺母固定在气囊支架上，装配时只能用专用工具进行装配。

气体发生器由上盖、下盖、充气剂（片状叠氮化钠）和金属滤网等组成，如图11-15所示。上盖有若干个充气孔，充气孔有长方孔和圆孔两种。

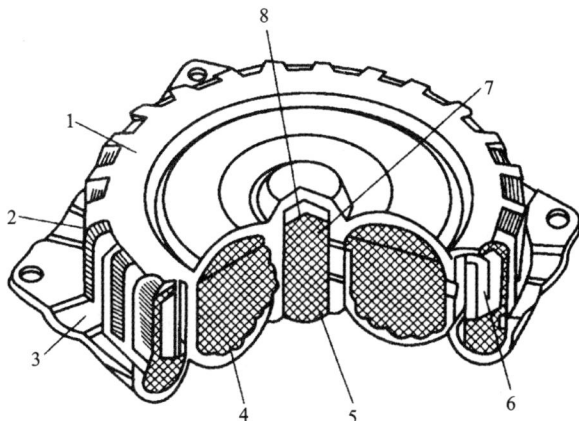

图11-15　气体发生器

1—上盖；2—充气孔；3—下盖；4—充气剂；
5—点火器药筒；6—金属滤网；7—电热丝；8—引爆炸药

下盖有安装孔，以便将气体发生器安装在气囊支架上。上盖和下盖用冷压工艺装成一体，壳体内装有充气剂、滤网和点火器。金属滤网安放在气体发生器的内表面，用以过滤充气剂和点火剂燃烧后的渣粒。

目前，大多数气体发生器利用热效反应产生氮气充入气囊。在点火器引爆点火剂的瞬间，点火剂会产生大量热量，叠氮化钠受热立即分解，释放氮气，氮气从充气孔充入气囊。

（2）点火器

点火器外包铝箔，安装在气体发生器内部中央位置，其结构如图11-16所示。

点火剂包括引爆炸药和引药，引出导线与气囊插接器插头连接，插接器中设有短路片（铜质弹簧片）。当插接器插头拔下货插接器未完全结合时，短路片将两根引线短接，防止静电导电将电热丝电路接通而造成气囊误膨开。

当SRS ECU发出点火指令时，电热丝电路接通，电热丝迅速红热引爆引药，瞬间产生热量；药筒内温度和压力急剧升高并冲破药筒，使充气剂受热分解，释放氮气充入气囊。

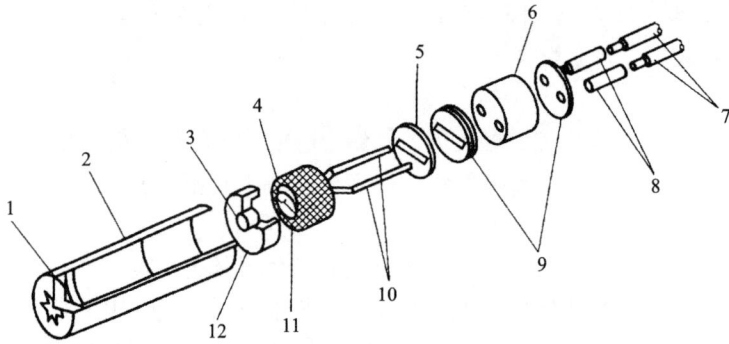

图 11-16 点火器结构

1—引爆炸药；2—药筒；3—引药；4—电热丝；5—陶瓷片；6—永久磁铁；
7—引出导线；8—绝缘套管；9—绝缘垫片；10—电极；11—电热头；12—药托

（3）气囊

气囊按位置分为驾驶员气囊、乘员气囊、侧面气囊等；有用来保护上身的大型气囊，也有用来主要保护面部的小型气囊。驾驶员气囊（图 11-17）多采用尼龙布涂氯丁橡胶或有机硅制造，橡胶涂层起密封和阻燃作用，气囊背面有两个泄气孔。乘员气囊没有涂层，靠尼龙布本身的间隙泄气。

（4）衬垫

衬垫是气囊组件中一个重要的组成部件，由聚氨酯制成，在制造过程中使用了很薄的水基发泡剂，所以质量特别轻。平时它作为方向盘的上表面，把气囊与外界隔离开，既能起到维护作用，又能起到修饰作用。气囊膨开时，它在气囊爆发力作用下快速、及时裂开，并且对安全气囊展开过程毫无阻碍。

（5）饰盖和底板

饰盖是安全气囊组件的盖板，上面模制有裂缝（类似邮票边缘的联排小孔），以便气囊能冲破饰盖膨开。气囊和充气器装在地板上，底板装在方向盘或车身上，气囊膨开时，底板承受气囊的反力。

3. SRS 警报灯

SRS 警报灯位于仪表板上，如图 11-18 所示。接通点火开关时，诊断单元对系统进行自检，若 SRS 警报灯点亮 6 s 后熄灭，表示系统正常；若 6 s 后依然闪烁或长亮不熄，表示气囊系统出现故障，应进行检修。

若 ECU 出现异常，不能控制 SRS 警报灯，SRS 警报灯便在其他电路的控制下，作出异常显示。例如 ECU 无点火电压，警报灯常亮；ECU 无内部工作电压，警报灯常亮；ECU 不工作，警报灯在看门狗电路控制下，以 3 Hz 的频率闪烁；ECU 未接通，警报灯经线束插接器的短接条接通。

4. ECU

ECU 主要由 SRS 逻辑模块、信号处理电路、备用电源电路和稳压电路等组成，安全传感器一般与 SRS ECU 一起制作在 SRS 控制组件中。福特汽车公司的林肯城市轿车 SRS 控制组件的内部结构图 11-19 所示。

图 11-17 驾驶员安全气囊组件

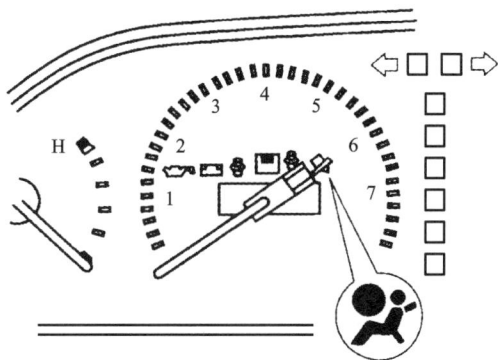

图 11-18 SRS 警报灯

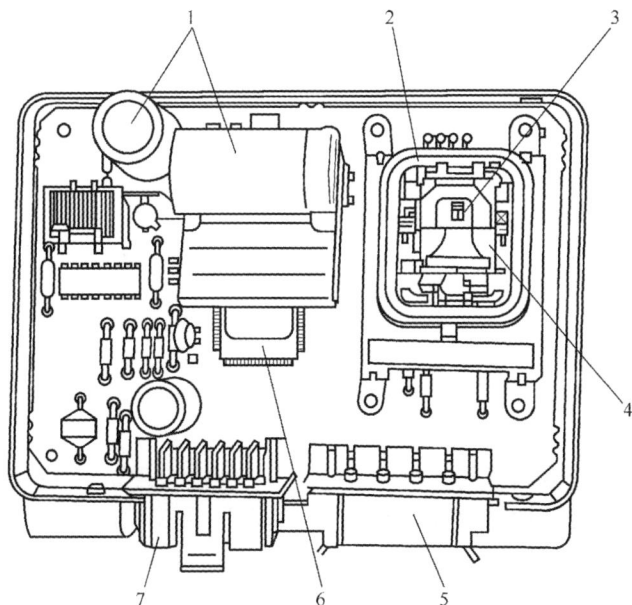

图 11-19 福特林肯城市轿车 SRS 控制组件的内部结构

1—能量储存装置(电容)；2—安全传感器总成；3—传感器触点；
4—传感器平衡块；5—4 端子插接器；6—逻辑模块；7—SRS ECU 插接器

5. 安全气囊系统保险机构与线束

为了便于区别电气系统线束插接器，SRS 的插接器与汽车其他电气系统的插接器有所不同。过去采用深蓝色插接器，目前 SRS 的插接器绝大多数采用黄色插接器。

SRS 的插接器采用导电性能和耐久性良好的镀金端子，设计有防止气囊误爆机构，端子双重锁定机构、插接器双重锁定结构和电路连接诊断机构等，用以保证气囊系统可靠工作。

11.2　项目实施

11.2.1　安全气囊的选用

随着科学技术的发展和以人为本观念的深入人心，汽车的设计越来越人性化，越来越关注人的安全。安全气囊作为其中重要的一部分，必将取得更大进步和发展，必将产生许多优秀而更加人性化的设计，必将成为人与车之间的最好调和者。

1. 安全气囊使用中的注意事项

①安全气囊必须和安全带配合使用。安全气囊属于被动安全装置，只有和安全带配合使用，才能获得满意的安全保护效果，所以驾驶员和乘员在汽车运行时必须系好安全带。

②注意日常检查。日常检查主要检查各碰撞传感器的固定是否牢固；搭铁线部位是否清洁；连接是否可靠；方向盘转动时是否有卡滞现象，以判断方向盘内的 SRS 螺旋电缆是否完好。启动车辆时要特别注意观察 SRS 报警灯是否自动熄灭，如果接通点火开关 6~8 s 后，它依然闪烁或长亮不熄，则表示 SRS 有故障。在运行过程中，如果指示灯闪烁 5 min 后长亮，也表示 SRS 出现故障。

③及时排除安全气囊的故障，否则会产生两种严重后果：一种是当汽车发生严重碰撞，需要安全气囊展开起保护作用时，它不能工作；另一种是在汽车正常运行，安全气囊不应工作时，它却突然膨胀展开，给驾驶员和乘员造成不应有的意外伤害，甚至发生交通事故。

④避免高温。应妥善保管安全气囊装置的部件，不要让它处在 85℃ 以上的高温环境下，以免造成安全气囊误打开。

⑤避免意外碰撞和震动。安全气囊传感器等部件对碰撞和冲击很敏感，因此应尽量避免碰撞和冲击，以免造成安全气囊不必要的突然打开。

⑥不要擅自改变安全气囊系统及其周边布置。不能擅自改动系统的线路和组件，以及更改保险杠和车辆前面部分结构。方向盘和乘员侧气囊部位不可粘贴任何装饰品和胶条，以防影响气囊的爆开。

⑦乘员尽量坐后排。儿童和身材较小的乘员乘坐有安全气囊的车辆时，应尽量坐在后排，因为安全气囊对他们的保护效果并不理想。

⑧严格按照规范保管安全气囊系统元器件。安全气囊系统中有火药、传爆管等易燃易爆物品，必须严格规范运输、保管，否则将会造成严重后果。

2. 安全气囊检修中的正确操作

①非安全气囊专业维修人员不得进行安全气囊的检查、维修。

②在开始检修前，应将时钟、防盗与音响系统的内容记录下来，有电动倾斜和伸缩转向系统、电动车外后视镜、电动座椅及电动肩带系统装置的车辆，维修后应重新调整和设置存储禁止使用车外备用电源。

③对安全气囊进行检修作业时，先将点火开关置于锁正位置，然后再断开蓄电池负极，等待 3 min。

④气囊拆下放置时，应将缓冲垫（软面）朝上，且要远离水、机油、油脂、清洁剂等物。

⑤对不同车型的安全气囊系统故障码的读取与消除方法应加以区别。

⑥禁止对安全气囊或点火器进行加热或企图用工具打开。

⑦拆卸时应注意保护安全气囊组件，特别是连接器。电焊作业前，应拔出转向柱下多功能开关附近的连接器，对安全气囊系统进行安全保护。

⑧拆卸已经起爆的安全气囊后，应洗手；如有杂质进入眼睛内，应立刻用清水冲洗，以防受到损伤。

⑨安全气囊的元器件要保证使用原厂包装，牌号必须一致。传感器安装架已经变形时，不论安全气囊是否爆开都必须更换新传感器，同时对传感器安装部位进行修复，使传感器外壳方向标记朝向汽车前方。对于已经爆开的安全气囊，必须全部更换新件。

⑩ 安装时必须按规定拧紧力矩，将控制装置安装牢固。安装线束时，注意线束不要被其他零部件挤压，也不要交叉穿越其他零部件。安装好安全气囊系统后方可测试电气，禁止使用模拟式万用表测试，只能使用数字式万用表测试。安装前应关闭点火开关，接通蓄电池后打开点火开关，务必注意头不要在安全气囊打开的轨迹之内活动。

11.2.2　桑塔纳 2000GSi 轿车安全气囊系统自诊断与事故后的修复

1. 自诊断的方法

通过故障警告灯等显示出来的故障被存储在控制单元的故障存储器中，并可以用故障诊断仪 VAG1551 读出来。VAG155S1 故障诊断仪部分地址码及其所对应的功能如下。

功能 01——控制器版本查询。

功能 02——读取故障存储器。

功能 03——执行器诊断。

功能 04——进行基本设定。

功能 05——故障存储器清除。

功能 06——输出结束。

功能 07——控制器编码。

功能 08——读出测量数据块。

功能 09——读出单个测量数据。

连接 VAG1551 的诊断接口位于中央控制台，如图 11-20 所示。下列故障可以通过诊断接口读出。

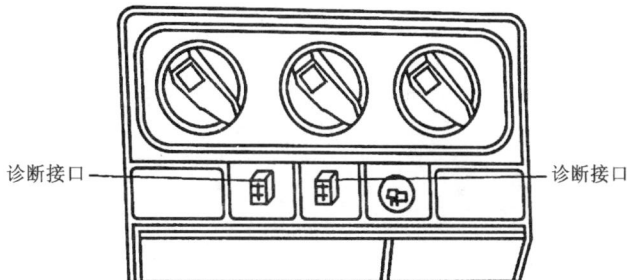

图 11-20　VAG1551 的诊断接口

①控制单元：控制单元损坏。

②安全气囊点火器(驾驶员侧)阻值过大。

③安全气囊点火器(前座乘客侧)阻值过大。

④点火线路导线，对正极短路，对地短路。

⑤电源：信号太大，信号太小。

2. 事故后的修复

在进行事故后的修复时，必须区分事故中的安全气囊触发和未触发的情况。

(1)事故中的安全气囊触发的情况

①任何情况下，下列元件必须更换。

- 驾驶员侧模块。
- 前座乘客侧模块。
- 带支架的控制元件。
- 驾驶员侧安全带。
- 前座乘客侧安全带。
- 带集电环的线圈接头。

②下列元件目测发生变形时必须更换。

- 方向盘。
- 前座乘客侧模块带安装架的仪表板。
- 故障警告灯。
- 安全气囊导线。

(2)事故中的安全气囊未触发情况

如果故障警告灯没有显示出故障，并且安全气囊元件没有损坏，则不必更换安全气囊原件。另外必须检测一下安全带，如果有损坏则必须更换。

项目十二

车载网络系统的选用与检测

学习目标

◇ 掌握车载网络技术的工作原理。
◇ 掌握车载网络维修技术。

项目描述

　　随着电控系统的日益复杂，以及对汽车内部控制功能电控单元相互之间通信能力要求的日益增长，采用点对点的链接会使得车内线束增多。这样在考虑内部通信的可靠性、安全性以及重量方面都给汽车设计和制造带来了很大的困扰。为了减少车内连线实现数据的共享和快速交换，同时提高可靠性等方面，可在快速发展的计算机网络上，实现 CAN、LAN、LIN、MOST 等基础构造的汽车电子网络系统，即车载网络。所谓车载网络是早期的汽车内部传感器、控制和执行器之间的通信，用点对点的连线方式构成复杂的网状结构。

12.1　项目实施学习引导

12.1.1　车载网络技术概述

　　在早期生产的汽车上，只有一个电子控制单元(ECU)，其信息传输量较小，主要采取了传统布线方式(1 对 1 布线)。即线束一端与开关相接，另一端与控制单元、用电设备相连，其连接的线束的数量也不是太多。

　　进入 21 世纪以来，随着电子技术的迅猛发展和在汽车上的广泛应用，汽车电子化程度越来越高。从发动机控制到传动系控制，从行驶、制动、转向系统控制到安全保障系统及仪表报警系统，从电源管理到为提高舒适性而做的各种努力，汽车电子系统形成了一个复杂的大系统。这些系统除了需要各自的电源、传感器和执行器外，还需要相互通信，且信息传输量急剧加大。若仍然采用传统布线方式，将会导致车上线束数量急剧增加，其质量将会占到整车质量的4%左右。这将会降低车辆电气的可靠性，使故障率升高。这是车载网络技术产生的原因。

现在车载网络技术，其信息的传输主要基于数据总线（data bus，DB）原理进行的。所谓数据总线，简单地说，就是指一种能在一条（或几条）数据线上，同时（或分时）传输大量的、按照一定规律进行编码的数据（信号）的技术，它在数据总线上所传输的数据信息可以被多个系统所共享，从而最大限度地提高系统的信息传输效率。

12.1.2　控制器局域网

1. 控制器局域网 CAN 概述

CAN 总线是德国 BOSCH 公司从 20 世纪 80 年代初为解决现代汽车中众多的控制与测试仪器之间的数据交换而开发的一种串行数据通信协议。它是一种多主总线，通信介质可以是双绞线、同轴电缆或光导纤维。通信速率最高可达 1 Mbps。CAN 总线是车载网络系统中应用最多、最普遍的一种总线技术。

CAN 总线特点：①数据通信没有主从之分，任意一个节点可以向任何其他（一个或多个）节点发起数据通信，靠各个节点信息优先级的先后顺序来决定通信次序，高优先级节点信息在 134 μs 通信；②多个节点同时发起通信时，优先级低的避让优先级高的，不会对通信线路造成拥塞；③通信距离最远可达 10 km（速率低于 5 kbps）速率可达到 1 Mbps（通信距离小于 40 m）；④ CAN 总线传输介质可以是双绞线，同轴电缆。CAN 总线适用于大数据量短距离通信或者长距离小数据量，实时性要求比较高，多主多从或者各个节点平等的现场中使用。

CAN 总线的基本系统是由多个控制单元和两条数据线组成，这些控制单元通过所谓收发器并联在总线导线上，如图 13-1 所示。

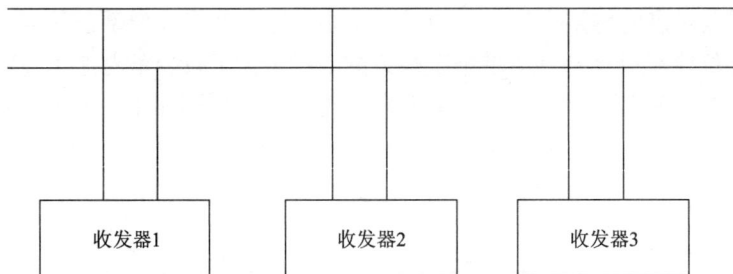

图 12-1　CAN 总线基本系统结构

上面各个收发器的条件是相同的，也就是说，所有收发器控制单元的地位均相同，没有哪个控制单元有特权。从这个意义上来讲，CAN 总线也称多主机结构。

CAN 总线所传输的每条完整信息是由 7 个部分构成，信息最大长度为 108 bit。在两条CAN 导线上，所传输的数据内容是相同的，但是两条导线上电平状态是相反的。其 CAN 总线的数据结构如图 12-2 所示。

开始区(1)	状态区(11)	检验区(6)	数据区(64)	安全区(16)	确认区(2)	结束区(7)

图 12-2　CAN 总线的数据结构

（1）开始区：长度为 1 bit，标志数据开始。

（2）状态区：长度为 1 1bit，用于确定所传数据的优先级。也就是说，假如在同一时刻，两个收发器控制单元都想发送数据时，所设定的优先级高的数据优先发送。

（3）检验区：长度为 6 bit，用于显示数据区中的数据数量，以便让接收端控制单元检验自己所接收到的数据是否完整。

（4）数据区：最大长度为 64 bit，该区是信息的实质内容部分。

（5）安全区：长度为 16 bit，用于检验数据在传输中是否出现了错误。

（6）确认区：长度为 2 bit，是数据接收器发送给数据发送器的确认信号，表示接收端已经正确、完整地收到了发送器所发送的数据。如果检测到数据传输中出现错误，则接收器将会通知发送器，以便发送器能够重新发送该数据信息。

（7）结束区：长度为 7 bit，标志数据的结束。

2. CAN 总线的数据传输过程

首先发动机控制单元的传感器接收到发动机转速信息（转速值）。该值以固定的周期到达 ECU 的输入存储器内。对于发动机瞬时转速值不仅用于发动机运转控制、变速器换挡控制，还需要用于其他控制单元。所以该值需要通过 CAN 总线来传输，以实现信息共享。于是该转速值将被复制到发动机控制单元的发送存储器内，准备通过 CAN 构件的发送邮箱进行对外发送。在发送该转速值之前，应该将该数值根据 CAN 所规定的协议转换成标准的 CAN 数据格式进行发送。

其次，当一个收发器的控制单元的邮箱里存在需要发送的信息时，需要通过 RX 接收线来检查总线上是否有其他信息正在发送。若有其他信息正在传送时，则该控制单元需要等待一段时间，等总线处于空闲状态，再继续发送。

最后，接收处理过程。接收过程主要分成两步：首先检查所接收到信息是否正确，然后检查信息是否可用。

（1）检查信息是否正确

任何收发器控制单元接收 CAN 总线上所发送的所有信息，都有相应的监控层来检查这些信息是否正确。这里主要采用了监控层 CRC 校验来进行所接收到的信息校验和检查。校验的方法：①发送端在发送到 CAN 信息之前，对所有数据位计算出一个 16bit 的校验和值；②接收器在接收到该数据时，也根据接收到的数据位中计算出一个校验和值；③随后接收端系统将接收到的校验和值与本系统所计算出的实际校验和值进行比较，若两个校验和值是相等的，确认该数据传送中无错误，则将该接收到的正确信息送入 CAN 构件的接收区。

（2）检查信息是否可用

这里主要由接收层来判断该接收到信息是否有用，若本控制单元判断该数据有用，则将该数据信息接收，放入到接收邮箱中；否则，拒接接收该数据信息。

若多个发送控制单元同时发送数据信息，那么数据总线上就必然会发生数据冲突。为了避免发生冲突，CAN 总线具有冲突仲裁机制。按照信息的重要程度来分配优先权，对于十分紧急的信息，设定的优先权高，以确保优先权高的信息能够优先发送。

12.1.3 局部连接网络(LIN)

1. LIN 技术概况

LIN 总线全称为区域互联网络(local interconnect network),是一种结构简单、配置灵活、成本低廉的新型低速串行总线和基于序列通信协议的车载总线的子系统;LIN 总线为主从节点构架,即一个主节点(master node)可以最多支持 16 个从节点(slave node)。

LIN 协议是基于 UART/SCI 接口协议,可实现极低的软硬件成本。同时,其信号传播时间是可以预先计算,保证了传输的确定性。其最大的传输距离可以达到 40 m 左右,数据传输率可达 20 kbps。LIN 总线系统的突出特点是单线式总线,仅靠一根导线传输数据。

1999 年,LIN 1.0 版本推出后,不断有新版本出现。如:LIN1.3,LIN2.0 等,持续地改进了 LIN 总线的性能与适用性。美国汽车工程协会(SAE)下属的车辆架构任务组(Task Force)也根据 LIN 2.0 提出了 J2602 规范,使得 LIN 从节点所需要的软件代码长度大大缩短,进一步降低了 LIN2.0 中软件单元的复杂性和系统配置的有效性。此外,主流厂商也会针对 LIN 的性能推出改进版本或技术,例如意法半导体公司推出的 LINSIC。

LIN 主要用作 CAN 等高速总线的辅助网络或子网络,能为不需要用到 CAN 协议的装置提供了较为完善的网络功能,包括了空调控制(air control)、后视镜、车门模块、座椅控制、智能性交换器、低成本传感器等。在带宽要求不高、功能比较简单以及实时性要求低的场合和设备,如车身电器的控制等方面,使用 LIN 总线可有效地简化网络线束、降低成本。

2. LIN 总线系统的组成

LIN 总线系统主要有三部分组成:LIN 上级控制单元,即 LIN 主控制单元;LIN 下级控制单元,即 LIN 从属控制单元和单根导线三部分组成,其系统结构如图 12-3 所示。

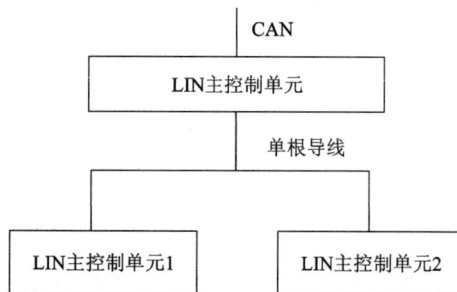

图 12-3 LIN 系统结构示意图

(1)LIN 主控制单元

LIN 主控制单元对上连接在 CAN 数据总线上,可以与 CAN 总线上其他设备或收发器设备进行通信;而对下主要通过单根导线与下面一个或多个 LIN 从控制单元进行通信,主要实现以下几个方面功能:

①监控数据传输过程和数据传输速率,发送信息标题。

②LIN 主控制单元的软件内已经设定好一个周期时间,该周期用于决定何时将哪些信息发送到 LIN 数据总线上多少次。

③LIN 主控制单元在 LIN 数据总线系统的 LIN 控制单元与 CAN 总线之间起"翻译"作用，它是 LIN 总线系统中唯一与 CAN 数据总线相连的控制单元。

④通过 LIN 主控制单元进行与之相连的 LIN 从控制单元的自诊断。

其中，LIN 主控制单元控制总线导线上的信息传播情况。LIN 总线的信息结构如图 12-4 所示。

同步区域	起始位	标识符	停止位	数据区域	校验区	信息标题	信息段

图 12-4　LIN 总线的信息结构

其中标识符字节包含了 LIN 从控制单元地址、信息长度以及用于信息安全的两个位等信息。

（2）LIN 从控制单元

在 LIN 数据总线系统结构内，单个的控制单元或传感器及执行元件都可看作 LIN 从控制单元。通常情况下，LIN 从控制单元不会主动发起与 LIN 主控制单元的通信，主要采取等待 LIN 主控制单元的指令；为了结束休眠模式，LIN 从控制单元可自行发送唤醒信号。

（3）LIN 总线的数据传输

LIN 总线的数据传输系统，首先由 LIN 主控制单元通过信息标题发送请求或主动向 LIN 从控制单元发送数据信息，具体过程如图 12-5 所示。

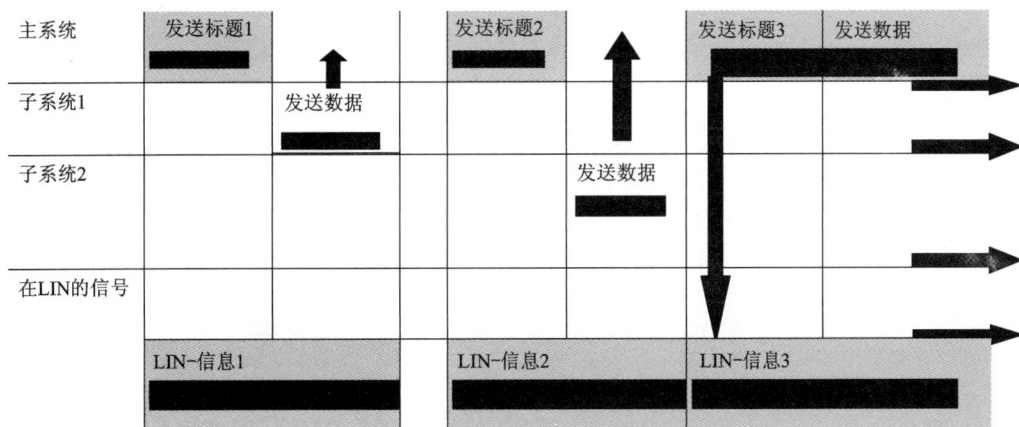

图 12-5　LIN 总线的数据传递流程

对于 LIN 总线的子系统来说，总是由主系统发送相应的信息标题要求时，它才向 LIN 总线发送数据，其发送到总线上的数据可供每个 LIN 数据总线控制单元所接收。由图 12-5 可知，LIN-信息 1 表示主系统要求子系统 1 发送其相关数据时，先由主系统向 LIN 总线发送标示子系统 1 的请求信息；当子系统 1 接收到该请求信息后，则向 LIN 总线发送数据信息，所有 LIN 总线系统都能接收到。同样方法，主系统也可以要求子系统 2 发送数据信息；另外，对于 LIN 信息 3 来说，由主系统直接向 LIN 子系统发送数据信息。

12.2　项目实施

12.2.1　CAN 总线系统的常见故障原因

一般来说，引起 CAN 总线系统故障的原因有电源系统故障、CAN 总线传输系统的链路故障、CAN 总线传输系统的节点故障 3 种。维修时，应根据 CAN 总线传输系统的具体结构和控制回路具体分析。

1. 汽车电源系统故障引起的 CAN 总线故障

车载网络传输系统的核心部分是含有通信芯片的电控模块 ECM，电控模块 ECM 的正常工作电压在 10.5~15.0 V。如果汽车电源系统提供的工作电压低于该值，就会造成一些对工作电压要求高的电控模块 ECM 出现短暂的停滞工作，使整个车载网络传输系统出现短暂的无法通信的情况。这种现象就如同用故障诊断仪在未起动发动机时就已经设定好要检测的传感器界面，当发动机起动时，由于电压下降导致通信中断，致使故障诊断仪又回到初始界面。

2. 节点故障

节点是车载网络传输系统中的电控模块，因此节点故障就是电控模块故障，包括软件故障和硬件故障。软件故障即传输协议或软件程序有缺陷或冲突，使车载网络传输系统通信出现混乱或无法工作。这种故障一般成批出现，且无法维修；硬件故障一般由于通信芯片或集成电路故障，造成车载网络传输系统无法正常工作。对于采用低版本信息传输协议的汽车 CAN 总线系统，如果有节点故障，将导致整个汽车多路传输系统无法工作。

3. 链路故障

当车载网络传输系统的链路出现故障时，如通信线路的短路、断路及线路物理性质引起的通信信号衰减或失真，都会引起多个电控单元无法工作或电控系统错误动作。判断是否为链路故障时，一般采用示波器或汽车专用光纤诊断仪来观察通信数据信号是否与标准通信数据信号相符，也可借助故障检测仪测出关于总线的故障码。

12.2.2　CAN 总线系统的故障诊断步骤

通过对以上 3 种车载网络传输系统故障原因的分析，可以总结出 CAN 总线系统故障的一般诊断步骤如下所述。

① 先了解车型的 CAN 总线系统的特点（包括传输介质、几种子网及车载网络传输系统的结构形式等）和功能（如有无唤醒功能和休眠功能等）。

② 检查汽车电源系统是否存在故障，如交流发电机的输出波形是否正常（若不正常将导致信号干扰）等。

③ 采用替换法或跨接线法检查车载网络传输系统的链路是否存在故障。如果是节点故障，只能采用替换法进行检测。

12.2.3　双线式 CAN 总线系统的故障检测基本方法

在检查车载网络传输系统前，须保证所有与 CAN 数据总线相连的控制单元无功能性故障。功能性故障是指不会直接影响车载网络传输系统，但会影响某一系统的功能流程的故障。例如，传感器损坏，其结果就是传感器信号不能通过车载网络传输系统传递。这种功能性故障对车载网络传输系统有间接影响，但会影响需要该传感器信号的控制单元的通信。如存在功能性故障，须先排除此类故障。记下该故障并消除所有控制单元的故障码。排除所有功能性故障后，如果控制单元间数据传递仍不正常，则检查车载网络传输系统。其检查方法如下所述。

① 检测时，先读出控制单元内的故障码。

② 如图 12-6 所示，如果控制单元 1、控制单元 2 和控制单元 3 之间无通信，关闭点火开关，断开与数据总线系统相连的控制单元。

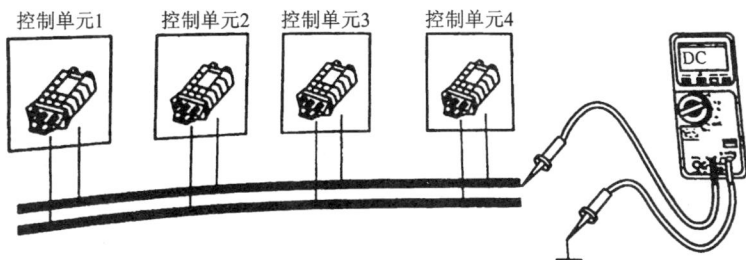

图 12-6　多个控制单元组成的双线式数据总线

③检查数据总线系统是否断路、短路或接地。用万用表测量 CAN-H 线和 CAN-L 线之间电阻，正常情况下应该有一个规定的电阻(随车型而异)，不应直接导通；用电阻挡测量 CAN-H 线或 CAN-L 线分别与搭铁或蓄电池正极之间的导通性，正常情况下应不导通。

④如果所有控制单元均不能发送和接收信号(故障存储器存储"硬件故障")，则关闭点火开关，断开与数据总线系统相连的控制单元，检测数据总线系统是否短路，是否对正极/地短路。

⑤如果数据总线传输系统上查不出引起硬件损坏的原因，则检查是否某一控制单元引起该故障。断开所有通过 CAN 数据总线传输系统传递数据的控制单元，关闭点火开关，接上其中一个控制单元，连接诊断仪(V.A.G1552)，打开点火开关，清除刚接上的控制单元的故障码。利用诊断仪 06 功能结束输出，关闭并再接通点火开关，10 s 后用故障诊断仪读出刚接上的控制单元故障存储器内的内容。如显示"硬件损坏"，则更换刚接上的控制单元；如未显示"硬件损坏"，则连接下一个控制单元，重复上述过程。

检查完硬件损坏，连接蓄电池接线柱后，输入收音机密码，进行玻璃升降器单触功能的基本设定及时钟的调整。对于汽油发动机的汽车，还应进行节气门控制单元的自适应匹配。

12.3.4　用 V.A.S5051 对大众车系的 CAN 驱动数据总线进行故障诊断

CAN 驱动数据总线上最常见的故障可以用 VA.S5051 上的万用表/欧姆表来诊断，当然，有些故障须使用 VA.S5051 上的数字存储式示波器(DSO)来判断。其检查可按如图 12-7 所示的故障树进行。

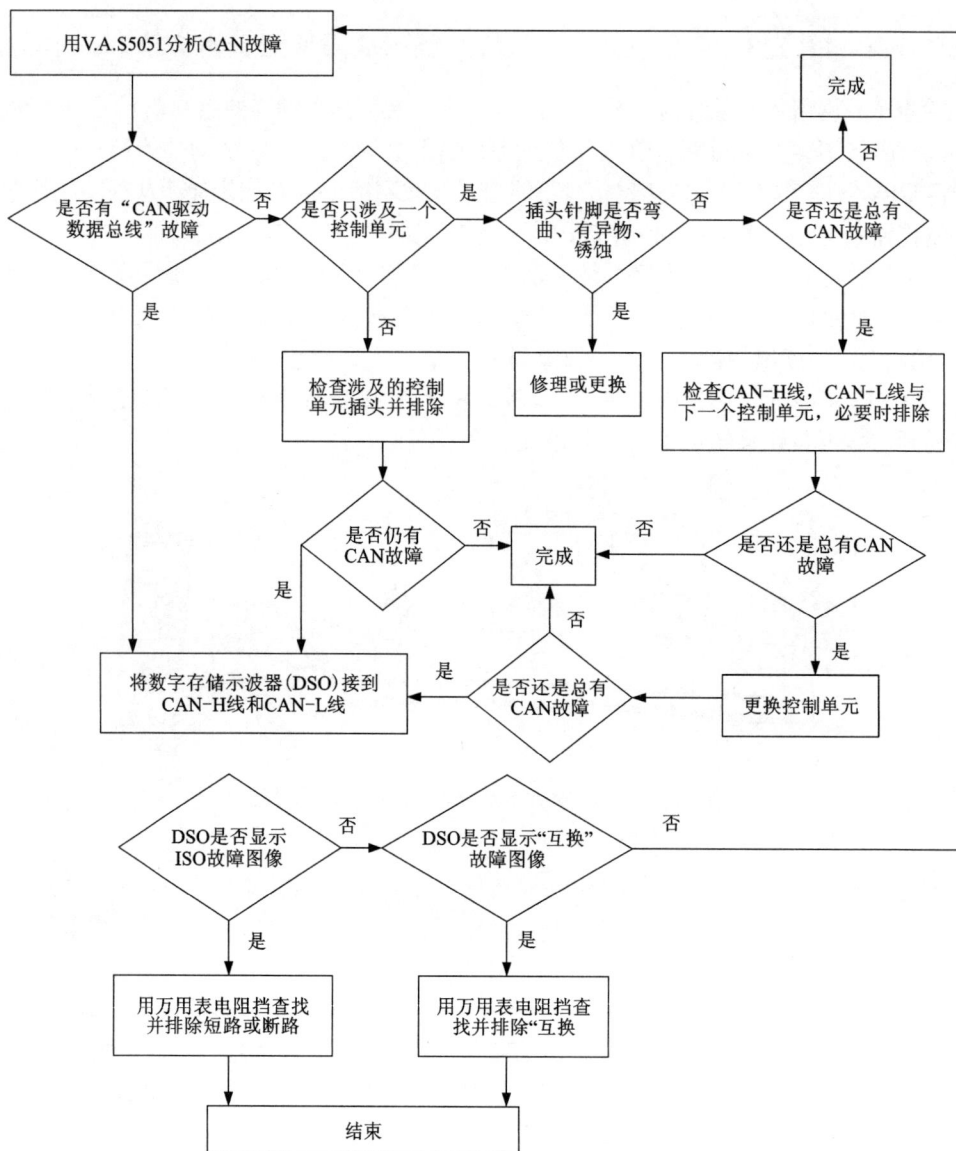

图 12-7　对大众车系 CAN 驱动数据总线故障检查故障树

1. 动力 CAN 数据总线的诊断

动力 CAN 数据总线连接发动机 ECU、变速器 ECU、ABSECU。数据总线以 500 kbit/s 速率传递数据，每一数据组传递大约需要 0.25 ms，每一电控单元每 7～20 ms 发送一次数据。优先权顺序为 ABS/EDL 电控单元→发动机电控单元一自动变速器电控单元。

（1）故障查询

使用仪器（可以使用 V. A. G1551、V. A. G15s2 或 V. A. S5051），分别进入 01、02、03 地址，对发动机、ABS/EDL 和自动变速器电控单元进行自诊断，再进入功能码 02 查询 3 块电控单元中是否储存 CAN 数据传输故障码。宝来 1.8 T 轿车发动机控制单元 CAN 数据传输故障码如表 12-1 所示。

表 12-1　动力数据总线故障码

SAE 码	VAD 码	含义
P1626	18034	数据总线缺少来自自动变速器控制单元的信息
P1636	18004	数据总线缺少来自安全气囊控制单元的信息
P1648	18056	数据总线损坏
P1649	18057	数据总线缺少来自 ABS 控制单元的信息
P1650	18058	数据总线缺少来自组合仪表控制单元的信息
P1682	18090	数据总线中来自 ABS/EDL 控制单元的信号不可靠
P1683	18091	数据总线中来自安全气囊控制单元的信号不可靠
P1683	18261	数据总线中来自 ABS/EL 控制单元的信号不可靠

（2）终端电阻

关闭点火开关，拔开发动机控制单元插头，将 V.A.G1598/31 插到控制单元，此时不要连接线束插头。使用万用表测量 58 针与 60 针之间的电阻，这是数据传递终端的电阻值，规定值为 60~72 Ω。如电阻值不符合规定应更换发动机控制单元，如符合规定应按照电路图测量数据总线的故障点。

2. 网关的诊断

网关的故障分析，须先使用 V.A.S5051 诊断。故障记录并不能说明数据总线有某种故障，控制单元损坏也会产生与数据总线故障相似的影响，只有读出网关内存储的故障记录，才能为故障查询提供必要的帮助。对于 CAN 驱动数据总线来说，可以用欧姆表来检查 CAN 数据总线；对于 CAN 舒适/信息数据总线来说，任何时候均可使用 V.A.S5051 上的数字存储式示波器（DSO）来检查。在将 V.A.S5051 接到网关上后，可以通过 V.A.S5051 的主菜单使用功能 19（网关）来查看故障记录。在网关菜单中，可通过选择 08 来查看测量数据块，随后必须输入想要查看的测量数据块的号码。

（1）网关 ECU 诊断

在正常状态下，CAN 数据总线和诊断座 CAN 线是不通的。使用专用仪器，通过 K 线进入网关 J519ECU，运行登录保护程序，网关 ECU 就会控制 CAN 数据总线与诊断座 CAN 线相通。此时仪器能通过 CAN 数据总线与其他 ECU 进行通信。

（2）网关的编码

在大众车型上，Gateway 系统有单独的地址码 19。系统的编码取决于车上有哪些控制单元是通过 CAN 总线来传输数据的。常见的 ECU 编码为 06 或 07。

Gateway ECU 编码原则：自动变速器—00001、ABS—00002、安全气囊—00004。

举例：如果有一辆车，装备自动变速器、ABS、安全气囊系统，网关 ECU 的编码为 00007（0007~00001+00002+00004）。在更换网关 ECU（即仪表）时，使用仪器按下列步骤对其编码：①进入 19（网关）系统；②选择功能号 07（ECU 编码）；③根据旧网关 ECU 的编码或根据车辆装备情况，输入 ECU 编码 00006 或 00007。

（3）网关的数据流

网关 ECU 关于 CAN 的数据流通道号如表 12-2 所示。动力系统 CAN 数据流如表 12-3 和表 12-4 所示。舒适系统 CAN 数据流如表 12-5 和表 12-6 所示。信息系统 CAN 数据流如表 12-7 所示。

表 12-2　CAN 数据流通道号

	CAN 驱动数据总线		
125	发动机控制单元	变速器控制单元	ABS 控制单元	—
126	转向角度传感器	安全气囊控制单元	电动转向	柴油泵控制单元
127	中央电气	全轮驱动	车距调节电气系统	—
128	蓄电池管理	电子点火锁	自动水平调节	减振调节
129	—			
	CAN 舒适数据总线		
130	单线/双线	中央舒适系统	驾驶人车门控制单元	乘员车门控制单元
131	左后车门电气	右后车门电气惠	驾驶人座椅记忆电气	中央电气
132	组合仪表	多功能转向盘	全自动空调	轮胎压力监控
133	车顶电气	乘员座椅记忆电气	后座椅记忆电气	驻车距离调节
134	驻车加热	电子点火锁	刮水器电气	
135	挂车控制单元	前部中央操纵显示单元	后部中央操纵显示单元	—
	CAN 信息数据总线		
140	单线/双线	收音机	导航系统	电话
141	语音操纵	CD 换碟机	网关	tele matik
142	前部操纵显示单元	后部操纵显示单元	—	组合仪表
143	数字式音响系统	多功能转向盘	驻车加热	

表 12-3　动力系统(发动机 ECU/变速器 ECU/ABS　ECU)数据流

组	显示区	名称	显示内容及规定值	故障排除
125	1	发动机	1—发动机 ECU 能正常从动力 CAN 接收数据	检查动力 CAN 回路
			0—发动机 ECU 不能正常从动力 CAN 接收数据	
	2	变速器	1—变速器 ECU 能正常从动力 CAN 接收数据	
			0—变速器 ECU 不能正常从动力 CAN 接收数据	
	3	ABS	1—ABS ECU 能正常从动力 CAN 接收数据	
			0—ABS ECU 不能正常从动力 CAN 接收数据	
	4	—	—	

表 12-4　动力系统 CAN 数据流（转向角 ECU/气囊 ECU）

组	显示区	名称	显示内容及规定值	故障排除
126	1	转向角传感器	1—转向角传感器能正常向 CAN 发送数据	检查转向角传感器 CAN 回路
			0—转向角传感器不能正常向 CAN 发送数据	
	2	气囊 ECU	1—安全气囊 ECU 能正常从动力 CAN 接收数据	检查动力 CAN 回路
			0—安全气囊 ECU 不能正常从动力 CAN 接收数据	
	3	—	—	
	4	油泵（仅 TDI）	1—能正常从动力 CAN 接收数据	
			0—不能正常从动力 CAN 接收数据	

表 12-5　舒适系统 CAN（车门 ECU/双线）数据流

组	显示区	名称	显示内容及规定值	故障排除
130	1	双线/单线	双线—CAN 两线都正常	检查到模组的 CAN 线路
			单线—有一 CAN 线不正常	
	2	中央控制 ECU	1—中央控制 ECU 能正常从动力 CAN 接收数据	
			0—中央控制 ECU 不能正常从动力 CAN 接收数据	
	3	驾驶侧车门控制 ECU	1—驾驶侧车门控制 ECU 能正常从动力 CAN 接收数据	
			0—驾驶侧车门控制 ECU 不能正常从动力 CAN 接收数据	
	4	乘员侧车门控制 ECU	1—乘员侧车门控制 ECU 能正常从动力 CAN 接收数据	
			0—乘员侧车门控制 ECU 不能正常从动力 CAN 接收数据	

表 12-6　舒适系统 CAN（车门控制 ECU）

组	显示区	名称	显示内容及规定值	故障排除
131	1	左后侧车门控制 ECU	1—左后侧车门控制 ECU 能正常从动力 CAN 接收数据	检查到模组的 CAN 线路
			0—左后侧车门控制 ECU 不能正常从动力 CAN 接收数据	
	2	右后侧车门控制 ECU	1—右后侧车门控制 ECU 能正常从动力 CAN 接收数据	
			0—右后侧车门控制 ECU 不能正常从动力 CAN 接收数据	
	3	座椅/后视镜控制 ECU	1—座椅/后视镜控制 ECU 能正常从动力 CAN 接收数据	
			0—座椅/后视镜控制 ECU 不能正常从动力 CAN 接收数据	
	4	—	—	

表 12-7　信息系统 CAN 数据流（单线/双线/音响）

组	显示区	名称	显示内容及规定值	故障排除
131	1	收音机	1—收音机控制模组从 CAN 上接收正确数据	检查到模组的 CAN 线路
			0—收音机控制模组从 CAN 上接收不正确数据	
	2	电话	1—电话控制模组从 CAN 上接收正确数据	
			0—电话控制模组从 CAN 上接收不正确数据	
	3	导航	1—导航控制模组从 CAN 上接收正确数据	
			0—导航控制模组从 CAN 上接收不正确数据	
	4	—	—	

3. CAN 数据传输系统的诊断

下面以宝来 1.8T 轿车舒适 CAN 数据传输系统为例介绍其诊断。

（1）舒适 CAN 数据传输系统的组成

舒适 CAN 数据总线连接 5 块控制单元，包括中央控制单元及 4 个车门的控制单元。舒适 CAN 数据传递有 5 个功能：中央门锁、电动车窗、照明开关、后视镜加热及自诊断。控制单元的各条传输线以星状形式汇聚一点，这样做的好处是，如果一个控制单元发生故障，其他控制单元仍可发送各自的数据。

该系统使经过车门的导线数量减少，线路变得简单。如果线路中某处出现对地短路，对正极短路或线路问题，CAN 系统会立即转为应急模式运行或转为单针模式运行。4 个车门控制单元都是由中央控制单元控制，只需较少的自诊断线。

数据总线以 62.5 kbit/s 速率传递数据，每一组数据传递大约需要 1 ms，每个电控单元 20 ms 发送一次数据。优先权顺序为：中央控制单元→驾驶人侧车门控制单元→前排乘员侧车门控制单元→左后车门控制单元→右后车门控制单元。由于舒适系统中的数据可以用较低的速率传递，所以发送器性能比动力系统发送器的性能低。

（2）CAN 数据传输系统故障码查询

可以使用 WU-2000 进入地址码 46 对舒适系统控制单元进行自诊断，进入功能码 02 查询舒适系统中央控制是否储存故障码。如查得宝来舒适系统中央控制单元 CAN 数据传输故障码：01328 为舒适系统数据总线或控制单元存在故障；01329 为舒适系统数据总线处于紧急模式。

（3）CAN 数据传输系统，故障诊断

诊断步骤：按照电路图使用万用表测量数据总线的故障点，如未查出故障，先清除故障码，再拔下所有车门插头并依次插好，同时读取数据块 912 组的显示区 1，视显示情况更换某一个控制单元。

参考文献

[1]高洪一，康国初.汽车电子技术[M].北京：北京交通大学出版社，2007.

[2]金加龙.汽车底盘构造与维修[M].北京：电子工业出版社，2005

[3]交通部公路司.汽车维修质量检验员岗位培训教材[M].北京：科学技术文献出版社，1999.

[4]李春明.汽车底盘电控技术[M].北京：机械工业出版社，2004.

[5]舒华，姚国平.汽车电控系统结构与维修[M].北京：北京理工大学出版社，2005.

[6]孙仁云，付百学.汽车电器与电子技术[M].北京：机械工业出版社，2011.

[7]杨保成，焦洪宇.汽车电器与电子控制技术[M].北京：清华大学出版社，2017.

[8]赵良红.汽车底盘电控技术[M].北京：机械工业出版社，2002.

[9]张吉国.汽车典型电控系统的结构与维修[M].北京：机械工业出版社，2005.

[10]彭生辉.轿车 ABS/ASR 维修技能实训[M].北京：北京理工大学出版社，2005.

[11]李春明.宝来轿车维修手册[M].北京：北京理工大学出版社，2003.

[12]李培军.汽车底盘电控技术[M].北京：人民邮电出版社，2011.

[13]吕红明，吴钟鸣.汽车电器与电子技术[M].北京：国防工业出版社，2012.

[14]姚胜华.汽车电器与电子技术[M].广州：华南理工大学出版社，2012.